Nbg/Berg 21.6.05

Sehr geehrter,
lieber Herr Herzog!
... so nach manchem
Schulamts - Verwaltungs -
"Schwarm" für den
Ruhe - Lage (?) - "Stand"
zumindest für die Bücherwand,
mit herzlichen Grüßen

diese "Kost"! Ihr G. Wolf

EDWIN PETEK

BILDUNG UND PSYCHOTHERAPIE

Vom pädagogischen Charakter therapeutischen Handelns
Versuch einer zeitgemäßen Neubestimmung des Bildungsbegriffs

ALANO
RADER
PUBLIKATIONEN

Diese Arbeit ist 1989 unter dem Titel: "Bildung und Psychotherapie. Zur Frage der theoretischen Legitimation des Bildungsbegriffs für eine strukturelle Analyse psychotherapeutischer Konzepte" an der Philosophischen Fakultät I der Friedrich-Alexander-Universität Erlangen-Nürnberg als Dissertation angenommen worden.

CIP-Titelaufnahme der Deutschen Bibliothek

Petek, Edwin
Bildung und Psychotherapie : vom pädagogischen Charakter therapeutischen Handelns ; Versuch einer zeitgemäßen Neubestimmung des Bildungsbegriffs / Edwin Petek. -
1. Aufl. - Aachen, Rader-Publ., 1991
ISBN 3-89399-129-8

Kongreßstr. 5, D-5100 Aachen
Druck: Kinzel, Göttingen

1. Auflage
ISBN 3-89399-129-8

Inhaltsverzeichnis

Für Albin und Ernst

"Die Angst des rechten Sohns moderner Zivilisation, von den Tatsachen abzugehen, die doch bei der Wahrnehmung schon durch die herrschenden Usancen in Wissenschaft, Geschäft und Politik klischeemäßig zugerichtet sind, ist unmittelbar dieselbe wie die Angst vor der gesellschaftlichen Abweichung ...
Es gehört zum heillosen Zustand, daß auch der ehrlichste Reformer, der in abgegriffener Sprache die Neuerung empfiehlt, durch Übernahme des eingeschliffenen Kategorienapparats und der dahinter stehenden schlechten Philosophie die Macht des Bestehenden verstärkt, die er brechen möchte. Die falsche Klarheit ist nur ein anderer Ausdruck für den Mythos."

(Max Horkheimer u. Theodor W. Adorno in: "Dialektik der Aufklärung"; 1988, S. 4)

0. Vorbemerkungen zum Ausgangspunkt der Untersuchung

Parallel zu den sozialen Orientierungskrisen in der modernen Gesellschaft ist im sozialwissenschaftlichen Bereich nicht selten ein gewisses Unbehagen gegenüber den etablierten Forschungsstrategien zu spüren.
Unbefriedigend erscheint z.B. die Zersplitterung in der wissenschaftlichen Theorienbildung. Ein weiteres ungelöstes Problem ist die begrenzte Praxisrelevanz der bisherigen sozialwissenschaftlichen Wissensproduktion. Dem enormen Output an theoretischen und empirischen Befunden steht ein vergleichsweise bescheidener praktischer Effekt in die gewünschte Richtung gegenüber. Hinzu kommt, daß unterschätzte bzw. vernachlässigte Nebenwirkungen auch bei sozialen Interventionen in viel größerem Umfang aufzutreten scheinen, als die Erfolgseuphorie mancher geradliniger sozialtechnologischer Programme glauben machte. Schließlich wird die asymmetrische Rollenverteilung im traditionellen sozialwissenschaftlichen Forschungsprozeß zwischen dem Forscher als dem erkennenden Subjekt und den beobachteten bzw. erforschten Personen als dem Forschungsobjekt mittlerweile von recht vielen Sozialwissenschaftlern als zwiespältig empfunden. Von den ethisch-normativen Implikationen abgesehen, verfehlt diese forschungsstrategische Dichotomisierung die Tatsache, daß die Forscher bei zahlreichen sozialen Gegenständen aktiv in den angeschnittenen Wirklichkeitszusammenhang involviert sind.
Die genannten wissenschaftlichen Probleme, von denen auch die Pädagogik tangiert ist, markieren als Hintergrund den Ausgangspunkt meiner Untersuchung.
Das Bild, das die pädagogische Theorienlandschaft abgibt, ist unübersichtlich und in sich widersprüchlich. Ein allgemein überzeugender theoretischer Integrationspunkt läßt sich nicht so leicht ausmachen.

Die vorliegende Untersuchung dient deshalb zunächst der Suche nach einer grundlegenden pädagogischen Kategorie, die unterschiedliche erziehungswissenschaftliche Aspekte sinnvoll integrieren könnte. Auf diesen Bedarf hin wird die Leistungsfähigkeit des Bildungsbegriffs ausgelotet, den ich - an dieser Stelle noch rein spekulativ - für einen potenten und weiter entwicklungsfähigen pädagogischen Kernbegriff halte.
Die Pädagogik hat, wie ich meine, gegenüber ihren Nachbarwissenschaften einen unbefriedigenden Stand. Während sich beispielsweise die Psychologie oder die Soziologie primär über eine methodisch-analytische Akzentsetzung zu definieren suchen, ist die Pädagogik hauptsächlich berufs- bzw. handlungsfeldbezogen orientiert. Damit geht eine geringe theoretische Relevanz der Pädagogik für die Psychologie oder die Soziologie bei Fragen einher, die sich nicht im Rahmen der traditionellen pädagogischen Forschungsfelder (z.B. der schulischen und der familialen Erziehung) bewegen. Umgekehrt bleibt die Position der Pädagogik selbst bei expliziten "Erziehungs"-Fragen unklar, nachdem sich z.B. die Psychologie oder die Soziologie selbst hierzu methodisch spezifiziert äußern können. Das methodologische Definitions-"Defizit" der Pädagogik wirkt sich bei sozialisationsrelevanten Zusammenhängen jenseits des Erziehungssystems, etwa im Bereich des Gesundheits- oder Sozialsektors, besonders deutlich aus. In solchen Gegenstandsbereichen findet sich die Pädagogik theoretisch ziemlich an den Rand gedrängt. Es bleibt zu fragen, ob die Pädagogik dort wirklich zu übergehen ist oder ob mit der Randständigkeit der Pädagogik nicht doch nachteilige objekttheoretische Verzerrungen verbunden sind.
Mit der Suche nach einer integrativen pädagogischen Grundkategorie möchte ich daher gleichzeitig erkunden,

ob sich eine spezifisch "pädagogische" Methodologie begründen und entwickeln läßt, die die Pädagogik auch außerhalb des engeren Erziehungsbereichs theoretisch interessant macht.
Für meine pädagogisch-methodologischen Forschungsanliegen bietet sich Psychotherapie als zugrundegelegter Referenzbereich an. Erstens fällt Psychotherapie nicht direkt in den traditionellen pädagogischen Gegenstandsrahmen, liegt aber andererseits auf den ersten Blick auch nicht allzuweit davon entfernt. Dieses Spannungsverhältnis bietet eine ideale Voraussetzung, um zu untersuchen, ob pädagogische Betrachtungsweisen jenseits der etablierten pädagogischen Gegenstandsgrenzen relevante Erkenntnisse liefern könnten. Zweitens verfüge ich aufgrund meiner Ausbildung und praktischen Erfahrung als Lehrer sowie Kommunikationstrainer bzw. Berater über genügend persönlichen Einblick in den Erziehungs- und Therapiebereich, um einigermaßen berechtigt - nämlich a) aus direkter oder zumindest vergleichbar nachvollzogener Anschauung und b) mit dem Erfahrungshintergrund als praktisch involvierter Akteur - über "pädagogische" und "therapeutische" Handlungsfelder zu sprechen. Auf der anderen Seite bin ich weder einer therapeutischen Schulrichtung, einer therapeutischen Institution noch einer therapeutischen Berufsfunktion verpflichtet. Auch diese Polarität zwischen eigenem Erfahrungshintergrund und funktionaler Ungebundenheit dürfte für eine offene und disziplinüberschreitende sozialwissenschaftliche Gegenstandsbetrachtung günstig sein.
Ein besonderes Augenmerk möchte ich auf die Neben- und Folgewirkungen der theoretischen und gesellschaftspraktischen Zerstückelung bildungswirksamer Lebenszusammenhänge richten. Schon allein dazu ist die Entwicklung eines disziplinübergreifenden Begriffes notwendig,

um die Fragmentierungen überhaupt ins Blickfeld zu bekommen. In Bezug auf die Pädagogik als Wissenschaft und die Psychotherapie als Praxisform wird sich z.B. die Frage stellen, wie gut die institutionalisierten und spezialisierten Handlungssysteme - also die fachspezifische Art der Theorienbildung, die ausdifferenzierten Formen der Handlungspraxis - ihre Erkenntnis- bzw. Praxisfunktionen angesichts kohärenter Bedürfnis- und Problemkonstellationen erfüllen. Vor allem im Hinblick auf übergreifende bildungs- bzw. gesellschaftspolitische Steuerungserfordernisse innerhalb des angesprochenen pädagogisch-therapeutischen Zusammenhanges bleibt zu ermitteln, auf welchen theoretischen Grundlagen solche "allgemeineren" sozio-kulturellen Entscheidungen "vernünftig" gefällt werden könnten.
Mit dem Verlust der traditionellen bildungstheoretischen Gewißheiten sind universale und totale pädagogische Blickwinkel obsolet geworden. Andererseits läßt sich nicht übersehen, daß in unserer Gesellschaft umfassendere, globale Orientierungs- und Steuerungsprobleme bestehen. Die Aufdeckung solcher großflächig vernetzten Problemzusammenhänge im Bereich zwischen Pädagogik und Psychotherapie würde die traditionellen humanwissenschaftlichen Gegenstandsabgrenzungen sprengen und ein erweitertes Problembewußtsein erzwingen.
Vor diesem Hintergrund soll der Bildungsbegriff daraufhin untersucht werden, ob er geeignet ist, moderne gesellschaftliche Steuerungsprobleme im psycho-sozialen Kontext adäquat zu erfassen.
Objekttheoretisch umgesetzt ist mit Hilfe des Bildungsbegriffs zu eruieren, ob Psychotherapie eine pädagogische Komponente aufweist. Falls therapeutische Konzepte pädagogische Strukturelemente enthalten, müßten diese herausgearbeitet und bewertet werden.

Die Untersuchung geht also insgesamt von einer dreifachen Fragestellung aus:

a) Kann der Bildungsbegriff konkrete pädagogische Problemzusammenhänge angemessen repräsentieren, auch wenn diese außerhalb der üblicherweise als "pädagogisch" verstandenen Handlungsfelder bzw. außerhalb des traditionellen erziehungswissenschaftlichen Gegenstandsbereichs liegen?

b) Kann der Bildungsbegriff pädagogisch-theoretische Schwierigkeiten methodologischer bzw. terminologischer Art vorteilhaft lösen?

c) Enthält Psychotherapie pädagogische Strukturelemente? Können diese mit Hilfe des Bildungsbegriffs identifiziert und analysiert werden?

Neben dem theoretischen Integrationsproblem stellt sich für die moderne Sozialwissenschaft, wie erwähnt, u.a. das "Theorie-Praxis"-Problem und das "Subjekt-Objekt"-Problem.

Als pädagogisch-psychologischer Praktiker ist mir z.B. die enorme Kluft zwischen der humanwissenschaftlichen Wissenskumulation und dem selektiven Wissensbestand vertraut, auf den man in einer konkreten Handlungssituation unter Entscheidungsdruck zurückgreift. Dieses Dilemma ist ein grundsätzliches. Theorie als Gesamtangebot an verfügbaren Rekonstruktionsmöglichkeiten stellt in ihrer heutigen Komplexität selbst ein "praktisches" Problem dar, das sich in enzyklopädischer Weise vom einzelnen mit Sicherheit nicht mehr bewältigen läßt. Mir scheint, daß insbesondere für handlungspraktische Zusammenhänge ein neuer Umgang mit "Wissen" gefunden werden muß, wenn man den Abstand zwischen "Theorie" und "Praxis", wie er bei sozialen Handlungskonstellationen auftritt, verringern will.

Vor diesem Hintergrund habe ich die Untersuchung als theoretisches Experiment angelegt, indem der diskursive Versuch einer methodologisch voraussetzungsarmen,

genetisch voranschreitenden Erkenntnisarbeit unternommen werden soll, die bestehende Wissensbestände nutzen kann, ohne ihre "Freiheit" (i. S. der inhaltlichen Ungebundenheit) zu verlieren. (Die Repräsentation des methodologisch offenen Untersuchungsverlaufs erfolgt über die Textstruktur der Abhandlung. Als Folge davon müssen dem Leser auch "unsystematische" Akzentverschiebungen, spiralförmige "Wiederholungen" und eine relative "Wahllosigkeit" beim Aufgreifen der möglichst wenig vorzubewertenden Quellen- und Beobachtungsmaterialien zugemutet werden).
Eine solche theoretische Vorgehensweise könnte, wenn sie gelänge, Modell für eine flexible und adaptionsfähige Reflexionstechnik in Praxissituationen sein. Darüberhinaus erhoffe ich, für Diskussionen auf sozialwissenschaftlicher Ebene neue Verständigungsmittel aufzutun. Die Kommunikation über Probleme sozialer Natur ist ja angesichts der unterschiedlichsten wissenschaftlichen Ansatzpunkte keineswegs einfach - noch dazu, weil sie über die bloße Sachauseinandersetzung hinaus eine rückhaltlose Beleuchtung der eigenen (meist ausgeblendeten) "theoretischen" Antriebsfedern und einen offenen Austausch über die "subjektiven" Hintergründe spezifischer Theorienbildung erfordern dürfte.
Wenn ich zur Aufhebung des sozialwissenschaftlichen "Subjekt-Objekt"-Problems auch noch keinen überzeugenden Lösungsweg sehe, so möchte ich im Rahmen dieser Untersuchung doch gerade die "subjektiv"-selektiven Auswirkungen der pädagogischen bzw. therapeutischen Theorien- und Konzeptbildungen im Auge behalten - die Auswirkungen auf die Pädagogik als Wissenschaft, die Auswirkungen auf die Psychotherapie als Praxisform und die Auswirkungen auf die Gesellschaft als sozialen Gesamtkontext.

E R S T E R T E I L

1. Bildung als pädagogischer Zentralbegriff

Um die pädagogische Dimension einer sozialen Gegebenheit angemessen betrachten zu können, muß ein fundiertes pädagogisches Begriffsinstrumentarium vorhanden sein.
Wie in den meisten Geistes- und Sozialwissenschaften ist ein gemeinsames Grundlagenverständnis in der Pädagogik als wissenschaftlicher Disziplin aber nicht gegeben. Man findet in der Pädagogik auch keine übereinstimmende Terminologie, wie sie in Naturwissenschaften eher selbstverständlich und in einigen Sozialwissenschaften, z.B. der Psychologie, ansatzweise benutzt wird.
Schon bei der Bezeichnung der eigenen Disziplin gibt es in der Pädagogik keine Einheitlichkeit. In Publikationen und an Universitäten ist entweder von "Pädagogik" (z.B. H. Debl 1971) oder von "Erziehungswissenschaft" (z.B. W. Klafki u.a. 1970 u. 1971) die Rede. Die terminologische Zweiheit bietet dabei durchaus schon eine Möglichkeit zur inhaltlichen Abgrenzung (vgl. die Darstellung wissenschaftstheoretischer Richtungen der Pädagogik bei Brezinka 1978, v.a. 2-10 u. 73-78, u. E. König 1975).

Entsprechend uneinheitlich erfolgt in der Pädagogik die begriffliche Bestimmung jener humanen Akte, die sich als zentrale pädagogische Akte identifizieren lassen. Begriffe wie Erziehung, Bildung, Sozialisation, Enkulturation, Lernen u.a. werden sehr unterschiedlich bewertet und gebraucht, von manchen Pädagogen hierarchisch nachgeordnet, von anderen wieder gleichrangig nebeneinander gestellt (vgl. z.B. die Einordnung der Begriffe "Enkulturation" und "Sozialisation" bei E. Weber 1972, 37-43, u. W. Potthoff, A. Wolf 1974, 53-69). Allgemeiner inhaltlicher Konsens bei Auslegung und Definition pädagogischer Grundbegriffe ist in der

Erziehungswissenschaft nicht zu finden.
Bei dem Bemühen, einen Zentralbegriff vom pädagogischen Tun zu gewinnen, spielt der Terminus "Bildung" in der deutschsprachigen Pädagogik eine wichtige Rolle.
Durch Auseinandersetzung mit dem Bildungsbegriff soll im folgenden eine brauchbare Arbeitsgrundlage für die pädagogische Betrachtung des Gegenstandsbereichs der Psychotherapie entwickelt werden.
Ziel ist das inhaltliche Erhellen der Eigenart pädagogischer Phänomene, verbunden mit einer entsprechenden terminologischen Fundierung der pädagogischen Dimension menschlichen Tuns.

1.1 Historische Aspekte zu paradigmatischen Bildungsbegriffen in der deutschen Geistesgeschichte

Während z.B. im anglo-amerikanischen Raum der Begriff "education" den Gegenstandsbereich der Erziehungswissenschaft allein umfaßt, hat die deutsche Erziehungswissenschaft zwei Kernbegriffe, "Erziehung" und "Bildung" (vgl. hierzu die Fußnote des Herausgebers zur Übersetzung des Begriffs "education" bei J. F. Soltis 1971, 22 f., u. den deutschen Titel von Hely, A.S.M. 1966: "Erwachsenenbildung auf neuen Wegen" als Übersetzung von ders. 1962: "New Trends in Adult Education"). "Bildung" ist der jüngere pädagogische Begriff, der als solcher im deutschen Idealismus gegen Ende des 18. Jahrhunderts entscheidend geprägt wurde.

Etymologisch geht der Begriff "Bildung" auf althochdeutsche und mittelhochdeutsche Wörter mit der Stammsilbe "bil-" zurück (H. Mühlmeyer: Bildung. In: Lexikon der Pädagogik 1970, Bd. 1, 179). Das mittelhochdeutsche "bildunge"/althochdeutsche "bildunga" hat die Bedeutung von "Bildnis, Gestalt", auch "Schöpfung, Verfertigung" (Duden Etymologie 1963, 67). Die Bedeutung

der Termini ist nach Dohmen (1964, 30) von Anfang an mehrschichtig. Die Ausdrücke verbinden Vorstellungen von Ähnlichkeit oder Nachahmung mit solchen handwerklichen bzw. künstlerischen Formens.
Dohmen faßt zusammen, daß "Bildung" in diesem ursprünglichen Sinne die äußere Gestalt eines Objektes bezeichnet, ebenso den Prozeß der Gestaltung des Äußeren durch menschliche oder natürliche Einwirkung. Daneben hat "Bildung" bereits die weitere Bedeutung von gedachten Vorstellungen (s. Dohmen 1964, 30).
In der Neuzeit beziehen sich die Begriffe "Bildung" und "bilden" dann auch allgemein auf die natürliche Gestalt bzw. Gestaltung des Menschen (a.a.O., 30). Hierin weisen die Wörter sowohl eine morphologische als auch eine ästhetische Komponente auf.

Der Bildungsbegriff in der Eckhartschen Mystik

Die erste deutschsprachige Grundlegung einer Bildungslehre findet sich in der deutschen Mystik bei Meister Eckhart (s. Dohmen 1964, 48 u. E. Lichtenstein 1966, 4 f.).
Meister Eckharts Werk ist stark von neuplatonischen Emanations- und Reintegrationsvorstellungen bestimmt, die er mit der christlichen Imago-Dei-Lehre verbindet (vgl. Dohmen 1964, 35-42, E. Lichtenstein 1966, 4 f., Deutsche Mystiker 1977, 35 f.; H. Fischer weist auch auf die aristotelischen Elemente im Gesamtwerk Eckharts hin, s. H. Fischer 1974, z.B. 50 f., 103 ff. u. 116 f.).

In seinen deutschen Predigten und Traktaten bezeichnet Eckhart das Ausfließen Gottes zu einem reinen Bild seiner selbst als "Bilden": "Allez daz des engels ist, daz ist gebildet nâch gote. Dar umbe wirt der engel gesant an die sêle, daz er si wider bringe an daz selbe

bilde, dâ er nâch gebildet ist." (Meister Eckhart 1958, 54 f.).
Entscheidendes Merkmal dieses göttlichen Abbildens ist dessen Reinheit und Unmittelbarkeit. Im Zentrum der Eckhartschen Lehre steht nun der mystische Reintegrationsprozeß, eine geistige Rückwendung der menschlichen Seele zu ihrem göttlichen Ursprung mit der "unio mystica", dem geistigen Einswerden mit Gott als höchstem Ziel (vgl. Dohmen 1964, 47). Auch in diesem Zusammenhang verwendet Eckhart den Begriff des Bildens (s. ME 1958, 56, 165 u. 396).
Das Eckhartsche "Überbilden" (ME 1963, 11 u. 41), "Erbilden" (ME 1958, 272), "Widerbilden" und "Inbilden" (ME 1958, 397) der Seele ist ein mystisch-spiritueller Erkenntnisprozeß, der keine direkt persönlichkeitsverändernden, erzieherischen Intentionen enthält, sondern zunächst zu einem radikalen Ich-vergessen und "Entbildet-werden" (ME 1963, 11, 112, 116), einem tatsächlichen Bildloswerden (vgl. ME 1914, 318; ME 1958, 12, 25), einer völligen Abgeschiedenheit (vgl. ME 1963, 400 f.), die auf dem Nichts steht (s. ME 1963, 423; s. auch E. Waldschütz 1978, 199), führt.
Eine "Bildungslehre", die alle Gegenständlichkeit, auch moralische Vorstellungen und jeden Begriff von Gott abstreifen will (vgl. ME 1963, 152; ME 1914, 25 u. E. Waldschütz 1978, 42), war schon zu ihrer Zeit schwer verstehbar und machte sich leicht verdächtig, wie die Anklage Eckharts wegen Häresie zeigt (zu diesem Teil der Biographie Eckharts s.v.a. H. Fischer 1974, 18-23; daneben ME 1979, 19 f. u. G. Wehr 1979, 16-20). Der Konflikt lag dabei vor allem am deutschen Predigtwerk Eckharts, das durch seine Überwindung der sprachlichen Schranken zu den Gläubigen und die undogmatische Tiefe seiner plastisch formulierten Theologie eine besondere Gefahr für die Rechtgläubigkeit innerhalb des kirchlichen Machtbereichs war (vgl. D. Mieths Einführung in: ME 1979, 19; G. Gieraths kurze biographische Notizen

in: Deutsche Mystiker 1977, 46 f., die noch immer von einer gewissen Skepsis gegenüber Eckharts "gefährlichen Grenzformulierungen" getragen sind). Es ging dabei um "die Frage nach dem Verhältnis von Theologie und Lehramt, um die Rücksicht auf kleine Geister und einfache Gemüter bei der Verkündigung" (H. Fischer 1974, 19); eine - wenn man die historische Situation mit dem universalen Anspruch und der fundamentalen Stellung der Kirche berücksichtigt - im wesentlichen pädagogische Frage.

Der Angst der Kurie vor einer "Verwirrung" der Gemüter (vgl. ME 1979, 19, u. H. Fischer 1974, 23) steht Eckharts freie Haltung als Seelsorger und Gelehrter gegenüber: "Ein heidnischer Meister, Seneca, spricht: Man soll von großen und hohen Dingen mit großen und hohen Sinnen sprechen und mit erhabener Seele. Auch wird man sagen, daß man solche Lehren nicht für Ungelehrte sprechen und schreiben solle. Dazu sage ich: Soll man nicht ungelehrte Leute lehren, so wird niemals wer gelehrt, und so kann niemand dann lehren oder schreiben (...) Ist aber jemand, der diese Worte unrecht versteht, was kann der Mensch dafür, der dieses Wort, das recht ist, recht äußert?" (ME 1963, 497; s. auch die Originalfassung, a.a.O., 60 f.).

Hier sind bereits Ansätze eines allgemein-menschlichen Bildungsgedankens erkennbar.

Hinter dem Bildungsbegriff steht bei Eckhart die Absicht, den "adel des innern menschen" wiederherzustellen (ME 1963, 111 f.).

Letztlich kann nur Gott die Seele "bilden" (vgl. Dohmen 1964, 37), das "Inbilden" Gottes ist kein Werk menschlicher Denk- und Vorstellungskraft, sondern kommt allein "von sîner gnâde" (ME 1958, 8).

Eckharts begriffliche Neuschöpfung des "Bildens" im spirituellen Sinn unter Anknüpfung an den alten deutschen Wortstamm (vgl. Dohmen 1964, 37; E. Lichtenstein

1966, 4 f. u. R. Fahrner 1929, 139 ff.) läßt sich mit späteren neuhumanistischen und geisteswissenschaftlichen Bildungsbegriffen, wie "innere Bildung", "formale Bildung" oder "geistige Bildung" nur ungenügend fassen. Die Zielsetzung des von aller kreatürlichen Bedingtheit abgelösten inneren, "niuwen" Menschen (ME 1963, 112) ist deutlich auf das Religiöse bezogen und zudem bis aufs Äußerste verdichtet, so daß die Eckhartsche Bildungslehre in diametralem Gegensatz zu der Idee einer Persönlichkeitsbildung steht (vgl. Dohmen 1964, 51). Der "adel des innern menschen" hat mit der klassischen Veredelung der Persönlichkeit nichts zu tun, auch kann das Eckhartsche "Bilden" als Ergebnis der Gnade Gottes am Ende eines spirituellen Weges der Selbstentäußerung keineswegs mit Selbstbildung gleichgesetzt werden: "Das Absolute läßt sich nicht säkularisieren", faßt Dohmen die Einstellung der Eckhartschen Lehre gegenüber Individualität, einer Grundlage der späteren klassischen Bildungslehre, zusammen (a.a.O., 51).

"Dâ ist der wille ganz und reht, dâ er âne alle eigenschaft ist und dâ er sîn selbes ûzgegangen ist und in den willen gotes gebildet und geformieret ist", sagt Eckhart (1963, 218). Der Mensch muß sich "formen" oder "bilden" lassen (zur Gleichsetzung der Begriffe "Bilden" und "Formen" bei Eckhart vgl. E. Waldschütz 1978, 33 ff.; Lichtenstein weist auf die Tradition des bedeutungsreichen lateinischen forma-Begriffs hin, der die Einheit von imago und similitudo in der Gott-Mensch-Beziehung gemäß der biblischen Schöpfungsaussage umfassen kann. Nach Lichtenstein heißt Schöpfung schon im Spät-Ahd. "bildunga"; Lichtenstein 1966, 5). Mit "Willensbildung" kann der Eckhartsche Bildungsbegriff, der Gelassenheit als Entäußerung des Eigenwillens fordert (s. ME 1963, 294; vgl. auch E. Waldschütz 1978, 23-27 u. 55 ff.), ebenso wenig gleichgesetzt werden wie mit "sittlicher Bildung", denn die in der mystischen Bildung angestrebte reine Schau des Absoluten macht es notwendig, daß die Seele sich sogar von der Bindung an den konkreten Mitmenschen freimacht (vgl. ME 58, 87 f., u. E. Waldschütz 1978, 208-211). In diesem Zusammenhang sieht Dohmen die Eckhartsche Bildungslehre in Gegensatz zum christlichen Gebot der Nächstenliebe stehen (Dohmen 1964, 53 f.), allerdings in unzureichender Isolierung der Eckhartschen Entbildungs-Metapher aus dem gedanklich weiten und tiefen Kontext der spirituellen Überbildung, wie ihn E. Waldschütz (ders. 1978, 98-109 u. 330-333) darstellt.

Wenn Abgeschiedenheit bei Eckhart zur höchsten Tugend wird (ME 1963, 410), die er sogar vor die Liebe stellt (a.a.O., 402), so geht es dabei keineswegs um einen Gegensatz, etwa eine Abgeschiedenheit ohne Tugend, sondern um die Herausarbeitung dessen, was alle Tugenden fundiert (vgl. E. Waldschütz 1978, 204). Eckhart ist es nicht um eine Phänomenologie der lebendigen und dinglichen Vielfalt zu tun, sondern um die existenzielle Mitte des Menschen, die letztlich jenseits der Objektwelt und auch der Sprache erfahren werden muß. Selbst mit dem Begriff der Abgeschiedenheit ist keine Abgeschiedenheit im äußerlichen Sinne gemeint, sondern eine innere, etwas, das mehr mit innerer Freiheit als mit asketischer Lebenshaltung gemein hat (vgl. hierzu E. Waldschütz 1978, 19 f., 23 f. u. 344 ff.). Der Mensch soll "lernen, mitten im Wirken frei zu sein", sagt Eckhart (ME 1963, 275). Abgeschiedenheit ist für Eckhart ohne Liebe nicht denkbar. So verlangt er im Gegenteil, angesichts eines bedürftigen Menschen von der "Verzükkung" zu lassen und ihm sein "Süpplein" zu reichen (ME 1963, 221). Inneres Werk und äußere Tätigkeit sind bei

Eckhart nicht voneinander zu trennen. Das innere Werk begründet stattdessen äußere Tätigkeit (vgl. ME 1979, 52 ff. u. E. Waldschütz 1978, 127 ff.), "deshalb liegen auch alle Mutmaßungen, Eckhart ziehe sich auf einen Quietismus religiöser, frommer Art zurück, unter seinem Reflexionsniveau" (E. Waldschütz a.a.O., 126).

Die Rezeption Eckhartscher Gedanken in der weiteren deutschen Geistesgeschichte, die als eine der Quellen späterer, idealistisch und romantisch geprägter deutscher Innerlichkeit gelten kann (vgl. Dohmen 1964, 49 u. Lichtenstein 1966, 6, 11 f. u. 15 ff.), war deshalb in dem Maße unvollständig, wie sie die Eckhartsche Einheit von vita contemplativa und vita activa (s. ME 1963, 291; u. D. Mieth in: ME 1979, 52 f.; Wehr 1979, 24 f.) außer acht ließ. Gerecht wird man dem Bildungsbegriff in den deutschen Predigten und Traktaten Eckharts nur, wenn man ihn im Zusammenhang mit dem Gesamtwerk Eckharts und unter Berücksichtigung der historischen Umstände zur Zeit seiner Entstehung betrachtet. Meister Eckhart hat zwar auf die Geistesgeschichte eher erneuernd als traditionsbildend gewirkt (vgl. ME 1979, 21 u. H. Fischer 1974, 21), trotzdem ist die spekulative Mystik des Dominikaners gedanklich und terminologisch fest in der Scholastik verwurzelt (vgl. hierzu Deutsche Mystiker 1977, 34 f.; H. Grundmann 1961, 526; ausführlicher H. Fischer 1974, 14 f., 24-51; am Beispiel des Analogiebegriffs E. Waldschütz 1978, 338 ff.). Die große sprachgeschichtliche Bedeutung des deutschen Mystikers, auch im Zusammenhang mit dem Bildungsbegriff, durch das erstmalige Darstellen anspruchsvollerer philosophisch-religiöser Fragen in der Muttersprache setzt die besonderen religiösen und gesellschaftlichen Verhältnisse des 13. und 14. Jahrhunderts voraus.
Die Sprache der deutschen Mystik war die Sprache

scholastisch gelehrter Theologen, die sich in ihren Predigten und erbaulichen Schriften an bürgerlich gebildete, deutsche Nonnen wandten, um die christliche Lehre von ihrem Ordensauftrag her zu verkünden (vgl. Grundmann 1961, 526 f.). Das Aufkommen einer starken religiösen Frauenbewegung mit der ihr eigenen Frömmigkeit, der oft hohe Bildungsstand in Frauenklöstern und die allgemeine Suche nach neuen Formen religiösen Lebens erforderten die Entwicklung geeigneter seelsorgerischer Verständigungsmittel. Die lateinische Sprache der Kleriker und die bisherige, literarisch wenig entfaltete Predigtsprache für Laien verfingen beide nicht (vgl. Dt. Mystiker 1977, 30 ff.; ausführlich und fundiert bei Grundmann 1961, 439-475, v.a. 465-475, u. 524-527). Der neue deutsche Bildungsbegriff Eckharts in seiner sprachlichen Anschaulichkeit und Kraft ist eine der Leistungen, die in der deutschen Mystik als Ergebnis theologischen Bemühens um die Neugestaltung der Sprache hervorgebracht worden sind.
Trotz unverändert schwerer Zugänglichkeit der Eckhartschen Bildungsauffassung (s. H. Fischer 1974, 7-12 u. 142-162; D. Mieth in: ME 1979, 21-32; die Diskussion unterschiedlicher Positionen findet sich bei E. Waldschütz 1978, 250-279; zu den ständigen theologischen und geisteswissenschaftlichen Auseinandersetzungen um eine Unterscheidung "richtiger" von "falscher" Mystik seit Eckharts Zeit bis heute s. Grundmann 1961, 524-531) ist sie mehrfach aktuell (vgl. ME 1979, 30 ff.; G. Wehr 1979, 5-9).
Das abstrakte Denken Eckharts in strukturellen und dynamischen Analogien (vgl. z.B. H. Fischer 1974, 116-124; E. Waldschütz 1978, 154 f., 188 f., 282-314, 332 f.; ME 1979, 22) ist wissenschaftstheoretisch betrachtet modernem Denken durchaus vergleichbar (vgl. z.B. N. Luhmann 1972, 55 f. über Verinnerlichung, 80 f. über Abstraktionsleistungen im Christentum und im

Buddhismus u. 92 f. über den neuzeitlichen Reflexionsbegriff aus systemtheoretischer Sicht, woraus die Modernität und Fortschrittlichkeit des Eckhartschen Denkens erkennbar wird; s. H. Fischer 1974, 9 zu Eckhart und Heidegger; vgl. die Nähe des Eckhartschen Denkens zum Begriff der transzendentalen Subjektivität Husserls, Husserl 1974, 280 f.; hierzu ergänzend Takizawa 1980, 26 f. über die universale Grundbestimmung des Seins).

"Bilden" im fundamentalen Sinne Eckharts läßt sich nur ganzheitlich und prozessual verstehen, es entzieht sich statisch-analytischer Begrifflichkeit (zur religiösen Sprache allgemein s. Welte 1976 u. Guardini 1974, 79-101). Zwar hat Dohmen (1964, 57) recht, wenn er über diese Bildung im Zusammenhang mit planmäßigem Schulunterricht sagt, daß sie sich "nicht lehren und lernen oder examinieren" lasse, gleichwohl halte ich sie für pädagogisch verfügbar.

Schon die Entstehungsgeschichte des Eckhartschen Bildungsbegriffs zeigt ja eine primär seelsorgerisch-erzieherische Intention als Ausgangspunkt der sprachlichen Neuerungen. Eckharts Biographie bietet zudem manchen Anhaltspunkt für seine persönliche Vorbildlichkeit als geistiger und seelsorgerisch-erzieherischer Führer, der auf Zeitgenossen "bildend" wirkte (zum Seelsorger und "Lebemeister" vgl. ME 1979, 26 u. 38 f.). Somit läßt sich der spirituelle Bildungsbegriff nicht auf einen rein religiösen Gehalt reduzieren.

Die kerygmatische Theologie Eckharts, die den ganzen Menschen erfassen will (vgl. H. Fischer 1974, 26), weist vielmehr eine beunruhigende "Radikalität im Ansatz der Anthropologie" (E. Waldschütz 1978, 259) auf, die auch heutiges pädagogisches Denken herausfordert. Natürlich ist dieser Ansatz - ähnlich übrigens der sokratischen Haltung (vgl. Châtelet 1973, 83 f.) - nicht so leicht in systematisch-utilitaristischer Weise verwertbar. Andererseits enthält Eckharts Lehre in ihrer eher "unmystischen" Klarheit und dialektischen Unnachgiebigkeit, die jede Eingefahrenheit des Lebens verhindern sollte und keinerlei Schwärmerei anstrebte (vgl. ME 1979, 26 u. 68 ff.; Bedenken, Eckhart einen Mystiker zu nennen, äußert auch H. Fischer 1974, 140 f.), mit dem ihr zugehörigen Weg der "Entbildung" eine gerade auch für heutige Verhältnisse wertvolle Pädagogik. Wie zur Zeit Eckharts stellt die Suche nach existenzieller Fundierung jenseits angelernter Gewohnheiten in der Gegenwart wieder einen wichtigen Bildungsaspekt dar. Antworten und Hilfen versprechen in der modernen Gesellschaft nicht nur religiöse, sondern auch andragogische, sozialpädagogische und psychotherapeutische Angebote, wie ein kurzer Blick auf den Büchermarkt und in die Kursverzeichnisse entsprechender Bildungsstätten zeigt.

In Tradition westlicher Mystik und in Eckhartscher Verwandtschaft verstehen sich Anleitungen zu ungegenständlicher christlicher Meditation (z.B. W. Jäger 1982; W. Massa 1974; K. Tilmann 1978, 153-194; E. Jungclaussen 1975).

Aufgrund der radikalen Inhaltslosigkeit seines Bildungsweges und der sprachlich anschaulichen, philosophisch aber sehr strengen, bis zu paradoxer Begrifflichkeit (s. Zapf 1966) gesteigerten Darstellung erfahrbarer Spiritualität (s. ME 1979, 41) wird Eckhart vielfach mit dem Zen-Buddhismus verglichen (vgl. S. Ueda 1965; Wendt 1961, 40-50; v.a. Enomiya-Lassalle 1983, 89-91 u. 98 f.; D. T. Suzuki 1971, 13-40; C. G. Jung in D. T. Suzuki 1972, 16; vgl. auch auf dem Umweg über Heidegger bei Oshima 1985, 34-52; Welte 1980, 57-64).

Auch der Zen-Weg "führt über das Nichts zum Absoluten" (Enomiya-Lassalle 1983, 49), und zwar in einer direkten, ohne Umwege auf das Wesentliche ausgerichteten

Weise (a.a.O., 92), ganz ähnlich dem Eckhartschen Bildungsprozeß, der kompromißlos auf das "Zunichtewerden" hinlenkt (ME 1963, 294; vgl. nochmals E. Waldschütz 1978, 57-76; die geistige Verwandtschaft des Zen-Buddhismus mit der Eckhartschen Philosophie wird augenscheinlich, wenn man Dumoulin 1976, 131 ff. u. H. Fischer 1974, 121 ff., nebeneinanderhält). Die erkennbare Parallelität zum zen-buddhistischen Geist läßt nun an der Bildungslehre Meister Eckharts noch deutlicher hervortreten, daß sie keineswegs weltfremd und handlungsfeindlich gedacht ist (zu diesem Vorwurf vgl. Dohmen 1964, 52 f.), sondern konkrete Folgerungen für das praktische Leben und die sittliche Haltung impliziert. Bei Eckhart und im Zen bilden Spiritualität und Leben eine untrennbare, nicht-dualistische Einheit (mystische Spiritualität, wie die Eckharts, wird oft vorschnell als dualistischer Ansatz mißverstanden; s. z.B. Dohmen 1964, 48 f.).
So verlangt Eckhart aufmerksames und vernünftiges Verhalten, daß "Gott aus jedem Werk leuchte" (vgl. ME 1963, 209-211; zu Eckharts Handlungsethik vgl. komprimiert E. Waldschütz 1978, 26 f. u. 42-48), eine Forderung, der, ähnlich formuliert, auch viele aus der Zen-Tradition stammenden "Wege", etwa der "Tee-Weg", nachkommen wollen (vgl. Dumoulin 1976, 95-101; Dürckheim 1986, 103 ff.), wie überhaupt Zen-buddhistische Anweisungen oft sehr profan und alltagsbezogen klingen ("Rechtes Verstehen, rechtes Denken, rechtes Reden, rechtes Handeln, rechtes Leben, rechtes Bemühen ..." summiert Enomiya-Lassalle den buddhistischen Pfad der Befreiung; ders. 1983, 8; zur Dialektik von innerer Entleerung und konkreter Alltagsethik im Zen-Buddhismus s. v.a. Sh. Suzuki 1979).

Wenn man sich den erzieherischen Gehalt und die pädagogische Intention der deutschen Predigten und Traktate unter Vergegenwärtigung der seelsorgerischen Position Eckharts anschaut, kann der Eckhartschen Bildungslehre die subtile Art eines "pädagogischen Verhältnisses" zugrundegelegt werden. Mag auch in der deutschen Mystik die persönliche Beziehung zwischen Meister und Schüler nicht so eng gewesen sein wie die im Zen, weil die Schrift als Verständigungs- und Bildungsmittel hier im Westen eine erheblich größere Rolle gespielt hat (vgl. Enomiya-Lassalle 1983, 26 u. 206 f.; ME 1979, 22 f.), so ist Eckhart doch in personaler Weise wirksam geworden (s. ME a.a.O., 17-27).

Welch zentrale Veränderungen Eckharts Schriften hervorrufen können, versucht K. Graf Dürckheim (1986, 13 f.) in einem Gespräch mitzuteilen: "... daß es Meister Eckhart war, der mich im Innersten traf. Ich konnte mich nicht mehr von seinen Predigten und Traktaten losreißen (...) Diese unglaubliche Einfachheit, mit der er von Gott spricht (...) Mit den Erfahrungen Meister Eckharts befinde ich mich auf einer anderen Ebene, aber auf ganz sicherem Grund, in einer unerschütterlichen Realität ...". Mit K. G. Dürckheim kommt nicht nur ein Kenner des Zen-Buddhismus und westlicher Philosophie zu Wort, sondern auch der Begründer einer psychotherapeutischen Schule, der "Initiatischen Therapie" (s. Dürckheim 1976). Dürckheims Hauptanliegen ist die Befähigung des Menschen zu numinosem Erleben, für ihn ein zentrales Bildungsziel von allgemeiner Wichtigkeit (s. Dürckheim 1986, 97).
Eine längere Tradition bei der Verbindung von westlicher Psychologie und östlicher Spiritualität verdankt die Psychotherapie der Jungschen Psychologie (s. z.B. "Zur Psychologie östlicher Meditation" in C. G. Jung 1981, 144-163; daß sich Jung auch mit westlicher Mystik beschäftigt hat, zeigt z.B. a.a.O., 162; s. auch Jungs Vergleich Eckharts mit dem Zen in seinem Geleitwort zu Suzuki 1972, 16).

Bei psychotherapeutischen Verknüpfungsversuchen der neueren Zeit gewinnt vor allem der Zen-Buddhismus wachsendes Interesse, den man wieder in struktureller Ähnlichkeit zur Eckhartschen Bildungslehre sehen darf (profunde theoretische Verknüpfungen finden sich bei E. Fromm 1972, 146, wo er Zen direkt mit Meister Eckhart und Heidegger vergleicht; ebenso ders. 1979, 65-70 mit einer sozialpsychologischen Würdigung der Eckhartschen Bildungslehre, S. 66 in Gleichsetzung zum Buddhismus; daneben s. Goldner 1986; z.T. R. Kurtz 1985, 20 u. 230; zur Beeinflussung des Begründers der Gestalt-Therapie, F. Perls, durch Heidegger und Zen-Buddhismus s. Quitmann 1985, 113 f.).

Zusammenfassend gesagt, läßt sich die Bedeutung des Eckhartschen Bildungsbegriffs für die Pädagogik anhand seiner verzweigten historischen Wirkung auf die deutsche Geistesgeschichte ablesen (s. Lichtenstein 1966, 6, 12 u. 15 ff.; Dohmen 1964, 216).
Zusätzliche, aktuelle Bedeutung erhält Eckharts Bildungsbegriff durch den Einfluß der Eckhartschen Mystik und der des strukturverwandten Zen-Buddhismus auf die Psychotherapie.

Der Bildungsbegriff in der Paracelsischen Naturphilosophie

Eine zweite wesentliche Wurzel des deutschen Bildungsbegriffs findet sich in der Lebens- und Naturphilosophie der Renaissance bei Paracelsus (vgl. Dohmen 1964, 215 f. u. Lichtenstein 1966, 7).
Paracelsus sieht den Menschen als Teil eines von Gott geschaffenen, beseelten Kosmos.
"Alle ding sind gebildet" (H I, 88), sind "geformiret in die Bildtnuß" (ebd.), sagt Paracelsus.

Auch "der mensch ist gebildet: Sein Bildnuß ist die Anathomey ..." (ebd.).
In diesem Sinne sind auch Arzneipflanzen "gebildet" und haben ihre spezifische "Anathomey" (H I, 90).
Die natürliche Bildung beruht auf göttlicher Schöpfungskraft. Es ist Gottes Geist, der sich in die natürliche Matrix "einbildet" (H I, 202). Bei Paracelsus lebt die Natur genauso aus Gott und seinem Wort wie der vernünftige Mensch (vgl. Dohmen 1964, 68).
Allerdings stellt die Paracelsische Bildung keine direkte Emanation Gottes dar, sondern eine entelechisch geleitete Formwerdung im Sinne einer natürlichen Evolution (vgl. Dohmen 1964, 70 f.; Lichtenstein 1966, 7 f.).
Die "angeborne Natur", die im Menschen liegt (H II, 267), bestimmt den Bildungsprozeß, der einer keimhaften inneren Form entspringt: ""Dann die form ist geschnitzlet in Mutterleib durch Gott selbst. Dise schnitzlung bleibt in der Form des Bildts" (H I, 97).
Entwicklung und Gestaltwerdung entsprechen bei Paracelsus einer "Bildung" im doppelten Sinne: Der Ursprung des Prozesses liegt in einem inneren Bild und zielt zudem auf eine analoge äußere Bildwerdung (vgl. Dohmen 1964, 70 f. u. Lichtenstein 1966, 7 f.).
So liegt das Bild des Leibes schon vollkommen im Samen beschlossen (H I, 343-346). Die Samen fungieren im Paracelsischen Denken als grundlegende Gegebenheiten. Sie sind zwar materiell, wirken aber durch den in ihnen enthaltenen Logos. Die Arbeit der Natur in diesen Gebilden führt "von der rein magistralen Geistigkeit des Wesens in die Entfaltung in der Materie" (vgl. Pagel 1962, 73). Der gesamte phänomenale Bereich ist bei Paracelsus von einer inneren Vernunft der Dinge bestimmt (Pagel a.a.O., 61). Derartige duale Merkmale weist das Paracelsische Welt- und "Bildungs"-Verständnis mehrfach auf.

Neben dem genannten doppelten Bildcharakter des natürlichen Entwicklungsprozesses und dem Dualismus von Wesen und Form im Samen, in dem sich Bildung auf grundlegende Weise als "die Signatur aller Wirklichkeit" zu erkennen gibt (vgl. Lichtenstein 1966, 8), findet sich in der Paracelsischen Naturphilosophie eine generelle Polarität von sichtbarer Welt und unsichtbaren Ursachen und Dingen (s. H I, 201, 281, 291; vgl. Pagel 1962, 7; Lessing 1937, 105). In der Natur "werden die unsichtbaren ding sichtbar", während "das davon sie kommen unsichtbar bleibt" (H I, 240).

Paracelsus kennt in der Natur nichts Totes. Für ihn sind alle natürlichen Objekte lebendig, alles Äußere stellt einen organischen Ausdruck gottgegebener innerer Kräfte dar (vgl. Dohmen 1964, 74 u. Lessing 1937, 104 f.). Dabei bilden die einzelnen Dinge eine harmonisch aufeinander bezogene, organologische Ganzheit, einen Makrokosmos (vgl. Dohmen 1964, 72; Lessing 1937, 99-105), dem der Mensch als Mikrokosmos entspricht:

"... daß der Mensch die klein Welt ... in allen krefften und tugenden wie die groß Welt ist. Auß dem Menschen nuhn folget der Edel nam Microcosmus ..."

(H I, 290). Eine Analogie zwischen der "Bildung" (a.a.O.) des Mikrokosmos und des Makrokosmos existiert demnach "nit in der form unnd leiblichen Substanz" H I, a.a.O.), sondern rein funktionell (s. Kerner 1965, 113).

Mit dieser "Bildungs-"Auffassung konnte Paracelsus physiologische und pathologische Vorgänge in einem weiten korrelativen Gesamtzusammenhang zum Ausdruck bringen. Seine Sicht des Verbrennungsvorgangs, der chemischen Assimilationsvorgänge und zentraler Funktionen im menschlichen Organismus mutet durchaus modern an (s. Veil 1942, 20 f.; Pagel 1962, 24 f.). Eine ganzheitlich-ökologische Betrachtungsweise pathologischer Phänomene ließ Paracelsus z.B. die "Bergsucht" als Berufskrankheit erkennen, ebenso die Abhängigkeit der

Kropfgenese von Mineralien und Trinkwasser (vgl. Kerner 1965, 141 f. u. Pagel 1962, 29 ff.). Exogenen Faktoren kommt im Krankheitsgeschehen somit verstärkte Bedeutung zu. Dabei faßt Paracelsus jede Krankheit als eigenen Organismus auf, als "Mikrokosmos im Mikrokosmos" (s. Lessing 1937, 130 f.), "gebildet wie ein Bildnuß ..." (s. H I, 88).

Jede Krankheit läßt sich nun als Wesenheit bestimmen. Paracelsus begründet dadurch einen ontologischen Krankheitsbegriff, der eine spezifische Ätiologie und Therapie ermöglicht (s. Pagel 1962, 31; Lessing 1937, 132-135 u. 176 f.).
Für den Naturforscher und Arzt Paracelsus ergeben sich hierdurch neue Erkenntnisbedingungen. Der Mensch muß "erfaren sein in allen Creaturen", wenn er sich selbst erkennen will (H II, 53), und der wahre Arzt muß "durch der Natur Examen gehn" (H I, 69), er benötigt empirisches Wissen und praktische Erfahrung statt spekulativer Buchgelehrsamkeit (vgl. H II, 90-92).

Erkenntnis der natürlichen Bildungsgesetze erhält nun eine eigenständige Bedeutung (s. H I, 88); die Natur selbst wird zum "Lehrmeister" (s. H II, 22).
Gleichzeitig aber muß der Arzt Philosoph sein, er muß hinter den sichtbaren Dingen die wesentlichen, die unsichtbaren Zusammenhänge sehen, denn "was ist die Natur anders dann die Philosophey? Was ist die Philosophy anders dann die unsichtige Natur?" (H II, 23 f.).
Allein die Philosophie bietet eine angemessene Auslegung der Krankheiten (vgl. Lessing 1937, 101).
"Allein die eussern ding geben die erkandtnuß des inneren" (H II, 47), dieser Paracelsische Bildungsgedanke bevollmächtigt und nötigt den Arzt dazu, aus der äußeren Gestalt auf innere Gesetzmäßigkeiten zu schließen (s. H I, 239 u. vgl. auch Dohmen 1964, 69),

denn nur "sichtigs unnd unsichtigs in einem" bietet die ganze Erkenntnis (H II, 23).
Der Mensch lebt in zwei parallelen Welten, der geistigen und der körperlichen, deshalb liegt zwischen Paracelsus' Forschen nach dem Okkulten und seinem Bestreben, naturwissenschaftlich Zugängliches zu ergreifen, nur ein scheinbarer Widerspruch (vgl. Pagel 1962, 6-8).

Das Paracelsische Schriften-Corpus ist sehr groß und uneinheitlich (vgl. Pagel, 1962, 2 ff.). Manche terminologischen und gedanklichen Ungereimtheiten erklären sich aus dem allgemeinen Geist der damaligen Zeit (vgl. ders. 3-11 u. 120 f.), und die bei Paracelsus auffindbare Mischung aus neuplatonisch-gnostischem Denken, Hermetik und Erfahrungsoffenheit ist unserem modernen Denken sehr schwer zugänglich (zusammenfassend s. ders. 130-136).
Der Paracelsische Bildungsbegriff läßt sich aber nicht auf lexikalisch exakt abgegrenzte Weise erfassen, sondern nur im Gesamtzusammenhang der Paracelsischen Weltsicht (zur Notwendigkeit der historischen Ganzheitsbetrachtung vgl. Pagel a.a.O., 14-16, 32 u. 136).

Man kann die Paracelsische Philosophie der bildenden Kräfte auf eine weite ideengeschichtliche Traditionslinie bringen, die vom aristotelischen Entelechieprinzip und der stoischen Pneumalehre bis zum Immanenz- und Evolutionsprinzip der Aufklärungsphilosophie reicht (vgl. Lichtenstein 1966, 7 f. u. Dohmen 1964, 75).
Diese Linie verbindet sich bei Paracelsus wohl zum ersten Mal mit dem deutschen Wort "Bildung" bzw. "bilden" (Dohmen a.a.O. u. Lichtenstein a.a.O.).

Ein für die Pädagogik bedeutsamer Aspekt des Paracelsischen Bildungsbegriffs ist dessen organisch-evolu-

tiver Charakter. So wie bei Paracelsus die Heilkunst mit den Entwicklungs- und Naturgesetzen übereinstimmen muß, so kann man für die Erziehungskunst fordern, daß sie diesen Gesetzen entspricht (vgl. Dohmen a.a.O., 78). Entwicklungspsychologisch und anthropologisch orientierte Ansätze in der Pädagogik gehen in diese Richtung.
Wissenschaftstheoretisch interessant ist die funktionalistische Betrachtung der "sichtbaren Dinge" bei Paracelsus, die zu einer anpassungsfähigen Verknüpfung induktiv-pragmatischer Erfahrungsorientierung mit theoretisch-systematischen Modellvorstellungen führte (vgl. Veil 1942, 10-14; Lichtenstein 1966, 8; Pagel 1962, 21-32). Paracelsus konnte damit korrelativ-dynamische Zusammenhänge individualisieren, ohne das Gesamtsystem aus dem Auge zu verlieren (s. Pagel a.a.O., 8; Lessing 1937, 92) - eine Leistung, die in modernen Wissenschaften, gerade auch der Pädagogik, trotz wachsendem Bedarf nicht gerade häufig zu finden ist.

Eine weitere Bedeutung kommt dem Paracelsischen Bildungsbegriff im Kontext mit psychischen Phänomenen zu. Paracelsus räumt der menschlichen Imagination eine enorme Macht ein, denn sogar auf materieller Ebene kann etwas "durch krafft der imaginierung ... gebildet" (H I, 280) werden. Als Beispiel dient Paracelsus die potentielle Wirkung von mütterlicher "Einbildung" auf die Körperbildung des ungeborenen Kindes (H I, 272 f.). Auch die "kranckheiten der Einbildung" verdeutlichen diese Kraft der Imagination, indem "die Einbildung ohn alle materia" leibliche Krankheit hervorbringt (H I, 245 u. 282) - in Verbindung mit Paracelsus´ Erklärung der Geisteskrankheiten aus natürlichen Ursachen (s. Lessing 1937, 198 f.) eine Vorwegnahme moderner psychosomatischer Sichtweisen.

Die Realisation bildlicher Vorstellungen geschieht bei Paracelsus in engem Zusammenhang mit der Willenssphäre. Auch "ein jedlicher lust und begirdt ist ein verwilligung ... wie es in der Imagination standt, das also geschehe" (H I, 278; deutlich führt Paracelsus diesen Zusammenhang auch am Beispiel sexuellen Begehrens aus, H I, 339 f.).

Wenn Paracelsus sagt, daß "krafft der imaginierung" Dinge "gebildet" werden (H I, 280) und von der "lust der bildung" spricht (H I, 275), so darf man sich diesen Prozeß nun keineswegs nur anthropozentrisch gesteuert vorstellen (zum Paracelsischen Willensbegriff s. Pagel 1962, 54), denn menschliche "lust" und "begierdt" reichen als Ursachen nicht aus (vgl. H I, 279). Die imaginative Bildungskraft stammt vielmehr aus der Paracelsischen unsichtbaren Welt (Pagel 1962, 54 u. Dohmen 1964, 73 f.; s. auch direkt H I, 280 f.). Im Samen als individueller Keimform des Lebens wird durch diese imaginative Kraft die kosmische Kontinuität zum körperlichen Bereich aufrechterhalten (vgl. Pagel 1962, 115-117; s. H I, 282 f.). Die Vermittlung zwischen der geistig-seelischen und der parallelen körperlichen Welt erfolgt über ein Drittes, den "Siderischen Leib" bzw. Astralleib (s. H I, 280; vgl. Pagel 1962, 54 f., 58 f. und 115 ff.; zur keineswegs stringenten Nomenklatur bei Paracelsus, der mit den Wörtern Seele, Geist und Astra jeweils Verschiedenes verbindet, s. ebenfalls Pagel 1962, 5 f. u. 58 f.). Deshalb soll der Mensch "die natürlich weisheit, welche got in das sidus gegeben hat und vom sidus in menschen ..." (Paracelsus: Sämtliche Werke, hrsgg. v. Sudhoff, Bd. 12, 55) nicht im körperlichen Äußeren, sondern im Unsichtbaren suchen (H II, 229).

Nach Pagels Auffassung (Pagel 1962, 56 f.) hat Paracelsus weder die transzendente Vernunftseele noch das empirisch Substantielle zum Hauptanliegen seines For-

schens gemacht, sondern die "Quinta Essentia" des Objekts im Astralleib (vgl. hierfür auch Lessing 1937, 158 f.).
Auf trichotomischen Vorstellungen (vgl. Pagel 1962, 105 ff.) basiert neben Paracelsus' naturwissenschaftlichen Errungenschaften auch die Rolle der Magie als imaginativer Willenskraft im Paracelsischen Denken (a.a.O. 111 ff.). Naturerkenntnis und ärztliche Heilung beruhen letztlich auf magisch-imaginativen Metamorphosen (vgl. Lessing 1937, 92 f., 110 f. u. 124; s. auch Paracelsus, H II, 229) und sind nur auf ganzheitliche, analoge Weise über den "siderischen Körper" erreichbar (vgl. hierzu Kerner 1965, 122 f.; Pagel 1962, 54-60 u. 115 ff.). Kraft dieses Mediums erfolgt auch die Umwandlung menschlicher Vorstellungen und Affekte in körperliche Prozesse (vgl. H I, 280 u. H III, 163), wobei das immaterielle Seelische im Astralleib gewissermaßen feinstofflich verkörpert wird (s. Pagel a.a.O.).

Die Paracelsische Bildungsauffassung weist mit ihrer imaginativen Komponente verwandte Züge zur Herbartschen Vorstellungspsychologie und zum romantischen Bildungsbegriff auf (vgl. Dohmen 1964, 78; Lichtenstein 1966, 8), ebenso zu tiefenpsychologischen Ansätzen (vgl. Freuds Traumkonzept, Freud 1971, 12 f.; ebenso Jungs Archetypen, etwa die "Mutterimago", Jung 1985, 77 f.).
Unter dem Gesichtspunkt der Modifizierbarkeit natürlicher Entwicklung durch Willen und Vorstellung ergeben sich Berührungspunkte zu modernen Sozialisationstheorien (vgl. Dohmen a.a.O., 77).
In der gegenwärtigen Psychotherapie spielt die Imagination als Beeinflussungsfaktor wieder eine verstärkte Rolle (vgl. im Überblick Singer 1986).
Auch bezüglich der Paracelsischen Vorstellung eines feinstofflichen Bereiches als eines entscheidenden Bildungsmediums zeigen sich vereinzelt Anknüpfungspunkte zu jetzigen psychotherapeutischen Richtungen, in

erster Linie bei körperorientierten Verfahren (s. den Reichschen Orgonbegriff, einführend dargestellt bei Raknes 1983; besonders das Energiefeld der "Aura" bei J. C. Pierrakos 1987, 69-81).
Eine dritte, geistesgeschichtlich allerdings weniger wirksam gewordene Grundform von Bildungsauffassung sieht Dohmen (1964, 216 f.) in Luthers Einschränkung des Bildungsvorgangs auf "Vorbilden" und "Einbilden" des Gotteswortes im Rahmen der biblischen Offenbarung (a.a.O. 59-67).
Aus dem Lutherschen Bildungsbegriff hat sich zunächst ein didaktischer Anstoß zur religiösen "Bildung" des Menschen ergeben, der die lehrende Einwirkung von außen in den Mittelpunkt rückte (s. zusammenfassend Dohmen a.a.O., 217), eine Entwicklung, die nach Dohmen zum späteren pädagogischen Indoktrinationsprinzip führte (a.a.O., 65 f.).
Unter dem Einfluß des Pietismus, der praktische Frömmigkeit anstrebte und menschlichen Bemühungen um geistig-religiöse "Bildung" mißtraute, brach dieser Ansatz zu einem Bildungsbegriff ab (vgl. Dohmen 1964, 139-142 u. 217).

Trotz mehrfachen Bedeutungswandels lassen sich Gemeinsamkeiten bei den vor dem deutschen Idealismus geprägten Bildungsbegriffen feststellen. Die etymologische Verwandtschaft zu unserem Wort "Bild" bleibt deutlich erkennbar, verbunden mit dem entsprechenden Charakter des Anschaulichen, Sinnlichen, Abgerundeten. Begriffsgeschichtlich hängt "Bildung", wie sie in der späteren Deutschen Bewegung herausgearbeitet worden ist, allerdings ebenso mit "Gestalt" und "Gestaltung" zusammen (s. H.H. Groothoff: Bildung. In: H.H. Groothoff, M. Stallmann 1964, 124-128; Groothoff sieht sogar, in Gegenüberstellung von "imago" und "eidos" bzw. "forma", einen primären geistesgeschichtlichen Zusammenhang zum

Gestalt-Begriff). Inhaltlich bezeichnen die vorklassischen Bildungsbegriffe einen Bildwerdungsprozeß in seinem Verlauf und in seinem Ergebnis (vgl. Dohmen 1965, 241). Ontologische Analogievorstellungen spielen dabei eine entscheidende Rolle.

Durch den Aufklärungsgedanken wurde die pietistische Vorstellung der erzieherischen Einflußnahme auf den inneren Menschen säkularisiert und dynamisiert. Kulturelle Verweltlichung, die Idee einer allgemeinen Volksbildung und Begeisterung für die Ratio machen das 18. Jahrhundert zum "pädagogischen Jahrhundert", in dem die moralisierende und belehrende Aufklärung der Menschen als wesentliche Aufgabe empfunden wird (vgl. A. Reble 1981, 129 ff.). Höchstes Ziel der pädagogischen Bemühungen ist die zweckrational verstandene "Lebensmeisterschaft" des Menschen.
Aus diesen Grundvorstellungen erwächst schon in der Spätaufklärung ein erster primär pädagogischer Bildungsbegriff, der auf planmäßige, vernunftorientierte erzieherische Lenkung vertraut (vgl. Dohmen 1965, zusammenfassend 16 f. u. 235-240; Lichtenstein 1966, 15 f.).
Während der deutschen Klassik und des deutschen Idealismus entwickelt sich "Bildung" dann zu einem philosophisch-pädagogischen Schlüsselbegriff.

Der klassisch-idealistische Bildungsbegriff

Mit der Orientierung am klassischen Humanitätsideal wird persönliche Bildung zu einem Kernanliegen der Goethezeit.
Der Gedanke einer allgemeinen und allseitig harmonischen Menschenbildung ist nun mit dem aufklärerischen Moment der personalen Selbstbestimmung und Selbstverantwortung verbunden. Innere Freiheit und Selbstbildung

ergänzen einander. Am Anfang jener klassisch-idealistischen "Deutschen Bewegung" (H. Nohl 1970), die den Bildungsbegriff in bis heute entscheidender Weise geprägt hat, steht Herder. Er wendet sich gegen den aufkläre-rischen Zeitgeist und benutzt das bereits Mode gewordene Wort "Bildung" (vgl. Lichtenstein 1966, 17; Weil 1967, 2 f.) dazu, die universale, natürlich-geschichtliche Geistigkeit des Menschen hervorzuheben. In der Schrift: "Auch eine Philosophie der Geschichte zur Bildung der Menschheit" (Herders Sämmtliche Werke, Bd. 5, 475-586) wird Herders Überzeugung von der Einmaligkeit der Völker und Epochen deutlich. An die Stelle eines absoluten, unwandelbaren Maßstabs tritt eine Vielzahl von Formen in nationaler und individueller Prägung, jede mit einem spezifischen Eigenwert (s. Herders Werke, Bd. 5, 505; auch: Bd. 13, 333-342). Man bildet nur aus, wozu "Zeit, Klima, Bedürfniß, Welt, Schicksal Anlaß gibt" (Herders Werke, Bd. 5, 505). Jede Phase der geschichtlichen Entwicklung muß aus sich selbst heraus verstanden werden. Hier ist eine Verwandtschaft des neuen Bildungsdenkens zum organologischen Bildungsbegriff, wie er bei Paracelsus auftauchte, erkennbar (vgl. Dohmen 1978, 163 u. Lichtenstein 1966, 20; sehr deutlich wird dies v.a. auch in Herders naturphilosophischen Deutungen, s. Herders Werke, Bd. 13, 172-189 u. 273-283).

Herders Bildungsidee, den Aspekt universaler geistiger Entwicklung betonend, stellt Sprache und Geschichte in den Mittelpunkt (s. Herders Werke, Bd. 13, 354-374). In seinen "Ideen zur Philosophie der Geschichte der Menschheit" arbeitet Herder seine Kultur- und Bildungsphilosophie umfassend aus. Auch in diesem Werk zeigt sich, wie Herder an die Worttradition anknüpft. So dient ihm "Bildung" zunächst zur Charakterisierung des Körperbaus und der äußeren Gestalt bei Tier und Mensch

(vgl. Herders Werke, Bd. 13, 132-135), gleichzeitig spricht er vom Menschen und seiner "feinern Gedankenbildung" (a.a.O., 131), und etwas später heißt es: "Zur Humanität und Religion ist der Mensch gebildet" (a.a.O., 154). Im Herderschen Bildungsdenken nimmt "Humanität" einen herausragenden Platz ein. "Ich wünschte, daß ich in das Wort **Humanität** alles fassen könnte, was ich bisher über des Menschen edle Bildung zur Vernunft und Freiheit, zu feinern Sinnen und Trieben ... gesagt habe ...", schreibt Herder (a.a.O., 154). Und im 27. Brief seiner Briefe zur Beförderung der Humanität (Herder Bd. 17, 138) ist zu lesen: "Das **Göttliche** in unserm Geschlecht ist also **Bildung zur Humanität** ... jeder edle Mensch in seinem Stande ... hat dazu mitgeholfen. Humanität ist der Schatz und die Ausbeute aller menschlichen Bemühungen, gleichsam die **Kunst unsres Geschlechtes.** Die Bildung zu ihr ist ein Werk, das unabläßig fortgesetzt werden muß ..."
Bildung als höchste Aufgabe wird zum Mittel, um das oberste Ziel, die Humanität, zu realisieren. Der Bildungsbegriff ist damit "zum Strukturbegriff eines geschichtlichen Idealzustandes" geworden (Lichtenstein 1966, 18). Der Mensch, stets auf dem Weg zum eigentlichen Menschsein begriffen, sollte von daher in seinen Bildungsbemühungen nie nachlassen. Herder sieht den Menschen von der gesamten Naturanlage und auch von seinen kulturellen Möglichkeiten her für das ideale Menschsein prädestiniert (vgl. Herder Bd. 13, 155-165 u. Bd. 14, 204-220) - "Bildung" bleibt natürlich und wird historisch (vgl. Lichtenstein 1966, 22).
Bildung kann aber für Herder nicht ohne Unterrichtung und Lehre auskommen, wie er in einer seiner Schulreden (Bd. 30, 83-96) herausstellt. Deutlich wendet er sich

gegen "die gerühmte Selbstbildung", gegen "leere Lobpreisungen eingebildeter Naturkräfte" und gegen das "Geniewesen" auf Kosten von Wissenschaft und Erfahrung (a.a.O., 84).
Das Ideal, die Menschheit zur ursprünglichen Frische des Lebens zu "bilden" (vgl. Nohl 1970, 28) und der Drang nach ganzheitlicher, nicht bloß verstandesmäßiger Wirklichkeitserfassung (vgl. Weil 1967, 68) verblieb bei Herder nicht auf der idealen philosophischen Ebene, sondern zeitigte auch ganz praktische, schulpädagogische Entwürfe in lebendigem Geist (vgl. Reble 1981, 180-184).

Die teleologische Perspektive des klassischen Humanitätsideals verbarg in der Goethezeit einigen sozialen Sprengstoff. In seinem 28. Brief "zur Beförderung der Humanität" (Herders Werke, Bd. 17, 139-143) greift Herder das Beispiel der römischen Geschichte auf, um den Unterschied von gesetzestreuer Gerechtigkeit und Humanität zu zeigen. Mit Vasallentum, Pflichtträgerschaft und Untertanenverhältnis ist dieses Ideal nicht vereinbar (vgl. Herder Bd. 17, 142 f.).
Hier artikuliert sich ein gesellschaftskritisches, die alten Standes- und Obrigkeitsschranken überschreitendes neues Bewußtsein.
Das wird auch deutlich, wenn Goethe seinen Wilhelm in "Wilhelm Meisters Lehrjahre" sagen läßt (Goethes Werke, Bd. 7, 290-292): "Daß ich Dir´s mit einem Worte sage: mich selbst, ganz wie ich da bin, auszubilden, das war dunkel von Jugend auf mein Wunsch und meine Absicht (...) Wäre ich ein Edelmann, so wäre unser Streit bald abgetan; da ich aber nur ein Bürger bin, so muß ich einen eigenen Weg nehmen (...) in Deutschland ist nur dem Edelmann eine gewisse allgemeine, wenn ich sagen darf, personelle Ausbildung möglich. Ein Bürger kann sich Verdienst erwerben und zur höchsten Not seinen

Geist ausbilden; seine Persönlichkeit geht aber verloren (...)
Ich habe nun einmal gerade zu jener harmonischen Ausbildung meiner Natur, die mir meine Geburt versagt, eine unwiderstehliche Neigung (...)"
"Ausbildung" zur selbständigen, harmonischen Persönlichkeit, bisher feudales Exklusivrecht, wird nun allgemein gefordert.

Für Humboldt ist die Selbsttätigkeit und Selbständigkeit des Menschen überhaupt das Entscheidende: "Im Mittelpunkt aller besonderen Arten der Thätigkeit nemlich steht der Mensch, der ohne alle, auf irgend etwas Einzelnes gerichtete Absicht, nur die Kräfte seiner Natur stärken und erhöhen, seinem Wesen Werth und Dauer verschaffen will" (Humboldt, Bd. 1, 235). Letztlich liegt dem Menschen nach Humboldt nur an seiner inneren Verbesserung und Veredelung (a.a.O.). Denken ist ein Versuch des Geistes, vor sich selbst verständlich zu sein, Handeln ein Versuch des Willens, in sich frei und unabhängig zu werden (a.a.O.).
Die menschliche Individualität, der "Begriff der Menschheit in unsrer Person" (a.a.O.), bleibt Zentrum aller Aktivitäten, Humboldtscher Ausgangs- und Endpunkt der Auseinandersetzungen mit der weltlichen Vielfalt: "Nur um der zerstreuenden und verwirrenden Vielfalt zu entfliehen, sucht man Allheit" (Humboldt, Bd. 1, 238), und deshalb trachtet man auch, "die blosse Gelehrsamkeit in eine gelehrte Bildung ... zu verwandeln" (a.a.O.).
Bildung ist für Humboldt damit primär "innere Bildung" (a.a.O.) und Selbstbildung, der Mensch findet seinen absoluten Maßstab in sich selbst (Bd. 1, 507).
Ohne Freiheit ist dieser Prozeß nicht denkbar (vgl. Lichtenstein 1966, 24). Schon früh hat Humboldt seine individualistische Sichtweise auch politisch bestimmt,

indem er sich gegen jede staatliche Bevormundung wandte (vgl. Reble 1981, 187; Berglar 1970, 11).
Humboldts Bildungsverständnis weist dennoch auf ein Ganzes. Der einzelne soll gewissermaßen zur "Menschheit" werden (s. Humboldt, Bd. 1, 515) und die Totalität in der Welt verstandesmäßig suchen (Humboldt, Bd. 1, 507 f.), ohne die individuelle Einheit zu verlieren (vgl. a.a.O., 508 u. 512 ff.); so kann er "seine ganze Bildung vollenden" (Bd. 1, 239). Der Bildungsanspruch Humboldts verlangt daher "so Allgemeines ..., dass es den ganzen Menschen in allen seinen Kräften und allen seinen Aeusserungen umfasst" (Bd. 1, 508).
Das persönliche Bildungsideal Humboldts ist eine "Steigerung der Individualität zur Idealität" (Lichtenstein 1966, 24). Diesem Grundsatz blieb Humboldt auch als Bildungspolitiker treu. Der Gedanke der allgemeinen Menschenbildung als Mittel einer universalen Kräfteschulung bleibt in seinen Programmen gegenüber speziellen Bildungsformen vorherrschend (vgl. Reble 1981, 188 f.; Berglar 1970, 11 f. u. 87).

In der Fichteschen "Bild"-Metaphysik nähert sich das klassisch-idealistische Denken nochmals dem Eckhartschen Bildungsbegriff (vgl. Lichtenstein 1966, 27 f.): "**Ich selbst** weiß überhaupt nicht, und bin nicht. **Bilder** sind ... Bilder, ... die durch Bilder von den Bildern zusammenhängen (...) Ich selbst bin eins dieser Bilder; ja, ich bin selbst dies nicht, sondern nur ein verworrenes Bild von den Bildern." (Fichte 1962, Bd. 3, 341; aus: "Die Bestimmung des Menschen"). Die Realität wird zum apersonalen Traum, das Anschauen ist dieser Traum; das Denken, "die Quelle alles Seins und aller Realität, die ich mir einbilde, ... ist der Traum von jenem Traum." (Fichte a.a.O.).
Das Bild führt zu Bildung, das Bild ist lebendiger, unpersönlicher Geist (vgl. Lichtenstein 1966, 27 f.).

Wie es eine ursprüngliche Bildungskraft gibt, so ist der Natur nach Fichte eine ursprüngliche Denkkraft eigen (Fichte, Bd. 3, 276). Freiheit (Fichte, a.a.O., 407) und Wille (a.a.O., 393 u. 395) gerinnen zu zentralen Begriffen "in dem ewigen Plane unserer sittlichen Bildung" (a.a.O., 403), dem gemäß alles, was in dieser Welt sich ereignet, "zur Verbesserung und Bildung der Menschen" dient (ebd.).
Der Fichtesche Bildungsgedanke ist nicht anthropozentrisch. Der ewige Wille ist Weltschöpfer, und in "unseren Gemütern **bildet er fort** diese Welt ..." (a.a.O., 399). Das Leben des Unendlichen, "wie es der Endliche zu fassen vermag, ist sich selbst schlechthin durch sich selbst bildendes und darstellendes Wollen" (a.a.O., 412), und: "... werde ich, was ich sein soll!" (a.a.O., 401); das Ich, das schöpferisch sich selbst setzt, tut dies aus freiem Gehorsam und in Einklang mit dem geistigen Weltplan (ebd.).
Die hier anzutreffende, metaphysische Abstraktheit des Fichteschen Bildungsbegriffs läßt sich, auch wegen seines, an gleicher Stelle skizzierten, absolut befreienden Aspekts, nur mit der Eckhartschen Mystik vergleichen. In dieser begrifflichen Kühnheit bleibt diese Richtung des Fichteschen Bildungsdenkens innerhalb der klassisch-idealistischen Epoche einzigartig.

Das klassisch-idealistische Denken kreist immer wieder um das Verhältnis von Vernunft und Natur, Sittlichkeit und Sinnlichkeit. Schiller räumt der Kunst in diesem Spannungsgefüge einen zentralen Wert ein.
Das wichtigste Instrument der Charakterbildung ist für ihn die ästhetische Erziehung, Kunst und Geschmack sollen "ihre bildende Hand" an den Menschen legen und ihren "veredelnden Einfluß" beweisen (Schiller 1967, 24; in einem seiner Briefe an den Prinzen von Augustenburg). Insbesondere erfordert das Zeitalter die "Ver-

edlung der Gefühle" und die "sittliche Reinigung des Willens", "denn für die Aufklärung des Verstandes ist schon sehr viel getan worden." (a.a.O.) - eine überraschend aktuelle gesellschaftspolitische Bestandsaufnahme aus dem Jahre 1793.
Schiller kritisiert die Aufklärung seiner Zeit als bloß "theoretische Kultur" (1967, 21), während sich der Mensch "in seinen Taten" malt (a.a.O., 20) und nur durch seine Fähigkeit, als ein sittliches Wesen zu handeln, Anspruch auf Freiheit erhält (a.a.O., 22).
Die "Bildung des Menschengeschlechts" verlangt daher neben Naturstudium und pragmatischer Philosophie "praktische Kultur" und "ästhetische Kultur" (vgl. Schiller a.a.O., 32). Letztere wirkt charakterbildend durch Reinigung der Gefühle, weshalb Schiller sie für das effektivste erzieherische Instrumentarium hält, "denn von dem Kopf ist noch ein gar weiter Weg zu dem Herzen, und bei weitem der größere Teil der Menschen wird durch Empfindungen zum Handeln bestimmt" (a.a.O., 23).
Der klassisch-idealistische Dichter und Philosoph zeigt hier eine mit anthropologischem Realitätssinn verbundene erziehungstheoretische Weite, die bildungspolitisch noch keineswegs eingeholt ist. Es geht Schiller ja nicht um das zu erziehende Individuum für sich allein, sondern die Erzeugung eines "dritten Charakters", jener ästhetisch geformten Synthese von natürlichem und idealem sittlichen Charakter (vgl. Schillers Werke, Bd. 20, 315), dient einem Menschsein als Ganzem, in dem vernunftgeleitete Staats- und Gesellschaftspolitik wesentlich mitbedingt sind (vgl. Schillers Werke, Bd. 20, 311 f., 332 f. u. Schiller 1967, 26): So kann bloß der "ästhetische Staat" die ideale Gesellschaft "wirklich machen", "weil er den Willen des Ganzen durch die Natur des Individuums vollzieht" (27. Brief über die ästhetische Erziehung, Schillers Werke, Bd. 20, 410), und

"Der Geschmack allein bringt Harmonie in die Gesellschaft, weil er Harmonie in dem Individuum stiftet" (ebd.).
Der Schillersche Bildungsbegriff versucht, menschliche Subjektivität und Objektivität, Freiheit und Naturhaftigkeit unter dem klassischen Harmonie- bzw. Vollkommenheitsideal zu vereinen (s. Schiller 1967, 38-42 u. 58 f.; vgl. Lichtenstein 1966, 29). Es gehört zu den wichtigsten Aufgaben der Kultur, den Menschen gemäß dem entworfenen Idealbild reinen Menschentums zur Form zu bringen (vgl. Schillers Werke, Bd. 20, 385), - Bildung erhält die Bedeutung künstlerischen Schaffens auf erzieherischer Ebene.
Die "ästhetische Bildung" (s. Schiller 1967, 36) soll einerseits die triebgeleitete menschliche Natur vermittels "des Schönen" verfeinern, andererseits die menschliche Rationalität vermittels "des Erhabnen" anspannen (a.a.O., 36 f.), vor allem aber beides ins Gleichgewicht bringen - nur das vollendet den Geschmack (ebd.). Könnte man aufgrund der propagierten geschichtlichen Führungsfunktion der "seelenbildenden" Kunst (Schiller 1967, 46) im Bildungsprozeß des Individuums und der Gesellschaft die Schillersche Bildungstheorie als primär gefühlsbetont ansehen, so verbleibt sie doch in der rationalen Tradition der Aufklärung: "Wenn sich das sittliche Verfahren des Gemüts nicht sensualisieren läßt, so muß sich das sinnliche Verfahren rationalisieren lassen" (Schiller 1967, 42; an den Prinzen von Augustenburg) - "Mit einem Wort: es giebt keinen andern Weg, den sinnlichen Menschen vernünftig zu machen, als daß man denselben zuvor ästhetisch macht." (Schillers Werke, Bd. 20, 383; 23. Brief über die ästhetische Erziehung).

Die Einheit der menschlichen Kräfte in ihrer Totalität und Harmonie ist Ziel der Schillerschen Bildungsvision (Schillers Werke, Bd. 20, 321-328), die Versöhnung von

Sinnlichkeit und Sittlichkeit, von Individualität und Sozietät, von Natur und Vernunft wird Kultur- und Bildungsideal (Schillers Werke, a.a.O.; s. auch Lichtenstein 1966, 29): "Der gebildete Mensch macht die Natur zu seinem Freund, und ehrt ihre Freyheit, indem er bloß ihre Willkühr zügelt" (Schillers Werke, Bd. 20, 318). Das fundamentale Bildungsmittel hierzu ist die ästhetische Kultur. Sie kann Leben, als Ausdruck des sinnlichen Triebes, und Gestalt, als Ausdruck des Formtriebes, spielerisch zur lebenden Gestalt, zur "Schönheit", vereinen (vgl. Schillers Werke, Bd. 20, 355 ff.), den sinnlichen Menschen zum Denken und den geistigen Menschen zur Sinnenwelt führen (a.a.O., 365), sie allein aber schafft auch die gesellschaftlichen Grundlagen für eine allgemeine Kommunikation, für "Geselligkeit" und "Konversation" (Schiller 1967, 67 f.), nämlich ein allgemeines Gefühl, einen allgemeinen Geschmack (ebd.).
Der Schillersche Bildungsbegriff hat nicht nur den rigorosen Dualismus von Natur und Vernunft, Individuum und Gesellschaft, sondern auch den von Verstand und Gefühl durchbrochen (vgl. Nohl 1970, 171 ff., Lichtenstein 1966, 29). Im Kontext heutiger humanwissenschaftlicher Fragen bleibt eine solche bildungstheoretische Lösung methodisch und inhaltlich weiterhin sehr interessant.
Vom anthropologischen Ansatz her weist das Schillersche Bildungsdenken, wie es sich in Schillers Briefen über die ästhetische Erziehung des Menschen findet, partielle Ähnlichkeit mit gegenwärtigen Konzepten der Tiefenpsychologie oder der Humanistischen Psychologie auf (s. z.B. Prengel 1983, v.a. 106 ff.; Krüger 1984, 76 ff. u. 142 ff.; unmittelbar deutlich wird die Ähnlichkeit beim therapeutischen Einsatz musisch-kreativer Techniken, s. etwa Oaklander 1984).

Bei aller Vielfalt zeigen die klassischen Bildungsideen wesentliche Gemeinsamkeiten, die Reble (1981, 176) unter 5 Punkten zusammenfaßt:

Entfaltung aller Kräfte (im Gegensatz etwa zu reiner Verstandesbildung),
individualisierendes Motiv,
innere Harmonie der Kräfte als Ziel,
harmonisches Verhältnis mit der Welt und der Gemeinschaft,
Ausrichtung auf die Antike als Vorbild.

Dieses Ideal von Bildung wendet sich allerdings überwiegend an eine geistige Elite, und nicht an die Masse der Bevölkerung (vgl. Weil 1967, 146-148 u. 176 f.; Nohl 1970, 224-228).

Mit Pestalozzi erfährt die Idee der allseitigen Volksbildung eine erhebliche pädagogische Vertiefung.
Seine sozialkritische Haltung und seine praktischen Erfahrungen als Erzieher verbinden sich zu einer Pädagogik, die Erziehung im Sinne einer allgemeinen Elementarbildung in den Mittelpunkt stellt und zur gesellschaftlichen Pflicht erklärt.
Der Mensch soll "weder verwahrloset noch mißbildet", sondern, seinen natürlichen Anlagen entsprechend, richtig entwickelt, "er soll Körpers halber **stark** und **gewandt**, Geistes halber **einsichtsvoll** und Herzens halber **sittlich** werden" (s. Pestalozzi, Werke, Bd. 16, 5). Die körperliche, geistige und sittliche "Bildung des Menschengeschlechts" führt "vom Zwange des Instinkts" zur freien, harmonischen und legitimen Entfaltung der Kräfte (a.a.O., 6).
Gesunderhaltung und existentielle Sicherstellung der Menschen sind fundamentale Voraussetzungen einer guten Volkserziehung (a.a.O., 10 ff.), und die Obrigkeit, ob Adel oder Staat, ist zur Versorgung ihrer Untertanen verpflichtet (a.a.O., 21).

Nur durch "zehnfach versterkte allgemeine Volksbildungs- und Volksversorgungsanstalten" lassen sich die "Bedürfnisse der Volksveredlung" industriellen und ökonomischen Interessen gegenüber sichern (a.a.O., 21 f.). Außerdem muß das Interesse des Volkes für seine eigene Bildung, die Pestalozzi bedürfnisorientiert und lebenspraktisch versteht (s. a.a.O., 12), belebt werden (a.a.O., 16).

Die methodischen Grundlagen für Unterricht und Erziehung sieht Pestalozzi in Anschauung und Selbsttätigkeit (s. Pestalozzi, Werke, Bd. 16, 175-177). Jeder Bildungsprozeß, der nicht diesen Prinzipien gehorcht, ist gegen die Natur (ebd.).
Eine Schulführung, "die sich nicht vest an den Gang der Natur ankettet" (a.a.O., 174), gerät in offensichtlichsten Widerspruch zu den menschlichen Entwicklungsgesetzen (a.a.O., 173) und "bildet Menschen, die mit dem, was in ihrer Gewalt ist, nie nichts ausrichten können ..." (a.a.O., 173).
Bildung bleibt bei Pestalozzi primär auf das Individuum und seinen Erfahrungsbereich zugeschnitten. Die "Individualbestimmung des Menschen" ist konstitutiv für jede angemessene Elementarbildung (vgl. Pestalozzi, Werke, Bd. 1, 267; Bd. 14, 342).
Deshalb spielt in erzieherischen Einrichtungen das Prinzip der Nähe eine wesentliche Rolle. "Vaterkraft" und "Mutterkraft" müssen Grundlage der Bildungsbemühungen sein (vgl. Pestalozzi, Werke, Bd. 26, 291), denn alles, was menschliche Erziehungskunst vermag, liegt im "Geist des häuslichen Lebens" und im "frommen Sinn der Wohnstube" begründet (Pestalozzi, Bd. 26, 288).
"Die häuslichen Verhältnisse der Menschheit sind die ersten und vorzüglichsten Verhältnisse der Natur" (Pestalozzi, Bd. 1, 271). Die "Wohnstube" mit ihrem familiären Charakter wird zum Modell nicht nur der Erziehung (vgl. Klafki 1964, 18-22), sondern letztlich auch

der politischen Verhältnisse: "Vatersinn bildet Regenten - Brudersinn Bürger ...", heißt es in der "Abendstunde eines Einsiedlers" (Pestalozzi, Bd. 1, 271), und "um dem Volk und der Armuth wahrhaft zu helfen", muß "die Wohnstube des Volks", so meint Pestalozzi an anderer Stelle, sittlich, geistig und "häuslich" kraftvoller gemacht werden (Pestalozzi, Bd. 26, 21).
Pestalozzis Bildungsverständnis ist ausgesprochen antielitär.
Menschliche Emporbildung als allgemeiner Bildungszweck bezieht auch die niedersten Menschen mit ein, und sie muß einfach und allgemein anwendbar sein (vgl. Pestalozzi, Bd. 1, 269 f.).
Sittliche Bildung begreift Pestalozzi als eine "Elementarbildung des Herzens" (Pestalozzi, Bd. 14, 344). In diesem Prozeß, der ebenfalls auf Anschauung, allerdings einer inneren, gründet (vgl. Pestalozzi, Bd. 14, 343), sind die Gefühle von zentraler Bedeutung: "Die Gefühle, aus denen die ersten sinlichen Keime der Sittlichkeit unseres Geschlechts entspringen, sind die wesentlichen Fundamente unserer inneren Anschauung ..." (Pestalozzi, Werke, Bd. 14, 344). Die "Elementarbildung zur Liebe, zum Dank und zum Zutrauen" setzt Pestalozzi deshalb mit "Elementarbildung zur Sittlichkeit" gleich (ebd.).

Die Übertragung des Wortes "Bildung" in den Bereich des Pädagogischen während der Spätaufklärung und der enorme Stellenwert, den der Bildungsbegriff anschließend in der klassisch-idealistischen Epoche erlangte (H. Weil spricht von der "Entstehung des deutschen Bildungsprinzips", Weil 1967, s.v.a. 2 ff.), weisen auf die gesamtgesellschaftliche Umwälzung gegen Ende des 18. Jahrhunderts hin. Die alten feudalen Strukturen werden vom aufstrebenden Bürgertum in ihrer Gesamtheit in Frage gestellt. Die mechanische und utilitaristische Erziehungsvorstellung der Ständegesellschaft wird in ihren Mängeln

erkannt.
Im Vordergrund der neuen pädagogischen Bemühungen, die Teil philosophischer und politischer Ideen sind, steht der Gedanke, der Mensch habe das Recht, als Mensch schlechthin gebildet zu werden.
Im Gegensatz zur feudalen Erziehung, die als grundsätzliches Herrschaftsverhältnis verstanden worden ist, enthält die klassisch-idealistische Bildungstheorie ein gesellschaftskritisches und ein demokratisches Moment. Das Bestreben nach allgemein-menschlicher Bildung und nach Selbsttätigkeit beinhaltet ein emanzipatorisches Motiv, das in seiner zu Ende-gedachten Radikalität bis heute nur selten pädagogische Realität geworden ist. Das Bildungsideal einer harmonischen Persönlichkeitsentwicklung paßt in das gesamtgesellschaftliche Bild der bürgerlichen Freiheitsbestrebungen und der aufkommenden Industrialisierung, die dem Mittelstand zum Schlüssel für soziale und politische Gleichberechtigung werden (s. Weil 1967, 260-267; Herrmann 1982, 33 f.).
Mit fortschreitender Industrialisierung, Etablierung eines privilegierten Besitzbürgertums und gleichzeitigem Rückzug weiter Teile des Bürgertums aus der politischen Öffentlichkeit in die Privatsphäre geht das emanzipatorische Moment des ursprünglichen Bildungsideals allerdings verloren. Es kommt zu einer begrifflichen Verengung von "Bildung", die einseitig intellektuell-ästhetisch, insbesondere sprachlich-literarisch aufgefaßt oder zu einer "höheren Bildung" umgedeutet wird.
"Bildung" wird damit zum privaten Ereignis für Höherprivilegierte, neben der die funktionale "Ausbildung" der Arbeiter als "ungebildeter" Klasse steht. Diese "Ausbildung" hat weiterhin eher den Charakter einer Abrichtung für unmittelbare äußere Zwecke (s. Reble 1981, 243-250; Geschichte der Erziehung 1971, 234-244).
Als Folge dieser bürgerlichen Bildungsideologie wird Bildung zum neuen Standesbesitz (vgl. Herrmann 1977, 19-43). Die ökonomische und gesellschaftliche Realität

wird aus dem Bildungssektor ausgeklammert. Das ursprüngliche Ideal einer allgemeinen Volksbildung reduziert sich auf den Nationalerziehungsgedanken und weicht schließlich der spätbürgerlichen Begabungstheorie. Die Geschichte der Arbeiterbewegung wird dadurch auch zur Geschichte des Kampfes um Bildung (s. v. Rüden 1981, 50 f. u. 56; zum Scheitern der Deutschen Bewegung vgl. Nohl 1970, 222-228).

Neben dieser restaurativen Tendenz bürgerlichen Bildungsdenkens im 19. Jahrhundert zeigen sich aber auf der anderen Seite auch, dem Druck ständigen ökonomischen und technischen Wandels gehorchend, vielfältige Bildungsinnovationen in technisch-wissenschaftlicher Richtung. Zwar wurde die Beschäftigung mit "Realien" gegenüber dem neuhumanistischen Bildungsideal ideologisch abgewertet, doch konnte dies die Entwicklung eines differenzierten technisch-wissenschaftlichen Sektors im Bildungswesen nicht ernsthaft aufhalten. Dadurch entstanden gerade aus gewerblichen und industriellen Bedürfnissen heraus qualifiziertere Bildungseinrichtungen und moderne Bildungsideen, die bis heute ihre pädagogische Bedeutung haben, etwa in Form der polytechnischen oder der beruflichen Bildung (vgl. Reble 1981, 258-265; Geschichte der Erziehung 1971, 353-364; Herrmann 1977, 62-110; v.a. Blankertz 1969, 52-105).

Der weitere Verlauf der Geschichte des Bildungsbegriffs ist bis zur Mitte des 20. Jahrhunderts von den gleichen Antagonismen bestimmt wie im 19. Jahrhundert. Neuhumanistische Bildungsideen, die auch zu einer idealistischen kulturpädagogischen Bildungsauffassung führen (s. Reble 1981, 350-354; Dohmen 1978, 164; Geschichte der Erziehung 1971, 576 f.; E. König 1975, 112 f.), sind in weiten Teilen des Bildungssektors bestimmend, insbesondere im Bereich der höheren Schulbildung.
Dem stehen kulturkritische Stimmen, gegen Ende des

19. Jahrhunderts z.B. die Kritik Nietzsches an Staat, Intellektualismus und Vermassung, gegenüber.
Zu Beginn des 20. Jahrhunderts sind diese kulturkritischen Stimmen aus den Reihen der Reformpädagogen zu hören. Bildung bedeutet hier wieder die allgemeine, allumfassende Entwicklung der menschlichen Persönlichkeit, wie sie im ursprünglichen humanistischen Ideal der klassisch-idealistischen Epoche gezeichnet worden ist. Dem intellektualistischen und mechanistischen Bildungsformalismus stellt die Reformbewegung ganzheitliche, musisch und erlebnisorientierte oder tätigkeitsorientierte Bildungskonzepte entgegen. In ähnlicher Weise stehen sich "natürliche" Bildungsideen in Rousseau´scher Tradition, z.B. die Landerziehungsheimbewegung, und eher rationale Bildungsentwürfe mit primär gesellschaftsbezogener Zweckorientierung gegenüber. Demokratische Bildungsideen, die Selbstbestimmung und Selbsttätigkeit in den Mittelpunkt stellen, stehen neben stark führungsorientierten Bildungsideen, die die Notwendigkeit pädagogischer Lenkung und didaktischer Planung betonen (vgl. Reble 1981, 266-306; Ruß 1968, 133-187).

Ebenso geht die Auseinandersetzung weiter zwischen Konzepten, die zweckfreie Allgemeinbildung als Kern menschlicher Bildung sehen, und Konzepten, die berufliche Bildung und Ausbildung in den Bildungsgedanken integrieren, wie z.B. der Kerschensteinersche Schulgedanke (vgl. L. Froese 1978, 135, u. F. Nicolin 1978, 216).
Der Streit um lebensnahe Bildung mit Beachtung der Berufs- und Arbeitswelt wird für die Pädagogik nach dem 2. Weltkrieg bestimmend, spätestens nach dem sogenannten "Sputnik-Schock" von 1957, der die Realität internationaler technologischer und ökonomischer Konkurrenz schlagartig in das öffentliche Bewußtsein hebt und in der Bundesrepublik die eher restaurative bildungspolitische Phase der 50er Jahre beendet (vgl. H.-J. Gamm 1974, 153 ff.).

Die Folge der als "Bildungskatastrophe" (G. Picht 1964) apostrophierten Entwicklung ist die bekannte Bildungsreform der 70er Jahre, die in Robinsohns Schrift "Bildungsreform als Revision des Curriculum" (1967) einen entscheidenden Anstoß findet.
Im Gegenzug zu der auf die Curriculum-Diskussion erfolgten Veränderung des Bildungswesens, insbesondere im Schulbereich, die sich nach anfänglicher Euphorie inzwischen als durchaus problematisch erweist, rückt neuerdings in pädagogischen Diskussionen der Terminus "Allgemeinbildung" wieder sehr stark ins Licht (vgl. H. - E. Tenorth 1986, insbesondere 7-25): "Die Deutsche Schule" (Heft 4/1986, 401) weist auf die Renaissance dieses Begriffs hin, und die "Deutsche Gesellschaft für Erziehungswissenschaft" stellt ihren Kongreß 1986 unter das gleichnamige Thema.

Die gesellschaftliche Entwicklung des neuzeitlichen Bildungsbegriffs ist schon bis zur Spätaufklärung nicht stringent verlaufen. Insbesondere seit der geistig reichen klassisch-idealistischen Epoche und im Anschluß an die explosionsartige Differenzierung des Bildungswesens im Verlauf der Industrialisierung läßt sich die Entwicklung des Bildungsbegriffs nur als vielschichtiges, dialektisches Ineinander verschiedener, teilweise gegenläufiger Kräfte auffassen, die nacheinander, oft aber auch gleichzeitig die Bildungsgeschichte und -wirklichkeit beeinflußt haben.
Mit M. Horkheimer (1978, 25) ist zu sagen, daß "das eindringende Verständnis in die sich ungleichartig entfaltenden Momente geschichtlicher Strukturen (...) sich durch keine schematische Klassifikation ersetzen" läßt. Horkheimer warnt an dieser Stelle seiner im Wintersemester 1952/1953 gehaltenen Immatrikulationsrede davor, die historische Entwicklung des Bildungsbegriffs allzu rasch mit handlichen Gegensätzen zu erklären, "als wären die wichtigsten Dinge zwischen vernünftigen Menschen

ohnehin längst abgemacht. Werden Sie vielmehr mißtrauisch, wenn einer die Phänomene in Schafe und Böcke einteilen will" (a.a.O., 25).

Die Komplexität des historischen Geschehens ermöglicht keine vorschnelle Parteinahme für oder gegen bestimmte bildungsgeschichtliche Etappen. Die Begriffsgeschichte von "Bildung" ist seit ihren ideellen Anfängen in der Antike mit der griechischen Vorstellung von "paideia" (P. Xochellis 1973, 16) und der vom Humanismus überlieferten lateinischen Unterscheidung von "educatio" und "eruditio" (H.-H. Groothoff 1973, 34 f.) in die jeweilige gesamtgesellschaftliche Situation hineinverwoben. Eine angemessene Betrachtung des Bildungsbegriffs in seiner Wirksamkeit muß daher neben der ideengeschichtlichen Entwicklung politische, soziale und technisch-ökonomische Faktoren berücksichtigen.

1.2 Stellenwert und Bedeutung des Bildungsbegriffs in der modernen Erziehungswissenschaft

Der Bildungsbegriff ist in der deutschen Erziehungswissenschaft einer der umstrittensten Termini. Aufgrund der historischen Entwicklung im 20. Jahrhundert mit zwei Weltkriegen und den ungelösten technischen und sozialen Folgeproblemen einer modernen, vollindustrialisierten Massengesellschaft mußten viele der alten Leitvorstellungen zerbrechen. Auch der tradierte, normativ geladene neuhumanistische bzw. geisteswissenschaftliche Bildungsbegriff war zunehmend obsolet geworden.
Statt einer interpretativen, primär an literarischen Erzeugnissen orientierten Beschäftigung mit der Bildungstradition sind Fragen der Bildungseffektivität, damit auch der Kontrollierbarkeit erziehungswissenschaftlicher Aussagen, seit den 60er Jahren stark in den

Vordergrund getreten (vgl. Brezinka 1978, V f.; Gamm 1974, 155-158).
Die auch nach dem 2. Weltkrieg in der Bundesrepublik zunächst wieder vorherrschende Richtung der geisteswissenschaftlichen Pädagogik, führend vertreten von E. Spranger, H. Nohl, W. Flitner, Th. Litt und E. Weniger, kann mit ihren hermeneutischen Verfahren die neuen Anforderungen nach sozial-technologischer Effizienz und theoretischer Evidenz nicht erfüllen (vgl. Zenke 1972, 135 f.; Gamm 1974, 158 f.; K. Hüfner 1986, 58 f.).
Von vielen Seiten wird nun eine verstärkte Bildungskritik vorgetragen, die den tradierten Bildungsbegriff in Frage stellt (vgl. Brezinka 1978, 49 u. 274 ff.; Ballauff 1970, 9-13; Giesecke 1973, 86 ff.; Mollenhauer 1974, 9-12; Bollnow 1966, 135 ff.; H. Danner 1986, 377; Derbolav 1971, 9 f.).
Auf diesem Hintergrund gewinnen empirische und sozialwissenschaftliche Ansätze innerhalb der Pädagogik, vor allem aber auch gesellschaftspolitisch erheblich an Boden (s. Derbolav 1971, 10 f.; Reble 1981, 367 ff.).

Die Bildungsreform der 70er Jahre stellt im wesentlichen einen Ausdruck dieser veränderten gesellschafts- und wissenschaftspolitischen Strukturen dar (s. Gamm 1972, 163 f.; Blankertz 1969a, 159-171). "Bildung" spielt in den für diesen Umbruch relevanten wissenschaftlichen Theoriesystemen terminologisch nur noch eine untergeordnete oder eine inhaltlich problematisierte Rolle. Sozialisationstheorien oder Lerntheorien fundieren die neuen schulpolitischen Programme (vgl. Dietrich 1986, 486 f.). Bildung wird zum Objekt gesellschaftswissenschaftlicher Analysen: Bildungsplanung, Bildungsökonomie und Bildungspolitik rücken ins pädagogische Forschungsinteresse (vgl. Mollenhauer 1974, 11; K. Hüfner 1986, 59-65).

Eine zusätzliche bildungstheoretisch bedeutsame Erschütterung erfährt die Bundesrepublik Ende der 60er Jahre in der Zeit der sogenannten Studentenunruhen (s. z.B. Bloch 1971, 146 f.; Killy 1971, 53-56). Man darf die hier auftretenden, über den Bildungsbereich hinausgehenden Krisenphänomene als abruptes Zutagetreten gesellschaftspolitischer Divergenzen interpretieren - moralische Desaster, etwa der Vietnam-Krieg, strukturelle Probleme, etwa der Massenandrang auf die Hochschulen, und offene politische Fragen, etwa nach Demokratisierung und Mitbestimmung in verschiedenen gesellschaftlichen Funktionsbereichen, erforderten normative Entscheidungen, die ausgeblieben waren und Interessensgegensätze verdeutlichten. Der Erziehungs- und Bildungsbereich war hiervon zentral berührt, wenn man an die erhebliche Produktion und Rezeption antiautoritärer Erziehungskonzepte, gesellschafts- und ideologiekritischer Theorienbildungen sowie emanzipatorischer Modelle in gesellschaftswissenschaftlichen Didaktiken besonders zu Beginn der 70er Jahre denkt (s. z.B. Schäfer und Schaller 1971, 133-166; Altvater 1971; Duhm 1972; P. Brückner 1972; Werder 1972). Hier büßt "Bildung" wiederum seine pädagogische Leitfunktion ein und gerät unter Ideologieverdacht (s. etwa Duhm 1972, 71-75; Heydorn 1970; N. Weber 1973, 9 ff.; zusf. Blankertz 1975). Neben positivistischen Richtungen bestimmen nun vor allem erkenntnistheoretische Ansätze aus der kritischen Theorie der Frankfurter Schule die pädagogische Diskussion (zur kritischen Theorie s. Wulf 1977, 152-203).

Mit fortschreitender Desillusionierung der in die curriculare Bildungsreform investierten Erwartungen und verstärktem Aufkommen restaurativer Merkmale im gesellschafts- und bildungspolitischen Klima der ausgehenden 70er Jahre (vgl. Claußen 1979, 25 f.) hat sich auch die Sprache in der Pädagogik verändert. Der traditionelle

Bildungsbegriff ist in den 80er Jahren, teils gesellschaftspolitisch aktualisiert, teils unverändert übernommen, wieder auf breiter Basis diskutierfähig geworden. H. Maier schreibt als bayerischer Staatsminister für Unterricht und Kultus in dem von seinem Ministerium herausgegebenen Organ "schulreport" (1986/4, S. 1-3) ebenso über "Allgemeinbildung in der arbeitsteiligen Industriegesellschaft", wie der DGB-Vorsitzende E. Breit zum Abschluß der 5. Bildungspolitischen Konferenz des DGB im November 1987 von Bildung als einem Werkzeug für jedermann spricht (nach "Erziehung und Wissenschaft", hrsgg. von der Gewerkschaft Erziehung und Wissenschaft im Dt. Gewerkschaftsbund; Heft 12/87, S. 4).
Diesem gesellschaftlichen Gesamtphänomen entspricht das bereits erwähnte Wiederaufgreifen des Allgemeinbildungsbegriffs in der erziehungswissenschaftlichen Diskussion.
Die heutige pluralistische Vielfalt in der Pädagogik beim Umgang mit dem Bildungsbegriff läßt sich zum Teil aus der skizzierten Vielschichtigkeit der historischen Entwicklung verstehen. Die wesentlichen, im Laufe des 20. Jahrhunderts entstandenen bzw. weiterentwickelten Richtungen pädagogischen Denkens bestehen in der gegenwärtigen Erziehungswissenschaft nebeneinander und haben sich weiter verzweigt. Dabei sind die Richtungen, die den Bildungsbegriff ablehnen oder vermeiden, historisch wie begriffstheoretisch oftmals gar nicht so weit von expliziten Bildungstheorien entfernt.
Insbesondere Vertreter eines empirischen Ansatzes oder eines emanzipativen Ansatzes im Gefolge der kritischen Theorie greifen schon aus schulmäßig-traditionalen Gründen (vgl. Ulich 1986, 142) auf eine spezifisch ausgearbeitete Terminologie zurück, die überwiegend ohne den Bildungsbegriff auskommt. Die Verwendung eines wertneutralen Erziehungsbegriffs oder

eines richtungstypischen Terminus kann sich bei näherer Betrachtung allerdings als durchaus kompatibel oder gar kongruent zum Bildungsbegriff erweisen.
So schreibt Claußen (in: Claußen 1979, 17): "Kritische Erziehungswissenschaft engagiert sich demnach für einen in der Geschichte der Menschheit wahrnehmbaren, unaufhaltsamen Emanzipationsprozeß. **Emanzipation** wird in dem Zusammenhang verstanden als die Befreiung des Menschen als Individuum, Gruppenwesen und Gattungswesen..."
Röhrs (1970, 137), der in einer ganz anderen wissenschaftlichen Tradition steht, formuliert, inhaltlich erstaunlich ähnlich, daß "Bildung die Verwirklichung menschlicher Freiheit ..." und "eine stete geistige Erneuerung des Menschen **und** der Gesellschaft" ist, wobei es um die Entfaltung des Menschlichen und um die Wahrung der Humanität auch gegenüber der Arbeitswelt geht (ebd.).
Selbstbestimmung und Selbstverantwortung lassen sich in unterschiedlichen pädagogischen Sprachsystemen als allgemeine Zielsetzung finden. Vertreter einer empirischen Erziehungswissenschaft vermeiden "Bildung" als pädagogischen Kernbegriff wegen seiner Vieldeutigkeit und traditionellen weltanschaulichen Aufladung, die eine terminologisch-operationale Präzisierung im Zusammenhang deskriptiver Forschungsvorhaben erschweren.
Stattdessen werden der wohl nüchterner wirkende Begriff der "Erziehung" und "Lehren" und "Lernen" bzw. "Unterricht" bevorzugt (vgl. Brezinka 1978, 42-50 u. 72; ders. 1981, 38 f. u. 185 ff.; H. Roth 1976, 71 ff. u. 91 ff.; H. Roth nimmt allerdings gedanklich und terminologisch eine Zwischenposition ein, s. v.a. Bemerkung zur 3. und Vorwort zur 2. Auflage; H. Sturm 1974, 182; H. Fend 1986, 35 f.; Ulich 1986, 151 ff.; auch in der Didaktik hat sich dieser terminologische Wandel vollzogen; vgl. Klafki 1970 u. 71, Bd. 2, 55 ff. u. 129 f.).
Inhaltliche Analogien zu bildungstheoretischen Zielsetzungen finden sich allerdings auch hier, etwa wenn

Fend (1986, 34 f.) fordert, daß die Edukanden bei erziehungstechnologischen Fragestellungen prinzipiell "als freie Menschen" (a.a.O., 34) zu konzipieren sind, oder wenn einer Untersuchung über Lern- und Leistungsstörungen "die personale Integrität" der Schüler als Maxime vorausgestellt wird (H. Strobel 1975, 10; an anderer Stelle ist fachspezifischer von "Ich-Stärkung" und "Lernen ... in einer freien und befreienden Atmosphäre" die Rede, a.a.O. 147, wobei wiederum ein dem umfänglicheren bildungstheoretischen Freiheits- bzw. dem kritischen Emanzipationsbegriff teiladäquates Moment gemeint ist).

Der terminologische Stellenwert des Bildungsbegriffs allein kann somit nicht hinreichend über die tatsächliche Bedeutung bildungstheoretischen Denkens im ideengeschichtlichen Sinne innerhalb der gegenwärtigen Erziehungswissenschaft informieren.
Selbst die Suche nach expliziten bildungsgeschichtlichen Wurzeln bliebe unvollständig, da der fachsprachliche und theoretische Stand der jeweiligen Richtung von mannigfachen, auch modisch-kurzzeitigen Entwicklungen beeinflußt sein kann, die den ursprünglichen Kern der Theorie überlagern und sowohl die Tiefenstruktur als auch die Begriffstradition des Ansatzes nicht ohne weiteres erkennen lassen.
Außerhalb traditionsbewußter, vor allem geisteswissenschaftlicher Richtungen, die sich durch erhöhte begriffsgeschichtliche Reflexivität auszeichnen, arbeiten Erziehungswissenschaftler mit den inhaltlich und methodisch vorgefundenen Mitteln direkt am Gegenstand ihres Forschungsinteresses, ohne jeweils detaillierter die eigenen wissenschaftlichen Grundlagen in ihrer historischen Entwicklung mitzubedenken (vgl. z.B. Ulich 1986, 142; H. Lenk 1986, 7 ff.; Bollnow 1981, 21 f.; Devereux 1984, 157 ff.).
Das Aufspüren bildungsgeschichtlicher Traditionslinien

erfordert deshalb in vielen Fällen eine spezifische wissenschaftsgeschichtliche und erkenntnistheoretische Analyse, die bloße terminologische Zusammenhänge durchdringt, aber ideengeschichtlich analogisierende Beliebigkeit vermeidet.
Primärer Indikator für den Stellenwert des Bildungsbegriffs in der jetzigen Erziehungswissenschaft bleibt seine terminologische Präsenz. Daneben müssen historisch-systematische Beziehungen zum Bildungsbegriff berücksichtigt werden, insbesondere dort, wo "Bildung" nicht als theoriespezifischer Terminus fungiert.

Eine bemerkenswerte Dichotomie ergibt sich aus der Tatsache, daß zahlreiche moderne erziehungswissenschaftliche Theoriensysteme methodisch ohne den Bildungsbegriff auskommen, sich aber inhaltlich mit "Bildungs"-Phänomenen befassen. Ganz im Sinne pragmatischer und positivistischer Wissenschaftspositionen wird der Gegenstandsbereich der erziehungswissenschaftlichen Teildisziplin vorläufig, unscharf und gemäß dem historisch gewachsenen, allgemeinen Vorverständnis abgegrenzt (vgl. E. König 1986, 180 ff.).
Dementsprechend fehlt in den Inhalts- oder Stichwortverzeichnissen diverser pädagogischer Einführungen und Lexika zwar das Stichwort "Bildung", gleichzeitig findet man aber "Bildungsinstitutionen" (Hierdeis 1976, 175), "Bildungsforschung, -ökonomie, -planung, -politik" und "Bildungsrecht" (Hierdeis 1986, Bd. 1, Inhaltsverzeichnis, S. VII), "Bildungssoziologie" (Kritisches Lexikon der Erziehungswissenschaft und Bildungspolitik 1975, 390) oder "Berufliche Bildung" und "Erwachsenenbildung" (z.B. Wörterbuch Kritische Erziehung 1975, Inhaltsverzeichnis).
Wortkombinationen wie "Bildungswesen", "Bildungspolitik", "Bildungschancen", "Berufsbildung", "Schulbildung", "Erwachsenenbildung" sind im allgemeinen

Sprachgebrauch geläufig und haben sich auch als politisch-administrative und als sozialwissenschaftliche Begriffe durchgesetzt.

Neben ideologisch "verdächtigeren" Wortkombinationen, wie etwa "höhere Bildung", "Bildungsideal", und eindeutig wertenden Begriffen, wie "Bildungskatastrophe", ist in erster Linie "Bildung" selbst als Terminus umstritten.
In den natur- und sozialwissenschaftlich orientierten Disziplinen des erziehungswissenschaftlichen Gesamtbereichs, z.B. in Entwicklungs- und Sozialpsychologie, ist der Bildungsbegriff als Terminus technicus nicht zu finden (angesichts des allgemeinen Sprachgebrauchs, körperliche und formale Entstehungsprozesse z.B. als "Mißbildung", "Eiterbildung" und "Wortbildung" zu bezeichnen, und in Rückbesinnung auf die etymologische, von Paracelsus naturphilosophisch weiterentwickelte Wurzel des Bildungsbegriffs wäre dies durchaus denkbar; noch zu Beginn dieses Jahrhunderts findet der Bildungsbegriff z.B. durchaus eine entwicklungs- und sprachpsychologisch akzentuierte Verwendung, s. etwa "Wortbildung" bei Wundt 1911, 541 ff. und 615 ff.; oder bei P. Barth 1921, 50-77 "Willensbildung" und 139-149 "Gefühlsbildung" - neben den pädagogisch-intentionalen weist der Bildungsbegriff hier eindeutig auch organologische Züge auf).

Innerhalb der Pädagogik taucht der Bildungsbegriff zunächst in unverfänglicher Weise als geschichtlicher Forschungsgegenstand auf (s. z.B. Dohmen 1964 und 65; Lichtenstein 1966; ders. 1970; Johann 1976), allerdings werden auch im Rahmen einer historischen Thematik am Umgang mit dem Bildungsbegriff rasch wissenschaftliche Positionsunterschiede deutlich (s. etwa Lichtenstein 1962, wo schon der Untertitel - "... Bildung als geschichtliche Begegnung" - die gewissermaßen ungebrochene geisteswissenschaftliche Haltung verrät; vgl. demgegenüber Blankertz 1969, 9; Blankertz benutzt den Bildungsbegriff, bei allem Respekt vor der geisteswissenschaftlichen Tradition, doch in einer grundsätzlich kritisch-distanzierten Weise; bei F. Hofmann 1977, 86-99, 175 ff. u. 178 f. dient die Beschäftigung mit dem Bildungsbegriff schließlich nur noch der materialistischen Ideologiekritik vom marxistisch-leninistischen Standpunkt aus).

Der zweite, scheinbar unverfängliche Umgang mit dem Bildungsbegriff, nämlich in erwähnter dichotomer Weise das Wort "Bildung" methodologisch zu umgehen, sich aber "Bildungs"-Phänomenen, wie "Bildungschancen" und "Bildungspolitik", zuzuwenden oder sie terminologisch zu nutzen (s. etwa Zenke 1972; Hurrelmann 1975, 14 f. u. 45 f.; N. Weber 1973, 9-12), zeigt die historische Kraft des bürgerlichen Bildungsgedankens, der trotz ideeller Einbrüche die gesellschaftliche Entwicklung der letzten zwei Jahrhunderte begrifflich und strukturell nachhaltig beeinflußt hat.
Es bleibt daher zu befürchten, daß jegliche "Bildungs"-forschung, die sich um eine terminologisch-ideelle Auseinandersetzung mit den realgeschichtlichen Grundlagen von "Bildung" nicht kümmern will, sondern gegenwartsrelevante Fragen unmittelbar und begriffsgeschichtlich naiv angeht, sehr leicht auf eben diesen realgeschichtlichen Grundlagen unkritisch liegenbleibt. Eine empirische Untersuchung von "Bildungschancen" ruht letztlich weiterhin auf dem Fundament bürgerlicher Bildungsvorstellungen, so wie jede empirische Unterrichtsforschung eine bestimmte Form der pädagogischen Institutionalisierung voraussetzt.

Weder das methodologisch begründete Vermeiden des schwer zu definierenden Bildungsbegriffs in der empirischen Pädagogik noch die Ablehnung des tradierten

Bildungsbegriffs in der kritischen Erziehungswissenschaft bedeuten, daß "Bildung" in materialer Form, als Bildungssystem, oder in ideeller Form, als Vorstellung, transzendiert werden. Die begrifflich-lexikalische Ebene des Umgangs mit "Bildung" muß eben keineswegs identisch mit der strukturell-semantischen und schon gar nicht mit der pragmatischen sein. Die "realistische Wende" in der Erziehungswissenschaft (vgl. Reble 1981, 367 ff.) drückt primär ein stärkeres technologisches Interesse aus, ohne daß damit axiomatische Fragen unmittelbar berührt sind: Erkenntnisgewinn läßt sich zur betriebsinternen Optimierung im gegebenen Bildungssystem nutzen.

Kritik am Bildungsbegriff und Verwendung eines anderen Terminus mögen inhaltliche Divergenz bekunden, und doch kann der kritischen Richtung die gleiche ideelle Haltung zugrundeliegen - etwa die Orientierung am Individuum oder das Primat der Idee vor der Erfahrung (Ulich sieht z.B. die "kritische" Pädagogik mit der geisteswissenschaftlichen verhaftet; Ulich 1986, 142; trotz Vermeidens des Bildungsbegriffs verbliebe demnach die neue Richtung in der alten Bildungstradition).

Das skrupulöse Vermeiden des Bildungsbegriffs bei gleichzeitig unproblematisch-pragmatischem Gebrauch von Komposita mit "Bildung" in zahlreichen erziehungswissenschaftlichen Forschungsarbeiten scheint mir auf einen gesellschaftlich ungelösten Widerspruch im oben skizzierten Sinne zurückzugehen. Man kann sozusagen nicht einfach über den eigenen historischen Schatten in Form der unbewältigten Bildungstradition springen - terminologische Ausflüchte können weder über die reale Last noch über die ungebrochene ideelle Kontinuität mit "Bildung", wie sie geschichtlich gewachsen ist, täuschen.

Das Zurückgreifen auf den Bildungsbegriff nach der gesellschaftspolitischen und pädagogischen Ernüchterung

der ausgehenden 70er Jahre signalisiert, daß ein generell zufriedenstellender theoretischer Ansatz für die pädagogische Durchdringung der Erziehungs- und Bildungswirklichkeit bisher noch nicht gefunden worden ist.
In dieser Situation gewinnt historische, auch begriffsgeschichtliche Forschung innerhalb der Erziehungswissenschaft an Bedeutung.
Als ebenso nützlich kann sich der vorhandene Pluralismus in der pädagogischen Theorienbildung erweisen, indem der Facettenreichtum der gegenstandsbezogenen Probleme verdeutlicht wird, bevor eine monopolisierende "Lösung" das Bildungssystem nachhaltig beeinflußt. Die Tatsache, daß sowohl auf kritisch-progressiver wie auch auf konservativer Seite wieder über "Bildung" im grundsätzlichen Sinne nachgedacht wird, könnte ein geschärftes Bewußtsein für die historisch-gesellschaftlichen Gegebenheiten im Bildungsbereich andeuten, das sich nicht mehr so ohne weiteres für kurzfristige gesellschafts- oder wissenschaftspolitische Zwecke einspannen läßt.
Angesichts der historischen Relevanz des Bildungsbegriffs für die gegenwärtige Struktur des Bildungswesens in der Bundesrepublik dürfte ein kritisch-analytischer Umgang mit dem Terminus erziehungswissenschaftlich nicht zu umgehen sein. Verstärkte empirisch-technologische Forschungsaktivitäten müßten komplementäre theoriekritische und historische Analysen geradezu auslösen, nicht verdrängen, wenn die interne Wachsamkeit der Pädagogik gewährleistet bleiben soll (zur Wichtigkeit einer nach innen blickenden Wachsamkeit im Zeitalter der Technik s. Litt 1964, 85 f.).
Insofern ist der hermeneutische Umgang mit "Bildung" wissenschaftstheoretisch grundsätzlich legitimiert.
Die jüngste, faktische Aufwertung des Bildungsbegriffs innerhalb der Erziehungswissenschaft zeigt eine

Denkänderung in dieser Richtung an (Anzeichen einer generellen innovativen Wiederbelebung der geisteswissenschaftlichen Pädagogik verstärken diesen Eindruck; s. Langeveld/Danner 1981, 9 ff.; Lippitz 1986; Buck 1981, 13-18).

Neben historischen und ideologischen Faktoren, die sich auf die pädagogische Terminologie auswirken, bestimmt das Verhältnis der modernen Erziehungswissenschaft zu erkenntnisbezogener Totalität die Position des Bildungsbegriffs.
Stellvertretend für viele empirisch und sozialwissenschaftlich arbeitende Erziehungswissenschaftler läßt sich H. Fend mit seiner Einstellung dem Bildungsbegriff gegenüber zitieren (1986, 35 f.): "Es waren also, wenn es sich um das Proprium der Pädagogik gehandelt hat, Versuche, die Ganzheit der Person oder der Menschheitsentwicklung oder der Gesellschaft in ihrer Genese und auf ihr Ziel hin zu bestimmen. Wer wagt es, diesen Anspruch heute noch zu erheben? An seine Stelle ist ein vielfältiges einzelwissenschaftliches Bemühen um die Identifikation von historischen Entwicklungen und Problemlagen sowie eine Vielzahl von Vorschlägen über vereinzelte Problemlösungen getreten."
Angesichts wachsender gesellschaftlicher Komplexität und beschleunigter Differenzierung im Wissenschaftsbereich mit der damit verbundenen Wissensexplosion erscheint eine fundierte Gesamtdeutung pädagogischer Phänomene illusorisch. Die Integration der partikularen Erkenntnisse bleibt zwar auch für Fend ein wissenschaftliches Wunschziel. "Ein solcher Wurf ist aber nirgends in Sicht." (Fend a.a.O., 36).
Unter den pädagogischen Zentralbegriffen eignet dem Bildungsbegriff dieser Ganzheits- und Totalitätsaspekt besonders. "Bescheidenere" Bezeichnungen wie Lehren und Lernen werden deshalb in der empirischen Erziehungswissenschaft vorgezogen (vgl. Fend ebd.).

In jüngster Zeit ist allerdings ein genereller Trend beobachtbar, der von bloßen Einzeldaten weg- und wieder zu komplexeren Aussagensystemen hinführt. Soziale Mikro- und Makroanalysen bedienen sich zunehmend, oft gerade unter Verwendung großer statistischer Datenmengen, synthetisierender Modelldarstellungen. In der pädagogischen Diskussion weist die Rückkehr des Allgemeinbildungsbegriffs in dieselbe Richtung.
Die stärkere Strukturierung des Datenmaterials macht einerseits ein pragmatisches Umgehen mit den kumulierenden Informationsmengen überhaupt erst möglich. Andererseits erfaßt man bestimmte Phänomene aufgrund ihrer kohärenten Dynamik offensichtlich erst unter ganzheitlicher Betrachtung, ob es sich nun um psychosomatische, kommunikative oder kybernetische Prozesse handelt.
Hier wird, neben neueren, vor allem systemtheoretischen Ansätzen, der Bildungsbegriff in der Pädagogik wieder relevant (zum Systembegriff und zu systemtheoretischen Konzepten für die Pädagogik s. Oelkers/Tenorth 1987; Luhmann/Schorr 1979; zusätzlich Vester 1985, 18 ff. u. 469-489).
Schaller versucht, einen kritischen Bildungsbegriff zu formulieren, der "die peinliche Selbstbezogenheit des herkömmlichen Bildungsgedankens" überwindet (1986, 19 f.). Im Zentrum dieses Bildungsbegriffs steht das dynamische Moment inter-subjektiver Kommunikation, die sich an der Gestaltung der Lebenswelt, einschließlich politischer Handlungsimplikationen, orientiert (ebd). Die Tragfähigkeit des Schallerschen Bildungsbegriffs muß sich in ihrer theoretischen Spezifizierung und anwendungsorientierten Konkretisierung zeigen.

Einen ganz anderen Zugang zum Problem pädagogischer Ganzheitserfassung findet H. v. Hentig. Zwar spricht er aus einer geistesgeschichtlich geschulten Haltung

über die Bildungsproblematik (1986, 72-75), doch seine philosophische, primär formale, allgemeine und personale Bildungsauffassung berücksichtigt durchaus heutige gesellschaftliche Erfordernisse (ebd). Hentigs eher singuläre theoretische Position (vgl. a.a.O., 67) ist in erster Linie handlungspragmatisch orientiert (vgl. a.a.O., 67 u. 69 f.). Ausgangs- und Endpunkt seines wissenschaftlichen Bemühens ist die pädagogische Erfahrung. Bemerkenswertestes Merkmal des Hentigschen Ansatzes scheint mir nun der Verzicht auf systematisch-verobjektivierende Reduktion der Komplexität in der Theorienbildung zu sein (a.a.O., 70). "Die Wissenschaft von der Pädagogik soll eine vielgestaltige, sich wandelnde, eigenwillige Wirklichkeit erkennen und erklären helfen, ohne daß diese aufhört, vielgestaltig zu sein, sich zu wandeln, einen eigenen Willen zu haben" (ebd.). Deshalb, so sagt Hentig, "will und darf ich mir in der Pädagogik kein 'Objekt' machen" (ebd.).
Die theoretischen Verfahren der Pädagogik sind für Hentig mit "Bildung" als einem der pädagogischen Gegenstände sogar identisch (a.a.O.). Hentig erhält die ideelle Totalität des Bildungsansatzes als Abbild realer Kohärenzen, indem er seine pädagogische Theorie dialektisch mit der Praxis verknüpft (eine vergleichbare Verknüpfung von Theorie und Praxis zu einem neuen Ganzen findet sich in der Pädagogik des Pragmatismus; vgl. Schäfer 1986, 126 f.). Daraus ergibt sich eine aufklärerische Sensibilität, die auch vor Selbstkritik nicht haltmacht und ihr Bildungsmaß im verantwortet Machbaren statt im bloß Denkbaren oder bloß Machbaren findet (vgl. Hentig 1985, 15, wo er einräumt, bei der Gründung seiner Bielefelder Schulen "idealistisch" verfahren zu sein und um der Stimmigkeit der Idee willen die beteiligten Menschen vielfach überfordert zu haben; eine individuelle Korrekturfähigkeit dieser ausgeprägten Art wäre im pädagogischen Bereich prinzipiell wünschenswert).

Während sich die inhaltlichen Kritikpunkte am Bildungsbegriff, etwa der Weltfremdheit, des Idealismus oder des politischen Versagens (vgl. Danner 1986, 377; Groothoff 1973, 41 ff.; Bollnow 1966, 135 ff.; Giesecke 1973, 86-88), durch innovative programmatische Bildungskonzepte überwinden lassen (s. etwa Danner 1986, 392 f.; Gamm 1974, 150 ff.; Schaller 1986, 19 f.; Schlömerkemper 1986, 405-415), wird der Bildungsbegriff durch formale Kritik an seiner sprachlichen Struktur grundsätzlich in Frage gestellt.
Der Totalitätsaspekt einer Bildwerdung des Menschen ist, wie schon skizziert, für viele realwissenschaftlich arbeitende Wissenschaftler nicht mehr mit den vielfältig spezialisierten, immer weniger überschaubaren Ansprüchen der modernen, naturwissenschaftlich und technisch bestimmten Welt vereinbar (s. auch Dohmen 1978, 166).
Ebenso dissonant scheinen sich auf den ersten Blick existentialistische Ansätze zur programmatischen Ganzheitlichkeit, die der Bildungsbegriff impliziert, zu verhalten (s. Dohmen a.a.O. u. Bollnow 1966, 136 f.). Wenn man mit Dohmen (ebd.) den Existentialismus dadurch charakterisiert, daß er menschliche Vernunft und menschliche Kultur als tragende Fundamente unseres Lebens in Zweifel zieht, dann kann man ihn auch mit dem Begriff der "Bildung" nicht mehr ohne weiteres in Einklang bringen. "Wo der Glaube an die Natur und an die Vernunft des Menschen, wie auch der Glaube an die vom Menschen geschaffene Kultur- und Geisteswelt zerbrochen ist, da kann man auch in einer darauf bezogenen Bildwerdung des Menschen keine sinnvolle Aufgabe mehr sehen." (ebd.).
Der Umgang mit der krisenhaften Erfahrung existentieller Ungesichertheit im modernen Existentialismus findet allerdings, wie auch Dohmen (a.a.O., 168 f.) einräumt, eine Entsprechung in der mystisch-religiösen

Bildungslehre. Wenn Dohmen nun das existentialistische Ziel des rückhaltlosen Engagements als vita activa einer vermeintlich weltabgeschiedenen vita contemplativa der mystischen Bildungslehre gegenüberstellt, so hat er zumindest am Beispiel Meister Eckharts die sprachlich kaum faßbare, spannungsvolle Tiefe der christlichen Mystik in ihrem Kern nicht getroffen.
Nach der Eckhartschen Bildungsauffassung werden zwar alle organologischen und kulturbezogenen Programme nichtig - trotzdem bleibt "Bildung" in einem begrifflich kaum auslotbaren Sinn möglich. Wie die existentielle "Begegnung" (vgl. Bollnow 1959, 98 ff.), so entzieht sich jedoch auch diese "Bildung" vollständig dem menschlich "Machbaren".
Zur Formulierung existentieller und dialogischer pädagogischer Ansätze scheint sich der Bildungsbegriff gleichwohl noch heute zu eignen (vgl. den Bildungsbegriff bei M. Buber; Buber 1986, 51-63; ebenso bei Jaspers; Jaspers 1982, 127-129 u. 131; dann siehe Schäfer 1986, 122 u. 128 f.; Schaller 1978, 204 ff. u. 209 f.; Ballauff 1970, 10-13; Bollnow 1978, 28-39, v.a. 37; vgl. auch Renner 1983, 45 f. u. 58 f.).
Dabei muß die von dieser Seite vorgetragene Kritik an traditionellen humanistischen und realistischen Bildungsbegriffen (Ballauff 1970, 10-13) ernstgenommen werden. Ballauff etwa sieht "Bildung" antithetisch zu Leistung (a.a.O., 170-173). "Das wahre Lernen" ist so schwer, "weil in ihm nichts zu leisten ist, sondern zu hören und zu folgen, zu entsprechen und zu erfüllen" (a.a.O., 172). Die Ballauffsche Bildungsvorstellung deckt sich hier sehr weitgehend mit Vorstellungen in der humanistischen Psychologie, besonders in der Gestalttherapie. Dort wird der Arbeitsbegriff sogar für ich-bezogenes situatives Aufmerksamsein verwendet (s. Polster 1983, 203-206; der therapeutische Durcharbeitungsprozeß basiert auf ich-bezogener Bewußtheit der Empfindungen und Aktionen; "Bewußtheit" bzw.

"awareness" und "Arbeit" bzw. "work" sind in der Gestalttherapie gängige Termini).
Ballauff wendet sich auch gegen eine organologisch-harmonistische Bildungsauffassung. Bei dem Versuch, ein Verhältnis zwischen Sachlichkeit und Mitmenschlichkeit herzustellen, für Ballauff eine zentrale pädagogische Aufgabe (a.a.O., 175 f.), "waltet keine prästabilierte Harmonie" (a.a.O., 173).
Gegen die Vorstellung der Bildsamkeit im Sinne einer stetigen Entwicklung wendet sich Bollnow (vgl. Renner 1983, 54 ff.; Bollnow 1966, 136 f.). Er entwirft eine Pädagogik der unstetigen Formen (Bollnow 1959).
Gemeinsam ist den existenzphilosophisch beeinflußten Ansätzen die Ablehnung einer pädagogischen Verplanung des Menschen, sei sie kausalanalytisch oder intentional. Die Ganzheitlichkeit des existentiellen "Bildungs"-Prozesses ist weder universal noch pragmatisch - sie äußert sich in situativer Dramatik (s. Bollnow 1978, 33). Eine "Begegnung" etwa hat nicht der Mensch im Griff, sondern er wird von ihr ergriffen - oder sie ist keine (vgl. a.a.O., 35). Anstelle der Berechenbarkeit von Bildung rückt in der existentiellen Pädagogik die Verantwortlichkeit für den Bildungsaugenblick in den Vordergrund (s. hierzu Bollnow a.a.O., 36 f.; Ballauff 1970, 170, 172 u. 174 ff.; vgl. auch Renner 1983, 57-59).

Daß der Bildungsbegriff keineswegs deterministisch oder manipulativ sein muß, geht schon aus seiner Geschichte hervor - beinhaltet doch ursprünglich gerade der klassische Bildungsbegriff eine politische Sprengkraft, die sich gegen das Mechanische der Aufklärung wendet (vgl. Weil 1967, 265-267).
Insofern greift jede Bildungskritik, die auf ideologische Befangenheit und pädagogischen Dirigismus weist, ideelle Depravationen des klassisch-idealistisch geprägten bürgerlichen Bildungsdenkens an. Eine so

angesetzte Kritik legt die im Laufe der bürgerlichen Saturierung entstandene Kluft zwischen propagierten Bildungsansprüchen und Bildungswirklichkeit bloß, ohne daß sie den Bildungsbegriff fundamental antasten kann.
Dementsprechend finden sich Ansätze, die die pädagogische Wirklichkeit ideologiekritisch hinterfragen und den Bildungsbegriff weiterhin normativ verwenden (s. z.B. Heitger 1986, 49; Danner 1986, 377-393; nochmals Gamm 1974, 150 ff. u. Schaller 1986, 19 f.).
Inhaltlich und methodisch vergleichbar verfahren zahlreiche Ansätze im Gefolge kritischer sozialwissenschaftlicher Theorien, die zunächst den Eindruck einer fundamentalen Kritik am Bildungsbegriff vermitteln, indem sie das Wort "Bildung" durch äquivalente programmatische Termini, wie "Emanzipation" (vgl. Zenke 1972, 204 ff.), "emanzipatorische Sozialisation" (Hurrelmann 1975, 74 ff.), "emanzipatorische Mitbestimmung" (Giesecke 1973, 100 f.) oder "Qualifikation" (Becker 1972, 24 ff.; Mollenhauer 1974, 53) ersetzen (vgl. auch Tenorth 1986, 25). Auch hier wird die Bildungskritik an spezifischen idealistischen Bildungsauffassungen geäußert (s. Giesecke 1973, 93 f.), so daß der Bildungsbegriff nicht per se in Frage gestellt ist.
Die letztgenannten Ansätze haben allerdings wichtige Impulse für bildungstheoretische Überlegungen erbracht, indem sie nachhaltig auf die politische Dimension pädagogischen Handelns hinwiesen (s. z.B. Mollenhauer 1974, 9 ff.).

Im Zusammenspiel mit idealistischen und sozialtechnologischen Richtungen erfüllen reformulierte geisteswissenschaftliche, kritische oder materialistische Bildungs- und Handlungstheorien weiterhin eine notwendige Funktion als erkenntniskritisches Regulativ in der Erziehungswissenschaft.
Interessant ist in diesem Zusammenhang etwa der Entwurf einer Hermeneutischen Pädagogik bei G. Buck (1981).

Buck versteht "Bildung" zwar in geisteswissenschaftlicher Weise als Wissen, das den Menschen in ein Verhältnis mit ihm selbst setzt (a.a.O., 19), aber primär ist diese Bildung handlungsbezogen und pragmatisch konstruiert (a.a.O., 20-23). Ein Bildungsverständnis, das nicht lebenspraktisch ausgerichtet ist und sich auf eine Form der Gelehrsamkeit beschränkt, stellt für Buck eine Mißdeutung von "Bildung" dar (a.a.O., 20 f.). Deshalb steht die Reflexion über das Handeln im Mittelpunkt der Buckschen Bildungstheorie (a.a.O., 23).
Die erkenntnistheoretische Relevanz des Ansatzes zeigt sich im Umgang mit dem Phänomen des "Unbewußten" (a.a.O., 31-37). Hermeneutik, identisch mit Bildung (a.a.O., 24 u. 35), ist "als Bewußtmachung des im praktischen Vollzug der Leistungen relativ unbewußt Bleibenden eine Form der Aufklärung des gelebten Lebens ... vor allem aber ist sie Selbstaufklärung des in den Zusammenhängen der Lebenspraxis wie der Erkenntnispraxis (Wissenschaft) tätigen Subjekts ... Selbstkonfrontation und insofern auch mögliche Selbstkritik ist die Leistung dieser hermeneutischen Reflexion." (a.a.O., 34).

Bei manchen geisteswissenschaftlichen Pädagogen kann man andererseits noch recht ungebrochene idealistische Vorstellungen von Totalität vorfinden, die sich über einen neuhumanistisch anmutenden Bildungsbegriff ausdrücken.
Theoretisch orientieren sich diese Ansätze am Individuum, der ideellen Dimension des Menschen und an ethischen Axiomen (vgl. z.B. Stippel 1966, 11 ff., 18 u. 25 ff.; Benner 1978, 351 ff.; Petzelt 1986, 159-165). Bildung wird als geistige und sittliche Selbstbildung definiert (s. Stippel a.a.O., Petzelt a.a.O.). Hervorgehoben wird außerdem der Bezug zum Lebensganzen als zentraler Bildungsaspekt (s. Stippel a.a.O., 21 f.; Petzelt a.a.O., 164 f.; vgl. auch Pleines 1986, 102;

der Begriff der Allgemeinbildung kreist um den nämlichen Punkt, vgl. Tenorth 1986, 19 ff.).
Seien diese Konzepte nun eher formal, von der personalen Dynamik her, oder material, enzyklopädisch und von Sachobjektivationen her gedacht, gemeinsam ist ihnen eine vormodern wirkende, "heile" Sicht der Realität.
Die Fragmentarisierung der menschlichen Wirklichkeit im Industriezeitalter und das Erkenntnisproblem des Subjekt-Objekt-Verhältnisses werden kaum in ihrer zeitgemäßen Tragweite aufgegriffen. Ein sich zu subjektiver Gewissens- und Herzensbildung idealisierender Bildungsbegriff (s. Stippel 1966, 11, 18 u. 34; auch Petzelt 1986, 165 f. u. 179 ff.) kann, nachdem er schon historisch gescheitert ist, heutigen erkenntnistheoretischen und handlungstheoretischen Ansprüchen nicht mehr genügen (zur Ablehnung eines subjektbezogenen Bildungsbegriffs vgl. Pleines 1971, 63 u. 72 ff.; siehe auch H. Moser 1977, 9).
Mit dem Verlust seines Universalitätsanspruchs wird dieser Bildungsbegriff generell fragwürdig (vgl. Pleines 1971, 18 f.). Unhistorisch und axiomatisch formulierte Bildungskonzeptionen in der Nachfolge neuhumanistischer Vorlagen halten diachronischen und synchronischen Erkenntnissen aus empirisch oder strukturanalytisch vergleichender Forschung nicht stand. Gesellschaftsanalyse, Kulturvergleich und anthropologische Daten widersprechen vielfach der universell verstandenen Grundannahme eines subjektorientierten, am Individuum ausgerichteten Bildungsgeschehens. Die moderne Sozialisationstheorie hat uns demgegenüber die gesellschaftliche Bedingtheit der "Bildung" nachgewiesen (vgl. Hurrelmann 1974, 13-46), und verhaltensbiologische Aussagen erinnern uns an ihr evolutives Fundament (s. Hassenstein 1987, 15-24; vgl. hierzu auch Liedtke 1976, 56-60 u. 63).
Nun lassen sich die traditionalistisch-idealistischen

Bildungskonzeptionen weniger als deskriptive Theorieentwürfe denn als präskriptive Zielentwürfe verstehen, denen man auch unbestreitbar wichtige Informationen für pädagogische Wertfragen entnehmen kann. Allerdings verlieren die programmatischen Bildungsaussagen in dem Maße an Gewicht, in dem sie auf unerlaubten Generalisierungen fußen und eine historisch adäquate Konkretisierung für die jeweilige gesellschaftliche Situation vermissen lassen. Ein gültiger Bildungsbegriff könnte heute seine universelle Grundlage wohl höchstens eingedenk der Tatsache zunehmend beschleunigter und unüberblickbarer gesellschaftlicher Differenzierungsprozesse finden, denen ein ontischer Eigenwert zukommt. Auf idealisierte Totalität im Sinne einer reduktionistisch konstruierten Ganzheitlichkeit muß dabei verzichtet werden. Daß dies möglich ist, zeigt der Paracelsische Bildungsbegriff, der bei aller naturphilosophischen Totalität jede beobachtete Individualisierungstendenz in der Natur ernstgenommen hat.

Eine mögliche bildungstheoretische Antwort auf das Problem der rapide anwachsenden Wissenskumulation und des Verlustes an geistiger Universalität findet sich im Prinzip der produktiven Einseitigkeit, wie es F. von Cube im Anschluß an Kerschensteiner formuliert (v. Cube 1960, s.v.a. 47-49 u. 85 ff.).
Anstelle umfassender, allgemeiner Bildungsbemühungen wird eine spezifische Intensität des Prozesses angestrebt (a.a.O., 44 ff.). Die Totalität des Bildungsgeschehens liegt dann in der individuell ganzheitlichen Aneignungsform, mit der das Bildungsgut erfaßt und verarbeitet wird, begründet (vgl. a.a.O., 48). Ein echter Bildungsprozeß kann sich für F.v.Cube nur "in eigener, aktiver produktiver, geistiger Tätigkeit" ereignen (a.a.O., 85). Dies setzt voraus, "daß die Struktur der Individualität mit der Struktur des Kulturgutes zusammenfällt" (ebd.).

Die Reflexion des Spannungsverhältnisses von Person und Sache - wohl eine der zentralen pädagogischen Relationen - ist bis heute ganz wesentlich an den Bildungsbegriff und dessen Diskussion geknüpft.
Die historischen Auseinandersetzungen um "formale" und "materiale" Bildung gehören hierher, aber auch deren bildungstheoretische Überwindung durch dialektische Gedankengänge (etwa bei Derbolav 1971, 40 f. u. 77 f.; ders. 1979, 46-66; vgl. auch Pleines 1971, 81-85 u. 90 ff.; Schmied-Kowarzik 1974, 7-10 u. 65-114).
Klafkis Konzept der "kategorialen Bildung" hat nicht nur die Didaktik erheblich bereichert (s. Klafki 1964, 291-458), sondern die Unzulänglichkeit einer dichotomen Vorstellung von subjekt- und objektorientierter Bildung grundsätzlich herausgearbeitet (s. Klafki 1972, 38-45, v.a. 38 f.; vgl. auch Blankertz 1969a, 45-48).
Die ständig wiederkehrenden schulpolitischen Auseinandersetzungen um Wissenschaftsorientierung oder Schülerorientierung (etwa innerhalb der Grundschuldidaktik, vgl. Rabenstein 1986, 261 f.) spiegeln das reale Spannungsgefüge zwar wieder, bewegen sich aber oft auf einem unzureichenden, weil nicht dialektisch durchdachten Niveau. Die Ergebnisse sind dann in Form überladener und überfordernder oder einseitig simplifizierender, "volkstümlicher" Lehrpläne zu sehen.
Für eine angemessene theoretische Aufarbeitung des verschränkten Zusammenhanges von sachbezogen-objektiven und personal-subjektiven Momenten im pädagogischen Geschehen scheint der Bildungsbegriff jedenfalls trotz aller Problematik nützlich zu sein, weil er sich einer begrifflichen Fragmentarisierung zunächst eher entzieht (vgl. Klafki 1972, 38 f.; Litt 1964, 27).

In seiner Eignung zu einer ganzheitlichen Erfassung der pädagogischen Wirklichkeit ähnelt der modernere Systembegriff dem Bildungsbegriff. Gerade von systemtheoretischer Seite ist nun aber eine besonders ernstzu-

nehmende Kritik am Bildungsbegriff geäußert worden, die "Bildung" tatsächlich fundamental in Frage stellt.
Die ursprünglich keineswegs auf das schulische Erziehungssystem beschränkte Idee der Menschenbildung wird historisch betrachtet erst mit dem Zusammenbruch der subjektmetaphysischen, klassischen Bildungsspekulation systemfunktional spezifiziert (Luhmann/Schorr 1979, 81).
Dieser Zusammenbruch hat der Pädagogik nach Luhmann/Schorr die Bildungsidee "metaphysisch verwaist als einen ungedeckten Begriff" mit einer pädagogisch zunächst plausibel erscheinenden Ausrichtung auf das Individuum hinterlassen (ebd.).
Insbesondere bleibt dabei aber ungeklärt, wie sich von dieser Basis aus Reflexionsprobleme des ausdifferenzierten Sozialsystems für Erziehung thematisieren lassen (vgl. ebd.). Im Bildungsbegriff als pädagogischer Kontingenzformel (zum Begriff der pädagogischen Kontingenzformel s. Luhmann/Schorr 1979, 58-73) sehen Luhmann/Schorr eher die Gefahr der "Hypostasierung einer Einzelfunktion der Gesellschaft als Grundlage aller" (ebd.), und damit einer systemspezifischen Überzogenheit der eigenen Ansprüche (a.a.O., 82). Mit einem subjektorientiert verstandenen Bildungsbegriff "kommt man nur zu einer vom Individuum abgeleiteten Autonomie und nicht zu einer Reflexion des Erziehungssystems selbst. Die Leistungsbeziehungen des Erziehungssystems werden dethematisiert ..." (a.a.O., 82).
Auf diese Weise kann man auch die in Deutschland immer wieder beobachtbare Kluft zwischen pädagogischer Idee und pädagogischer Wirklichkeit erklären, die schon Litt an der Tauglichkeit des Bildungsbegriffs zweifeln läßt (1964, 24; in erster Auflage 1957).
Um weiterverwendbar zu sein, wird der individualistische Bildungsbegriff durch Extension und Generalisierung gerettet. Dadurch wird "Bildung" zur Leerformel (Luhmann/Schorr 1979, 83). "Am Ende ist Bildung nur

noch ein Ersatzausdruck für Erziehung, der anscheinend immer dann einspringt, wenn es gilt, Orientierungslosigkeit durch Berufung auf Werthaftes zu überspielen." (ebd.).

Wie ungeklärt und zweifelhaft, aber bedeutsam die Rolle des Bildungsbegriffs noch heute ist, zeigt der beliebte Versuch, das terminologische Problem in erziehungswissenschaftlichen Publikationen dadurch zu umgehen, daß einfach von "Bildung und Erziehung" gesprochen wird. Man erspart sich im Einzelfall zwar aus forschungspragmatischen Gründen begriffsdefinitorische Stellungnahmen und Abgrenzungen, einer historisch gültigen Begriffsfindung wird damit aber nicht gedient.
Natürlich wäre es wissenschaftlich unzweckmäßig, wenn sich jeder einzelne Erziehungswissenschaftler näher um fundierte analytische Klärung pädagogischer Zentralbegriffe bemühte. Gerät "Bildung und Erziehung" aber zum konventionellen erziehungswissenschaftlichen Standardkürzel, so droht doch ein allmählich substantiell werdender Verlust an begriffskritischer Erkenntnis in Bezug auf wesentliche Teile der pädagogischen Terminologie.

Die systemtheoretische Kritik am Bildungsbegriff wegen dessen Verhaftetsein am Individualitätsgedanken berührt inhaltlich nichts grundlegend Neues. Allerdings erbringt die auf das Erziehungssystem bezogene Betrachtung interessante und folgenreiche Aspekte. Für Luhmann/Schorr mußte die Kontingenzformel Bildung scheitern, weil sie nicht genau genug auf die gesellschaftliche Funktion von Erziehung zugeschnitten war (1979, 84).
Angesichts der Inklusion der Gesamtbevölkerung in den Prozeß ausdifferenzierter, schulischer Erziehung erwies sich der eher esoterische und schichtabhängige Bildungsbegriff als nicht spezifisch und zugleich paradoxerweise als nicht universell genug (a.a.O., 84): Eine dem

modernen Erziehungssystem angemessene pädagogische Kontingenzformel muß nämlich für jede Art Unterricht in Betracht kommen und zugleich eine nur im Unterricht erreichbare Spezifikation aufweisen (ebd.). "Bildung" zeichnet sich noch durch die Selbstreferenz der Person in ihrem Verhältnis zur Welt aus (a.a.O., 85). Mit höherem gesellschaftlichen Komplexitätsgrad paßt sich die Bildungsformel dem allgemeinen Bedarf an sozialer und personaler Umstellfähigkeit im selektiven Verhalten nicht mehr an (a.a.O., 87). Das zeitgemäße Konzept drückt sich daher für Luhmann/Schorr in der Kontingenzformel der generell einsetzbaren "Lernfähigkeit" aus (vgl. a.a.O., 84-94, bes. 85).
Daß diese systemtheoretische Sichtweise einige alte Widersprüche erneut hervorkommen läßt und daher dem Bildungsbegriff keineswegs in allen Punkten das Wasser abgraben kann, zeigen die polarisierenden Relativierungen der Formel Lernfähigkeit durch Luhmann/Schorr: "Andererseits läuft schrankenlose Lernbereitschaft auf ungehemmte Anpassungswilligkeit hinaus (...) Das käme einem Verzicht auf Normativität gleich, einem Verzicht auf Gewissen (...) Verabsolutiert man Lernfähigkeit, erfordert sie demnach auf der technischen Ebene Rigidität, auf der Reflexionsebene beliebige Anpassungsfähigkeit." (a.a.O., 90). Obwohl Luhmann/Schorr selbst resümieren, daß sich mit diesem Widerspruch keine Reflexion der Technologie des Erziehungssystems entwickeln läßt (a.a.O.), ist die erziehungswissenschaftliche Diskussion nach der realistischen Wende doch in erheblichem Ausmaß auf diesem Niveau geführt worden (beispielhaft kann hier W. Brezinka genannt werden, der für einen rigiden Dualismus von empirisch-"wissenschaftlicher" und normativer Pädagogik eintritt; vgl. Brezinka 1978, 71 f., 73-78 u. 100-103; die Fruchtlosigkeit dieser Sichtweise zeigt sich in Brezinkas Abwertung praktischer Fragestellungen: "Eine praktische Theorie der Erziehung hat einen praktischen

und keinen wissenschaftlichen Zweck ...", a.a.O., 243; handlungstheoretische Ansätze müßten demnach als "unwissenschaftlich" gelten).
Bei der Lektüre des systemtheoretischen Ansatzes kann man sich zudem des Eindrucks nicht erwehren, daß, von einer metatheoretischen Warte aus betrachtet, auch dieses zugegebenermaßen erkenntnisfördernde Konzept pädagogische Technologie und pädagogisches Gewissen theoretisch fragwürdig dichotomisiert. Als Beleg mag folgende Stelle dienen: "Die Formel Lernfähigkeit gehört dagegen in eine funktional differenzierte Gesellschaft, die ... es fast nur noch damit zu tun hat, die Folgeprobleme hochriskanter Strukturentscheidungen wenigstens einigermaßen in den Griff zu bekommen." (Luhmann/Schorr 1979, 93). Nicht nur die Wortwahl erinnert verdächtig an eine einseitig technologiefreundliche und wenig risikoscheue Fortschrittsgläubigkeit, die den altertümlich wirkenden Bildungsbegriff, wenn man ihn mehrmals hin- und herwendet, gerade wegen seiner strukturell werthaften Komponente vergleichsweise sympathisch und mit global gewordenen Problemen sogar funktionaler erscheinen läßt. Jedenfalls kann mit keinem Bildungsbegriff die Illusion einer wertneutralen Handlungsmöglichkeit genährt werden, dazu ist er zu programmatisch. Der technologische Spielraum einer expliziten Bildungstheorie wird nur innerhalb der gegebenen Legitimationsgrenzen verfügbar. Für die Entwicklung einer erkenntnis- und gesellschaftskritischen pädagogischen Terminologie will das bedacht sein.

Die systemtheoretische Kritik am Bildungsbegriff geht dahin, daß der Begriff den spezifischen Aufgaben des erzieherischen Funktionsbereichs nicht gerecht wird. Welcher Art die neueren, pädagogisch angemessenen Kontingenzformeln aus systemtheoretischer Sicht sind, wird an Luhmanns theoretisch interessanter Differenzierung systemfunktionaler Verhaltenssteuerung in Codierung und Programmierung erkennbar (Luhmann 1986, 154-182; vgl. hier 154 ff.). Nach Luhmann ist die Dualität von Codierung und Programmierung in der modernen Gesellschaft grundlegend und läßt sich nicht weiter hierarchisieren (a.a.O., 155). "Sie kulminiert nicht mehr in einem übergeordneten Guten (...) Das bedingt einen Verzicht auf die Idee des allgemeinen und unveränderlichen Richtigen (...) Es gibt nur noch den operativen Zusammenhang funktionsspezifischer Codes und code-spezifischer Programme ..." (Luhmann a.a.O., 155). Welche theorieinternen Probleme diese Ansicht - oder diese gesellschaftliche Realität, wie immer man den Zusammenhang sehen mag - zeitigt, haben wir etwas weiter oben schon gesehen: "Schließlich entkommt die stellenweise bestechend schlüssige Luhmannsche Systemtheorie doch nicht dem Dilemma, Adaptivität und Normativität irgendwie integrieren zu müssen (s. nochmals Luhmann/Schorr 1979, 90). Nun möchten die Autoren selbst die letztgenannte Antinomie partout auf systemfunktionale, operationsanalytische Weise, mithin ohne normative Kategorien bewältigen. Durch den Aufbau funktionsspezifischer Komplexität muß sich das jeweilige System nach Luhmann zunehmend mit seiner eigenen Komplexität beschäftigen (Luhmann 1986, 155; s.auch Luhmann/Schorr 1979, 93). Das könnte aber auch für die Systemtheorie selbst gelten - vielleicht ist der dargestellte, systemfunktionale Mangel an Normativität und Zentrierung erstens gesamtgesellschaftlich doch disfunktional und zweitens primär aus dem eigenen theoretischen Denkstil abgeleitet, der sich segmentierte, normativ defizitäre Systembereiche konstruiert, in deren interner Komplexität die Funktionsanalyse dann herumkreist.

Wenn Luhmann die Universalität rein operativer, damit wertfreier Codes als systemfunktionaler Totalkonstruktionen gegenüber nur punktuell gültigen, inhaltlich bestimmten Prinzipien herausstreicht (Luhmann 1986, 157), so wird über diese informationstechnologische Analogie nicht nur die quantitativ unübersehbare Leistungsfähigkeit, sondern auch der qualitativ fatale Mangel der "Code"-Formel deutlich. Während allerdings im Falle des Computers der binäre Code als operative Arbeitsgrundlage fungiert und mit der inhaltlichen Programmwahl zu einem kalkulierten Subsystem zusammenwächst, das seinen obersten Bezugspunkt in der menschlichen Intention findet, gerät der systemtheoretische "Code" unversehens zum Selbstzweck, der sich unkontrolliert und schrankenlos selbst perpetuiert, wobei die prinzipiengeleiteten "Programme" nur noch als beliebig austauschbare Maschinennahrung dienen (vgl. Luhmann 1986, 155-159).

Auf das Erziehungssystem übertragen kreidet Luhmann der Pädagogik das vorherrschende Bemühen um Ziele und methodische Ideale an, das er als Ausdruck eines Defizits an Technologie deutet (a.a.O., 158 f.). Mit dieser Einschätzung liegt die Systemtheorie in weiten Bereichen der pädagogischen Wirklichkeit sicher richtig. Wenn jedoch "soziale Selektion" als spezifischer Code des Erziehungssystems herausgestellt wird (a.a.O., 160 f.), so überschreitet diese hypothetisch eineindeutige Zuordnung gemäß der Luhmannschen Prämisse, Codierung und Programmierung seien nicht mehr hierarchisierbar, ihre deskriptive Funktion und nimmt einen pädagogisch axiomatischen Zug an (s. a.a.O., 161-167). Mit anderen Luhmannschen Worten: "Bei einem solchen Grundriß stellt sich nicht mehr die Frage, welche Werte den Sinn des Systems zum Ausdruck bringen und wieviel Idealität realisiert werden kann." (a.a.O., 167). Dagegen müssen die jeweiligen Programme dem binären Selektionscode funktionsspezifisch Rechnung tragen: "Dann versagt jede teleologische, auf ein gutes Ende ausgerichtete Strukturierung des Systems; denn das System muß in seiner Programmatik ja auch die Möglichkeit vorsehen, den <u>negativen</u> Codewert <u>richtig</u> zuzuteilen." (ebd.). Mag dies als realistische Zustandsbeschreibung eines

fragwürdigen pädagogischen Systems, das individuelle Förderung faktisch hinter soziale Auslese stellt, hingehen, als systemfunktionale Festschreibung ohne kreativ-antizipative theoretische Potenz bleibt dieser Blickwinkel systemimmanent und wird dadurch - bildungstheoretisch gesprochen - inhuman.
Bei allem Respekt vor der theoretischen Schärfe des Luhmannschen Ansatzes, der wichtige erziehungswissenschaftliche Erkenntnisse eröffnen kann, ist an die Systemtheorie die normative Frage zu richten, wo sie ihren obersten Bezugspunkt finden oder ob sie tatsächlich gänzlich auf einen solchen verzichten will. Denn "... daß diese Gesamtstruktur die Operationen des Systems scharf limitiert und keineswegs geeignet ist, eine allseitige Bildung des Menschen im Sinne einer größtmöglichen Realisierung der Menschheit im Einzelnen herzubringen" (a.a.O., 179), das läßt sich wirklich rasch erkennen. Eine bloße Selbstbescheidung in ein solcherart systemfunktional rudimentiertes Lernprogramm würde gegenüber der klassischen Bildungsidee nicht nur einen erheblichen ideellen Verlust signalisieren, sondern durch einseitiges Setzen auf die Funktionalität auch die Gefahr instrumenteller gesellschaftlicher Verfügbarkeit verstärkt heraufbeschwören.
Ob hiergegen ein kritisch entwickelter Bildungsbegriff nicht resistenter wäre, bliebe erziehungswissenschaftlich im einzelnen zu prüfen.

Der Bildungsbegriff kann schon deswegen in der Pädagogik nicht gut übergangen werden, weil er alltagssprachlich fest verankert ist. Jemandem "Bildung" zu- oder abzusprechen gehört im deutschsprachigen Raum zu den allgemeinen, wenn auch keineswegs eindeutigen Ausdrucksweisen. Was man heute üblicherweise unter dem Begriff der "Bildung" versteht, läßt sich als eine besondere Verflechtung der wesentlichen historischen Grundbedeutungen von

"Bildung" fassen (vgl. Dohmen 1978, 164-166). Obwohl der klassische Bildungsgedanke mit allen seinen Schattierungen angesichts der modernen gesellschaftlichen Bedingungen als historisch überholt gelten kann, so ist die grundsätzliche Untauglichkeit des Bildungsbegriffs für die Erziehungswissenschaft keineswegs erwiesen. Die Bildungskritik hat diesbezüglich überwiegend zu kurz gegriffen. Ansätze, die den Bildungsbegriff fundamental erschüttern, fordern entweder eine existentialistisch radikalisierte Verantwortlichkeit für jedes aktuelle Handeln, oder sie haben sich mit der Segmentierung des gesellschaftlichen Lebens funktional arrangiert. Der diesen Ansätzen inhärente Verzicht auf Geschichtlichkeit oder Parteilichkeit im Denken bedeutet jedoch einen hohen erziehungswissenschaftlichen Preis und verdeutlicht gleichzeitig die potentielle Stärke des Bildungsbegriffs.

1.3 Der injunktive Charakter des Bildungsbegriffs und das Problem der begrifflichen Schärfe

Die skizzierte Vielschichtigkeit des Bildungsbegriffs bedingt einige Probleme bei dem Versuch, die pädagogische Wirklichkeit mit "Bildung" definitorisch zu fassen. Aufgrund der Mehrdeutigkeit von "Bildung" käme es begriffsintern darauf an, geeignete Bedeutungsstrukturen auszuwählen und die Prädikation intensional zu normieren, um die inhaltliche Gültigkeit des Terminus zu präzisieren (vgl. Kamlah/Lorenzen 1973, 70-78; Pawlowski 1980, 55-62 u. 75). Extern müßte der Umfang des Bildungsbegriffs gegen konkurrierende pädagogische Grundbegriffe abgegrenzt werden, um terminologische Schärfe und Relevanz zu erzielen (vgl. Pawlowski 1980, 75-79).
Den formallogischen Erfordernissen nach intensionaler und extensionaler Exaktheit (vgl. Pawlowski 1980, 55-62 u. 75-79; s. auch R. Lay 1971, 281 f.) steht die strukturelle Besonderheit des Bildungsbegriffs gegenüber.

Welches Bildungsverständnis man auch zugrundelegen mag, "Bildung" impliziert immer ein Moment von Universalität und Totalität. Solch eine umfassende Kategorie muß zwangsläufig im Detail unscharf bleiben. Darüberhinaus besteht der ideelle Reichtum des Bildungsbegriffs gerade in seiner historisch gewachsenen Bedeutungsdifferenzierung (s. auch Röhrs 1970, 134). Die geläufige Bildungskritik des 20. Jahrhunderts richtete sich ja im wesentlichen gegen einen sukzessive verkümmerten, epigonal pervertierten Bildungsbegriff, der seine ursprünglich innovative Kraft durch sprachliche Schablonisierung und politischen Mißbrauch verloren hatte. Dabei stellt schon der klassisch-idealistische Bildungsbegriff eine Eingrenzung des Wortfeldes von Bildung dar (vgl. Pleines 1971, 16 f.), und selbst im bildungsidealistischsten Sinne versteht man heute das Wort Bildung in einer inhaltlich bereits verengten Bedeutung (vgl. ebd.; man erinnere sich an die gedankliche Weite des Eckhartschen und des Paracelsischen Bildungsbegriffs, die bestenfalls rudimentär in das heutige, vor allem von neuhumanistischer Tradition geprägte Bildungsverständnis einfließen). Der klassisch-idealistisch beeinflußte, uns noch heute leitende Sprachgebrauch bestimmt "Bildung" vergleichsweise einseitig als personorientiertes, aktives pädagogisches Gestalten (vgl. Pleines ebd.).

Eine größere Schlüssigkeit des Bildungsbegriffs ließe sich in Zukunft vielleicht gerade aus einer historisch-kritischen Öffnung für die älteren begrifflichen Nuancen gewinnen (Danner plädiert dafür, auf die "Sache" der Bildung zu schauen, die weit umfassender sei als ihre neuhumanistische Gestalt; Danner 1986, 380 f.; sein Vorschlag führt allerdings deutlich zu einer begriffsferneren, ideengeschichtlichen Aufarbeitung, s. ebd.). De facto erweist sich aus der historischen Betrachtung des Bildungsbegriffs, daß der Terminus durch jede semantische Eingrenzung im Verlaufe seiner begriffsgeschichtlichen Entwicklung in die Gefahr spezifischer Aberrationen geriet.

Nun trifft das zunächst für alle terminologischen Präzisierungen im sozialwissenschaftlichen Bereich zu.
Beim Bildungsbegriff kommt jedoch erschwerend hinzu, daß er sich üblichen definitorischen Bemühungen strukturell entzieht (vgl. Brezinka 1978, 49 u. 276 f.; Giesecke 1973, 81 f.; Flitner 1980, 26 ff.; Danner 1986, 377 u. 380 f.). Der dem Bildungsbegriff anhaftende Ganzheitsaspekt (beispielhaft läßt sich immer noch H. Nohl zitieren, der von der Aufgabe eines einheitlich geformten Lebens spricht, Nohl 1933, 27, bzw. von der "inhaltlichen Einheit" der Bildung, a.a.O., 77; Petzelt 1986, 164, spricht davon, "die Vielheit zu einer Einheit zu produzieren"; bei Pleines 1971, 16, ist von der "Repräsentanz des Ganzen" die Rede; vgl. auch Danner 1986, 391) bedingt, daß das mit "Bildung" Gemeinte sich eher durch analoge sprachliche Verfahren beschreiben läßt (zur Bedeutung von Analogien im pädagogischen Denken s. H. Scheuerl 1967; Lassahn deklariert bildungstheoretische Entwürfe als "Bildvorstellungen" und als "Bildentwürfe", s. Lassahn 1983, 12; auch Flitner weist auf die grundsätzliche Vieldeutigkeit und Bildhaftigkeit des Bildungsbegriffs hin, ders. 1980, 26 ff. u. 116 f.). Dadurch wirken bildungstheoretische Darlegungen begrifflich notwendigerweise vage, wenn man einen Vergleich zu sprachlich normierteren natur- oder sozialwissenschaftlichen Ansätzen herstellt (zur begrifflichen Vagheit vgl. Pawlowski 1980, 75-79).
Neben dem Problem einer eindeutigen Auslegung von "Bildung" ergibt sich die Schwierigkeit, daß der vieldeutige Terminus nach außen nicht scharf abzugrenzen ist. Bedeutungsüberschneidungen zu Nachbarbegriffen wie "Personalisation", "Sozialisation" und "Erziehung" sind nicht zu vermeiden. Insbesondere im Verhältnis des Bildungsbegriffs zum ähnlich weiten und vieldeutigen Erziehungsbegriff läßt sich eine verwirrende Vielfalt von terminologischen Ordnungs- und Klärungsversuchen ausmachen (vgl.

im Überblick E. Weber 1972, 61 u. Xochellis 1973, 13 f.), die in ihrer Gesamtheit keinen klaren Eindruck hinterlassen.
Allerdings führen auch Versuche, die pädagogischen Zentralbegriffe in disjunktiver Exaktheit zu formulieren, wie es vor allem Brezinka (1978, 78-90) fordert, zu letztlich unbefriedigenden Ergebnissen. Brezinkas eigene Definition des Erziehungsbegriffs etwa (s. a.a.O., 45) ist nicht nur "ein sehr allgemeiner Begriff auf einer hohen Generalisationsstufe", der "einen geringen Inhalt, aber einen großen Umfang" hat (a.a.O.), sondern sie weist dieselben Merkmale der Vagheit und Mehrdeutigkeit auf, die der Autor an verschiedenen Wortbeispielen aus der pädagogischen Fachsprache anprangert (vgl. a.a.O., 78-90). Wenn Brezinka in seiner Definition von "Erziehung" schreibt, daß darunter "Handlungen" verstanden werden, "durch die Menschen versuchen, das Gefüge der psychischen Dispositionen anderer Menschen in irgendeiner Hinsicht dauerhaft zu verbessern ..." (1978, 45), so wären erhebliche explikatorische Bemühungen notwendig, um diese Umschreibung auch nur annähernd in den von ihm selbst geforderten sprachlichen Standard zu bringen. Schon der Handlungsbegriff als Prädikator ist nämlich genauso unbestimmt wie das zu definierende Wort "Erziehung", so daß sich die Definition Brezinkas von Anfang an als reiner Austausch von unscharfen Begriffsfeldern erweist (vgl. hierzu Pawlowski 1980, 36). Die Beseitigung dieser neu aufgetretenen Unklarheit erfordert eine ähnlich aufwendige theoretische Explikation wie die Klärung des Erziehungsbegriffs selbst - die verwickelte Vielfalt handlungstheoretischer Entwürfe belegt dies (s. z.B. Ulich 1979).
Brezinka liefert damit keinesfalls eine im sprachanalytischen Sinn exakte Begriffsbestimmung, sondern er muß sich ebenso auf die wohlwollende Verständnisbereitschaft des Lesers verlassen wie die anderen, "ungenauen" Wissenschaftsproduzenten auch.

Eine einigermaßen vollständige Explikation des Erziehungs- oder Bildungsbegriffs dürfte sowieso nur im Gesamt einer erziehungswissenschaftlichen Theorie zu leisten sein (vgl. R. Lay 1971, 266). Die Schlüssigkeit einer Theorie ist aber nicht anhand willkürlich isolierter Wortexplikationen, deren Informationsgehalt notwendigerweise verbalistisch verbleibt, ablesbar, sondern an der internen Logik des theoretischen Gesamtsystems (vgl. a.a.O., 255 f.) und dessen wissenschaftlicher Nützlichkeit (s. Pawlowski 1980, 166-177). Pointiert ließe sich zusammenfassen, daß der erziehungswissenschaftlichen Klarheit weniger mit Wortklauberei als mit kritischer Offenheit pädagogischen Positionen gegenüber gedient ist. Unter dieser Option stellt sich die schwere Faßbarkeit des Bildungsbegriffs als ein überwindbares und nicht unbedingt nachteiliges Hindernis für die pädagogische Theorienbildung dar.

Wie am Beispiel Brezinkas angedeutet, bringt der Versuch einer terminologischen Präzisierung von "Erziehung" die gleichen Schwierigkeiten, die sich bei einer Explikation des Bildungsbegriffs stellen.
Auch mit der Verwendung modernerer sozialwissenschaftlicher Termini ist man gegen die definitorischen Schwierigkeiten nicht gefeit.
Der Sozialisationsbegriff etwa ist in abgemilderter Form ähnlich schillernd und uneinheitlich wie "Erziehung" und "Bildung" (vgl. Hierdeis 1981, 118-122; Hurrelmann 1975, 14-42). Eine begriffliche Unterscheidung von Sozialisation und Erziehung fällt vergleichbar schwer wie die von Erziehung und Bildung (vgl. Hierdeis 1981, 125-130). Vor diesem Hintergrund nimmt sich eine grundsätzliche Ablehnung des Bildungsbegriffs als pädagogischen Terminus wegen dessen Vieldeutigkeit und Vagheit (vgl. Weber 1972, 61 u. Giesecke 1973, 81 f.) unberechtigt und primär polemisch aus.

Natürlich ist der Bildungsbegriff in seiner historischen Entwicklung vielfach unzumutbar aufgeblasen und ideologisch verbrämt worden, so daß man "Bildung" nicht ohne weiteres in naiver Sprachverwendung zur wissenschaftlichen Bezeichnung pädagogischer Phänomene benutzen kann. Andererseits muß mit jedem erziehungswissenschaftlichen Terminus kritisch umgegangen werden. Wissenschaftliche Begriffsbildung ist zu einem erheblichen Teil Konvention und unterliegt diskursiven Erfordernissen (vgl. Lay 1971, 70-74 u. 80 f.). Daß auch die Begriffe "Sozialisation" und "Erziehung" aufgrund gesellschaftlicher Entwicklungen problematisch werden können, zeigt die gegenwärtige Kontroverse um das Subjekt in der Pädagogik (s. z.B. Heitger 1986, 41-50). Der große Stellenwert des Sozialisationsbegriffs in der modernen Erziehungswissenschaft wird etwa von Heitger als Ausdruck einer bloß an Verwertbarkeit interessierten, manipulativen Pädagogik gedeutet (s. a.a.O., 44). Noch schroffer funktioniert die Antipädagogik "Erziehung" zum gesellschaftskritisch abgelehnten, denunziatorischen Schimpfwort um (vgl. Braunmühl 1976, 9 u. 15-22; ders. 1987, 23 f. u. 28). Die Möglichkeit einer historisch aseptischen, "wertfreien" Begriffsbildung in der Erziehungswissenschaft erweist sich deshalb bei näherer Betrachtung als sehr begrenzt. Der Glaube, mit der Kritik einer historisch spezifischen Denotation von "Bildung" den Begriff ein für allemal desavouieren und stattdessen einen erziehungswissenschaftlich generell tauglichen Begriff setzen zu können, geht auf ein historisch eher kurzsichtiges Wissenschaftsverständnis zurück, das Gefahr läuft, durch Zementierung neuerer, vermeintlich geeigneterer Termini den Fehler einer zu monistischen Gegenstandsbetrachtung zu wiederholen. Entscheidender als die terminologische Fixierung eines Begriffs ist wiederum die theoretische Explikation in ihrem Gesamtzusammenhang, wobei Fragen der Schlüssigkeit und inneren Dynamik der Theorie die herausragende Rolle spielen. Die Anpassungsfähigkeit des

theoretischen Systems an unvorhergesehene, durch gesellschaftliche Veränderungen hervorgerufene explikatorische Erfordernisse stellt jedenfalls ein zentrales Kriterium für die Brauchbarkeit des Ansatzes dar (vgl. Lay 1971, 83).
Dies berührt keineswegs nur den begrifflichen Umfang der wissenschaftlichen Gesamtaussage. Eine Theorie bewährt sich vielmehr auch in der Differenzierbarkeit und Flexibilität ihrer begrifflichen Intension. Brauchbare erziehungswissenschaftliche Kernbegriffe bleiben daher semantisch variabel, solange sie nicht zu wissenschaftlicher Musealität erstarrt sind (vgl. Leinfellner 1965, 87). Entgegen anderen, historisch überholten Begriffen der Pädagogik, etwa der "Zucht", scheint der Bildungsbegriff die unterschiedlichen gesellschaftlichen Entwicklungen des 19. und 20. Jahrhunderts überstanden und sich seine interne Flexibilität bewahrt zu haben.

Die holistische Beschaffenheit des Bildungsbegriffs widerspricht begrifflichen Parzellierungsversuchen. Inhaltliche Präzisierungen sozialwissenschaftlicher Aussagen lassen sich gemeinhin über theoretisch differenzierende Abgrenzungen erreichen, die zu einer Wissenskumulation in definierten Partialbereichen führen. Nachteilig wirkt sich dabei oft aus, daß die auf diese Weise gewonnenen Erkenntnisse ein isoliertes Sein der begrifflich getrennten Detailzusammenhänge suggerieren, das der Realität nicht entspricht. Als Beispiel mag die terminologische Unterscheidung von "Personalisation", "Enkulturation" und "Sozialisation" bei Wurzbacher (1963) dienen.
Weil der Sozialisationsbegriff einseitige anpassungsmechanistische Assoziationen hervorruft, die von den jeweiligen Verfassern gar nicht beabsichtigt sein müssen (vgl. Wurzbacher 1963, 5 ff.), hat Wurzbacher eine begriffliche Unterscheidung der drei Termini vorgeschlagen (a.a.O., 11-19). Der Sozialisationsbegriff wird

hierzu definitorisch eingeschränkt auf einen vergesellschaftenden "Vorgang der Führung, Betreuung und Prägung des Menschen durch die Verhaltenserwartungen und Verhaltenskontrollen seiner Beziehungspartner ..." (a.a.O., 12). Sozialisation ist demnach "Eingliederung des Menschen in die soziale Gruppe" (a.a.O., 14). Dagegen bedeutet "Enkulturation" oder "kulturelle Bildung" (a.a.O., 14) "eine gruppen- wie personspezifische Aneignung und Verinnerlichung von Erfahrungen, 'Gütern', Maßstäben und Symbolen der Kultur zur Erhaltung, Entfaltung und Sinndeutung der eigenen wie der Gruppenexistenz ..." (ebd.).
"Personalisation" schließlich wird verstanden als individuelle "Selbstformung und -steuerung der eigenen Triebstrukturen wie als sinngebende, koordinierende und verantwortliche gestaltende Rückwirkung des Individuums auf die Faktoren Gesellschaft und Kultur" (ebd.).
Wie beachtenswert Wurzbachers Bestreben der "Vermeidung von monistischen gesellschaftskausalen Mißdeutungen und Mißverständnissen" (a.a.O., 11) auch sei, das zur theoretisch-analytischen "Aufgliederung eines einheitlichen Zusammenhangs" (a.a.O., 11 f.) führt, so problematisch erscheint mir die begriffliche Ausdifferenzierung.
Zwar betont Wurzbacher, daß Gesellschaft, Kultur und Person korrelative Größen sind, von denen keine ohne die anderen denkbar ist (a.a.O., 12), die begriffliche Abkoppelung einer "Enkulturation" und einer "Personalisation" von Sozialisationsvorgängen legt andererseits die Möglichkeit relativ unabhängiger bzw. unterscheidbarer Prozesse nahe.
Wie wenig plausibel die Unterscheidung von "kultureller Bildung", "sozialer Prägung" und "individueller Gestaltung und Entfaltung" schließlich gerät, zeigen die inhaltlichen Überschneidungen in den Definitionsversuchen Wurzbachers (a.a.O., 14). So steht die Enkulturation z.B.

genauso unter dem Leitstern der "Sinndeutung", wie die Personalisation "sinngebend" ist (vgl. a.a.O.). Inwieweit soziale "Verhaltenserwartungen", die den Sozialisationsbegriff charakterisieren (Wurzbacher 1963, 12), davon abzugrenzen sind, bleibt theoretisch zweifelhaft. Es ließe sich im Gegenteil behaupten, daß gerade die Einheit interaktiver und kulturspezifisch normativer Prozesse kennzeichnend für die Persönlichkeitsentwicklung ist (vgl. etwa Brim 1974, 1-8). Unter dieser sozialwissenschaftlich überzeugenderen Prämisse (vgl. Brim ebd.; Weidenmann 1986, 121-126; Hurrelmann 1975, 14 u. 22; Luckmann 1972, 174 ff.) gelangt dann wieder das Gesamt soziokultureller und personaler Prozesse in den Vordergrund. In diesem Falle ist "das ganze menschliche Subjekt als durch Sozialisation vermittelt anzusehen" (Hurrelmann 1975, 14). Selbst die menschliche Autonomie läßt sich einem derartigen Sozialisationsbegriff subsumieren (vgl. Brim 1974, 157 ff.).
Der entscheidende Vorteil dieser universalistischen Sichtweise von Sozialisation ist, daß keine Phänomene aus formaltheoretischen Gründen ausgegrenzt werden müssen (zur veränderten Struktur moderner Universalvorstellungen und zum Problem des Universalismus in der Gegenwartsphilosophie s. Stachowiak 1983, 270-275). Der Forschungsgegenstand kann mit seinem gesamten Kontext im Blickfeld bleiben. Ökologische Faktoren werden dadurch weniger leicht übersehen. Zudem lassen sich Persönlichkeitsmerkmale, Interaktionsstrukturen und kulturelle Rahmenbedingungen gleichrangig berücksichtigen. Das Wahrnehmungsfeld von Erziehern und Lehrern etwa würde durch eine begriffliche Ausdifferenzierung von "Sozialisation" eher einseitig spezifiziert. Tatsächlich ist in der Praxis täglichen Umgangs beobachtbar, daß bei Pädagogen eine jeweils typische Betonung von "Inhalten", "Sozialstruktur" oder "Persönlichkeit" in ihrer alltäglichen Handlungsorientierung vorliegt. Es gibt

darüberhinaus geradezu berufstypisch institutionalisierte Orientierungskonzepte. Vereinfacht ließe sich sagen, daß Lehrer, besonders Gymnasiallehrer, zu einer "inhaltlichen" Arbeitsorientierung tendieren, während im sozialpädagogisch-erzieherischen Bereich die "soziale" oder "persönlichkeits"-bezogene Orientierung vorherrscht. Ähnlich findet man in der Psychotherapie Konzeptionen, die primär personal, kommunikations- oder qualifikationsorientiert sind (als Beispiel für eine individuums- und persönlichkeitsbezogene Konzeption läßt sich die Psychoanalyse anführen; kommunikationsorientiert sind familientherapeutische Verfahren, und eindeutig qualifikationsorientiert im Sinne eines "Enkulturations"-Begriffs sind verhaltenstherapeutische Verfahren, wenn sie gesellschaftlich adaptive Kompetenzen anvisieren). Die Interdependenz gesellschaftlicher und individueller Prozesse wird aber in allen diesen Fällen nicht in ihrer vollen Tragweite erfaßt. Kommunikative Prozesse, Sachaneignung und persönliche Entwicklung verlaufen nicht getrennt voneinander, sondern treten in jeweils spezifischen Konstellationen auf (vgl. z.B. Ulich 1979, 163-209; T. Moser 1972, 237-293; Schütz 1979, 25-29; Schütz bezeichnet die "Lebenswelt" des Alltags "in ihrer Totalität als Natur- und Sozialwelt" als Schauplatz und als Zielgebiet unseres menschlichen Handelns, a.a.O., 28).
Wenn man den Gesamtprozeß in Teilprozesse segmentiert, stimmen die Zusammenhänge an wesentlichen Stellen nicht mehr. Wurzbachers Ausgrenzung von "Personalisation" hat z.B. zur Folge, daß sein Sozialisationsbegriff die gedankliche Implikation von Autonomie verbietet (vgl. Brim 1974, 158). Das interne Spannungsverhältnis der gesellschaftlich mitdeterminierten Persönlichkeitsgenese (s. Hurrelmann 1975, 14) geht dadurch verloren. Mit den Worten Hurrelmanns stehen sich im Modell Wurzbachers "Gesellschaft/Kultur und Individuum als monolithische Blöcke verdinglicht gegenüber" (a.a.O., 15).

Sofern bildungsphilosophisch nicht denaturiert, ist der Bildungsbegriff in seinem extensionalen Ausmaß mit dem weiten Sozialisationsbegriff vergleichbar. "Den Standort des Menschen zu erringen" im Sinne eines sittlichen Ordnens ist zum Beispiel für A. Petzelt das entscheidende Kriterium von Bildung (Petzelt 1986, 179). Auch der Bildungsbegriff Petzelts ist universal. Sämtliche kognitiven Prozesse lassen sich der Forderung nach "Sinnbestimmtheit der einzelnen Momente" unterordnen (s. a.a.O., 160). Eine begriffliche Gegenüberstellung von "Ausbildung" und "Bildung" verliert dabei ihren Sinn (vgl. a.a.O., 146). Auch Danner spricht von einem "umfassenden Bildungsbegriff" (1986, 382), der mit der "philosophisch-anthropologischen Interpretation des Menschen" zu tun hat (a.a.O., 383). Eine solche Bildungsauffassung, die in der bildungstheoretischen Tradition natürlich noch häufig zu finden ist, verbietet eine einschränkende begriffliche Differenzierung etwa in ein Nebeneinander von "sittlicher Bildung", "Verstandesbildung" und berufsbezogener "Ausbildung".

Ein begrenzteres Bildungsverständnis, das dem Personalisationsbegriff Wurzbachers nahekommt, engt demgegenüber Bildung zu einer "jeweils eigenen Bemühung des Menschen" ein (s. Xochellis 1973, 14). Bildung wird dabei nicht nur ausschließlich Selbstbildung, sondern auch grundsätzlich intentional. Dann bleibt aber zu fragen, ob Selbstbildung manchmal nicht eher "funktional" verlaufe - der Aufbau habitueller Gewohnheiten und die primär unbewußt regulierte Identitätsbildung wären Beispiele hierfür (vgl. am Beispiel der Jugendkriminalität T. Moser 1972, 73-80; Zur Ichentwicklung a.a.O., 196 ff.). Am Ende solcher Bildungsvorstellungen steht, wie bei der säuberlichen Dichotomisierung von Erziehung in "intentionale" und "funktionale"

Akte (vgl. z.B. Xochellis 1973, 54-59; Netzer 1972, 16-18), das Dilemma, funktionale und intentionale erzieherische Prozesse auseinanderhalten zu müssen (vgl. Hierdeis 1981, 125 ff.). Die wissenschaftliche Überlegenheit des Sozialisationsbegriffs hat sich nun gerade darin erwiesen, daß man diese terminologische Schwierigkeit vermeiden konnte, ohne den Forschungsbereich einzugrenzen (s. Hierdeis a.a.O., 129; im Gegenteil haben die Sozialisationstheorien das Blickfeld wieder auf das Insgesamt gesellschaftlicher Prozesse ausgedehnt).
In ähnlicher Weise würde sich ein modernisierter weiter Bildungsbegriff einem stärker spezifizierten Bildungsbegriff überlegen zeigen. Die anfänglich größere Vagheit des offeneren Begriffs kann man dafür getrost in Kauf nehmen (vgl. Pawlowski 1980, 236 ff.).

Seit seinen begriffsgeschichtlichen Anfängen meint das Wort "Bildung" neben einem statisch faßbaren Prozeßergebnis die Dynamik des zugrundeliegenden Prozesses selbst. Die klassische deutsche Bildungsauffassung etwa sieht Bildung als "zum-Bilde-machen" oder als Ausformung vorgegebener Anlagen (vgl. Weil 1967, 10-83 u. 265-269).
Prozesse sperren sich aber in einem gewissen Sinne grundsätzlich unserem begriffssprachlichen Zugriff. Zwar kann man Prädikatoren, die Vorgänge bezeichnen, "prozessual" nennen (vgl. Lay 1971, 300 f.), dennoch stellt jede Begriffsbildung zuletzt eine Fixierung gedanklicher Repräsentationen dar (vgl. Callo 1983, 11). Begriffe lassen sich als "innere Zeichengestalten" (Lay 1971, 279) auffassen, als inhaltsrelevante Wörter, die entsprechende Vorstellungen in uns hervorrufen (vgl. Callo a.a.O.; Russell 1952, 215 ff.). Beim Begriff erfolgt die gedankliche Wiederspiegelung des Designatum

auf der Grundlage seiner invarianten Merkmale. Deshalb sind Begriffe oftmals starr, während die Realität erheblich fließendere Eigenschaften zeigt (vgl. Pawlowski 1980, 106; auch Bergson 1985, 163 u. 216 ff.). Die Zuordnung eines Gegenstandes zu einem Begriff enthält stets ein kategorisches Moment. Selbst wenn der Begriff komparativ oder metrisch gefaßt ist (vgl. Pawlowski 1980, 79 ff., 108 f. u. 170 f.), gründet er auf einem kategorialen Kern (vgl. etwa die logische Doppelstruktur von Typenbegriffen; Typenbegriffe bestehen nach Pawlowski aus einem klassifizierenden und einem komparativen Bestandteil; Pawlowski a.a.O., 109). Aufgrund ihres kategorialen Charakters können Begriffe die Realität aber letztlich nur aprozessual, d.h. mit Hilfe von zustandsorientierten Denotationselementen erfassen. Physikalische Begriffe wie "Geschwindigkeit" und "Beschleunigung" etwa operieren mit Anfangs- und Endzuständen eines Intervalls, um eine funktionale Idealisierung des bezeichneten Prozesses zu erreichen (vgl. Russell 1952, 196 f., 205 f. u. 208). Auch ein pädagogisch-psychologischer Begriff wie "Entwicklung" arbeitet mit Veränderungen, die anhand unterschiedlicher Zustände festgestellt werden. Keineswegs wird damit das Bewegungsmoment des Prozesses "begriffen", sondern die Folgereihe der jeweils bewirkten Zustände (zur Problematik des Kausaldenkens bei "praktisch isolierten" Systemen s. Russell a.a.O., 198-202). Bergson sieht es als Tatsache, "daß wir scheitern bei dem Versuch, die lebendige Wirklichkeit aus fertigen und starren Begriffen aufzubauen..." (Bergson 1985, 213). Ähnlich spricht Cassirer über unsere sprachliche Begrifflichkeit. Die "reine Denkfunktion" erst ermöglicht den Übergang "vom Fluß der Erscheinung in das Reich der reinen Form. So ist alle Gliederung des Mannigfaltigen an die Form des begrifflichen Zusammenfassens und des

begrifflichen Trennens ... gebunden" (Cassirer 1985, 100). Trotzdem - "Die Sprache ist kein Organon der Erkenntnis, der echten Wesenserfassung (...) Das ist der ständige Fluch, unter dem die Sprache zu stehen scheint, daß alle ihre Offenbarung zugleich Verhüllung ist ... daß sie das Wesen der Dinge, in dem Streben, es bewußt und manifest zu machen, in seiner Wesenheit angreifen, es umbilden und verzerren muß." (a.a.O., 148).
Obiges gilt natürlich ebenso für alle erziehungswissenschaftlichen Begriffe, auch für jede Spezifikation von "Bildung". Die terminologischen Auseinandersetzungen in der Pädagogik, hinter denen sich meistens dezidierte theoretische Standpunktverschiedenheiten finden lassen, werden damit verständlicher. Sie sind - erkenntnistheoretisch betrachtet - unumgänglich. Ein absolut gültiger Bildungsbegriff beispielsweise ist nicht formulierbar (zur Problematik einer universellen Begriffsbildung vgl. nochmals die Russellsche Erörterung der Kausalität; Russell 1952, 208; ebenso s. Lay 1971, 317-339, v.a. 334 u. 336 ff.).
Je statischer oder spezifizierter ein Bildungsbegriff theoretisch verankert wird, umso weniger wird er der pädagogischen Dimension der Wirklichkeit mit ihren mannigfach variablen, historisch und ökologisch bedingten, auch stochastischen Wechselbeziehungen gerecht. Die begriffliche Gültigkeit eines solchen Ansatzes muß von vorneherein sehr begrenzt bleiben. Mit einem historischen Wandel im Gegenstandsbereich geht der Aussagewert einer zu eng gefaßten Theorie verloren (vgl. Liedtke 1980, 117).
Wie jede Prozeßhaftigkeit, so läßt sich auch die von "Bildung" mit fertiger Begrifflichkeit nur ansatzweise und auf bestimmte praktische Erfordernisse hin darstellen (vgl. Bergson 1985, 156 u. 212).

Prozeßorientierte Bildungsbegriffe sind deshalb inhaltlich zwangsläufig mehrdeutig und vage (s. Pawlowski 1980, 55 u. 57; v.a. Wunderlich 1974, 202 f. u. 269 f.). Da sich die Dynamik des bezeichneten Geschehens denotativ nicht exakt fassen läßt, erfüllt der Konnotationsraum des polyvalenten Bildungsbegriffs eine wesentliche Funktion als Bestandteil des Explikats (vgl. hierzu Funk-Kolleg Sprache 1973, Bd. 1, 41 ff.). Die Begriffsbildung weist in dieser Hinsicht Ähnlichkeiten zur ästhetischen Sprachverwendung auf (vgl. Behr 1978, 147; man erinnere sich an die große Affinität des Bildungsbegriffs zu ästhetischen Gesellschaftsentwürfen im deutschen Idealismus, etwa bei Schillers Briefen über die ästhetische Erziehung des Menschen; s. Schiller 1967; der Bildungsbegriff wird eben von Anbeginn analog zum künstlerischen Gestaltungsprozeß gedacht).
Nun ließe sich aus einer metatheoretisch engen Sichtweise diese Art begrifflichen Vorgehens als "unwissenschaftlich" abtun (s. Brezinka 1978, 81-84). Der dahinterstehende "bescheidene" wissenschaftliche Wunsch, Fachbegriffe als Hilfsmittel zu benutzen, "um Gegenstände des Denkens durch Angabe ihrer Merkmale unverwechselbar festzulegen" (a.a.O., 84), entpuppt sich allerdings als allzu fromm. Wunderlich kommt da der Wirklichkeit erkenntnistheoretisch schon erheblich näher, wenn er schreibt, daß Begriffe "ihrer Intension nach nur partiell bekannt, d.h. nur für einige Kontext- und Anwendungssituationen bestimmt" sind (1974, 202). Und diese Art der Vagheit muß auch keineswegs aus wissenschaftlicher Borniertheit resultieren (vgl. Brezinkas Behauptung: "Sprachliche Unklarheit ist eine Folge unklaren Denkens", 1978, 84), denn sie ist, so Wunderlich, "nicht prinzipiell aufhebbar ...: Begriffe sollen gerade auch in neuen, noch unbekannten Situationen anwendbar sein; auch theoretische

Begriffe sind im allgemeinen nur partiell interpretiert bzw. interpretierbar." (Wunderlich 1974, 202, Fußn.; im übrigen ist eine vollständige Axiomatisierung einer Wissenschaftssprache schon formallogisch unmöglich, s. Lay 1971, 129). Für einen dynamischen Bildungsbegriff mit seinen normativen und auch persuasiven Elementen (vgl. Pawlowski 1980, 241-248) trifft das in besonderer Weise zu.

Bergson hat aus einem Gespür für die Grenzen herkömmlicher wissenschaftlicher Sprache heraus bezweifelt, daß jede Erkenntnis notwendigerweise von festumrissenen Begriffen ausgehen müsse (s. Bergson 1985, 213). Er räumt als Konsequenz dem intuitiven Denken auch innerhalb wissenschaftlichen Bemühens einen großen Stellenwert ein (vgl. a.a.O., 213 ff.). "Sich in die bewegliche Wirklichkeit hineinversetzen" wird zum Schlüssel der Erkenntnis (a.a.O., 213). Dabei muß man die gewöhnliche Denkrichtung umkehren und "unaufhörlich seine Kategorien umschmelzen" (ebd.). Nach Bergson könne man so zu "gleichsam fließenden Begriffen" kommen (ebd.). Partiell ähnelt dieser Ansatz geisteswissenschaftlichem "Verstehen", wie es Dilthey formuliert hat (vgl. Dilthey 1958, 141-148, 224 ff., 257 f.). Auch geisteswissenschaftliches Erkennen kann nur "nachfühlend, nachkonstruierend" und "in einem Nexus von Begriffen" erfolgen (s. a.a.O., 3). Allerdings wird in den Geisteswissenschaften "das, was geschehen ist und geschieht, dies Einmalige, Zufällige und Momentane zurückbezogen auf einen wert- und sinnvollen Zusammenhang ..." (ebd.). Letztlich postuliert Dilthey, der Kognition und Intuition konträr zueinander sieht (vgl. a.a.O., 6), trotz seiner prozessualen Auffassung der menschlichen Welt (vgl. a.a.O., 72 f., 140, 156 f.) eine eher statisch akzentuierte Geisteshaltung: "Die Begriffsbildung ... entsteht aus dem Zug, der alles begriffliche Denken beherrscht, das Feste, Dauernde aus dem Fluß des

Verlaufes herauszuheben." (a.a.O., 146).
Während Bergson das Erfassen von Zeitlichkeit und Veränderung in ihrer fundamentalen Realität anstrebt (s. Bergson 1985, 23 u. 149-179), hält es Dilthey für notwendig, "in dem unsteten Wechsel der Sinneswahrnehmungen, Begierden und Gefühle ein Festes zu stabilieren, das eine stetige und einheitliche Lebensführung möglich macht." (Dilthey a.a.O., 6). Nichtsdestotrotz können beide Auffassungen verdeutlichen, daß ein Bildungsbegriff eindeutig in einem strengen Sinne weder formuliert noch verstanden werden kann. Die Geschichtlichkeit des Geschehens, unseres Weltverständnisses und der verwendeten sprachlichen Mittel legen einen großzügigeren Handhabungsmodus nahe (vgl. hierzu auch Whorf 1984, 54 u. 62 f.).

Ein zentrales Problem bei der Formulierung eines plausiblen Bildungsbegriffs ist die angemessene Darstellung von Varianten und Konstanten im theoretischen Ansatz. Strukturalität und Geschichtlichkeit des Gegenstandes müssen gleichermaßen berücksichtigt werden.
Diese Schwierigkeit ergibt sich auch in anderen Wissenschaftsbereichen (vgl. Eco 1985, 392 f. u. 426). Man kann deshalb in Anlehnung an das, was Eco über semiotische Modelle konstatiert, von bildungstheoretischen Modellen fordern, daß sie "Rechenschaft über eine synchronische Struktur und über eine diachronische Prozeßhaftigkeit der untersuchten Objekte ablegen ..." (a.a.O., 426). Und des weiteren müssen sie, als erkenntnis- und begriffstheoretische Konsequenz des oben Gesagten, "... <u>den Mut aufbringen, sich als provisorisch zu betrachten</u>, auch noch nachdem sie konkrete Operationen ermöglicht haben, die von Erfolg gekrönt waren ..." (ebd.). Die "Ungenauigkeit" und Vorläufigkeit des Bildungsbegriffs liegt gewissermaßen in der vielschichtigen und dynamischen Natur der Sache und ist weder durch praktisch-technischen Erfolg noch durch simplen Begriffswechsel

aufhebbar. Vielmehr besteht die Aufgabe, "immerfort systematisch zu sein und doch zu versuchen, kein System zur Herrschaft kommen zu lassen ...", wie Jaspers (1985, 19) sagt, damit nicht mehr die Gefahr besteht, "... daß das System als Schema an Stelle der Sache tritt" (ebd.).

Die Frage, wie man zu angemessenen Begriffsbestimmungen kommt, wenn das Gegenstandsfeld durch fließende Übergänge gekennzeichnet ist, stellt sich nicht nur in den Geistes- und Sozialwissenschaften, sondern ebenso in den deskriptiven Naturwissenschaften (s. Hassenstein 1954, 197). Die begriffliche Abbildung des Gegenstandes kann in solchen Fällen oftmals weder definitorisch noch typologisch erfolgen (vgl. a.a.O., 198 f.). Beim Sachverhalt der "Bildung" tritt diese Problematik mit Sicherheit auf. "Bildung" läßt sich nicht streng definieren oder typisieren, weil das Bezugsphänomen kein spezifisch bestimmendes Einzelmerkmal aufweist, das eine eindeutige qualitative Abgrenzung nach außen ermöglichen würde (s. hierzu Hassenstein 1954, 198). Selbst eine vergleichsweise enge Bestimmung des Bildungsbegriffs, wie sie in der personalistischen Deutung von Xochellis (1973, 14) zu finden ist, kann nicht exakt umgrenzt werden. Wenn Bildung "die jeweils eigene Bemühung des Menschen ... um eine eigene Standortbestimmung in der Lebenswirklichkeit ..." (Xochellis, ebd.) meint, so bleibt schon unklar, was "eigene Bemühung" heißt, womit sie beginnt und wo sie endet. Anders ausgedrückt: Es ist zu bezweifeln, ob die strikte Abtrennung einer "eigen-bemühten" Kategorie gegenüber dem übrigen pädagogischen Gesamtfeld theoretisch und empirisch haltbar ist. Immerhin bleibt humanwissenschaftlich weiterhin umstritten, wo menschliche Autonomie und menschliche Willensleistung beginnt und wo sie bloße Selbsttäuschung ist (man vergleiche nur gesinnungsorientierte, soziologische oder tiefenpsychologisch orientierte Einschätzungen von Delinquenz, s.z.B. T. Moser 1972,

289-293; ebenso wird die Determiniertheit menschlichen Verhaltens vom Verhaltensbiologen anders beurteilt als von einem subjektorientierten Pädagogen; vgl. Hassenstein 1987, 464 f. u. Petzelt 1986, 158 ff., 166 u. 170). Faßt man den Bildungsbegriff weiter, ergibt sich andererseits die Schwierigkeit, daß sich überhaupt kein durchgehend vorhandenes diagnostisches Einzelmerkmal angeben läßt, welches man definitorisch verwenden könnte (vgl. Hassenstein 1954, 198). "Bildung" würde dann - universell und allgemein statt spezifiziert gebraucht - in unterschiedlichem kulturellen und sozialen Kontext jeweils andere empirische Phänomene repräsentieren.

In Anlehnung an Hassenstein läßt sich der Bildungsbegriff deshalb als Injunktion bezeichnen.
Injunktionen bilden ihren Gegenstand nicht in exakten Grenzen, sondern mit fließenden Übergängen ab (s. Hassenstein 1954, 200 f.; ders. 1976, 367 f.). Die injunktive Begriffsbildung entspricht damit der Unschärfe des Gegenstandsfeldes im Randbereich. Einer formallogisch exakten Begrifflichkeit wird die adäquate Repräsentation der inhaltlichen Gegebenheiten vorgezogen (vgl. ebd.).
Die Deskription einer "Bildungswirklichkeit" würde, so verstanden, nicht auf ein idealistisch normiertes Teilfeld pädagogischen Handelns eingeschränkt, sondern bezöge sich auf sämtliche pädagogisch relevanten Äußerungsformen menschlichen und gesellschaftlichen Tuns.

Der injunktive Charakter des Bildungsbegriffs hat auch intensionale Folgen für die Begriffsbestimmung.
Der heutige, historisch gewachsene und vielfältig abgewandelte Bildungsbegriff läßt sich als ein Terminus mit einer Bedeutungsfamilie auffassen. Die Extension von "Bildung" besteht dabei aus einer Familie von Teilmengen, die einander teilweise ähnlich sind, deren Konjunktion aber keineswegs zu einer einheitlichen, eigenschaftsgleichen Gesamtmenge von Objekten führt (vgl. Pawlowski 1980,

199-204 u. 223 ff.). Die Begriffsimplikationen "Selbstbildung", "personale Bildung" und "Berufsbildung" etwa weisen nur partielle Ähnlichkeiten miteinander auf und lassen sich explikatorisch nur unvollständig in den Oberbegriff "Bildung" integrieren. Bei einer begrifflichen Abstraktion, die "Bildung" generell fassen will, gehen bestimmte Merkmale der Teilbegriffe verloren. Dennoch gibt es Gemeinsamkeiten, die einen allgemeinen Bildungsbegriff rechtfertigen. Als Ergebnis der allmählichen Verschmelzung partiell ähnlicher Bedeutungskerne zum heutigen Bildungsbegriff treten begriffsinterne Unschärferelationen auf, die das Wort "Bildung" mehrdeutig und inhaltlich vage (s. Brezinka 1978, 81 f.) erscheinen lassen. Diese intensionale Unschärfe läßt sich wissenschaftlich allerdings durchaus fruchtbar machen (vgl. Whorf 1984, 62). Bei der begrifflichen Integration neuer, partiell ähnlicher Gegenstände kann sich die Bedeutung von "Bildung" entsprechend verändern. Mit der Einbeziehung neuer, technischer Kommunikationsmittel etwa haben wir einen anderen "Begriff" von persönlichem Umgang bekommen. Das Gespräch per Telefon, heute eine allgemein akzeptierte Form der zwischenmenschlichen Verständigung, mag als naheliegendes Beispiel dienen. Auf Bildungsprozesse übertragen wird der Vorstellungsrahmen dessen, was "personale" Bildung ausmacht, erweitert, ohne daß man zu "apersonalen" Termini wie Sozialisation oder Lernen im behavioristischen Sinne greifen muß (ein schönes Beispiel für die partielle, aber wesentliche Veränderung von Begriffsinhalten bei Begriffen mit Bedeutungsfamilien findet man im Begriff des künstlerischen Gewebes; s. Pawlowski 1980, 217 ff.). In ähnlicher Weise können sich die Vorstellungen einer "allseitigen" oder "harmonischen" Bildung mit neuen Erkenntnissen in den empirischen Humanwissenschaften sukzessive ändern. Daß eine exakte Fassung pädagogischer Grundbegriffe, soweit sie sich auf empirische Phänomene beziehen, nicht erforderlich ist, hat Liedtke am Erziehungsbegriff nachgewiesen (Liedtke 1980, vgl. insbes. S. 116). Will man eine

empirisch oder eine historisch orientierte Erziehungswissenschaft verankern, so muß man den gewählten pädagogischen Kernbegriff möglichst offenhalten (vgl. a.a.O., 115). Voreilige terminologische Fixierungen bedingen nach Liedtke die Gefahr der Konstruktbildung (a.a.O., 116). "Der Unschärfe der Realität wird man nur gerecht, wenn man sich des injunktiven Charakters seiner Begriffe bewußt bleibt" (a.a.O., 119).
In diesem Sinne kann man resümierend feststellen, daß sich der Bildungsbegriff für eine angemessene Abbildung der pädagogischen Realität besonders eignet, weil sein Konnotationsraum außergewöhnlich vielschichtig und seine Bedeutungsstruktur insgesamt eher ganzheitlich ist. Eng begrenztes und einseitig linearisiertes pädagogisches Denken wird durch diese Merkmale zumindest erschwert.

1.4 Versuch einer pragmatischen Bewertung des Bildungsbegriffs

Um sich auf ein komplexes und zunächst unbestimmtes Handlungsfeld wie das pädagogischen Geschehens in seiner Gesamtheit zu beziehen, benötigt man in jedem Falle ein weites und elastisches begriffliches Grundinstrumentarium. Erziehungswissenschaftliche Kernbegriffe müssen inhaltlich flexibel und im Umfang offen bleiben, sonst konstruieren sie eine unzulässig verengte pädagogische "Wirklichkeit" (vgl. Liedtke 1980, 116 f.). Neben der Angemessenheit des definitorischen bzw. explikatorischen Modus (vgl. ebd.) kommt es dabei vor allem auf die Entscheidung für einen geeigneten Terminus an.
Im Zusammenhang der vorliegenden Fragestellung, die eine Suche nach etwaigen Konvergenzen psychotherapeutischen und pädagogischen Tuns miteinschließt, verspricht der Bildungsbegriff einige sprachpragmatische

Vorteile gegenüber anderen erziehungswissenschaftlichen Termini (pragmatisch im linguistischen Sinne ist die kommunikativ bedingte Dimension des Sprachgebrauchs; neben sprechaktbezogenen und referenzsemantischen Faktoren interessieren hier v.a. die konnotativen Aspekte der Begriffsbildung; vgl. Behr u.a. 1978, 65-83; Eco 1981, 32, 99 ff. u. 157-162; Funk-Kolleg Sprache 1973, Bd. 2, 102 f. u. 113; Wunderlich 1974, 24 f., 134, 200 f., 268 f. u. 316 ff.; zur Berücksichtigung von emotionalen Assoziationen und von Nützlichkeitskriterien bei der wissenschaftlichen Begriffsbildung s. Pawlowski 1980, 233-240). Anhand spezifischer Nachteile der Zentralbegriffe "Lernen", "Sozialisation" und "Erziehung" kann die Präferenz für "Bildung" als potentiellen instrumentellen Grundbegriff einer pädagogischen Untersuchung von Psychotherapie begründet werden.

Der moderne Lernbegriff ist durch eine noch weitergehende Unbestimmtheit und Offenheit gekennzeichnet als andere erziehungswissenschaftliche Grundbegriffe. Lernen als "Verhaltensänderung, die aufgrund von Erfahrungen eintritt" (Potthoff/Wolf 1974, 25), kann inhaltlich sehr unterschiedliche Denk- und Verhaltensprozesse beschreiben (zu modernen Lerntheorien vgl. Lefrancois 1976, Skowronek 12 ff. u. 83-96). In dieser Uneingeschränktheit läßt sich der Terminus nicht nur auf Prozesse im Humanbereich, sondern auch im Tierreich beziehen (vgl. Potthoff/Wolf ebd.). Er wird damit für die Deskription sehr basaler Vorgänge beim Menschen verfügbar.
Ob sich damit komplexere soziokulturelle Phänomene gleichermaßen fassen lassen, bleibt fraglich. Immerhin weisen gesellschaftliche Prozesse Hierarchisierungen und Wertdifferenzierungen auf, die mit einem elementar verstandenen Lernbegriff allein kaum mehr

nachzuzeichnen sind - die Gesamtheit der Einzel-"Lern"-prozesse dürfte in ihrer funktionalen Konfiguration leicht verlorengehen. Sprichwörtlich gesagt, sieht man zuletzt vor lauter Bäumen vielleicht den Wald nicht mehr. Daß eine solche Befürchtung nicht aus der Luft gegriffen ist, zeigt die Entwicklung in der verhaltensorientierten psychologischen Forschung. Die Anfangseuphorie, mit einem simplifizierten Lernbegriff, der auf einem Reiz-Reaktionsschema basiert, individuelle und soziale Prozesse theoretisch in den Griff zu bekommen, ist längst gewichen. Die erdrückende Summe isolierter behavioristischer Einzelbefunde hat nicht zu einem hinreichend befriedigenden Erkenntnisstand über menschliches Verhalten geführt. Entsprechend haben sich in vielen psychologischen Forschungsbereichen kognitive lerntheoretische Ansätze durchgesetzt, die wieder mit erheblich komplexeren Begriffsgrößen operieren (vgl. Skowronek 1975, 83-96; Lefrancois 1976, zusf. 189-202). Der Lernbegriff ist sicherlich bestens geeignet, einzelne Funktionsabläufe im mikrosozialen und im personalen Bereich spezifiziert zu beschreiben, er findet aber seine Grenze am inhaltlich bestimmten Kontext des Gegenstandsbereichs auf makrosozialer, gesellschaftlicher Ebene (zu den erziehungswissenschaftlichen Analyse-Ebenen vgl. Ulich 1979, 49-55). Eine Beschreibung des Inhalts sozialer Lernprozesse ist eben "extrem komplex" (Lefrancois 1976, 188).
Die inhaltliche Unverbindlichkeit des Lernbegriffs und im Gefolge davon der modernen, systemspezifischen Kontingenzformel "Lernfähigkeit" (vgl. Luhmann/Schorr 1979, 58 u. 84-94) bietet gesellschaftspolitisch jedoch einen profitablen Vorteil - sie führt zu normativ unbegrenzten, generell einsetzbaren Qualifikationen (s. a.a.O., 85-87). Gleichzeitig aber bringt der mit dem Lernbegriff verbundene Verzicht auf Normativität ein neues gesellschaftliches Problem: "Schrankenlose

Lernbereitschaft" liefe schließlich auf "ungehemmte Anpassungswilligkeit" hinaus (vgl. a.a.O., 90), wie die Systemtheoretiker Luhmann/Schorr feststellen. Ihre theoretische Lösung des dargestellten Systemproblems verdeutlicht allerdings nochmals, wie ich meine, die Unzulänglichkeit des Lernbegriffs für eine Analyse übergeordneter und kohärenter sozialer Prozesse: Nach Luhmann/Schorr wird die beruflich-ökonomische "Praxis" zur primären Leitorientierung, und hier findet die im Erziehungssystem zunächst frei verfügbare Lernfähigkeit ihre letzte angeblich kritische Instanz (s. a.a.O., 90-93). Gesamtgesellschaftlich bedingte "Lern"- und Formungsprozesse werden mit dieser Betrachtungsweise aber nicht thematisiert. Die kritische Instanz der "Praxis" unterliegt mit ihren Erkenntnismaßstäben dennoch konkreten "Lern"-Prozessen und stellt keine ideologiefreie, gewissermaßen absolute Instanz dar.
Die tatsächlichen gesellschaftlichen Leitorientierungen entgehen der auf dem Lernbegriff aufbauenden Systemanalyse.
Um das Beziehungsgeflecht sozialer Wirkungsfaktoren in seiner Vielfältigkeit, doch gebündelt ins Blickfeld zu bringen, ist der nuancenreiche, weiträumiger faßbare und doch deutlich konturierende Bildungsbegriff tauglicher.

Der allgemeinste Gegenstand erziehungswissenschaftlicher Theorienbildung läßt sich auch mit "Sozialisation" ausdrücken (s. Ulich 1979, 53).
Ein weitgefaßter Sozialisationsbegriff wie der bei Hurrelmann (1975, 14) verhindert einseitige Beschränkungen auf bestimmte Aspekte der Persönlichkeitsgenese (ebd.). Mit "Sozialisation" werden zudem prozessuale und inhaltliche Komponenten des Geschehens erfaßt. Man behält somit die Gesamtheit der gesellschaftlichen Einflußfaktoren auf die Individuation im Auge.

Als sozialwissenschaftlich verstandener, deskriptiver Grundbegriff ist der Sozialisationsbegriff aus der Erziehungswissenschaft nicht mehr wegzudenken. Differenzierte Vergesellschaftungsprozesse und kulturspezifische Entwicklungsformen werden aus sozialisationstheoretischer Perspektive erkennbar (s. z.B. Hurrelmann 1974 u. 1975, Brim 1974). Der Schwerpunkt der Betrachtung liegt jedoch in apersonalen, funktionalen Zusammenhängen. Das Fundament einer sozialisationstheoretisch konzipierten Pädagogik bilden nicht mehr explizite Wertprämissen, wie sie normative Richtungen auszeichnen. In seiner ethischen Ungebundenheit kann der Sozialisationsbegriff daher für beliebige sozialtechnologisch orientierte Untersuchungen verwendet werden (s. Heitger 1986, 41 ff.). Neben dem Vorwurf der technologischen Verfügbarkeit wiegt insbesondere der wissenschaftstheoretisch relevante Kritikpunkt, die entsprechende Wissenschaft schaffe das Subjekt und den subjektiven Faktor ab (vgl. a.a.O., 43-47). "Die Anerkennung des Menschen in seinem Subjektsein, d.h. als Person mit Freiheit und Bewußtsein ..." (a.a.O., 42) läßt sich forschungsstrategisch in der Tat schwer mit einem von personalen Wertbezügen abstrahierenden Sozialisationsbegriff vereinen.
Beim Bildungsbegriff, der auch wesentlich personorientiertere Bedeutungselemente enthält, stellt sich dieses Problem nicht.

Forschungspragmatisch am austauschbarsten scheint der Bildungsbegriff mit dem Terminus "Erziehung" zu sein. Zwar erweist sich der intentional verstandene Erziehungsbegriff rasch als zu eng für eine allgemeine erziehungswissenschaftliche Grundlegung, in der heutigen Pädagogik wird "Erziehung" aber sehr häufig in einer weitgefaßten Bedeutung verwendet (s. etwa E. König 1986, 180 ff.; Liedtke 1976, 63-66 u. Liedtke 1980, 115-119; Brezinka 1978, 45; Groothoff 1973, 74 f.;

Mollenhauer 1974, 12 u. 17; E. Weber 1978, 24-28; Xochellis 1973, 54-59). Die problematische Scheidung von "intentionalen" und "funktionalen" Prozessen haftet dem Erziehungsbegriff dennoch an (s. König 1986, 180 f.). Mit dem Sozialisationsbegriff kann man diese Dichotomie ohne weiteres überwinden (vgl. Hurrelmann 1975, 20), das Wort "Erziehung" läßt demgegenüber selbst in allgemeinster Umschreibung stets intentionale Momente anklingen. "Erziehung" - wozu, in welche Richtung? ist eine natürliche sprachliche Fragereaktion auf das Alltagswort, während "Sozialisation" ein Geschehen benennt, das rein beschreibend, ohne zielfunktionale Zuordnungen erfaßt werden kann. Der Fachterminus "Sozialisation" hat einen hochgradig abstrakten und unpersönlichen Bedeutungsgehalt, der keine adäquate Verbbildung mehr zuläßt. Das Wort "sozialisieren" - abgesehen von seinem abweichenden Bedeutungsbezug zum ökonomisch verstandenen Sozialisierungsbegriff - klingt im pädagogischen Zusammenhang nicht nur unschön, sondern appliziert völlig falsche Vorstellungen: "Ich" kann niemanden "sozialisieren", da Sozialisation einen Prozeß im gesamtgesellschaftlichen, nicht personalen Kontext meint; die Gesellschaft kann ebenfalls nicht "sozialisieren", da Sozialisation keine Tätigkeit, sondern ein handlungsübergreifendes Strukturgeschehen benennt.

Der Erziehungsbegriff läßt sich dagegen sehr wohl in eine persönliche Verbform umbilden - "ich" bzw. eine gesellschaftliche Institution kann "erziehen". Diese Aussageform suggeriert einen Handlungscharakter des Geschehens, und damit wird der intentionale Gehalt des umgangssprachlichen Erziehungsbegriffs deutlich (zum Handlungsbegriff vgl. Weidenmann u.a. 1986, 369 f. u. 557-561; zu den Verfahrensmöglichkeiten der semantischen Strukturanalyse s. Bünting 1972, 177-198).

Die erziehungswissenschaftliche Fachsprache muß nun, wenn sie in möglichst umfänglicher und gültiger Weise

die pädagogische Wirklichkeit anvisieren will, auf die historisch gewachsene Alltagssprache Bezug nehmen und den vorwissenschaftlichen Bedeutungskern der aufgegriffenen Termini berücksichtigen (vgl. E. König 1986, 181 f. u. Liedtke 1980, 116 f.). Demnach wäre aber eine engere Begriffsauffassung von "Erziehung" im intentionalen Sinne gar nicht von der Hand zu weisen - man müßte sich allerdings um eine alternative terminologische Grundlegung des erziehungswissenschaftlichen Gegenstands bemühen.
Nachdem die Bedeutungsstruktur von "Bildung" eine allgemeine, abgerundete und bei aller Differenzierbarkeit einheitliche Darstellung des Bezeichneten ermöglicht, kann der Bildungsbegriff diese terminologische Grundlegung bei ausgreifenden und vielschichtigen erziehungswissenschaftlichen Fragestellungen optimieren.

Der Erziehungsbegriff soll durch das Gesagte keineswegs abqualifiziert werden, er ist ein pädagogisch unumgänglicher, gleichwohl - wie jeder Terminus - spezifisch bedeutungsstrukturierender Signifikant.
Bei phylogenetischen Fragestellungen etwa, die schwerpunktmäßig die biologisch-evolutiven Bedingungen der menschlichen Formbarkeit ausloten wollen (s. Liedtke 1976, 11 f.), erfüllt der sehr basal verstehbare Erziehungsbegriff (s. Gamm 1974, 110 f. u. 143) seine terminologische Grundlegungsfunktion in zufriedenstellender Weise (s. Liedtke 1976). Ebenso kann man den Erziehungsbegriff bei methodisch-instrumentellen Fragen im pädagogischen Bereich benutzen. Der Bildungsbegriff baut demgegenüber auf weiterentwickelten kulturellen Voraussetzungen auf (vgl. Gamm a.a.O., 143). Im intentionalen Sinne ist er nur eingeschränkt verwendbar: "Ich bilde Schüler" wird wohl ernsthaft kein Pädagoge verlauten lassen, wogegen er Kinder ruhig "erziehen" darf.

Der hier vorgenommene Versuch, den Bildungsbegriff vergleichsweise akribisch zu distinguieren und zu explizieren, könnte wissenschaftstheoretisch als übertrieben und unzweckmäßig angesehen werden (vgl. hierzu König 1986, 180 ff. u. Liedtke 1980, 116 ff.).
Gerade in der Erziehungswissenschaft wirkt sich manchmal jedoch schon die allgemeinste terminologische Festlegung empfindlich aus. Fachbegriffe, die aus alltagssprachlichen Komponenten zusammengesetzt sind, lösen oftmals Assoziationen aus, die das Explikat entsprechend "unwissenschaftlich" verzerren. Eine wertfrei gedachte Deskriptionsgrundlage kann so unversehens schon im Vorfeld normativ aufgeladen werden. Auf die genannte Weise kommt es in den letzten Jahren insbesondere zu Angriffen gegen den Erziehungsbegriff. Die Antipädagogik etwa sieht in den intentionalen Erziehungsprozessen generell eine kinderfeindliche, manipulative Umgangsform (s. Braunmühl 1987, 79). Deshalb lehnt sie "Erziehung" und jedes "pädagogische" Verhalten ab (vgl. ebd.). Daß auch dieser Standpunkt metatheoretisch betrachtet ein "pädagogischer" ist, zeigt die Polemik des Ansatzes auf. Die antipädagogische Kritik trifft keineswegs "die" Pädagogik, sondern bestimmte pädagogische Konzepte.
Betrachtet man das Bedeutungsfeld von "Erziehung" näher, müssen dennoch einige Bedenken gegen eine grundlegende allgemein-pädagogische Verwendung des Erziehungsbegriffs bleiben. Ein paar herausgegriffene Sprachspielereien mögen das verdeutlichen.
Ein Kind zu "erziehen" ist eine gesellschaftlich akzeptierte Handlung, nicht aber die "Erziehung" eines Erwachsenen. Ein mündiger Bürger mag "bildungswillig" sein, dagegen dürfte er sich äußerst ungern "erziehen" lassen - die Öffentlichkeit reagiert beispielsweise äußerst allergisch auf parteipolitische "Erziehungsversuche" durch Zensur von Fernsehsendungen, währenddessen

die Bildungsaufgabe der öffentlich-rechtlichen Anstalten außer Frage steht.
Der Erziehungsbegriff impliziert im Deutschen ganz offensichtlich eine fundamentale komplementäre Rollenverteilung, die ein personal wirksames Machtgefälle voraussetzt. Ein Wissensvorsprung alleine reicht zum Beispiel nicht aus, um zur "Erziehung" eines Schülers ermächtigt zu sein - Heranwachsende verwahren sich in der Schule öfter durch Widerspenstigkeit gegen solche erzieherischen Versuche. Die meisten Erwachsenen werden "erzieherische" Bemühungen wohl grundsätzlich als Bevormundung auffassen. Von der "Erziehung" erwachsener Menschen liest man demgemäß auch nur, wenn einem Personenkreis das Recht oder die Möglichkeit zu autonomen Entscheidungen abgesprochen wird - im Extremfall bei politischen "Umerziehungen". Von solchen negativen Nuancen abgesehen, läßt der Erziehungsbegriff im gesamten eine semantische Struktur erkennen, die an die frühere aufklärerische Vorstellung von linear-direkten, rational planbaren pädagogischen Einwirkungen erinnert (vgl. Reble 1981, 129-135).
Bei einer Erziehungswissenschaft, die sich hauptsächlich mit schulischen oder kindheitsbezogenen Formungsprozessen befaßt, stößt "Erziehung" als Terminus nicht gleich an seine konnotativ bedingten Grenzen. Schließt man allerdings sämtliche "Sozialisations"- und "Bildungs"-Prozesse in die erziehungswissenschaftliche Betrachtung mit ein, wie es die klassisch-idealistischen Bildungstheorien und die modernen Sozialisationstheorien versucht haben, so führt der Erziehungsbegriff zu den genannten Bedeutungsverschlechterungen in der Explikation.

Der Bildungsbegriff läßt sich weitestgehend frei von jeglicher pädagogischer Anwendungsideologie halten (zum pädagogischen Anwendungsmodell s. Derbolav 1971, 46 f.) - "Bildung" muß nicht unbedingt einen intentionalen, direkt zielorientierten und einwegig gesteuerten Vorgang meinen. Mit "Erwachsenenbildung" können z. B. freiheitliche Umgangsweisen zwischen gleichberechtigten Subjekten gekennzeichnet werden, ohne daß man als kritischer Leser chronische Pädagogisierungsversuche im Sinne eines Festhaltens in partieller gesellschaftspolitischer Unmündigkeit argwöhnen muß (zum pädagogischen "Angriff auf die Freiheit" s. Kupffer 1980, 20-29).

Der kleine, aber feine sprachliche Unterschied zwischen schulischer "Erziehung" und schulischer "Bildung" behält als didaktische Grobkategorie ebenfalls eine gewisse bildungspolitische Aussagekraft, etwa wenn von "Computererziehung" (schulreport 2/1986, 12 ff.) anstelle von "Medienbildung" gesprochen wird. Der Eindruck liegt jedenfalls nahe, daß die Schüler, um die es geht, weniger als gleichberechtigte und autonome Partner in einem gemeinsam zu verantwortenden Lernprozeß begriffen werden denn als veränderungswürdige Objekte schulpolitischer Entscheidungen.

Die dem alltagssprachlichen Bildungsbegriff zugrundeliegende Vorstellung von einer Freiheit des Subjekts wird besonders deutlich beim reflexiven Gebrauch pädagogischer Termini. Ich kann "mich bilden", aber nicht sozialisieren; bestenfalls kann ich mich kennen-"lernen" - wenn auch die Tatsache einer sozial vermittelten Identitätsbildung das sprachlich falsch klingende, semantisch gewalttätige "Sich-Lernen" zuließe (die kritische und sprachlich kreativ gefaßte Persönlichkeitsvorstellung des Mystikers Meister Eckhart würde sich heute vielleicht in einer vergleichbaren Formulierung ausdrücken ...). Sich selbst z.B. zur Pünktlichkeit zu "erziehen" läßt erkennen, daß der Betroffene sich - wenn auch freiwillig - einer äußeren Norm überantwortet hat und in einem existentiellen Teilbereich seine persönliche Handlungsfreiheit zurückstellt. Der Gültigkeitsbereich der "Selbsterziehung" bleibt gleichwohl fest umschrieben und eingeschränkt, solange die Person für sich individuelle Autonomie beansprucht.

Aus den Sprachbeispielen können wir einen bildungstheoretischen Schluß ziehen: "Erziehung" als pädagogischer Kernbegriff impliziert eine hierarchisch wirksame anthropologische Vorstrukturierung, nach deren Gesetzen der erzieherische Prozeß abläuft. Die Steuerung des Prozesses erfolgt dabei außerhalb des dargestellten funktionalen Subsystems (zum kybernetischen Steuerungsbegriff s. Sachsse 1974, 99). Die schulische Erziehung wird beispielsweise von gesellschaftlichen Vorgaben gelenkt, die Erziehung des Kleinkindes u.a. von biologisch-evolutiven. Spricht man über "Erziehung", so bleibt die richtungsbestimmende Steuerungsinstanz zunächst unbefragt, da sie jenseits des bezeichneten Prozesses liegt - sie wird bewußt oder unbewußt als Metainstanz vorausgesetzt.

"Bildung" als Terminus beläßt dagegen einen wesentlichen Teil der Verantwortung für die Steuerung auf der signifizierten Prozeßebene: Man kann sich z.B. selbst "bilden", und "Bildung", traditionell verstanden, ist zu einem erheblichen Teil Ergebnis eigener Anstrengungen (daß jemand schlecht "erzogen" ist, brandmarkt im Gegensatz hierzu primär Versäumnisse anderer, z.B. der Eltern). Während beim Erziehungsbegriff die normativen Elemente des Geschehens von den funktionalen auf dualistische Weise unterscheidbar sind - die Sätze: "Die Mutter erzog ihre Söhne alleine" und "Er wurde zum Gehorsam erzogen" sind sprachlich nicht ergänzungsbedürftig -, die normativen Elemente erziehungstheoretisch sogar völlig aus der dargestellten Funktionsebene eliminiert und auf eine Metaebene transponiert sein können - "Erziehungs"-Theorien lassen sich rein instrumentell formulieren, ohne daß die

zugrundeliegenden Wertprämissen auch nur tangiert werden -, sind beim Bildungsbegriff Funktions- und Wertfragen untrennbar verquickt. Kann man einen schulischen Erziehungsauftrag etwa noch hinter vorgeblich naturgegebenen oder selbstverständlichen Prämissen verschanzen, so zwingt ein "Bildungsauftrag" schon qua Wortwahl stärker dazu, die eigene Wertbasis dezidiert offenzulegen, wenigstens aber deklamatorisch zu legitimieren.
Eine pädagogische Untersuchung, die auch die sonst oft im dunkeln verbleibenden theoretischen Hintergrundannahmen - selbst des eigenen Ansatzes - thematisieren will, findet im holistischen Bildungsbegriff sicherlich ein bearbeitungsfähiges begriffliches Grundwerkzeug. Der weitgespannte, aus Respekt vor dem historisch gewachsenen, pädagogisch fruchtbaren Nuancenreichtum vieldeutig belassene Bildungsbegriff kann insbesondere für gesellschafts- und kulturübergreifende Betrachtungen nutzbar gemacht werden. Schon der klassische Bildungsbegriff beschränkte sich ja keineswegs auf ein separiertes, funktionelles Teilsystem der Gesellschaft, sondern bezog sich auf die kulturelle Wirklichkeit in ihrem Gesamtzusammenhang.
Gegenwartsbezogene Fragen nach historisch spezifischen, kohärenten Kulturphänomenen, die sich auf bestimmten Ebenen z.B. mit den geisteswissenschaftlich geläufigen Begriffen Zeitgeist, Lebensstil, Menschen- oder Weltbild umschreiben lassen, werden pädagogisch gerade unter "Bildungs"-gesichtspunkten zugänglich.
Wie keine andere pädagogische Formel verweist "Bildung" auf die Korrelation intentionaler und reflexiver Akte im menschlichen Handeln (vgl. Cube 1960, 37 ff.). Klafki nennt "Bildung" jenes Phänomen, "an dem wir ... unmittelbar der Einheit eines subjektiven (formalen) und eines objektiven (materialen) Momentes innewerden" (1964, 297). Aus dieser Doppelseitigkeit des

Bildungsprozesses ergibt sich, nach Klafki, seine kategoriale Dimension (a.a.O., 298).

Wenn man den gesellschaftlichen "Code" und das gesellschaftliche "Programm" zur Führung und Formung der Menschen ins Blickfeld bekommen will - um sich nochmals der systemtheoretischen Begriffe Luhmanns (1986) zu bedienen -, so kann die elementarste pädagogische Konsensformel des "Lernens" bzw. der Lernfähigkeit nicht ausreichen. Das einheitliche "Ganze" (vgl. Nohl 1966, 6 f. u. 10 ff.) gesellschaftsspezifischer Bemühungen - und daß gesellschaftliche Bemühungen in sozialisationsmäßige Spezifikationen münden, dafür gibt es im historischen und im kulturellen Vergleich eine erdrükkende Fülle von Belegen - wird erst durch einen Begriff thematisierbar, der auch die Gesamtkonfiguration, die "Gestalt" (vgl. a.a.O., 6 f.), im Sinne einer modellhaften Theoriebildung zu erfassen sucht (vgl. Klafki 1985, 13, der im Zusammenhang seiner Skizzierung eines neuen Allgemeinbildungskonzepts ähnlich argumentiert).
Pädagogische Prozesse solcher Art finden durchaus auch außerhalb offiziell legitimierter Institutionen wie Familie, Schule, Hochschule statt. Man kann etwas zugespitzt sogar sagen, daß sämtliche gesellschaftlichen Verkehrsformen "erziehungswirksam" sind. Aus einer interaktionistisch-materialistischen Sicht fordert Mollenhauer (1974, 187) dementsprechend von der Erziehungswissenschaft, nicht die lernenden Individuen, sondern die Regeln, denen die pädagogische Kommunikation historisch-faktisch folgt, mitsamt den dabei wirksamen Vergesellschaftungsformen zu ihrem Gegenstand zu machen. Natürlich handelt es sich bei den genannten gesellschaftlichen Prozessen nur in den seltensten Fällen irgendwie um personal direkt "beabsichtigte" Abläufe, stattdessen sind Interaktionsmuster mit bestimmten Zielstrukturen erkennbar. Anstelle von

"Erziehungswirksamkeit" sollte man deshalb besser z.B. von einer "Bildungswirksamkeit" sprechen. Eine noch weitergehendere, durchaus überlegenswerte Einbeziehung auch von ökologisch-natürlichen Beeinflussungsfaktoren in das pädagogische Gesamtkonzept würde vollends zeigen, daß der Erziehungsbegriff als umfassende Zentralkategorie mängelbehaftet ist. Klimatische, anorganische und pflanzliche Faktoren als "Erziehungs"-Größen (vgl. Peschel 1979, 14-28) zu bezeichnen heißt, falsche Analogieschlüsse zu evozieren. Die teleologische Struktur des Begriffs "Erziehung" führt in diesem Falle zu unzulässigen Anthropomorphisierungen der Natur (von vergleichbaren Schwierigkeiten sind auch die naturwissenschaftlichen Fachsprachen nicht verschont, vgl. etwa Engels 1982, zusf. 243-250).
Der Bildungsbegriff mit seinen zwei zentralen Bedeutungsrichtungen von Entwicklung und Gestaltung stellt schon im Begriffsansatz eine unspezifischere Referenz zur Welt her. Nicht umsonst konnte "Bildung" organologisch, künstlerisch, kulturphilosophisch, als aktiver Handlungs- und als passiver Geschehensbegriff verstanden werden. Als allgemeines Lexem läßt sich "Bildung" sogar für sämtliche Formungsprozesse verwenden, eine Extension, die andere erziehungswissenschaftlich genutzte Wörter kaum erreichen.
Durch seine extensionale Breite kann der Bildungsbegriff zu weitausholenden Beschreibungen kulturbezogener Phänomene hergenommen werden, ohne daß damit eine scharfe Grenzziehung zu außerkulturellen, primär natürlichen Prozessen einhergeht.

Die traditionsbedingte Bedeutungsverengung des heutigen vorwissenschaftlich-pädagogischen Bildungsbegriffs, die "Bildung" ausschließlich als individuumzentrierten Formungsprozeß auf soziokultureller oder kognitiver

Ebene sieht, schließt eine umfassende, biologisch-natürliche Prozesse gleichermaßen beinhaltende Explikation des Begriffs allerdings aus. Es wäre wissenschaftspragmatisch wenig sinnvoll, über den umgangssprachlichen, selbst in der Erziehungswissenschaft etablierten konventionellen Begriffsrahmen so weit hinauszugehen, daß beispielsweise primär biologisch verstandene Entwicklungsphänomene mit dem Begriff "Bildung" belegt würden.
Trotz der notwendigen extensionalen Einschränkung auf geistige und kulturelle Formungsprozesse bleibt die Leistung des Bildungsbegriffs bestehen, über den denotativen Referenzbezug hinaus mindestens eine gewisse Analogie zu Naturprozessen anklingen zu lassen. Will man geistes-, sozial- und naturwissenschaftliche Komponenten in ein Gesamtkonzept integrieren, so können mehrdeutige Wörter wie "Bildung" recht hilfreich bei der terminologischen Grundlegung sein (vgl. Pawlowski 1980, 199-242; zu Problemen, die aus der Mehrdeutigkeit resultieren, vgl. a.a.O., 55-75). Psychotherapeutische Konzepte beispielsweise müssen als relativ vielschichtige, multifaktorielle Handlungsentwürfe aufgefaßt werden, bei denen Theorieelemente aus diversen Wissenschaftsrichtungen eine Rolle spielen. Ein integrationsfähiger Zentralbegriff auf soziokultureller Basis ist für die angemessene Untersuchung eines solchen Gegenstandes vonnöten. Diese Grundbedingungen kann "Bildung" erfüllen.
Röhrs etwa deutet Bildung als eine elementare und umgreifende anthropologische Kategorie in einem geistig-seelisch-körperlichen Zusammenhang (1970, 140). Für ihn ist Bildung als personaler Gliederungsprozeß ein "perpetuierlich nachrichtenverarbeitender Vorgang" mit einer kalkulierbaren Komponentenkomplexion (ebd.). Die kybernetische Bildungsauffassung von Röhrs unterstreicht, daß "Bildung" als Zentralkategorie universell

und aspektreich eingesetzt werden kann. Auf der anderen Seite wird deutlich, daß eine solche "Komponentenkomplexion" nur einen Interpretationsrahmen abgibt; das konkretisierte Verständnis davon unterliegt - als fundierender Teil eines anwendungsorientierten Konzepts - menschlichen Entscheidungen und Voranahmen.

Der Bildungsbegriff beweist seine Nützlichkeit auch unter Berücksichtigung dieses Aspekts. Mit Cube (1960, 38 f.) läßt sich das essentielle Merkmal von "Bildung" in der reflexiven Bewußtmachung sehen - nicht allein das Bewußtsein des Menschen von der Welt, sondern das Bewußtsein seiner selbst ist konstitutiv.
Schon in der Alltagssprache treten ähnlich gerichtete Assoziationen auf: Wer "gebildet" ist, hat nicht einfach ein großes Wissen, sondern ein traditionsmäßig bewährtes, sozial und personal quasi bereicherndes, vor allem auch ein entsprechendes Benehmen und eine entsprechende Persönlichkeit.
Dieser Zusammenhang selbstreferentieller Informationsübermittlung kann ebenso auf soziale Institutionen und geistige Systeme übertragen werden, soweit sie Individuen und Gruppen als stellvertretende Bewußtseinsträger dienen. So ließe sich fragen, welches pädagogische Selbstverständnis eine Schule A besitzt oder welche Relation zu den eigenen Grundlagen und Methoden eine Theorie X expliziert.

Während im erziehungswissenschaftlichen Bereich die Diskussion um den Wert des Bildungsbegriffs nicht abgeschlossen ist, haben sich im Wirtschaftssektor analoge Orientierungskategorien bereits durchgesetzt: Betriebe entwickeln beispielsweise ihre "Philosophie", ihren "Unternehmensstil" oder ihre "Firmenkultur" (vgl. Neuberger/Kompa 1986). Investitionen zum Aufbau

einer firmeneigenen Ideologie und einer markengerechten Mentalität berühren nicht nur den Marketingbereich. Es soll ein systeminternes Bewußtsein geschaffen werden, das die Mitarbeiter verbindet und systemfunktional ausrichtet. Bei den Bemühungen von Industrie und Handel, das private Konsumverhalten zu erforschen und zu beeinflussen, bestimmen Lebensgefühl und Lebensstil das typisierte Bild vom einzelnen Verbraucher.
Als neuester Trend unter den Körperprogrammen wird neben dem Bodybuilding "body-styling" angeboten, und in manchen Großstädten kann man sich mittlerweile bei diversen Coiffeuren, Visageuren, Image-, Management- oder Personality-Beratern einem "Personality-Styling" unterziehen. Gleichzeitig erlebt der Buchhandel eine wahre Schwemme von Glücks-, Erfolgs- und Persönlichkeitsratgebern. Unter den Titeln, die um die Gunst des veränderungsbedürftigen Leserkreises konkurrieren, findet man sogar den nicht ganz so modisch klingenden deutschen Bildungsbegriff. Was "Persönlichkeitsbildung" meint, gibt schon der Untertitel zu erkennen: "So werden Sie, was Sie sein möchten" (Kopmeyer 1982).
Auf dem weniger von terminologischen Skrupeln als von Nachfrage und Profitmöglichkeit angerührten Markt ist "Bildung" also längst zum Artikel geworden. Die theoretische Konsequenz aus dieser Entwicklung muß in einer angemessenen Einbeziehung solcher erziehungswissenschaftlich sonst kaum beachteten Phänomene in die pädagogische Forschung bestehen - mit dem Bildungsbegriff als wohl adäquatester terminologischer Basis.

1.5 Bildungsvorstellungen und ihre orientierende Funktion

Wenn wir den Bildungsbegriff als grundlegenden Terminus für ganzheitlich strukturierte, pädagogisch relevante Formungsprozesse in soziokulturell beeinflußten Zusammenhängen akzeptieren, so muß sich seine Leistungsfähigkeit bei induktiven Identifizierungsversuchen von bildungsfunktionalen mentalen Systemen erweisen. Andernfalls wäre "Bildung" erfahrungswissenschaftlich, damit aber auch pädagogisch-theoretisch unbrauchbar und gerönne tatsächlich zu der mancherorts geschmähten "Leerformel" (s. Brezinka 1978, 49 f. u. 222 f.; Giesecke 1973, 81 f.; vgl. auch Weber 1972, 61 u. Pawlowski 1980, 55 f.).
Mentale Systeme finden sich auf personaler Ebene, z.B. als Denkstrukturen eines Lehrers, auf mikrosozialer Ebene, z.B. als familiales Gruppen-"Bewußtsein", auf makrosozialer Ebene, z.B. als Nationalgefühl, und auf Sachebene, z.B. als Verfassung und als Theorie.
Als geistige, kulturell mitbedingte Produkte des Menschen können sie historisch analysiert werden; ihre gesellschaftlichen Objektivationen lassen sich wiederum auf hermeneutischem Wege in Beziehung zur jeweiligen mentalen Struktur setzen. Nach Dilthey drücken sich Bewußtseinszustände "in Gebärde, Mienen, Worten beständig aus, und sie haben ihre Objektivität in Institutionen, Staaten, Kirchen, wissenschaftlichen Anstalten ..." (1958, 80). Der geisteswissenschaftlich zugängliche Gegenstand ist dabei für Dilthey nicht streng vom naturwissenschaftlichen Objektbereich getrennt - bestimmend wird vielmehr die selbstreferenzielle Tendenz des Menschen (vgl. a.a.O., 81-83).
Der logischen Doppelstruktur des geisteswissenschaftlichen Gegenstandes entspricht die von "Bildung". Die bildungsspezifische Handlungslogik können wir damit

auf gegenständlicher und auf wissenschaftlich-theoretischer Aktionsebene ausmachen. Konstitutiv für den Bildungsvorgang ist dabei allein das potentielle Mithineinspielen von reflexiven Bewußtseinsprozessen - auch wenn sie faktisch unterbleiben! - und die funktionale Ausrichtung des Geschehens auf eine personal bzw. sozial wirksame Formung hin. (Zum Versuch, einen möglichst weitgefaßten und offenen Begriff von "Bildung" zu erhalten, vgl. nochmals Cube 1960, 38 f. u. Röhrs 1970, 137-140; "Bildung" ausschließlich z.B. als geistigen oder personalen Prozeß zu kennzeichnen würde zu den kritisierten voreiligen Gegenstandsverengungen führen). Demnach müßten alle gesellschaftlichen Prozesse, die Menschen beeinflussen und die bewußt steuerbar wären, unter "Bildung" subsumierbar sein - und genau das halte ich für theoretisch angemessen. Es erscheint mir ungenügend, gesellschaftliche Prozesse nur als funktionales Geschehen zu betrachten; der dezisionistische Spielraum bei soziokulturellen Vorgängen wird auf diese Weise unterschlagen. Gleichzeitig werden historisch spezifische, damit auch anders denk- und wünschbare Konfigurationen zu quasi-natürlichen, invarianten Strukturen "erklärt". Das mag vom Forscher nicht gewollt sein, textstrukturell ist ein solches Resultat bei einer rein funktionsorientierten Vorgehensweise gleichwohl unvermeidbar. Selbst streng empirische, scheinbar wertfreie Studien sind der normativen Wirksamkeit ihrer Konstitutionsbedingungen unterworfen (vgl. Beyer 1980, 53 f.). Auf der anderen Seite können auch einseitig normativ orientierte Konzepte, wie sie unter traditionellen Bildungstheorien häufig zu finden sind, nicht genügen. Mit wertgeladenen Termini wie "Mündigkeit" oder "Humanität" kann man keine funktionsspezifischen Wirkungszusammenhänge erhellen. Zudem wird der Radius des betrachteten Gegenstandsbereichs durch eine bewußt normativ-selektive Verengung

der Untersuchung unzweckmäßig und über das unumgängliche Maß hinaus verkleinert. Entscheidende Korrelationen können deshalb zu leicht aus dem Blickfeld geraten. Eine dialektische Vorgehensweise, die funktionale Zusammenhänge und normative Implikationen gleichermaßen berücksichtigt, scheint mir die einzig sinnvolle Möglichkeit zu sein, pädagogisches Geschehen einigermaßen zuverlässig zu erfassen.
Welche Wege im konkreten Forschungsfall zu einer solchen Synthese führen könnten, müßte während des Untersuchungsprozesses immer wieder verlaufsbezogen diskutiert werden. Eine vorderhand monolithisch konstruierte "Bildungstheorie" ist für die Vielfalt der zu beachtenden Phänomene und für die Komplexität des Gesamtgeschehens nicht schmiegsam genug - begnügen wir uns deshalb methodisch zunächst mit dem offen und beweglich gehaltenen Bildungsbegriff, um die variablen Zusammenhänge zwischen gesellschaftlichen Objektivationen und mentalen Systemen anvisieren und verfolgen zu können (s. auch die wissenssoziologische Interpretation der Gesellschaft als Verschränkung objektiver und subjektiver Momente, Berger/Luckmann 1980, 36-41 u. 139 ff.).
Als separate Vorgänge in gesellschaftlich ausdifferenzierten Funktionssystemen lassen sich die einzelnen Bildungsprozesse sicherlich handlungsfeldbezogen (s. hierzu Groothoff 1979) lokalisieren, solange man eine starre pädagogische Gegenstandskartierung vermeidet. Darüberhinaus müssen Bildungsprozesse aber hauptsächlich universal als spezifische <u>Dimension</u> soziokulturellen Geschehens verstanden werden. Gesellschaftliches Handeln weist demnach <u>generell</u> Bildungsmomente auf, die in ihren vernetzten Relationen zu untersuchen sind (zum Vorschlag, Bildungsprozesse universal zu verstehen, vgl. auch die These von Bülow, ders. 1973, 130, Kommunikation sei grundsätzlich pädagogisch). Einen

bildungsfreien gesellschaftlichen Raum kann es unter diesem Blickwinkel nicht geben - forschungsrelevant bleibt allein die Frage, wie der jeweilige soziokulturelle Kontext begleitende oder resultierende Bildungsprozesse strukturiert.
Übertragen auf die mentale Ebene gesellschaftlich wirksamen Handelns läßt sich schlußfolgern, daß keine Wissenschaft, keine Alltagstheorie und kein Handlungskonzept ohne eine wie auch immer geartete Bildungsvorstellung auskommt.
Diese Bildungsvorstellung mag bruchstückhaft oder vorbewußt sein, ein stipulierendes Bild von menschlicher Beeinflussung ist sozialem und personalem Handeln jedoch stets vorgeschaltet. Enkulturations- und Sozialisationsprozesse haben nicht nur das Verhalten des Menschen, sondern auch schon seine jeweilige Wahrnehmung und seine Kognition geprägt. Bildungsvorstellungen sind Teil eines bestimmten Welt- und Menschenbildes. Sie dienen dabei als reproduktive und produktive Orientierungsmuster in pädagogisch relevanten Zusammenhängen (vgl. Lassahn 1983, 10; Flitner 1980, 27, 58 u. 65). Wie der Mensch sich auffaßt, das entscheidet letztlich auch über seine personalen und sozialen Beeinflussungsmethoden. So können z.B. die subjektiven Berufstheorien von Lehrern als kognitive Steuerungsinstanz im Unterricht verhaltenswirksam werden (vgl. Tennstädt u.a. 1987, Einf., 6 f. u. 11 ff.; Weidenmann u.a. 1986, 331-345); Gedanken, Meinungen und Vorurteile der Eltern fließen in die familiale Sozialisation des Kindes ein; Bildungs- und Erziehungsideale bestimmen in epochal, regional oder situativ typisierbarer Weise Lehrpläne und Unterrichtsmethoden: Das historisch jeweils gültige Menschenbild fundiert mithin pädagogisches Denken und Handeln (zum Verhältnis von Menschenbild und Pädagogik s. Reble 1959) - Bildung wird als Ausdruck eines spezifischen Zeitgeistes dechiffrierbar (vgl. Schoeps 1959, 9).

Bildungsvorstellungen dürfen allerdings nicht zu eng als ausschließlich kognitiv-rationale Antizipation ausgelegt werden.
Routinemäßige Erzieherreaktionen beispielsweise lassen sich mit den individuellen Kognitionen allein nicht mehr befriedigend erklären (s. Weidenmann u.a. 1986, 341-345). In der sozialwissenschaftlichen Literatur werden zur kausalanalytischen bzw. korrelativen Interpretation vorhersagbarer Verhaltensmuster theoretische Konstrukte wie Einstellung, Haltung, Attitüde, Motiv, Rolle, Selbstkonzept u.v.a. verwendet (vgl. Heinerth 1979, 20-29; s. auch Weinert u.a. 1974, Bd. 1, 140-143, 345, 489; Wellhöfer 1977, 91-104; Weidenmann u.a. 1986, 221 f., 226-233, 379-381; zur wissenschaftstheoretischen Problematik des Rollenbegriffs Ulich 1979, 223-228).
Einige philosophisch-psychologische Begriffe, die sich als Wirkungskomponenten von Bildungsvorstellungen verstehen und als solche zur Erklärung pädagogischen Geschehens heranziehen lassen, treffen vor allem geistig-seelische Aktivitäten, die voluntativ und intentional präjudizieren. Zu solchen Begriffen gehören Termini wie Moral, Wille, Interesse.
In vielen anderen sozialwissenschaftlichen Theoriesystemen werden antizipative Strukturen als nomologisch wirksame Bestandteile von Reaktionsmechanismen oder als Verhaltensdispositionen aufgefaßt (zu den sozialwissenschaftlichen Erklärungsansätzen vgl. z.B. Ulich 1979, 28-38, 106-110; Wellhöfer 1977, 55 f., 86-103; Weinert u.a. 1974, 137-142, 345-348; Weidenmann u.a. 1986, 108, 114-121, 221, 380 f.; Allport 1983, 31-34, 51 f., 68, 81 f.). Mentale Reflexivität und Axiomatik sind für diese Erklärungsansätze nicht konstitutiv. Will man nun aber intermediäre Bewußtseinsprozesse im sozio-kulturellen Bereich erfassen, so erfordert das den Verzicht eindimensionaler Instrumentarien.

Pädagogische Orientierungsmuster können weder als bloße Dispositionsgefüge noch als einwegige Reaktionsmechanismen apostrophiert oder auf sittlich-intentionale Zielkonstruktionen reduziert werden - das reale Geschehen ist von einer umfassenderen und komplizierteren Dynamik. Zweckrational angelegten Bildungskonzepten stehen mannigfache gesellschaftliche Automatismen und verwickelte Interaktionsgewebe gegenüber. Neben den phänomenal wahrnehmbaren Oberflächenstrukturen müssen bei der Gegenstandsbetrachtung potentiell wirksame, aber nur indirekt erschließbare Tiefenstrukturen erkenntnistheoretisch und forschungsstrategisch berücksichtigt werden.

Bildungsvorstellungen lassen sich als kognitiv-emotionale Repräsentanten pädagogischer Wirklichkeitsausschnitte begreifen.
So hat ein Lehrer eine bestimmte Vorstellung von jedem seiner Schüler, aber auch von seinem Beruf. Er interpretiert sich selbst - ob bewußt oder unbewußt - als Lehr-"Person", und er hat ein Bild von der Gesellschaft und deren Erwartungen an ihn. Analog lassen sich Bildungsvorstellungen bei Lehrplankommissionen, Schulausschüssen, Kultusministerien, Verfassungen (vgl. Dietze 1976, 97-114 u. 188-210), erziehungswissenschaftlichen Richtungen, Kinder-, Schul- und Fachbuchautoren etc. ausmachen. Die Vorstellungen können sich auf sämtliche pädagogischen Prozeßfaktoren beziehen. Entsprechend lassen sich Zielvorstellungen, z.B. Bildungsideale, ebenso wie methodische, inhaltliche oder adressatenbezogene Vorstellungen identifizieren (zu individuellen und überindividuellen sozialen Repräsentationen im allgemeinen vgl. Thommen 1988, 28-41).

Die Bildungsvorstellungen sind inhaltlich und funktional gerichtet. Die Funktion der Bildungsvorstellung

besteht - kybernetisch betrachtet - in der Herstellung einer reflexiven und einer objektbezogenen pädagogischen Referenz, die einem System pädagogische Orientierung der externen und der internen Welt gegenüber ermöglicht. Diese Funktion ist inhaltlich nicht in beliebiger, sondern in selektiver Weise wirksam. Bildungsvorstellungen sind standortmäßig und thematisch an die Welt des vorstellungstragenden Systems gebunden: Die Bildungsvorstellung eines Heimerziehers ist perspektivisch um ihn selbst als Agens gruppiert, nicht etwa um das institutionelle Konzept der Einrichtung; die Bildungsvorstellung rekurriert auf den sozial-personalen Erfahrungsraum des Heimerziehers und auf seine situationsbezogen aktivierten Wissensbestände (zur psychologischen Bedeutung inhaltsbezogener Orientierungen s. Weidenmann u.a. 1986, 145 ff., 205 f., 231 f.). Dadurch wird eine Adaptation des beruflichen Selbstverständnisses und der sozial-personalen Beeinflussungsstrategie ermöglicht - der Erzieher kann sein Verhalten verändern, in Zweifel ziehen, stabilisieren oder legitimieren.
Bildungsvorstellungen haben somit eine durchaus praktische Dimension. Man darf das Verhältnis des geistig-seelischen Konzepts zur Verhaltensmanifestation dennoch nicht linear sehen.
Heteromorphe und heteronome Prozesse auf subjektiv-mentaler und auf objektiv-realer Ebene durchdringen einander in zirkulärer Weise und führen zu vielfältigen Interferenzen wie auch Interdependenzen im soziokulturellen Bereich. Die komplizierte Dialektik von Sein und Bewußtsein läßt sich nicht zugunsten eines einseitigen Kausalbezugs auflösen.

In vielen Fällen können internalisierte und automatisierte Verhaltensweisen, die scheinbar nicht kognitiv gesteuert sind, durch geschickte Interventionen rational zugänglich gemacht werden (kognitionsorientierte Verfahren, die eine Verhaltensänderung anstreben, finden sich z.B. in der Weiterbildung für Lehrer, s. Tennstädt u.a. 1987, Bd. 4, 43-54; ebenso in der Psychotherapie, in der sich kognitive Ansätze erfolgreich etabliert haben, s. z.B. Ellis/Grieger 1979 u. N. Hoffmann 1979). Möglicherweise besteht in solchen Fällen gewohnheitsmäßigen Verhaltens sogar ein ursächlicher Zusammenhang zwischen den gemeinhin unbemerkt vorbeiziehenden Kognitionen und dem Verhaltensablauf, - eine letztgültige Beantwortung dieser Frage stößt jedoch wiederum auf grundsätzliche wissenschaftstheoretische Schwierigkeiten.

Die Entscheidung für eine streng verhaltenstheoretische Abstinenz von nicht eindeutig verifizierbaren Zusammenhängen oder die Entscheidung für ein hypothetisches kognitionstheoretisches Modell sind forschungsaxiomatische, paradigmatische Entscheidungen, die nur noch praktischen und ethischen Kriterien unterliegen (zu sozialwissenschaftlichen Paradigmen, speziell zu lerntheoretischen und kognitiven Ansätzen vgl. Ulich 1979, 20-25 u. 175-179).

Wie auch immer die Kausalzusammenhänge zwischen Denk- und Verhaltensprozessen beschaffen sein mögen, sicher ist, daß sich Verhalten über ein Eingreifen in die Kognitionen beeinflussen läßt.

Seinen trivialen Ausdruck findet dieses Wissen in der Propagierung des sogenannten positiven Denkens bei Verkäuferschulungen und in der Ratgeberliteratur. Die naiven Erfolgserwartungen, die dort geweckt werden, bauen auf einem recht einfachen Modell von menschlichen Bewußtseinsprozessen auf (s. z.B. Ebert/Ebert 1987, 39 ff.).

Es dürften aber auch die anspruchsvolleren psychologischen Kognitionstheorien nicht genügen, makrosoziale und gesellschaftliche Bewußtseinsprozesse angemessen zu erfassen. Nicht nur das einzelne Individuum, sondern jede soziale Gruppe und jede Institution entwikkeln ihre je eigenen Orientierungsmuster, die durchaus disparaten Gesetzlichkeiten unterliegen können (s. Thommen u.a. 1988, 35-41). Soziologisch gesehen lassen sich soziale Gruppen mit ihrem in spezifischer Weise geformten Bewußtsein und dem darauf abgestimmten Handeln als eigentliche Grundeinheiten der Gesellschaft betrachten (vgl. Rüegg 1969, 121). Nimmt man Interaktionsmodi als gesellschaftsbestimmende Elemente, ergeben sich wiederum andere Erkenntniszusammenhänge (s. Mollenhauer 1974, 9-16 u. 187-190).

Die Konstituierung eines umfassenden und variablen Bildungsbegriffs zur Bezeichnung pädagogischen Realgeschehens macht eine vergleichbar weite und offene terminologische Anlage des korrespondierenden Begriffs der Bildungsvorstellung erforderlich. Bildungsvorstellungen lassen sich allgemein als Bewußtseinselemente, die auf pädagogisches Geschehen gerichtet sind, begreifen (zum engen Zusammenhang von Bildung und Bewußtsein vgl. Cube 1960, 36 ff.; Roeßler 1981, 11-15). Das Bewußtsein als Medium der singulären Bildungsvorstellungen ist an ein gesellschaftliches Subjektsystem gekoppelt, also etwa an ein Lehrerkollegium, an eine Regierung, einen Bewährungshelfer. Keineswegs darf Bewußtsein jedoch auf ein ausschließlich individuelles Bewußtseinsverständnis reduziert werden - menschliche Erkenntnis und handlungswirksame Subjektivität sind gesellschaftlich vielfach vermittelte und vermittelnde Momente in einem lebendigen Gesamtzusammenhang, der theoretisch nicht ohne Gegenstandsverzerrungen auseinandergerissen werden kann (eine umfassende theoretische Berücksichtigung der komplexen Dynamik zwischen Natur und Kultur, gesellschaftlicher Realität und Bewußtsein findet sich insbesondere in dialektisch-materialistischen Erklärungsansätzen; vgl. hierzu Haug 1973; Leist 1973; Zimmermann 1974; Hahn 1965, 34 f. u. 156-159; in breitangelegten geisteswissenschaftlichen Ansätzen wird das Spannungsverhältnis zwischen historisch-gesellschaftlicher Wirksamkeit und anthropologischer Faktizität ebenfalls ausführlich thematisiert; vgl. z.B. Reble 1959, 62-65; Benner 1978, 351-354; Buck 1981, 19 f.; Schoeps 1959).

Jede Bildungsvorstellung, aber auch jeder Versuch, Bildungsvorstellungen wissenschaftlich zu fassen, ist damit "in die kulturelle Gesamtbewegung eingelagert" (s. Reble 1959, 64) - Bildungsprozesse, Vorstellungen über das Bildungsgeschehen und Urteile über spezifische Bildungsvorstellungen können nur gültig bezüglich relativ gleichbleibender historischer Umstände sein.

Die einzelnen Bildungsvorstellungen als gerichtete mentale Systeme müssen - mit anderen Worten - auf apriorischen Hintergrundannahmen aufbauend analysiert werden, die ihrerseits bereits ausgerichtet sind.

Hier ein "rationales", instrumentell und logisch begründetes Untersuchungsverfahren als wertneutrales Werkzeug deklarieren zu wollen wäre Selbsttäuschung und entbehrte daher nicht der Komik.

Analytisch ernstzunehmender scheint es da fürs erste zu sein, soweit auch nur möglich offen und selbstkritisch die eigenen Hintergrundannahmen zu beleuchten, um dann die aufgedeckte Relativität der eigenen Prämissen zur Explikation der tatsächlichen Erwartungs- und Interessensgrundlagen zu nutzen - ein Verfahren, das dem psychoanalytischen Procedere vergleichbar ist.

Ob und auf welche Weise das möglich wäre, ohne in formallogische Fehler wie die eines infiniten Regresses oder eines Zirkelschlusses zu verfallen, bleibt gründlich zu klären.

Vorläufig möchte ich in Anlehnung an materialistische Positionen behaupten, daß eine Überwindung dieser erkenntnistheoretischen Problematik ohne den - kommunikativ gutwilligen! - Bezug zur konkreten menschlichen Lebenspraxis als letztgültiger Basis des Erkenntnisprozesses nicht möglich ist (vgl. Haug 1973, 561 f.; diesen Schluß legen auch andere, handfestere erkenntnistheoretische Einsichten nahe, s. z.B. Gierer 1985, 48; der Biophysiker Gierer hält eine vollständige Absicherung des Denkens mit den Mitteln des Denkens ebenfalls für grundsätzlich unmöglich; s.auch Meder 1986, 708 f.; Meder weist darauf hin, daß eine intensionale lexikalische Semantik von Verweisungen in ihrem Wörternetz lebt, die häufig selbst nicht mehr sprachlich zu fassen sind). Einem solchen Ansatz steht allerdings weder eine theoretische Arroganz über die situationsbezogenen, oft auch abweichenden Vorstellungen der Bildungs-Praktiker in den einzelnen Handlungsfeldern noch eine praktische Abstinenz von richtungsweisenden Handlungsentscheidungen zu - bei allem Risiko, das mit der notwendigen theoretischen und pragmatischen Öffnung für unterschiedlichste "unwissenschaftliche" Perspektiven und nur bedingt kontrollierbare, situative Handlungsentwürfe verbunden ist. Eine absolut angesetzte normative und eine naiv empiristische Fundierung pädagogischen Forschens ist jedenfalls schon im Ansatz gleichermaßen unhaltbar (vgl. E. König 1975, 102 u. 157), da es den zweifelsfrei bestimmbaren, archimedischen Punkt der Erkenntnis nicht gibt (vgl. a.a.O., 102; Bollnow 1981, 13-23). Stattdessen unterliegen weltanschauliche und auch wissenschaftliche Standpunkte relativierenden historischen Bedingungen (vgl. Huth 1988, 87-90).

Die Gültigkeit einzelner Bildungsvorstellungen kann demnach nicht situationsunabhängig in Bezug auf unhistorisch verstandene, invariante Maßstäbe geprüft

werden. Entscheidend ist vielmehr, in welchem soziokulturellen Kontext die Bildungsvorstellung steht, welche Funktion ihr dort zukommt, ob sie diese Funktion erfüllt, und wenn sie sie erfüllt, mit welchen ökologischen Kovarianzen.
Struktur und Bedeutung der Bildungsvorstellung lassen sich nur in Relation zum gesellschaftlichen Gesamtrahmen - spezifiziert im jeweiligen Funktionskreis, aber nicht darin verabsolutiert - erkennen. Der Unterhaltungs- und Informationswert eines Fernsehprogramms hängt z.B. eng mit der Gesamtstruktur aller verfügbaren Unterhaltungs- und Informationsangebote zusammen. Die "Ausgewogenheit" des Angebots wäre daher weniger von den einzelnen Fernsehanstalten als von einer Kultur- und Medienlandschaft insgesamt zu fordern. Zeitbedingte Kulturphänomene wie Kinosterben, rasantes Ausbreiten von Spielhallen oder wachsender Fernseh- und Videokonsum lassen sich überhaupt nur mit einer umfassenden Betrachtungsweise greifen. So bleiben kulturpolitische Lösungsversuche für den schon längst unkontrollierbar gewordenen Videokonsum, die etwa mit gutgemeinten Bildungsappellen oder mit Zensurvorschriften das Ärgste verhindern und ein minimales Geschmacksniveau retten wollen, hilfloses Stückwerk. Selbst die schulinternen Bildungsprozesse sind von solchen Entwicklungen auf dem Medien- und Unterhaltungssektor nicht zu trennen. Informationsbedarf und Motivierungsmöglichkeiten für den Unterricht sind eng an die soziokulturelle Gesamtsituation, darunter auch die Freizeitgewohnheiten der Menschen gekoppelt. Eine ungenügende Anpassung an diese Rahmenbedingungen muß zu Betriebsschwierigkeiten und Effizienzverlusten in der Schule führen.

Wir müssen Bildungsvorstellungen also als situationsbezogen mehr oder minder fixierte, grundsätzlich aber variable Faktoren in einem empfindlich ausbalancierten

Systemzusammenhang verstehen (vgl. Thommen u.a. 1988, 45 f.). Bildungsvorstellungen sind das Resultat selektiver Wahrnehmungs- und Kognitionsprozesse, sie sind aber ihrerseits selbst wieder selektiv wirksam (zur menschlichen Wahrnehmung vgl. zusf. Ruch/Zimbardo 1975, 254 ff.).

Ein methodologisches Hauptproblem besteht darin, die spezifische Ausrichtung einer Bildungsvorstellung klar herauszuarbeiten, ohne scheinbar nebensächliche Verbindungsfäden, die für das System funktionsrelevant sind, voreilig auszublenden. Der Beweglichkeit des Gegenstandes muß daher eine - in der Erziehungswissenschaft keineswegs selbstverständliche - Leichtgängigkeit und Flexibilität des Untersuchungsinstrumentariums entsprechen, wie sie mir mit den injunktiven Termini "Bildung" und "Bildungsvorstellung" gegeben scheint.

Die Aufgabe, an der die hier etwas insistent exemplifizierte terminologische Grundlagendiskussion teilhat, läßt sich als Suche nach einem geeigneten Rekonstruktionsmodus für pädagogisches Geschehen bzw. für pädagogische Komponenten eines Geschehenszusammenhanges beschreiben.

Pädagogische Begriffssysteme sind oftmals zu starr, eng oder bruchstückhaft, um die reale Dynamik sozialer Abläufe hinreichend zu erfassen. Zwar kann man ein statisches Klassifikationssystem als Forschungsinstrument durch Vor- und Nachworte entsprechend relativieren, das ändert aber nichts an der Tatsache, daß das Instrument selber einfach zu grob und schwerfällig für die Beobachtung dynamischer Vorgänge sein kann.

Mit der Elastizität des vorgeschlagenen Bildungsbegriffs ist andererseits die Gefahr einer ungenügenden Bildschärfe bei der Darstellung singulärer pädagogischer Zusammenhänge verbunden: "Bildung" und "Bildungsvorstellung" können alleine sicher keine saubere Zeichnung eines pädagogischen Sachverhaltes liefern.

Die zwei Termini müssen vielmehr elementar im Sinne verbindungsfähiger, komplexbildender und analytisch stabiler Kernbegriffe verstanden werden. Tragfähige Grundbegriffe - wie sie jede Wissenschaftsdisziplin anstrebt - ermöglichen theoretische Kurskorrekturen im Einzelfall, ohne die Verfahrenstechnik grundsätzlich in Frage zu stellen.
Wenn wir nun - analog zu Bildungsprozessen - Bildungsvorstellungen als holistische Gegenstände erfassen wollen, so müssen wir zu ihrer theoretischen Rekonstruktion unvermeidlich Schemata bilden, um nicht aphoristisch zu bleiben, andererseits dürfen wir kein Begriffssystem unnötig fixieren, sonst tritt zu leicht das Schema an die Stelle der Sache (vgl. Jaspers 1985, 18 f.; Ramsenthaler 1982, 12 f.).
Mit im einzelnen zu entwickelnden Feininstrumentarien können "Bildungsvorstellungen" in unterschiedlichen Handlungsfeldern und auf unterschiedlicher Strukturebene - z.B. personal, familial, bildungspolitisch-institutionell - schärfer herausgearbeitet werden, ohne daß die Weite des Grundbegriffs verlorengeht - eben darin zeigt sich die Elastizität von "Bildung" bzw. "Bildungsvorstellung" als analytischer Kategorie.

Bildungsvorstellungen sind als geistig-seelische Entitäten faßbar - wie aber läßt sich ihre jeweilige Struktur ohne zusätzlichen größeren Begriffsapparat erforschen?
Der methodologische Weg, der hier vorgeschlagen wird, stützt sich auf einen terminologischen Minimalbestand um den Bildungsbegriff und auf eine offene, möglichst ungerichtete, gebietsmäßig aber breitangesetzte Aufmerksamkeit während des Forschens (diese Art der Aufmerksamkeit, wie ich sie meine, ist mit der zweckfrei-unbefangenen Anschauung vergleichbar, wie sie Bollnow als höhere, ausdrücklich zu erarbeitende

Leistung sieht; vgl. Bollnow 1981, 71-77; zum Begriff der Aufmerksamkeit s.auch Popp 1975, 57-62). Die angestrebte geistige Offenheit und Wachsamkeit sichert als permanent gültiges Postulat (zu Postulaten wissenschaftlicher Erkenntnis s. Lay 1971, 76-83) eine exakte Adaptation des Erkenntnisprozesses an die phänomenalen Merkmale des betrachteten Gegenstandes (Aufmerksamkeit, Selektivität und Bewußtsein korrelieren sehr stark miteinander, s. Popp 1975, 61 f.; vgl. auch J. Hoffmann 1986, 32 f.; R. Riedl sieht eine Isomorphie des schraubenförmigen Erkenntnisprozesses zum Entstehungsprozeß der Welt; R. Riedl 1985, 55-58 u. 135-137; diese Isomorphie erlaubt unterschiedlichste wissenschaftliche und vorwissenschaftliche Erklärungen, a.a.O., 60 f., 204 ff., 278 ff. u. 286 f.).
Mit Hilfe des Begriffs der Bildungsvorstellung läßt sich die Wahrnehmung auf beliebig ausgewählte Konfigurationen im mentalen Bereich lenken und einstellen (zur Gestaltwahrnehmung als Quelle wissenschaftlicher Erkenntnis vgl. Lorenz 1968 u. Metzger 1975). Dieser genetische Forschungsprozeß ist ein wenig mit der Technik des dokumentarisch-sachbezogenen Filmens vergleichbar: Am Anfang wählt der Forscher gewissermaßen Objektiv und Kameraeinstellung sorgfältig aus, um sich während des Filmens zunächst möglichst wenig einzumischen. Die bildungstheoretische Abbildung und Beschreibung eines pädagogischen Wirklichkeitsausschnitts bedarf anfangs ebenfalls keiner elaborierten fachsprachlichen Klassifikationssysteme.
So ließen sich administrative Bildungsvorstellungen in Bezug auf die Schule durchaus mit alltagssprachlichem, von Verwaltungstermini freiem Vokabular angemessen darstellen. Eine Reduzierung des darstellungstechnischen Grundinstrumentariums, die neue Differenzierungen und Verknüpfungen des gesichteten Materials erlaubt, wäre wohl in vielen Bereichen der

Erziehungswissenschaft möglich, wie der Versuch zur begrifflichen Zentrierung und Minimierung generell als ein sehr wichtiges Forschungsmoment bezeichnet werden kann (hierfür bieten insbesondere die "harten" Naturwissenschaften - etwa Physik und Chemie - ein anschauliches Beispiel).

Angesichts des vorhandenen Reichtums an erziehungswissenschaftlichen Begriffssystemen wirkt der Vorschlag, diese Vielfalt einem schwach strukturierten Bildungstheorem zu opfern, auf den ersten Blick zumindest unökonomisch. Dabei darf man allerdings nicht übersehen, daß im Verlauf einer versuchsweisen theoretischen Neuorientierung weiterreichende Erkenntnisvorteile gewonnen werden können, die nicht vorherzusagen und nicht zu erwarten waren. Die Nützlichkeit eines Ansatzes wird letztlich erst in der Anwendung verifiziert. Entscheidend läßt sich der vorgeschlagene Weg aber damit rechtfertigen, daß vorhandene pädagogische Wissenssysteme durch das neue Konzept keineswegs eliminiert, sondern bedarfsweise in den Erkenntnisprozeß eingebunden werden sollen. Wo sie sich im konkreten Forschungsdetail als notwendig oder nützlich erweisen, dort sollen solche speziellen Wissensstrukturen abgerufen werden. Nachdem pädagogisches Fachwissen als besondere Form einer Bildungsvorstellung gelten kann, ist eine begriffliche Synchronisationsmöglichkeit zu den spezielleren Theoriesystemen in jedem Fall gegeben. Der Vorteil des Ansatzes "systematischeren" Konzepten gegenüber liegt darin, daß die vorhandenen erziehungswissenschaftlichen Wissenssysteme nicht zwangsweise benutzt werden müssen: In den um "Bildung" zentrierten Termini findet sich primär eine universal anwendbare Basalsprache, die aus gesamttheoretischen Ordnungsgründen zum Ausgangspunkt und aus praktischen Verständigungsgründen zum Sammelpunkt erziehungswissenschaftlicher Theorienbildungen werden könnte - eine

analytische und kommunikative Operationsbasis, aber keine logistisch organisierte Datenbank.
Das übliche sozialwissenschaftliche Dilemma, übersichtliche Ordnungsstrukturen für den komplexen Gegenstand zu finden und gleichzeitig die internen theoretischen Auseinandersetzungen in ihrer Vielfalt und Lebendigkeit zu erhalten, könnte auf die genannte Weise eventuell behoben werden. Das Finden einer grundlegenden, vielseitig verwendbaren pädagogischen Ordnungsformel wäre auch insofern für die Erziehungswissenschaft von Bedeutung, als die zunehmende Beschleunigung der Wissenskumulation und der kulturellen Entwicklung (vgl. Liedtke 1976, 60 f.) zu gesellschaftlichen Orientierungsverlusten führt, die sich insbesondere in der Erziehungs- und Bildungspraxis nachteilig auswirken.
Der produktive Umgang mit den Begriffen "Bildung" und "Bildungsvorstellung", wie er intendiert ist, strebt weniger den Zuwachs weiterer speicherfähiger Wissensbestände an - davon sind auch in den Erziehungswissenschaften genügend vorhanden; erreicht werden soll eine bessere Zugänglichkeit und Abstimmbarkeit einzelner pädagogischer Datenkomplexe, Verfahrenstechniken und Erkenntnissysteme. Erst mit einer stringenteren, belastbaren theoretischen Transformationsbasis können pädagogische Konzepte ernsthaft verglichen und gegen- bzw. miteinander abgewogen werden.
Metatheoretische Modelle zur Darstellung und Beurteilung einzelner erziehungswissenschaftlicher Positionen sind durchaus schon zahlreich vorhanden (s. z.B. Brezinka 1978; König 1975; Benner 1978; Gamm 1974, 10-17; Paschen 1979). Die Uneinheitlichkeit der Begriffsansätze und Gegenstandsbezüge erschwert allerdings auch auf dieser Ebene einen reibungsloseren, bildungsideologisch unbelasteteren gedanklichen Austausch. Zudem kann, wie ich bereits anführte, eine rein sprachlogisch operierende Betrachtungsweise die fundamentalen Erkenntnisprobleme der Erziehungswissenschaft

nicht mit der notwendigen Gründlichkeit angehen. Intersubjektive Verständigung, wie sie für wissenschaftliche Erkenntnis generell gefordert wird (vgl. Lay 1971, 77-83), darf sich in den Erziehungswissenschaften auch metatheoretisch nicht auf aussagenlogisch analysierbare Satzsysteme reduzieren lassen, da sonst wesentliche, in der gesellschaftlichen Praxis handlungsrelevante Zeichensysteme (vgl. Eco 1985, z.B. 296 ff.) forschungsstrategisch unterschlagen werden. Wissenschaftliche Erkenntnis steht eben in einem vielschichtigen und komplizierten pragmatischen Abhängigkeitsverhältnis (s. Leinfellner 1965, 14 f.), das umfassend, nicht nur sprachanalytisch-formal berücksichtigt werden muß.
Mir scheint auch hier ein breiterer, offenerer Ansatz, wie ihn der Begriff der Bildungsvorstellung ermöglicht, auf Dauer fruchtbarer zu sein.

Einen interessanten Beitrag zum Problem erziehungswissenschaftlicher Systematik, man könnte auch sagen, zur Systematik spezifischer, wissenschaftlich ambitionierter Bildungsvorstellungen, liefert H. Paschen (1981).
Zunächst skizziert Paschen die praktischen Folgen des Fehlens einer akzeptierten pädagogischen Gesamtsystematik für Forschung, Lehre und Abnehmer (a.a.O., 20-22). Er schildert auch eindrücklich die sachimmanente Schwierigkeit, pädagogisches Wissen überhaupt systematisch zu fassen, - etwa mit Hilfe logischer Deduktionen: "... das hierarchische Ordnungsprinzip beinhaltet eine pädagogische Präferenz, die es nicht erlaubt, andere Leitvorstellungen ... an oberste Stelle zu setzen ..." (a.a.O., 23). Damit kann nach Paschen weder die Fülle möglicher Leitvorstellungen noch ihre prinzipielle Gleichberechtigung repräsentiert werden (ebd.) - ein Manko, das gerade bei der Grundlegung umfassenderer, offenerer Studien vermieden, mindestens aber kompensiert werden sollte.

Auf der anderen Seite läßt sich die Fülle pädagogischer Gesichtspunkte eben gar nicht streng systematisch darstellen (vgl. ebd.) - weder gibt es ein quasi natürliches System der pädagogischen Phänomene, noch kann ein erziehungswissenschaftlicher Systematisierungsversuch mehr als nur eine bestimmte Pädagogik repräsentieren (vgl. a.a.O., 27).
Trotzdem fordert Paschen für die "Rekonstruktion von Pädagogiken" (a.a.O., 28) die Erhaltung und den Ausbau der kombinatorischen Vielfalt (a.a.O., 29). Dazu sei eine nicht-hierarchische, offene, flexible, andererseits aber auch wiedergabegetreue Darstellung erforderlich (a.a.O., 28) - Postulate, die mit Hilfe des von mir vorgeschlagenen Bildungsbegriffs und seiner Ableitungen ohne weiteres erfüllbar wären.

Wenn man mit Paschen erziehungswissenschaftliche Systematik eher als eine Art Grammatik der pädagogischen Argumentation (a.a.O., 29), pädagogische Argumentation aber topisch und damit vor allem problemorientiert sieht (a.a.O., 28), dann lassen sich "Bildungs"-Konfigurationen in allen sozial-personalen Dimensionen - auf mentaler Ebene z.B. in "Form" von Bildungsvorstellungen - als elementare Einheiten identifizieren. Diese Grundeinheiten können in Größe und Struktur erheblich variieren. Gemeinsames Merkmal aller Bildungs-Phänomene ist ein figurativer Strukturzusammenhang, den die jeweilig wirksamen Teilkomponenten in ihrer spezifischen Gesamtheit ergeben. Mit diesem Begriff von Bildung erfaßt man den Menschen weniger als "System" denn als "Gestalt" (vgl. hierzu Nohl 1966, 6).

Bildungsvorstellungen lassen sich im übrigen ganz material und gegenständlich als zu einem wesentlichen Teil bildhaft gespeicherte Informationssysteme auffassen (zu analogen Strukturelementen in kognitiven bzw.

sprachlichen Prozessen vgl. Thommen 1988, 31 f.; Arnheim 1972, z.B. 24 f. u. 37 f.; Bollnow 1981, 69 ff.; Begg u.a. 1978; Paivio 1971; Ballstaedt u.a. 1981, 27-30).
Das "innere Universum" des Menschen (Ciompi 1988, 135), das sich mit seinem psychisch-mentalen Funktionsbereich gleichsetzen läßt, umfaßt demnach neben digitalen, hochformalisierten und eher sequentiellen Regelstrukturen, zu denen etwa sprachlich-syntaktische (vgl. Funk-Kolleg Sprache 1973, Bd. 1, 210) und propositionale Regelsysteme (vgl. Ballstaedt u.a. 1981, 30-35) zu zählen sind, ganzheitlich-analog strukturierte Bewußtseinselemente, z.B. Gefühle, Erinnerungen und ikonische Gegenstandsrekonstruktionen (vgl. Ciompi 1988, 135 f. u. 205-213; Rubinstein 1977, 364-369; Thommen u.a. 1988, 32 u. 51; Gergen/Davis 1985, 171-181; Dapper 1986, 37 u. 66 f.; Oerter 1974, 61-64; Tomkins 1962, 12-17).
Nach Watzlawick zerfällt die menschliche Kommunikation in einen digital übermittelten Inhaltsaspekt und einen vorwiegend analog strukturierten Beziehungsaspekt, der die Metainformationen zu den inhaltsbezogenen Daten liefert (vgl. Watzlawick u.a. 1974, 55 f. u. 63 f.).
In der Kognitionspsychologie gibt es vergleichbare, wenn auch nicht unumstrittene Ansätze, die zwei funktionell unabhängige, doch miteinander interagierende kognitive Systeme postulieren, von denen das eine Informationen "verbal"-sequentiell codiert und das andere "imaginal"-synchron (vgl. Ballstaedt 1981, 66 f.; Dapper 1986, 9-21; Weidenmann u.a. 1986, 511-513; s.auch Paivio 1971). Selbst wenn man kognitionstheoretisch annimmt, daß unser Wissen ausschließlich propositional, also digital-abstrakt repräsentiert wird (vgl. Dapper 1986, 18 ff.), kann man eine Generierung von bildhaften Vorstellungen, die dann das Ergebnis von kognitiven Transformationsprozessen sein mögen, nicht

leugnen (vgl. Ciompi 1988, 213). Darüberhinaus bilden auch hochformale, konzeptuelle Informationseinheiten Strukturen und Schemata, die sich gestaltmäßig fassen lassen (s. Ballstaedt u.a. 1981, 22-30; s. auch Oerter 1974, 53-64).

Hirnphysiologische Befunde über die komplementäre Funktionsweise der beiden Hirnhemisphären scheinen die Annahme von zwei unterschiedlich ausgerichteten Operationsprinzipien zu bestätigen (vgl. Ciompi 1988, 207-215; Levy 1986; Ornstein 1975; Popper/Eccles 1987, 392-402 u. 421-427).
Die diversen kognitionstheoretischen Gegensätze können hier nicht ausdiskutiert werden. Sie sollen lediglich die Problematik einer zu engen begrifflichen Fassung von Bildungsvorstellungen verdeutlichen. Wenn wir unter "Bildungsvorstellung" das jeweilige Gesamt von systemspezifischen Bewußtseinsprozessen verstehen, erübrigt sich eine weitere theoretische Vorstrukturierung, die den Fragehorizont entscheidend verkleinern würde. In jedem Falle sind Bildungsvorstellungen gegenstands- und erfahrungsbezogen. Einzelne Informationsbausteine müssen deshalb zu komplexeren Strukturen und Schemata verknüpft sein (vgl. auch Rubinstein 1977, 368); die Vernetzungen aber lassen sich konfigurativ darstellen und analysieren.
Natürlich müssen die Grenzen einer einseitig rationalistischen Auffassung von menschlichem Bewußtsein überschritten werden. Bildungsvorstellungen bestehen nicht nur aus expliziten und "vernünftigen", einen rationalen Diskurs ermöglichenden Komponenten, sondern ebenso aus affektiv-irrationalen, interessen-, trieb- und machtgeleiteten (vgl. hierzu den integrativen persönlichkeitspsychologischen Ansatz von Tomkins 1962, 3-7).
Analytisch bedeutsam sind daher alle Objektivationen, in denen sich Bildungsvorstellungen materialisieren

können, z.B. individuelle Handlungen, Rituale, Symbole, Kunstprodukte und Programme (s. auch Thommen u.a. 1988, 50). In Anlehnung an Benesch (1977, 93 f.) möchte ich mit jedem pädagogischen Muster eine korrelierende Bedeutungsstiftung vermuten. Die Formgebungsprozesse laufen dabei nicht willkürlich ab, sondern unterliegen grundlegenden historisch-evolutiven Gesetzen (vgl. a.a.O., 92-95; Gierer 1985, 157-164).

Durch die Weite des Bildungsbegriffs halten wir uns ein Maximum an möglichen Analyseebenen frei. Dadurch können pädagogisch bedeutsame Phänomene aus unterschiedlichsten Handlungszusammenhängen theoretisch gekoppelt werden - z.B. biographische Entwicklungsverläufe, familiale Interaktionsstrukturen und administrative Entscheidungen; oder subjektive Handlungstheorien, affektive Reaktionsmuster und sozialpolitische Entwicklungen; oder individuelles Umweltbewußtsein, regionale Arbeitssituation und Ästhetik von Wohn-, Arbeits- oder Unterrichtsräumen.
Der reflexive Konnex vom "inneren Universum" zur Außenwelt und zurück, mit dem wir "Bildungsvorstellungen" im Rahmen des Gesamtansatzes subsumptiv charakterisieren, läßt sich als multimodale und vielfach gebrochene Projektion des mehrdimensionalen pädagogischen Realgeschehens auf die psychisch-mentale Ebene begreifen (vgl. die Widerspiegelungsdiskussion in materialistischen Ansätzen, z.B. Hahn 1965, 156-160; Haug 1973; Leist 1973; Zimmermann 1974; eine kognitiv-interaktionistische Sicht des Zusammenhanges von Wissen und Handeln am Beispiel der Psychotherapie findet sich bei Thommen u.a. 1988, s.v.a. 14 f.; Ciompi 1988 postuliert eine strukturelle Koppelung des - plastischen - psychischen Systems an die Umwelt und Korrespondenzen zwischen der spiegelbildlichen psychischen "Gegenwelt" und dem materiellen Universum, vgl. 182-186 u. 249-283, v.a. 277; Schütz/Luckmann

zeichnen eine gesellschaftliche Bedingtheit der subjektiven Wissensstrukturen, die wiederum in mehrfacher Hinsicht Entsprechungen des gesellschaftlichen Wissensvorrats sein können; vgl. Schütz/Luckmann 1979, 293-313 u. 379-392; kognitionspsychologisch werden Wissensstrukturen als Repräsentationen von Erfahrungen und Gegebenheiten verstanden, vgl. die knappe Darstellung bei Ballstaedt u.a. 1981, 22-40; aus naturwissenschaftlicher Sicht läßt sich das Bewußtsein als Resultat von sinnesphysiologisch und neuronal begründeten Empfangs- und Verarbeitungsprozessen darstellen, vgl. Benesch 1977, 33-63 u. 162-166).
Den abstrakten intermediären Raum zwischen pädagogischer Außen- und Innenwelt, der den theoretischen Brückenschlag von objektiv-materialen zu subjektiv-mentalen Systemaspekten ermöglicht, können wir im mehrfach rückgekoppelten, spiralförmigen Prozeß der spezifischen Musterbildung sehen (vgl. Benesch a.a.O., 40-43 u. 166-171; Benesch bezeichnet die formalen - neuronal auftretenden - Muster als die Übersetzungsregeln zwischen Physischem und Psychischem, wobei die Formgebungen nicht an ihren materiellen Träger gebunden sind und in abstrakter Form mental wirksam werden können, a.a.O., 167; Gierer drückt die Symmetrie der mentalen und der materialen Prozeßebene aus, indem er behauptet, daß alles, was formalisierbar ist, im Prinzip auch mechanisierbar sei; Gierer 1985, 188-190).
Eine tiefergehende Analyse von Bildungsphänomenen wird hiermit im letzten zu einer semiotischen Aufgabe. Das Bewußtsein als Medium der Bildungsvorstellungen muß dabei als ein einheitliches Kraftfeld aufgefaßt werden. Es gibt keine isolierten und segmentierten psychisch-mentalen Prozesse (vgl. Benesch a.a.O., 42 ff. u. 166; auch in der modernen Emotionspsychologie wird das Zusammenwirken der internen, relativ autonomen Subsysteme der menschlichen Persönlichkeit betont, vgl. Izard 1981, 64 u. 185 f.).

Auf der Bewußtseinsebene interagieren Wahrnehmung und Kognition mit Affekten bzw. Affektmustern und ermöglichen eine vielfältige, praktisch unbegrenzte Produktion von affektiv-kognitiven Strukturen und Orientierungen (vgl. Izard a.a.O., 186). Gerade beim reflexiven Bezug des Bewußtseins zum Bewußtseinsträger spielen die Emotionen eine mitentscheidende Rolle (vgl. ebd.; s. auch Gergen/Davis 1985, 196-200). Wir müssen deshalb davon ausgehen, daß auch Bildungsvorstellungen wesentlich durch Gefühlskomponenten bzw. deren symbolischen Repräsentanten getragen sind, sei es in Form von sprachlichen Konnotationen oder strukturell-denotativ durch selektive Bedeutungs- und Wertzuordnungen. Der spezifische "Sinnbezug" einer Bildungsvorstellung - durchaus nichts Außernatürlich-Spiritualistisches, sondern aufgrund des pragmatischen Obligats jeden menschlichen, auch wissenschaftlichen Handelns (s. Leinfellner 1965, 14 f.) ganz immanent-selbstverständlich in die Form der "Bildungs"-Struktur eingeschlossen (vgl. Dienelt 1984, 183) - zeigt sich in ihrer sprachlich-symbolischen und in ihrer praktisch-pädagogischen Ausgerichtetheit. Diese Zielstruktur im umschreibbaren pädagogischen Denk-, Wert- und Kommunikationsmuster wird als implizite "Logik", als Mentalität oder Einstellung, "Wissen" oder Glauben, Interesse, Motiv und Handlungsimpuls, ethische oder ästhetische Ordnung erkennbar - allerdings nur, wenn man das transzendente, pragmatische Moment im mentalen System der Bildungsvorstellung sieht und relativierend voraussetzt, daß die konkrete Finalität des Konzepts erst durch die jeweilige Interpretation eines Verwenders realisiert wird.

Dialektisch betrachtet drückt jedes Bildungsphänomen eine "Sinnorientierung" aus - im Einzelfall fragt sich jedoch, welche.

Was verspricht nun der Bildungsbegriff in terminologisch-methodologischer Hinsicht, wenn man an dieser Stelle noch einmal zusammenfassend zurückblickt?
Ich habe versucht, "Bildung" als schillernden, offenen und semantisch reichhaltigen Begriff zu skizzieren, der traditionsgebundene und allgemeinsprachliche Konnotationen mitanklingen läßt, aber gleichwohl eine moderne Begriffsfundierung pädagogisch-theoretischen Arbeitens erlaubt.
Die Weite des Bildungsbegriffs ermöglicht es, sämtliche Sozialisations- und "Kultivierungs"-Prozesse im Sinne einer fundamentalen Vergesellschaftung menschlichen Verhaltens theoretisch einzubinden. Über vergleichbar umfassende sozialwissenschaftliche Termini hinaus enthält "Bildung" ein spezifisches Moment der Reflexivität, so daß subjektiv-interne und objektiv-externe, damit aber auch empirisch zugängliche "faktische" und hermeneutisch zu betrachtende interpretative Aspekte eines Systems zusammengebracht werden können.
Auf dieser dialektisch angelegten terminologischen Basis lassen sich Bildungsvorstellungen zu pädagogischen Objektivationen in Beziehung setzen und Bildungstatsachen zu axiomatischen Vorannahmen; zusätzlich werden die Transformationsprozesse zwischen der "Fakteninnenwelt" und der "Faktenaußenwelt" des jeweiligen pädagogischen Systems (vgl. Roeßler 1981, 12 f.) thematisierbar. Der Erziehungswissenschaftler kann die bildungstheoretische Dialektik sogar zur gleichzeitigen hermeneutischen Erforschung des eigenen - objektorientierten - Untersuchungsansatzes nutzen, wenn er introspektive, subjektorientierte Analysetechniken integriert und in seiner internen Beobachtung ähnlich offen, aufmerksam und kritisch vorangeht, wie man das gemeinhin von extern orientierten wissenschaftlichen Verfahren erwartet. Die Möglichkeit einer kontinuierlich rückbezüglichen,

subjektive und metatheoretische Implikationen permanent mitprüfenden Informationsverarbeitung scheint mir methodologisch sehr erstrebenswert und bisher kaum entwickelt zu sein. Die historische Dichotomie zwischen geisteswissenschaftlichen und naturwissenschaftlichen Ansätzen wirkt hier wohl bis heute nachteilig und hat diesbezüglich bestenfalls grobe und vorläufige methodologische Integrationsergebnisse erbracht, etwa in Ansätzen der Handlungsforschung (vgl. Ulich 1986, 148-150; Kroath 1986, 204). Modelle für ein derartiges Vorgehen finden sich eher in modernen literarischen Erzähltechniken. Dort ist mit dem Kontinuum einer übergeordneten, eindimensionalen Erzählerperspektive schon längst gebrochen worden; stattdessen herrschen mannigfaltige Subjekt-Objektrelationen auf unterschiedlichen Erzählebenen vor. "Bildung" als pädagogischer Kernbegriff könnte meiner Meinung nach die Türen zu einem vergleichbaren Potential intelligenter und in ihrer Differenziertheit ernstzunehmender "subjektiver" Forschungsansätze öffnen.
Die analoge Bedeutungsstruktur des Bildungsbegriffs bietet weitere methodologische Vorteile. Kohärente und holistische Phänomene im pädagogischen Bereich lassen sich treffend bezeichnen sowie verständlich und adäquat nachskizzieren: Die einzelne, relativ autonome pädagogische Konfiguration rückt in ihrer Formgebundenheit ins Zentrum der theoretischen Darstellung und wird dadurch auf eine transparente und bedingt nachvollziehbare Weise kommunikabel - etwa so, wie naturwissenschaftliche Teiltheorien, die auf experimentell errungenen Daten aufbauen, intersubjektiv nachvollziehbar sind.
Mit dem strukturphänomenal ausgerichteten Bildungsbegriff kann man desweiteren auf eine konstitutive Verwendung aufwendigerer, systematisierter Begriffsapparate verzichten. Zwar lassen sich pädagogische

Klassifikationssysteme in den Bildungsansatz ergänzend einbauen, sie werden aber nicht terminologisch unabkömmlich: Die basale, formorientierte Repräsentation des Gegenstandes bleibt zentral. Ein vergleichsweise einfaches begriffliches Grundinstrumentarium mit eher topologischem Aussagewert genügt hierfür.
Begriffliche Erstarrungen sind auf diese Weise weitestgehend vermeidbar. Komplexere pädagogische Zusammenhänge können genetisch-prozessual rekonstruiert werden. Das erfordert weniger einen komplexen Begriffsapparat als ein längeres und diffizileres Nachknüpfen des Wirklichkeitsausschnittes mit Hilfe der Kernbegriffe (ein vergleichbares Begriffsverfahren findet sich in der modernen Evolutionstheorie; ausgehend von Variation bzw. Mutation und Selektion lassen sich differenzierteste Entwicklungs- und Formungsprozesse in der Natur nachvollziehen, vgl. zusf. Liedtke 1976, 32-43; Rensch 1970, 12-36; Vester 1985, 149, sieht in der Natur nur wenige Steueranweisungen gespeichert, die auf kybernetische, mit Selbststeuerung arbeitende Weise genutzt werden).
Konsequenterweise muß auch in der vorliegenden Arbeit auf ein "systematischeres", klassifikatorisch ausdifferenzierteres Ordnungsschema, das aber primär doch nur topisch wäre (vgl. Paschen 1981, 28), verzichtet werden, um offenen, unvorhergesehenen und beliebig komplexen Entwicklungen im Verlauf der weiteren Diskussion raumgebend und flexibel antworten zu können. Der exemplarische Versuch eines solchen Vorgehens dürfte die Tragfähigkeit des Ansatzes am unmittelbarsten verdeutlichen oder widerlegen.
Die inhaltsarme, formorientierte Verwendungsmöglichkeit ist aber nur der eine Pol innerhalb der Bandbreite dessen, was der Bildungsbegriff terminologisch-methodologisch leisten kann. Zur explikatorisch "leeren", semantisch kaum ausdifferenzierten Oberflächenstruktur des Instrumentalbegriffs "Bildung"

kontrastiert die aspekt- und nuancenreiche Tiefenstruktur im Konnotationsraum desselben Wortes.
Diese scheinbar widersprüchliche Polarität zwischen äußerer intensionaler Unbestimmtheit und verdecktem innerem Beziehungsreichtum kann nun gerade zur überlegten multiperspektivischen Beleuchtung unterschiedlicher pädagogischer Phänomene genutzt werden.
Die Technik, die auf den impliziten semiotischen Wahlmöglichkeiten des semantisch-konnotativen Begriffsreservoirs von "Bildung" aufbaut, läßt sich am besten metaphorisch vergleichend darstellen: Wenn wir mit unseren Augen weißes Licht wahrnehmen, so verbirgt sich in dieser neutralen Einfarbigkeit ein ganzes Farbspektrum, das für uns erst durch natürliche bzw. experimentelle Brechungseffekte optisch zugänglich wird. Analog kann man den "leeren", konfigurativen Bildungsbegriff als Potential auffassen, das unterschiedlichste Bedeutungselemente in gleicher, da nicht selektiv aktualisierter Intensität enthält.
Durch spezifisch fokussierte Aufmerksamkeit während des Forschungsprozesses werden dann einzelne semantische Komponenten des Bildungsbegriffs aktiviert.
Der ganze inhaltliche Reichtum des historisch gewachsenen Bildungsbegriffs wird somit theoretisch verfügbar, ohne den Blick auf die konkreten Beobachtungsobjekte zu verstellen.
Die inhaltlichen Kapazitätsgrenzen liegen bei diesem Verfahren zuallererst in der jeweiligen gedanklichen Repräsentation des Bildungsbegriffs und dessen semantischen Potentials. Es zeigt sich hieran erneut, wie wichtig eine weite und offene terminologische Konzeption von "Bildung" ist. Die einfach strukturierte, "diffus-unbestimmte" äußere Schale des Begriffs bleibt extrem anpassungs- und bindungsfähig. Dadurch erhält der terminologisch-methodologische Ansatz insgesamt eine hohe theoretische Plastizität und Disponibilität.

Unterschiedlichste sozialwissenschaftliche Theoriensysteme müßten ohne größere Passungsschwierigkeiten angekoppelt und gegebenenfalls integriert werden können. Durch genetisch operierende, spiralförmig-rekursive Verarbeitungsschlaufen lassen sich aus dem Begriffssimplex heraus auch differenzierte und hochkomplexe pädagogische Systemstrukturen erschließen, ohne daß die Bedienung des Begriffsinstrumentariums an Einfachheit, Konzentrizität und Flexibilität verliert.
Bei ihrer systembiologischen Darstellung des menschlichen Erkennens heben die Neurobiologen Maturana/Varela die autopoietische (= selbsterzeugende) Organisation des Lebendigen hervor (vgl. Maturana/Varela 1987, 50-60) und zielen im selben Zusammenhang auf ein analoges wissenschaftliches Vorgehen ab: "Wenn wir nicht in der Lage sind, eine das Lebewesen charakterisierende Aufzählung von Eigenschaften zu geben, warum dann nicht ein System vorschlagen, welches im Operieren seine gesamte Phänomenologie hervorbringt?" (a.a.O., 56).
Mit Hilfe des Bildungsbegriffs scheint mit ein vergleichbares Vorgehen im pädagogischen Bereich möglich zu sein. Allerdings müssen wir dabei auf einen statischen und subjektunabhängigen Bezugspunkt verzichten (vgl. a.a.O., 258-263). Wenn jedes mentale oder materialisierte pädagogische Geschehen als aktiver Prozeß von rekursiver historischer Produktivität aufzufassen ist, dann sollte das reflexive Moment von "Bildung" auch metatheoretisch und methodologisch konstituierend werden. Dadurch erhöht man die Ansprechbarkeit und Elastizität des theoretischen Gewebes für laufende Korrekturen erheblich. Die konzeptionelle Inklusion einer mehrperspektivischen Subjektreferenz hält außerdem das "Ungeregelte im Geregelten" (vgl. Waldenfels 1984, hier v.a. 142) objekttheoretisch lebendig und verfälscht kulturelles Geschehen nicht

zu einem pseudorational oder quasi-mechanisch determinierten Regelzusammenhang.
Vom spieltheoretischen Obligat aus betrachtet (vgl. Leinfellner 1965, 16 f.) ähnelt die vorgeschlagene Forschungsstrategie in ihrer geringstmöglichen Vorstrukturiertheit schließlich mehr einem "Go"- als einem "Schach"-Spiel.
Ob und wie der skizzierte bildungsterminologische Ansatz forschungspragmatisch konkretisiert werden könnte, bleibt im folgenden am Beispiel des psychotherapeutischen Handlungsfeldes zu diskutieren - erst mit Hilfe solcher theoretischen Transformationsversuche wird sich die Fruchtbarkeit des Ansatzes für die pädagogische Handlungspraxis später angemessen beurteilen lassen.

Z W E I T E R   T E I L

2. Psychotherapie als pädagogischer Untersuchungsgegenstand

Psychotherapie mit pädagogischen Kategorien zu betrachten ist weder selbstverständlich noch unmittelbar einsichtig. Gemeinhin wird psychotherapeutisches Tun hauptsächlich in der Psychologie und der Medizin thematisiert. Dieser Entwicklung im wissenschaftlichen Sektor entspricht die gesetzliche Regelung der Berufszulassung in der Bundesrepublik (vgl. Pfingsten 1985, 29 ff.; Strotzka 1982, 27; Hockel 1983, 47 ff.). Zur beruflichen Ausübung der Psychotherapie im streng definierten Sinne sind primär Ärzte und klinische Psychologen befugt. Allerdings geht das faktische Angebot an psychotherapeutisch verstehbaren Dienstleistungen weit über den offiziellen Legitimationsrahmen hinaus, wenn auch oft verdeckt oder unter anderen Bezeichnungen. Neben den "Schwarzmarkt"-Angeboten kann manches, unter verwandten Bezeichnungen laufende psychotherapeutische Verfahren auch ganz legal von Nicht-Medizinern und Nicht-Psychologen praktiziert werden, etwa die hauptsächlich auf Kinder und Jugendliche zugeschnittene Psychagogik.
Alle psychotherapeutischen oder psychotherapieähnlichen Verfahren sind zentral an "psychischer Heilung" interessiert. Es bleibt deshalb als erstes nachzufragen, ob psychotherapeutisches Tun neben seinen klinischen und psychologischen Komponenten überhaupt pädagogische Strukturmerkmale aufweist. Das Verhältnis der Pädagogik zu dieser Fragestellung kann darüberhinaus bereits Auskünfte über ihr Selbstverständnis und ihren objekttheoretischen Horizont geben.

2.1. Zur Frage nach einer pädagogischen Komponente der Psychotherapie

Die Problemstellung, ob sich ein näherer Zusammenhang zwischen Psychotherapie und Pädagogik erkennen läßt, erlaubt, grob gefaßt, drei Positionen:

a) Man sieht keinen Zusammenhang

b) man steht der Frage indifferent gegenüber

c) man sieht einen relevanten Zusammenhang.

Ob ein solcher Zusammenhang wissenschaftlich negiert wird oder auf bloßes Desinteresse stößt, ist im einzelnen oft nicht auszumachen. Wenn medizinische oder psychologische Ansätze ohne expliziten Bezug zu pädagogischer Theorienbildung auskommen, so muß dies zunächst der historisch gewachsenen wissenschaftlichen Spezialisierung zugutegeschrieben werden und hat keine spezifische metatheoretische Aussagekraft - schließlich zählt der Brückenschlag zur Pädagogik nicht zu den eigentlichen Aufgaben klinisch-psychotherapeutischer Forschung.

Mit der Konzentration seines Forschungsinteresses auf den engeren Objektbereich ist der Mediziner bzw. Psychologe durchaus berechtigt, die Pädagogik ohne weitere Prüfung außer acht zu lassen, insbesondere, da der bisherige theoretische Standard der Pädagogik keineswegs unmittelbare Hilfestellungen für die "Nachbardisziplinen" erlaubt; die heutige Pädagogik lebt insgesamt mehr von anderen Wissenschaften als diese von der Pädagogik - ein allgemein hingenommener, selten hinterfragter, gleichwohl aber befragenswerter Umstand.

Das "Proprium" der Pädagogik - falls es ein solches gibt - scheint jedenfalls von der Pädagogik selbst noch nicht hinreichend scharf herausgearbeitet worden

zu sein, um von anderen Humanwissenschaften klar gesehen und zweckdienlich oder erkenntnisleitend aufgegriffen werden zu können.
Eine Ursache hierfür mag darin liegen, daß der Gegenstand der Erziehungswissenschaft bzw. der Pädagogik überwiegend handlungsfeldbezogen und nicht methodologisch oder aspektbezogen (vgl. Brezinka 1978, 54 ff.; Xochellis 1973, 95 ff.) ausgegrenzt wird. Pädagogische Theorienbildung und Forschung orientiert sich demnach primär an den in der Gesellschaft als solchen definierten Erziehungsinstitutionen (zu Erziehungsinstitutionen s. Hierdeis 1976; Hurrelmann 1975; der soziologische Terminus des Erziehungssystems, hier bei Hurrelmann, ist mit dem Gesamt der jeweiligen Erziehungsinstitutionen gleichzusetzen). Im Extremfall konzentriert sich das erziehungswissenschaftliche Forschungsinteresse auf die offiziell institutionalisierten und gesellschaftlich ausdifferenzierten Bildungseinrichtungen, hauptsächlich das Schulwesen. Die Befürchtung Benners (1978, 351), daß die heutige Pädagogik in einer Berufswissenschaft für Lehrer aufzugehen droht, ist daher nicht ganz von der Hand zu weisen. Diese gegenstandsbezogene Selbstbeschränkung in der Erziehungswissenschaft hat erkenntnismäßige Folgen und muß zumindest als zweischneidig angesehen werden.
Die Vorteile einer forschungspragmatisch und gesellschaftspolitisch opportunen Reduktion umfassenden bildungstheoretischen Interesses auf eine spezielle Beschäftigung mit dem gesellschaftlich definierten und etablierten Bereich des administrativ kontrollierten Bildungssystems brauche ich hier nicht auszuführen.
Zu den Nachteilen zählt der Verlust an gesellschaftstheoretischer Kohäsion und an bildungstheoretischer Übersicht. Unterschwellige Sozialisations- und Formungsprozesse, die nicht an die systemfunktional benannten Institutionen gebunden sind, werden pädagogisch dethematisiert. Die kritische Potenz einer

solcherart beschnittenen Erziehungswissenschaft kann nicht sehr weit reichen.
Wird ein möglicher Zusammenhang zwischen Psychotherapie und pädagogischem Tun von seiten der Erziehungswissenschaften verneint oder übergangen, so kommt dem eine erhebliche Bedeutung zu. Die Ausklammerung bestimmter Sozialisationsfaktoren und -bereiche aus der pädagogischen Betrachtung engt den bildungstheoretischen Begriffsrahmen, der die gegenstandsbezogene Wirklichkeitsauffassung fundiert, im entsprechenden Maß ein. Wer die "Erziehungswirksamkeit" von Werbung nicht zur Kenntnis nehmen will, wird ihren Einfluß auf das Publikum in seiner erziehungswissenschaftlichen Detailforschung auch nicht sehen. Werbung könnte aber beispielsweise durchaus einen nachhaltigen Einfluß auf das Umweltbewußtsein von Schülern haben, nachhaltiger vielleicht als noch so gutgemeinter sachbezogener Unterricht, auf den sich manches erziehungswissenschaftliche Spezialinteresse mehr oder weniger ausschließlich richtet.
Das Dethematisieren therapeutischer Handlungsbereiche in der Pädagogik räumt den benachbarten Disziplinen im humanwissenschaftlichen Bereich wissenschaftspolitisch einen erheblichen Handlungsspielraum ein, möglicherweise einen größeren, als ihnen tatsächlich zustünde (vgl. hierzu Dienelt 1984, 166-168). Medizinische, psychologische und soziologische Aussagen über schulische Zusammenhänge sind selbstverständlich und gelten als sinnvoll. Pädagogische Aussagen zu psychiatrischen und psychotherapeutischen Fragestellungen werden demgegenüber nur in Grenzbereichen, etwa der Heil- oder Sozialpädagogik, stärker beachtet. Dabei ist ein engerer Zusammenhang zwischen dem Bereich der Psychotherapie und der Pädagogik zum Beispiel von der Psychoanalyse seit langem behauptet worden (vgl. Bittner/Rehm 1964, 10-32).

Spätestens mit der Vorstellung und dem Postulat lebenslangen Lernens läßt sich Pädagogik auch nicht mehr auf die Kindheits- und Jugendphase oder auf die familiale und schulische Sozialisation beschränken. Erwachsenenbildung und Bildung im Alter sowie weitere, vielfältige tertiäre Sozialisationsprozesse müssen bildungstheoretisch verstärkt berücksichtigt und aufgearbeitet werden. Wenn sich die Pädagogik dieser Aufgabe nicht angemessen stellt, verliert sie theoretisch und wissenschaftspolitisch den Anschluß an die gesellschaftliche Entwicklung. Jede Wissenschaft muß zum eigenen Überleben ständige, oft traditionensprengende Anpassungsleistungen vollbringen, sonst deckt die Gesellschaft ihren Erkenntnisbedarf aus anderen Quellen - der manchmal rasche Bedeutungsverlust vormals meinungspolitisch einflußreicher Disziplinen belegt dies.
Der zunehmende Einfluß außerschulischer Bildungsfaktoren, etwa der Massenmedien, auf den Wissenserwerb und unsere Kenntnis von der Wirksamkeit außerschulischer Sozialisationsfaktoren, etwa der Peer-Groups (vgl. Prior 1976, 56-73), legt schon für den Zeitraum der sekundären Sozialisation ein möglichst weites erziehungswissenschaftliches Grundverständnis von Bildung nahe, um die vielfältigen Wirkungsfaktoren theoretisch integrieren zu können.
Diese Weitwinkel-Perspektive macht es erforderlich, einen großen Kreis sozialer Institutionen pädagogisch zu durchleuchten. Einer der allgemein zugänglichen Lernräume in der modernen Gesellschaft, der sozialisationstheoretisch nicht übersehen werden darf, ist das Handlungsfeld der Psychotherapie.
Die primäre und auch die sekundäre Sozialisation reichen in einer komplexen, sich ständig wandelnden Gesellschaft wie der unseren nicht aus, um alle zukünftigen Rollen zu meistern (vgl. Brim 1974, 19 f.). Zwar zählt die Vermittlung von Eigeninitiative, Einsicht und Flexibilität zu den obersten, unter Mündigkeit

subsumierbaren Bildungspostulaten, die die Anpassungsfähigkeit des Individuums an spätere Situationen sichern soll. Dieses Ziel wird aber keineswegs immer im notwendigen Ausmaß erreicht, und individuelle Krisensituationen aufgrund nichtbewältigter sozialer Anforderungen müssen in unserer offenen und dynamischen Gesellschaft als natürliche Strukturbedingtheit hingenommen werden (vgl. a.a.O., 19-24). Die Ausdifferenzierung flankierender Lern-, "Heilungs"- oder Stützangebote, wie Erziehungs- und Lebensberatung, Psycho- oder Sozialtherapie, Resozialisierung, Heil- und Sozialpädagogik, stellt die gesellschaftliche Antwort auf solche internen Störanfälligkeiten dar (vgl. Frommann u.a. 1976, 715 f.). Die einzelnen Mitglieder der Gesellschaft reagieren auf die systemspezifischen Passungsschwierigkeiten und Ambiguitäten mit einer entsprechenden Nachfrage. Literatur, Kunst und allgemeine kulturelle Trends wie Psycho-Boom und Okkultismus liefern viele Hinweise auf die vorherrschenden, zeitbedingten Bedürftigkeitsstrukturen.
Der trivialen, absatzorientierten Ratgeberliteratur kommt dabei in gleicher Weise menschenführende, bildnerische Funktion zu wie aufklärerischen Bemühungen innerhalb schulischer Einrichtungen. Wenn man das Gesamt der in der Gesellschaft beobachtbaren sozialen Beeinflussungs- und Führungsformen vorurteilslos und auch nur oberflächlich zu überblicken versucht, müßten einem Zweifel an einer zu dicht an Kindheit und Schule geknüpften pädagogischen Theorienbildung kommen - es sei denn, man faßt Erziehungswissenschaft tatsächlich rein berufs- bzw. institutionsbezogen auf und überläßt universellere, nomothetisch gleichwohl spezifiziertere Aussagen von vorneherein anderen Sozialwissenschaften, etwa der Psychologie und der Soziologie.

Einen Zuwachs an substantieller theoretischer Aussagekraft wird die Pädagogik aber, wie ich meine, nicht durch starre Beschränkung auf bestimmte institutionelle Materialobjekte (vgl. Brezinka 1978, 54-56) erringen, sondern durch Verdichtung und Abstrahierung aspektbezogener, perspektivisch geklärter Erfahrungsdaten und Überlegungen. Unprätentiöse, bisherige wissenschaftliche Reviergrenzen überschreitende Exkursionen auf benachbartes Terrain sollten deshalb auch in der Pädagogik durchaus gewagt werden, um den Geltungsbereich der eigenen Theoreme zu erkunden und die Gesamttheorie zu verfeinern. Die auf interdisziplinäres Arbeiten besonders angewiesene Erziehungswissenschaft könnte durch ein auf diese Weise breitbandig geschärftes Instrumentarium ihre Position im Zusammenspiel mit den Nachbardisziplinen verbessern.
Nach diesem Präludium zur theoretischen und wissenschaftspolitischen Relevanz einer weiträumigen Einbeziehung erziehungsähnlicher, hier insbesondere psychotherapeutischer Phänomene in pädagogische Fragestellungen ist detaillierter zu klären, welche objektbezogenen Argumente für und gegen eine Verknüpfung von Psychotherapie und Pädagogik sprechen.

Vielfach wird in der Erziehungswissenschaft die pädagogisch-praktische Grundintention primär als sach- oder weltbezogene Auseinandersetzung gedeutet - eine Sichtweise, die didaktische Erwägungen in den Mittelpunkt des pädagogischen Denkens stellt. Von einer solcherart interpretierten "pädagogischen Intention" läßt sich Psychotherapie im Sinne eines restitutiv-kompensatorischen, vor allem personal orientierten und quasi vorpädagogischen Handelns abgrenzen (s. Derbolav 1971, 51 u. ders. 1979, 49 u. 59). Therapeutisches Tun wird demnach zur Voraussetzung für pädagogische Akte (s. Derbolav 1979, 49).

Diese Dichotomisierung ist aber konstruiert. Legt man den angestrebten pädagogischen oder therapeutischen Veränderungsprozessen einen allgemeinen Lernbegriff zugrunde, der auf psycho-soziale Einheiten wie Persönlichkeit, Einstellung oder Kommunikationsverhalten bezogen wird, ergeben sich zwischen den beiden Bereichen mehr Gemeinsamkeiten als Unterschiede (vgl. Der Lernprozeß 1969, 47-153 u. 377-397; Lefrancois 1976, 176-188; Blackham/Silberman 1975, 137-244; Heinerth 1979, 19-21, 29, 31-66; Prior 1976, 48 ff. u.v.a. 318-322). Jedem Lehrer kann im Umgang mit seinen Schülern "therapeutische" Funktion zukommen, allein schon durch adäquates Eingehen auf individuelle Lernbedürfnisse. Selbst Lerninhalten wohnt ein therapeutisches Potential inne, man denke an die enorme psychologische Wirksamkeit, die die Rezeption bestimmter Romane oder Musikstücke im Einzelfall haben kann. Beschäftigungstherapie, Musiktherapie oder Poesietherapie (vgl. Petzold/Orth 1985) zeigen vollends, daß eine strikte Trennung zwischen inhaltsbezogenem Lernen und seelischen "Heilungs"-Prozessen wenig sinnvoll ist. Bei manchen therapeutischen Verfahren, z.B. bei kognitiven Ansätzen oder in der Sexualtherapie, spielen instruktive Handlungsanteile eine nicht unwichtige Rolle (vgl. Davison/Neale 1984, 509-512 u. 526-529). Wissenszuwachs und psychisches Umlernen fließen im Behandlungskonzept methodisch zusammen. Eine theoretische Unterscheidung sachbezogener und personbezogener Handlungsintentionen erweist sich wiederum als gekünstelt.

In neueren sozialwissenschaftlichen Ansätzen, etwa in der Kommunikationstheorie Watzlawicks (1974), wird die Aufhebung solcher klassifikatorischen Gegensätze versucht. Watzlawick, der jeder menschlichen Kommunikation einen Inhalts- und einen Beziehungsaspekt zuordnet (a.a.O., 56), integriert auf diese Weise formale und materiale Aspekte sozialen Geschehens neu.

Die Kommunikationstheorie läßt sich sowohl psychotherapeutisch als auch pädagogisch nutzen (vgl. Watzlawick a.a.O., 213-238; Ramsenthaler 1982, 167-193 u. 227-256). Eine theoriespezifische Möglichkeit, die beiden Handlungsformen zu differenzieren, ergibt sich anhand des Merkmales einer gestörten Kommunikation (vgl. Watzlawick a.a.O., 72-113).
Die Identifizierung einer "gestörten" Kommunikation enthält allerdings keineswegs nur deskriptive Elemente, sondern ist im erheblichen Ausmaß normativ (vgl. ebd., 113). Auf spielerisch-satirische Weise wird dieser Zusammenhang in den bekannten Filmszenen kolportiert, die einen "Verrückten" erfolgreich in die Psychiaterrolle schlüpfen lassen und die Verhältnisse dadurch auf den Kopf stellen. Auch ohne fiktive Überzeichnungen ist die normative Unterscheidung gelungener von gestörter Kommunikation pädagogisch bedeutsam: Wann ist ein Unterricht so "gestört", daß man einen Schulpsychologen zu Rate ziehen muß? Welche "Verhaltensauffälligkeit" ist hinreichend gravierend, um einen Schüler von der Regelschule an eine Sondereinrichtung zu überweisen? Wo endet Lebens-Beratung im Sinne einer informativ-bildenden und wo beginnt Psychotherapie im Sinne einer intervenierenden Begegnung (vgl. Daumenlang/Fischer 1986)?
Die fließenden Übergänge in diesem Phänomenalbereich lassen sich letztlich nur durch Konvention auseinanderdividieren.

Persönlichkeitspsychologische Richtungen, die eigene psychotherapeutische Schulen entwickelt haben, zeigen vielfach wenig Respekt vor den originären Grenzen der Pädagogik.
Aus den Reihen der Psychoanalyse, der Verhaltenstheorie und der Humanistischen Psychologie sind reichlich Beiträge zu allgemeinen und zu schulischen Erziehungsfragen zu hören (vgl. Braun 1985, 579; als Ausschnitt

aus der Fülle solcher Beiträge s. Bittner/Rehm 1964; Pflüger 1977; Blackham/Silberman 1975; Belschner u.a. 1973; Sauter 1983; Rogers 1985, 268-349). Dementsprechend heftig fallen manche erziehungswissenschaftlichen Abgrenzungsversuche gegen psychologisch-therapeutische "Einmischungen" aus. Einer der geäußerten Vorwürfe richtet sich gegen die vermeintliche Psychologisierung der Pädagogik insbesondere durch die Humanistische Psychologie (s. Dienelt 1984, 147-151 u. v.a. 152-153; Braun 1985; Brauns geraffte Argumentation kann für die darin vertretene Ansicht, die man in der Pädagogik nicht selten findet, als exemplarisch gelten). Im Zentrum der Angriffe stehen die Begriffe der "Selbstverwirklichung" (Braun 1985, 579, 588 ff., 591; Dienelt 1984, 214-217) und der "Selbsterfahrung" (Braun a.a.O., 582 u. 590-593; Dienelt a.a.O., 149 f.). So berechtigt die Kritik am theoretisch unvollständigen Begriff des "Selbst" sein mag, der den humanistischen Ansätzen zugrunde liegt (vgl. Dienelt a.a.O., 150 f.), - die Verurteilung der humanistischen Auffassung von "Verantwortung" als bloß psychologistisch (s. Braun a.a.O., 594 f.; Dienelt ebd.) greift daneben. Braun und Dienelt dichotomisieren - offensichtlich gegen ihre eigene Absicht (s. Braun a.a.O., 582 f.; Dienelt a.a.O., 217) - das intrapersonal-subjektive Bezugssystem des Menschen und das extern-objektorientierte zu antinomischen Verhältnissen (s. Braun a.a.O., 592 f.; Dienelt a.a.O., 147-150). Nach dieser begrifflichen Spaltung zweier ineinandergreifender, verbundener und interdependenter Subsysteme zu autonomen Entitäten unterstellen sie den humanistischen Ansätzen, sich auf die subjektive Innenwelt zurückzuziehen und die Außenwelt zu vergessen. Dieser Vorwurf stellt nichts anderes als das seitenverkehrte Spiegelbild der eigenen begrifflichen Abtrennung dar. In der Realität wird das Verhältnis zum Außen in dem

Maße irrational, wie der Mensch seine internen Verflochtenheiten "übersieht", wie auch umgekehrt ein welt-fremdes Nach-innen-Schauen nichts taugt. Ernstzunehmende theoretische Ansätze, z.B. moderne Kognitions-, Persönlichkeits- oder Handlungstheorien, trachten schon seit langem danach, diesen Gegensatz zu überwinden.

Exemplarisch kann auch Klafkis dialektisch verspannter Begriff der "Bildung" zitiert werden: Bildung ist demnach jenes Phänomen, an dem wir unmittelbar (!) der Einheit eines subjektiv-formalen und eines objektivmaterialen Momentes innewerden ... - : Die "äußere" Wirklichkeit und "meine" Wirklichkeit fallen zusammen (s. Klafki 1964, 297).

Von diesem Standpunkt aus verliert die Streiterei, ob man sich besser mit psychisch-internen oder mit dinglich-externen Phänomenen beschäftigen soll, ihre Bedeutung - nicht der Ort, sondern die Qualität der Erkundung bleibt entscheidend.

Was den angeblich verkürzten Verantwortungs-Begriff in der Humanistischen Psychologie angeht, so scheinen sich die angeführten Kritiker noch nie einem qualifizierten humanistischen Setting gestellt zu haben - die eigene Erfahrung von dem, was dort mit "persönlicher Verantwortung" im reflexiven Rückbezug auf Erlebtes gemeint ist, würde, wie ich meine, den aufgesetzten Vorwurf einer unzureichenden sittlichen Orientierung (vgl. Braun a.a.O., 594 f.) eo ipso entkräften. Die Autoren sprechen der Humanistischen Psychologie die philosophisch-konzeptionelle Ausgewogenheit ab, die sie für ihre eigene Sichtweise beanspruchen. Die Entwertung stützt sich aber offensichtlich nur auf eine literarisch-geisteswissenschaftliche Auseinandersetzung mit unvollständig, weil nur verbalistisch rezipierten Texten von theoretisch oft gar nicht sonderlich interessierten Vertretern der Humanistischen

Psychologie. Eine tiefenstrukturell interessierte Analyse müßte sich der Mühe unterziehen, solche Konzepte auch in der Praxis zu untersuchen, - dort nämlich lassen sich die meistens wenig systematisierten Wortaussagen erst näher entschlüsseln.
Ins Zentrum ihrer Pädagogik, die sie von den therapeutischen "Psychologismen" abgrenzen, rücken Braun und Dienelt ein ethisches Sinnprinzip (s. Dienelt a.a.O., 165-229; Braun a.a.O., 595). Zum Ideal wird ein ichvergessener und selbst-transzendenter Weltbezug erhoben (s. Braun a.a.O., 592-595; Dienelt a.a.O., 150). Dieses Ziel läßt sich ja sicher als sittlich erstrebenswert bezeichnen, ob es dazu taugt, "psychologistisch"-therapeutisches und pädagogisches Handeln voneinander zu scheiden, bleibt fraglich. Immerhin widersprechen zahlreiche Formen "direkten" Weltbezugs in ihrer "ich"-vergessenen, dafür aber funktional-mechanistischen Objektbeziehung dem Traum vom sinnorientierten Handeln erheblich. Wie anders als über interne, psychisch-mentale Umstrukturierungen soll das schöne pädagogische Postulat schließlich Realität werden?
Wenn wir uns an den Eckhartschen Bildungsbegriff erinnern, der die individuelle Selbstvergessenheit radikal in den Mittelpunkt des Bildungsprozesses stellt, wird nochmals deutlich, daß interne und extern-interagierende Strukturmuster koinzidieren. "Selbstvergessenheit" ist dann kein quasi-natürliches, sittlich reaktivierbares Faktum, sondern ein höchst schwierig erreichbarer, seelisch-geistig hart zu erarbeitender Idealzustand, der einem gleichwohl im letzten "geschenkt" werden muß. Die Eckhartsche Selbstvergessenheit läßt in ihrer Unbedingtheit innere Befindlichkeiten und äußeres Wissen hinter sich. Auch unter der Voraussetzung eines ethischen Verständnisses von menschlicher Entwicklung kann mithin kein substantieller Unterschied zwischen psychotherapeutischem und pädagogischem Tun

ausgemacht werden - gerade, wenn man transpersonale Intentionen mitintegriert.

In den letzten Jahren werden verstärkt erziehungswissenschaftliche Stimmen laut, die sich gegen eine allgemeine "Pädagogisierung" der Gesellschaft wenden (s. Giesecke 1985, v.a. 30-63; Kupffer 1980, 9-29; in eingeschränktem Sinne sind hier auch Beiträge wie Illichs "Entschulung der Gesellschaft", Illich 1973, zu nennen).
Diese Beiträge verdeutlichen, daß pädagogisch-erzieherische und psychologisch-therapeutische Bemühungen bildungstheoretisch gemeinsam betrachtet werden müssen. Giesecke setzt Pädagogisierung und Psychologisierung der Realität sogar expressis verbis gleich (s. Giesecke 1985, 33). Sein Angriff richtet sich gegen ein allgegenwärtiges "human engineering", das institutionsspezifische Gespräche zur Lösung eines sachlichen Problems verdrängen (s. ebd.) und die unmittelbare Beziehungsebene durch permanente pädagogisch-therapeutische Hilfsangebote hochspielen würde (vgl. a.a.O., 33-37). Gieseckes Gedankengang ist zwar erziehungstheoretisch breit, aber weder tief noch widerspruchsfrei verankert. Hinter dem Lamento der "Pädagogisierung aller Altersstufen" (s. a.a.O., 38 f. u. 42) scheint sich eine heimliche Sehnsucht nach jener alten, aufklärungsorientierten und hauptsächlich schulbezogenen Pädagogik zu verbergen, die am bürgerlichen Ideal der individuellen Autonomie und der unpolitisch-zweckfreien Kulturtradierung festhält (vgl. a.a.O., 49, 51 u. 120 f.). Diese Pädagogik hat sich jedoch spätestens mit den politisch-gesellschaftlichen Ereignissen des 20. Jahrhunderts als Illusion erwiesen. Während im klassischen Idealismus noch ein gesamtgesellschaftlicher Bildungstraum geträumt wurde, reduzierte das etablierte Bürgertum diesen schon im 19. Jahrhundert

auf ein philiströs institutionalisiertes Standesprivileg. Schule und Bildung waren bereits damals in der Hauptsache weder zweckfrei-ungebunden noch aufklärerisch-emanzipatorisch, sondern schlicht nützlich. Mit der ideologischen Verengung des pädagogischen Blickwinkels auf Schulbildung wurden gleichzeitig wesentliche Sozialisationsfaktoren ausgeblendet. Wenn Giesecke nun solche bürgerlichen Mündigkeitsbestrebungen der öffentlichen Erziehung zu Kronzeugen einer gelungenen Pädagogik erhebt, die zwar postuliert, aber nicht realisiert worden sind (s. a.a.O., 51), so diskreditiert er damit seine eigene, in Teilaspekten an sich durchaus bedenkenswerte Bildungskritik.

Ein objekttheoretisches Windei hat Giesecke insbesondere mit seinem kindheits- und sachbezogenen Erziehungsbegriff gelegt (s. a.a.O., 32, 49, 51, 120 f.). Daß eine makrosoziale Scheidung von Sozialisation und Erziehung (vgl. a.a.O., 32 u. 42) theoretisch ebensowenig trägt wie eine Dissoziierung von Inhalts- und Beziehungsaspekten (vgl. a.a.O., 33-36 u. 49), wurde an anderer Stelle schon ausführlich diskutiert und braucht hier nicht wiederholt zu werden. Auf eben diesen Dualisierungen baut Giesecke aber seinen Befund der "Pädagogisierung" auf (a.a.O., 31 ff., 42 u. 49).

Eine umfassend-manipulative, sozial-emotionale "Vergesellschaftungstendenz" (a.a.O., 42; auch 49 u. 51) mit entsprechendem Einfluß auf die menschliche Identität findet man nicht nur in unserer Gesellschaft mit der angeblichen "Definitionsmacht der pädagogischen und therapeutischen Profis" (a.a.O., 54), sondern in allen sozio-kulturellen Struktureinheiten (s. z.B. Gergen/Davis 1985; Schütz/Luckmann 1979; Berger/Luckmann 1980).

Den gesellschaftsspezifischen Wirkungszusammenhang kann man deshalb keineswegs den "modernen Erziehungswissenschaften" anlasten, wie Giesecke das mit Hilfe

seines Pädagogisierungs-Begriffes tut (vgl. a.a.O, 55); bildend ist vielmehr das Gesamtgeflecht der im konkreten Einzelfall sozialisationswirksamen Faktoren. Diesen Konnex von Bildungspraxis in den Blick zu bekommen wäre Aufgabe der Erziehungswissenschaften. Dazu müssen therapeutisch-psychologische und erzieherisch-pädagogische Aspekte allerdings übergreifend und ohne Ressentiment thematisiert werden.
Therapie, die nicht heilt, sondern zum Genuß oder zur Form von Geselligkeit wird, brauchen wir dann nicht als pädagogische Degenerationserscheinung zu brandmarken (vgl. a.a.O., 42), sondern wir können sie ebensogut als eine zeitbedingte Antwort auf gesellschaftsspezifische Probleme verstehen.
Erst damit öffnet sich der Blick zu einer dem Gegenstand angemessenen Bildungsanalyse.

Das gewichtigste Argument gegen eine Vereinnahmung psychotherapeutischer Fragestellungen durch die Erziehungswissenschaft sind die beruflich und wissenschaftlich gegebenen Institutionalisierungen.
Berufsständische Interessen, disziplinär abgesteckte Wissensstrukturen, die Verteilung der Handlungslegitimationen und die Attribuierung der Kompetenzen im Bildungs-, Gesundheits- und Sozialbereich stellen in ihrer normativen Wirkung den Sinn einer größeren Forschungsverschiebung in Frage. Jedenfalls lassen sich etablierte Einrichtungen gemeinhin nur mit einem erheblichen Energieaufwand umstrukturieren.
Außerdem soll die Berechtigung funktional ausdifferenzierter, human- oder sozialwissenschaftlicher Teilsysteme hier gar nicht in Zweifel gezogen werden. Unter pragmatischem Gesichtspunkt betrachtet, erfüllen die tradierten Formen der Arbeitsteilung im Bereich von Medizin, Psychologie und Pädagogik die meisten der ihnen zugedachten Aufgaben. Die Öffentlichkeit erwartet von Lehrern keine medizinisch-therapeutischen

Effekte, von Ärzten aber hauptsächlich diese. Menschliches Erleben und Handeln wird in starkem Maße durch solche institutionellen Segmentierungen definiert und klassifiziert. Daß systemspezifische Bruchstellen überhaupt ins Bewußtsein treten, setzt eine hinreichende Erfahrung von Mißerfolg, Krisen und Depravationen voraus. Therapeutische Neukonzeptionen, wie die Psychoanalyse oder die Psychosomatik, gehen letztlich auf die Unzufriedenheit mit alten Kategorisierungsschemata zurück (vgl. Roazen 1976, 44 f., 101, 109; Condrau 1975, 9-17).

Die Spezialisierung klinisch-therapeutischer und pädagogisch-erzieherischer Funktionsbereiche hat zu entsprechenden Beschränkungen in den zugeordneten wissenschaftlichen Fragestellungen geführt. Bereits innerhalb der Psychologie kann man zwischen einem "klinischen" und einem "pädagogischen" Gegenstandsbereich unterscheiden.

Gleichwohl weist klinisches Handeln pädagogische Aspekte auf. Schon die allgemeine Arbeit des Arztes enthält neben kurativen präventive und edukative Aufgaben (s. Condrau 1975, 14). Therapeutische Beeinflussungsversuche auf psychisch-mentaler Ebene lassen sich - wie wir bereits mehrfach festgestellt haben - von pädagogischen Verhaltensmodifikationen kaum mehr klar abheben (s. Heinerth 1979, 29).

Vor diesem Hintergrund liegt der Verdacht nahe, daß pädagogisches Wissen für klinisch-psychologisches Handeln relevanter ist, als die bisherigen Gegenstandsgrenzen vermuten lassen: Der Verzicht auf eine integrativ-übergreifende Betrachtung dieses Handlungszusammenhanges könnte auch bei den klinisch-psychologischen Disziplinen mit typischen, aus dem Spezialisierungsprozeß resultierenden "blinden Flecken" korrespondieren (zur Notwendigkeit grenzüberschreitender wissenschaftlicher Verständigungsprozesse im allgemeinen,

s. Hierholzer/Wittmann 1988, 7; zu möglichen psychologisch-pädagogischen Theoriedefiziten aufgrund eines reduktionistischen Problembewußtseins s. Dienelt 1984, 152 f. u. 167 ff.).

Die Hypothese, daß Psychotherapie auch als pädagogische Handlungsform begriffen werden kann, läßt sich anhand einiger konstitutiver Faktoren pädagogischen Handelns erhärten. Das allgemeinste gemeinsame Prozeßmerkmal ist der Versuch einer Verhaltens- oder Persönlichkeitsbeeinflussung. Ob erzieherische und psychotherapeutische Einwirkungen allerdings "planmäßig" erfolgen, wie Heinerth ergänzend definiert, sollten wir nicht vorschnell festlegen (vgl. Heinerth 1979, 17-30; insbes. 17 f., 19 f. u. 29) - die Absicht der personalen, restriktive psychisch-mentalen Veränderung eines Individuums charakterisiert die Finalität des Geschehens hinreichend (vgl. die - polemischen - Ausführungen bei Kupffer 1980, 28 f. u. 44 f.). Wir müssen zudem offenlassen, daß erzieherisch-therapeutische Versuche der personalen Beeinflussung auch gewollt unsystematisch, spontan oder intuitiv erfolgen; in solchen Fällen von Planmäßigkeit zu sprechen würde zu terminologischen Komplikationen führen.
Brezinkas allgemein gehaltene Definition von Erziehung enthält ebenfalls einen partiell konsensfähigen Minimalbegriff für pädagogische und psychotherapeutische Prozesse. Demnach werden unter Erziehung "Handlungen verstanden, durch die Menschen versuchen, das Gefüge der psychischen Dispositionen anderer Menschen in irgendeiner Hinsicht dauerhaft zu verbessern ..." (1978, 45). Indem Brezinka den psychischen Bereich als primäres Objekt der Beeinflussung anspricht, muß die Aussage relativiert werden, um klassifikatorische Ausgrenzungen zu vermeiden. Pädagogische und psychotherapeutische Konzepte können z.B. streng verhaltensorientiert sein; das bedingt dann keineswegs zwangsläufig,

eine psychische Gesamtdisposition bzw. eine "Persönlichkeit" (vgl. ebd.) ändern zu wollen.
Wir müssen, mit anderen Worten, pädagogische bzw. therapeutische Systeme auch dann als solche erfassen, wenn sie partikular und objektivistisch konzipiert sind.
Brezinka ordnet seinem Erziehungsbegriff eine Vielzahl unterschiedlich benannter, sozialer Phänomene zu, die vom Unterricht bis zur Familientherapie, Resozialisation und Seelsorge reichen (vgl. a.a.O., 46).
Trotz dieser extensionalen Spannweite geraten wir bei der Benennung psychotherapeutischen Handelns mit "Erziehung" in ein terminologisches Dilemma, an dem nochmals die eingeschränkte Leistungsfähigkeit des Erziehungsbegriffs deutlich wird. In einem weitgefaßten Sinn müssen wir dem psychotherapeutischen Handeln nämlich auch biologisch-psychiatrische Konzepte beiordnen (vgl. Kraiker/Peter 1983, 26-31). Solche physisch-somatogen ausgerichteten Behandlungsformen lassen sich im Normalfall aber nicht gleichzeitig als "Erziehung" bezeichnen (von der Tatsache, daß "Psychiatrie" politisch immer wieder als Folter- und Zwangserziehungsmittel mißbraucht worden ist, wollen wir hier einmal absehen).
Will man bei der pädagogischen Begriffsgrundlegung der Gefahr entgehen, einen künstlichen Graben zwischen erzieherisch-therapeutischen und medizinisch-psychiatrischen Handlungsformen zu konstruieren, muß ein semantisch breiterer Basalbegriff verwendet werden, der Veränderungen allgemeiner, jedoch weiterhin pädagogisch signifiziert.
Wir haben diesen Begriff in "Bildung" bereits gefunden. "Bildung" ermöglicht es, wie ich ausführlich dargestellt habe, intentionale und funktionale, aktivtätige und entwicklungsmäßig verlaufende, geistig-seelische und organologische Prozesse synchron zu fassen. Obwohl im Kern pädagogisch konzipierbar, hält

"Bildung" mit Hilfe seiner konnotativen Eigenschaften sogar die begriffliche Rahmen-Grenze zu den außer-pädagogischen, "natürlichen" Aspekten des sozio-kulturellen Geschehens durchlässig. Bezeichnen wir deshalb die von Brezinka aufgezählte Erziehungsvielfalt, der auch das psychotherapeutische Tun zuzuordnen ist, lieber als Bildungsgeschehen.

Die Funktion erzieherisch-pädagogischer und psychotherapeutischer Bildungsprozesse besteht, so können wir bisher ganz allgemein sagen, in einer adressatenbezogenen Beeinflussung interner oder auch externer sozialpersonaler Systemsegmente.
Daß psychotherapeutische Bildungsprozesse nach gängigem Verständnis an Individuen und deren "Psyche" ansetzen, soll uns nicht dazu verleiten, Psychotherapie auf ihr klassisches Aufgabenverständnis zu reduzieren. Die Familientherapie etwa versucht, überindividuelle Strukturen zu verändern, und man versteht sie gleichwohl als eine besondere Form psychotherapeutischen Handelns (s. z.B. Stierlin 1976; Selvini Palazzoli u.a. 1976). Wenn man aber systemische Verfahren, die familienorientiert sind, als Psychotherapieform bezeichnet, dann fällt es schwer, methodisch vergleichbare systemische Verfahren, die sich auf größere Sozialgebilde, z.B. Institutionen, beziehen, sauber abzutrennen.
Hier können die Gebietsgrenzen von "Psychotherapie" nicht exakt gezogen werden. Die Schwierigkeiten zeigen aber immerhin deutlich, daß eine voreilige Umgrenzung dessen, was man unter "Psychotherapie" verstehen will, theoretisch nachteilig ist: Halten wir uns deshalb den Blick lieber zu weit als zu eng.

Wie unterschiedlich die einzelnen erzieherisch-pädagogischen und psychotherapeutischen Ansatzpunkte zur sozial-personalen Beeinflussung auch sind, sie operieren

doch aus einer vergleichbaren Basis von Wirklichkeit bzw. Wirklichkeitsverständnis heraus.
Beeinflussung und Veränderung setzen zum Beispiel Beeinflußbarkeit und Veränderbarkeit voraus. Alle pädagogisch-therapeutischen Konzepte gehen deshalb von einem Gestaltungsspielraum des Menschen aus. Das empirische Fundament jedes sozio-kulturellen Handelns besteht aus historisch realisierten Entwicklungs-, Sozialisations- und Lernprozessen auf individueller, mikrosozialer oder makro-sozialer Ebene (vgl. Ulich 1979, 39-48; zur lebensweltlichen und sozialwissenschaftlichen, vor allem pädagogischen Bedeutung der "Erfahrung" s. auch Prange 1978, 14-34).
Inwieweit solche gesellschaftlich vermittelten Prozesse auf natürlich-evolutiven, relativ invarianten, vielleicht sogar völlig kulturunabhängigen Ablaufmustern aufliegen (vgl. hierzu Liedtke 1976), ist eine andere Frage, die wieder interpretativ-individuell, mit Hilfe von Hypothesen, Theorien und semiotischen Deutungen, beantwortet werden muß. Selbst ausgesprochen biologisch-naturwissenschaftlich orientierte Handlungskonzepte setzen jedoch eine grundlegende Plastizität des Menschen voraus, auch wenn diese bei engster Auslegung nur mehr durch physisch-chirurgische Eingriffe zugänglich sein mag.

Intendierte sozial-personale Veränderung impliziert nicht nur eine Vorstellung von Veränderbarkeit, sondern auch von Veränderungswürdigkeit. Was nicht verändert werden soll, nicht verändert zu werden braucht, wird man bleiben lassen, wie es ist.
Auch beim pädagogisch-therapeutischen Handeln spielen Zielsetzungen und Wertentscheidungen, die entsprechend kollidieren können, eine konstituierende Rolle. Manche pädagogisch-therapeutische Handlungssituation ist schon von Grund auf antagonistisch angelegt. Strukturell konfliktträchtig sind Konstellationen mit vermischter,

unklarer Aufgaben- und Machtverteilung (zur erziehungswissenschaftlichen Bedeutung des Machtbegriffs vgl. Ulich 1979, 131-153), beispielsweise schulische Elternberatung, Bewährungshilfe oder Therapie in geschlossenen Anstalten. Die systemspezifischen Rollen-Interessen der Beteiligten divergieren hier in einem so starken Ausmaß, daß eine persönliche Ausbalancierung des konkreten Verständigungsprozesses nahezu übermenschliche Fähigkeiten, z.B. zur Rollendistanz, verlangt.
Pädagogisch-erzieherisches und psychologisch-therapeutisches Handeln ist teleologisch vorstrukturiert.
Wir finden auf gesellschaftspolitischer, institutioneller, methodologischer und individueller Ebene Handlungsrahmen und Regulative, die die konkrete Handlungspraxis des Lehrenden, Erziehenden oder Therapierenden steuern. Obwohl das Steuerungsgeschehen innerhalb der Handlungsfelder recht verwickelt ist, richtet sich doch jedes erzieherisch-therapeutische Teilbemühen an einem idealen Zielpunkt aus. Die stipulativ festgelegten Charakteristika des "angestrebten" sozial-personalen Soll-Zustandes können dabei gleichzeitig zur kontrapunktischen Definition des entsprechend defizitär gesehenen Ist-Zustandes dienen.
Interessante Erkenntnisse über die finalen Aspekte pädagogisch-therapeutischen Handelns gewinnt man nicht zuletzt dadurch, daß man Intendiertes mit <u>ausgeblendeten</u>, nicht-intendierten Größen kontrastiert.
Als historisch und kulturell spezifisch "gewollte" Phänomene sind sowohl erzieherisch-pädagogische als auch therapeutische Handlungsformen frei von einer universell gültigen Determiniertheit (vgl. hierzu Ulich 1979, 30-34, über soziale Regelhaftigkeit). Sie können deshalb grundsätzlich ideologie- und bildungskritisch analysiert werden.
In der anthropologischen Grobzielsetzung des Handelns zeigen sich auch inhaltliche Ähnlichkeiten zwischen

Psychotherapie und Pädagogik. Die pädagogisch-therapeutischen Bildungsziele - egal, ob es sich nun um schulische Lern- bzw. Erziehungsziele, andragogische Beratungsziele oder psychotherapeutische Behandlungsziele handelt - streben sozial-personale Qualifikationen, Kompetenz in der individuellen Bewältigung von Lebenssituationen, subjektinterne und subjektexterne Zustandsadaptationen, relative psychisch-soziale Autonomie oder personale Mündigkeit an (vgl. Brezinka 1981, 148-153; Heinerth 1979, 17 f., 29, 176 ff., 192 ff., 206 f., 271-278 u.a.; Prior 1976, zusf. 48 ff.; Knoll 1977, 104-111; Rogers 1985, 273 ff. u. 285 f.).
Man kann von daher nicht nur konstatieren, daß die Grenzen in den pädagogischen Praxisfeldern zur Psychotherapie fließend sind (s. Hierdeis/Knoll/Krejci 1977, 123), sondern man kann therapeutisches Handeln auch grundsätzlicher als eine Spezialform erzieherischen Handelns betrachten (vgl. a.a.O., 9 ff. u. Brezinka 1978, 46 ff.).

Über eine rein reaktionsmechanistische sozialisationswirksame Funktionalität hinaus ist Psychotherapie ein institutionalisiertes und bewußt kontrolliertes Handlungsgeschehen (zum Begriff des Handelns und den wesentlichen Bausteinen einer Handlung, die in Orientierungs-, Ausführungs- und Kontrollprozesse zerfällt, s. Rubinstein 1977, 673 ff. u. Weidenmann u.a. 1986, 56 u. 559 ff.) zum Zweck der direkten Menschenführung. In der personellen Unmittelbarkeit seines Klientenbezugs läßt sich therapeutisches Tun mit anderen praktisch-pädagogischen Tätigkeiten vergleichen (s. Ulich 1979, 10). Die soziale Interaktion der Prozeßbeteiligten wird hier wie dort zum strukturtragenden Handlungsinstrument, so daß man insgesamt von einer "pädagogischen Interaktion" sprechen kann (zu pädagogischer Kommunikation und Interaktion s. Mollenhauer 1974;

Ulich 1979; Schoch 1979, 166 f.; eine bildungstheoretische Parallelisierung von Medizin und Pädagogik findet sich bei Dienelt 1984, 159-164 u. 167; Vogel 1954, 31).
Allen erzieherischen und therapeutischen Situationen gemeinsam ist eine asymmetrische Beziehungsstruktur (vgl. Lehmann 1975, 383 f.; Schoch 1979, 160; Watzlawick 1974, 68 ff.). Zwischen den Prozeßbeteiligten besteht ein spezifisches, situationsdefinitorisch relevantes Macht-, Kompetenz- oder Informationsgefälle. Die Eltern sollen ihrem Kind Manieren beibringen, der Lehrer dem Schüler Wissen vermitteln, und der Therapeut soll dem Klienten zur seelischen Gesundheit verhelfen. Es ist mehr als zu vermuten, daß Psychotherapie als spezielle Form der unmittelbaren sozial-personalen Beeinflussung in Zielsetzung und Inhalt wesentliche pädagogische Gehalte aufweist (vgl. Vogel 1954, 9, 21-96, 100, 111; Vogels singulär-beispielhafte, gleichwohl einseitig-unvollständige Erörterung psychotherapeutischer Strömungen aus bildungstheoretisch-idealistischer Sicht kann den grundsätzlichen pädagogischen Gehalt der Psychotherapie in Bezug auf geistig-ethische Prämissen belegen).
Meine eigenen Erfahrungen als Subjekt und Objekt diverser - auch "therapeutischer" - Bildungsprozesse stützen die theoretisch induzierte Annahme, daß die vordergründig erkennbaren, klassifikatorisch üblicherweise festgeschriebenen Differenzen von Beratung, Therapie, Erziehung, Unterricht und ähnlichen Kategorien durch eine pädagogisch bedeutsame Strukturähnlichkeit und Funktionsverwandtschaft der Prozesse aufgewogen werden.

Neben der bildnerischen "Absichtlichkeit" von Psychotherapie, die eine wie auch immer geartete Modellorientierung des Handelns voraussetzt, finden wir als weiteres Analogon z.B. die therapeutische Beziehung, die sich mit dem pädagogischen Verhältnis gleichsetzen läßt. Psychotherapeutisches Geschehen ist außerdem inhaltlich und sozial "bewußt" organisiert; die sozial-personale Beeinflussung erfolgt nicht zufällig, sondern methodisch. Ähnlich wie im erzieherischen Bereich kristallisieren sich dabei institutionelle Handlungssysteme heraus. Schließlich wird der Wert einer Therapie ebenso wie der pädagogisch-praktischen Tuns an bestimmten sozialen Erfolgskriterien gemessen, z.B. an der Wirksamkeit der Handlungsstrategie oder an der personalen Verträglichkeit der Interventionen.

2.2 Das Handlungsfeld der Psychotherapie und sein Spezifikum

Strukturelle Ähnlichkeiten zwischen Psychotherapie und anderen, der Erziehungswissenschaft zweifelsfrei zuzuordnenden Bildungsformen, etwa der Sozialerziehung und der Erwachsenenbildung, müßten auf konkrete Weise an den einzelnen Konzepten und Praxisformen zu verifizieren sein, die in ihrer Gesamtheit das therapeutische Handlungsfeld ausmachen.
Eine sinnvolle Detailforschung zu der behaupteten Strukturverwandtschaft setzt aber eine einigermaßen klare Rahmenvorstellung über den Objektbereich voraus. Ich möchte deshalb zunächst versuchen, das psychotherapeutische Handlungsfeld großflächig zu überschauen, um dann einige feldinterne Nahtstellen unsystematisch herauszugreifen und punktuell zu beleuchten.

Nimmt man den offiziellen, staatlich und berufsständisch reglementierten "Psychotherapie"-Begriff zum Maßstab, so ließe sich Psychotherapie zwischen Medizin und klinischer Psychologie noch relativ leicht umgrenzen (vgl. Hockel 1983, 47 ff.; Narr 1987, 269 f.). Die Zahl der wissenschaftlich breit etablierten oder

gar krankenkassenmäßig "anerkannten" Verfahren ist letztlich gering (vgl. Hockel a.a.O., 44 f. u. 47 ff.; Narr a.a.O., 13).
Ein unvoreingenommener Blick auf das psycho-soziale Realgeschehen zeigt jedoch, daß Handlungen, die sich in einem weiten Sinne als psychotherapeutisch bezeichnen lassen, keineswegs nur in Fachkliniken oder ärztlichen und psychologischen Praxen ausgeführt werden. Selbst wenn man Prozesse ausklammert, die zwar eine psychosoziale und psychohygienische Dimension beinhalten, aber nicht hauptsächlich therapeutisch ausgerichtet sind (etwa schulische Erziehung; vgl. Overbeck 1978, 67), steht man vor einer schier unübersehbaren Vielzahl an "psychotherapeutischen" Handlungsformen.

Was ist Psychotherapie?
Ohne uns an eine zu enge, interessenspezifische Begriffsfixierung anzugleichen, müssen wir uns doch eine explizierbare Vorstellung von dem, was wir unter "Psychotherapie" verstehen wollen, machen, um überhaupt sozio-kulturelle Phänomene als "psychotherapeutisch" bezeichnen zu können.
Nach einer traditionellen Auffassung, die heute wenigstens theoretisch als überholt gelten darf, ist Psychotherapie ein spezieller medizinischer Wirkungsbereich, bei dem sich der Arzt vor allem "um die seelisch Gestörten und die abnormen Persönlichkeiten" kümmert (s. Langen 1971, 4). Dieser Sichtweise liegt eine vergleichsweise unkritische psychiatrische Nosologie und Ätiologie zugrunde (s. a.a.O., 9-25 u. 44-72; zur psychiatrischen Systematik s. auch Berner 1977, 250-334). Psychopathologische Vorstellungen sind demgegenüber als Normbegriffe in mehrfacher Hinsicht problematisierbar (vgl. Glatzel 1978, 46-104 u. 133-144; Kraiker/Peter 1983, 16 f., 21, 30 u. 43). Mit einer pejorativen Charakterisierung der Klienten kann man heute bestenfalls noch im engen Bereich

"harter" - strikt klinisch-psychiatrischer - Therapieformen operieren. Psychotherapie ist aber mittlerweile zu einer allgemeineren Dienstleistung mit ständig steigender Nachfrage geworden (vgl. Neue Formen der Psychotherapie 1981, 5).
Eine weniger personbewertende Definition von Psychotherapie als therapeutische Beeinflussung von Verhaltensanomalien und seelischen Leiden (Meyers Gr. Taschenlexikon, Bd. 17, 1981, 345) entspricht den psychisch-sozialen Veränderungsbedürfnissen der Patienten schon eher. Im übrigen bahnt sich in der Gesellschaft insgesamt ein verändertes Rollenverständnis für Betreuungs- und Behandlungssituationen an, das auch extreme Fälle miteinschließt. Die mittlerweile in Gang gesetzte Modifizierung des alten Vormundschaftsrechts verdeutlicht den starken Trend zu demokratischeren Umgangsformen (vgl. a. Franke u.a. 1988).
Der Gesundheits-Brockhaus (1974, 607) bezeichnet Psychotherapie als "Behandlung mit seelischen Mitteln", die sich allerdings keineswegs auf seelische Störungen beschränke, sondern auch die Heilung seelisch bedingter körperlicher Krankheiten anstrebe. Im Sinne einer allgemeinen heilungsfördernden Seelenführung wird Psychotherapie darüberhinaus dem ärztlichen Handeln generell zugeschrieben (ebd.).
Nach Dorsch (1976, 483) ist Psychotherapie "die Wissenschaft von der Behandlung seelischer oder seelisch bedingter Leiden mit psychologischen Mitteln". Dieser Definition kann man ebenfalls nur eingeschränkt folgen. Anwendungs- und handlungsorientierte Konzepte im Bereich der Pädagogik und der Psychologie kämpfen heutzutage meistens mit Hilfe des Wissenschaftsbegriffs um ihre Reputation. Der Streit, was "Wissenschaft" ist und welche Erkenntnisweisen als "wissenschaftlich" bezeichnet werden dürfen, geht dabei erheblich über die Bedeutung einer formal-abstrakten, rein wissenschaftstheoretischen Disputation hinaus. In unserer

technisch-rationalistisch bestimmten Welt bedingt "Wissenschaftlichkeit" ein Höchstmaß an Legitimation und Machtmöglichkeit. Auch wenn Erziehungs- oder Heilungskonzepte, die sich mehr als praktisch-konkret ausgerichtete Kunstlehren verstünden, Arbeitserfolge aufzuweisen hätten, bliebe ihr gesellschaftlicher Stellenwert heute unter dem einer "Wissenschaft" angesiedelt (ein kurzer Blick auf die Besoldungsnormen im öffentlichen Dienst kann von der überragenden Bedeutung einer "wissenschaftlichen" Qualifikation überzeugen). Die Global-Charakterisierung der Psychotherapie als "Wissenschaft" ist deshalb primär als interessenpolitisch anzusehen. Sachlich betrachtet müssen auch "unwissenschaftliche" Verfahren der Psychotherapie zurechenbar bleiben.

Nach den Spielregeln des beruflichen Verdrängungswettbewerbs kämpfen vor allem Ärzte- und Psychologenverbände um die therapeutische Approbation. Die einzelnen psychotherapeutischen Schulrichtungen versuchen ebenfalls, ökonomisch relevante Anerkennung, z.B. in Form der Kassenzulassung, und damit Marktanteile zu erringen. Unter dem verstärkten Legitimationsdruck, der aus der professionellen Interessenverfolgung resultiert, werden manche Verfahren sogar entgegen der ursprünglichen Konzeption "verwissenschaftlicht" und einseitig medizinisch-klinisch zurechtgebogen (diese Entwicklung ist z.B. in der anfänglich recht offenen und wenig strukturierten Gestalttherapie zu beobachten, wie sie von etablierteren Ausbildungsinstituten in der Bundesrepublik zunehmend vertreten wird).

Bildungstheoretisch darf man sich auf diesen medizinisch-psychologischen Reduktionismus nicht einlassen. Heilung von "seelisch" oder "seelisch bedingten" Leiden kann nicht nur verhaltenstherapeutisch oder psychoanalytisch und auch nicht nur von Ärzten und Diplompsychologen versprochen werden.

Die historischen Vorläufer des heutigen Psychotherapeuten waren Medizinmänner und Schamanen, Priester, Theologen und Philosophen (vgl. Bengesser 1980, v.a. 19-29; Becker 1982, 14-27).
Allein die neuzeitlichen Entwicklungen des medizinisch-psychiatrischen Begriffs von seelischer Gesundheit zeigen, wie vielfältig und unterschiedlich psychisch-mentales Heilungsgeschehen interpretiert werden kann (vgl. Becker a.a.O., 32-35; Bengesser 1980, Kap. 6-9 u. ders. 1982). Galten z.B. Geisteskrankheiten bis ins Mittelalter überwiegend als Ausdruck dämonischer Kräfte, so verschob sich die Kausaldeutung zunehmend auf somatische, später auch auf psychodynamische und soziale Erklärungen (vgl. Becker 1982, 25 ff. u. 32-35; Davison/Neale 1984, 9-23).
Die historischen Paradigmen der seelischen Heilung sind in modifizierter Form heute noch unter den psychotherapeutischen Handlungsmodellen vertreten. Die aktuelle Spanne der Therapieangebote reicht von religiös-okkulten bis zu pharmakologisch-chirurgischen Eingriffen in das sozial-personale Strukturgeschehen. Man findet z.B. Konzepte der "Geistheilung" (Tepperwein 1985), der astrologischen Lebenshilfe (Riemann 1984) und sogenannte transpersonale Verfahren (Grof 1978, 230-236; s. auch Kraiker/Peter 1983, 165 ff.); somatische Erklärungs- und Behandlungsansätze, die medikamentös, psychochirurgisch oder auf eine sonstige physisch manipulierende Weise vorgehen (vgl. Davison/Neale 1984, 6, 570-582; Pfingsten 1985, 96 ff.); die Tradition des psychoanalytischen Konzepts schließlich ist in ihrer Kontinuität ungebrochen.
Außerhalb des offiziellen Bereichs der Psychotherapie lassen sich ebenfalls traditionsgemäße therapeutische Vorstellungen und Institutionalisierungen erkennen. Wir müssen beispielsweise nicht zu Naturvölkern gehen, um schamanistische Heilungsrituale zu

erleben: Entsprechende naturreligiös-okkulte Psycho-Kurse werden mittlerweile auf kommerziell-privater Basis oder in Erwachsenenbildungsstätten regelmäßig abgehalten. Auf die einschlägige esoterische Literatur braucht man angesichts der publizierten Fülle nicht näher hinzuweisen.

Daß seelische Heilung sehr stark mit religiöser Praxis verquickt werden kann, drückt schon das Wort "Seelsorge" aus. Viele sektenähnliche Bewegungen setzen in ihrer Handlungspraxis direkt am "Seelenheil" der Menschen an - im milderen Fall sprachlich-appellativ, oft aber auch psycho-physisch manipulierend. Die Wünsche nach geistigem Wachstum, Sinnfindung und seelischer Gesundheit liegen anthropologisch eben dicht beieinander.
Eine ausgrenzende Vorverurteilung solcher Ansätze muß trotzdem vermieden werden. Nicht immer sind psycho-religiöse Konzepte so rundherum abwegig, wie staatliche und kirchliche Verlautbarungen oft glauben machen wollen. Der Erfolg einzelner religiöser Gruppierungen kann durchaus auf gesellschaftlichen Versäumnissen beruhen, die grundlegende menschliche Bedürfnisse unberücksichtigt ließen. Die keineswegs immer uneigennützige Pauschalverurteilung von sektenähnlichen Phänomenen verhindert dann allerdings eine adäquate Ursachenforschung.
Ein bildungstheoretisch breiter Blickwinkel wird auch kirchliche Teilsysteme, die psychisch-mentale Veränderungen herbeiführen wollen, dem Handlungsfeld der Psychotherapie zurechnen müssen (vgl. hierzu Ladenhauf 1988, 125-155). Gewisse umschriebene therapeutische Aufgaben fallen zum Beispiel in das Arbeitsgebiet des Gemeindepfarrers (s. Nipkow 1975, Bd. 2, 101-108). Wie er die erfüllen soll, ob die kirchlichen Handlungskonzepte heute noch psychohygienisch wirksam sind oder ob bereits andere Berufsgruppen

spezifisch "theologische" Aufgabenbereiche übernommen haben - das sind Fragen, die in diesem Zusammenhang noch näher zu untersuchen wären. -

Die bekannte These, daß die Psychotherapie die Religion ersetzt habe (s.z.B. Kovel 1984, 55), läßt sich nicht ganz von der Hand weisen.
Zeitgemäße Antworten auf ihre Lebensfragen, die sie früher vielleicht von Seelsorgern erhofft hätten, suchen viele Menschen heute bei Nervenärzten, Psychotherapeuten, Psychologen, Ehe-, Familien- und Lebensberatern. Am sinnfälligsten wird diese Strukturveränderung vielleicht an der "Telefonseelsorge", die ja primär keine religiöse Funktion erfüllt, sondern für sozial-personale Krisensituationen eingerichtet ist. In unserer säkularisierten Gesellschaft sind areligiöse Formen der Daseinsbewältigung selbstverständlich geworden. Lebenskrisen, existentielle Zweifel und seelisches Leid lassen nicht mehr automatisch den Ruf nach dem Seelsorger folgen. Man sieht solche sozialpersonalen Konfliktsituationen stärker als natürlichweltliche Probleme, für die der Priester quasi nicht zuständig ist.
Gleichzeitig übernehmen viele moderne Therapiekonzepte die ursprünglichen Orientierungsfunktionen der Theologie und auch Philosophie alten Zuschnitts (zu dem geistesgeschichtlich engen Verhältnis zwischen einer Psychologie der seelischen Gesundheit und der Philosophie s. Bengesser 1980, Kap. 3-5 u. 7-9; ders. 1982, Kap. 10-11 u. 15; auch Becker 1982, 14-31). Eine ausgeprägte noologische Konzeption der Menschenführung liegt z.B. der Daseinsanalyse (Boss 1979, s. etwa 268 ff.) und der Logotherapie (Frankl 1946) zugrunde. Frankl, der die menschliche Sinnfrage in den Mittelpunkt seiner Therapie stellt, hat trotzdem versucht, Psychotherapie und Religion strikt voneinander zu trennen (1975, 73 f. u. 113-126). Die Grenzziehung

zwischen einem medizinischen Ziel der "seelischen Heilung" und einem theologischen Ziel des "Seelenheils" (a.a.O., 73 f. u. 113) wirkt jedoch wenig schlüssig. Der Unterschied der beiden Handlungsbereiche liegt nach Frankl nur im intentionalen Aspekt begründet. Vom Effekt her gesteht Frankl sowohl der Religion psychohygienische und psychotherapeutische als auch der Psychotherapie religiöse Wirkung zu (ebd.). Letztlich sehen wir hier die gleiche, theoretisch problematische Dichotomisierung des Bildungsprozesses in einen intentionalen und einen funktionalen Akt, wie wir sie vom Erziehungsbegriff her kennen. Bei einer weiten Auslegung des Psychotherapie-Begriffs, wie sie sachlich durchaus berechtigt ist, müssen wir eher einen Großteil seelsorgerisch-religiösen Tuns als Therapiegeschehen teilinterpretieren. Die Koinzidenz sakraler und säkularer Prozesse im Bereich von psychisch-mentalen Änderungs- und Korrekturversuchen wird besonders am Beispiel meditativer Praktiken deutlich. Kirchliche bzw. spirituell ausgerichtete Meditationsstätten schließen "Krankenbehandlung" zwar klugerweise mit Hilfe des Kleingedruckten aus, die Absicht, inneren Frieden, innere Wandlung oder inneres Wachstum zu fördern, unterscheidet sich aber faktisch nicht von den Zielsetzungen vergleichbarer therapeutischer Ansätze (s. Petzold 1984; Fromm/Suzuki/Martino 1972, 101-179). Das ausdrückliche Verneinen irgendeiner kurativen Intention dient den Bildungseinrichtungen wohl eher zur rechtlichen Absicherung.
Die juristische Regelung der Heilkundeausübung und das ärztliche Monopol auf Krankenbehandlung (s. Narr 1987, 3 f., 10-13 u. 266-271; Hockel 1983, 43 u. 47 ff.; Psychotherapie-Richtlinien vom 25.08.1987, 3 u. 6; nach dem Heilpraktikergesetz sind in der Bundesrepublik zwar auch Heilpraktiker zur berufsmäßigen Ausübung der Heilkunde befugt, aber nicht im Rahmen

der gesetzlichen Krankenversicherung, s. Narr a.a.O.; nicht-ärztliche Psychotherapie, hauptsächlich durch Diplom-Psychologen, ist innerhalb der kassenärztlichen Versorgung nur im Delegationsverfahren möglich; s. Narr a.a.O., Psychotherapie-Richtlinien a.a.O.) haben eine künstliche begriffliche Trennung von klinisch-psychologischen und sonstigen seelischen Heilungsprozessen zur Folge.
Seelische Gesundheit und Befindlichkeit selbst sind freilich immer ganzheitlich-multidimensional, und damit nicht auf eine einzelne fachspezifische Idealdefinition zu begrenzen. Die keineswegs allzu fiktive Situation, daß der Nervenarzt dem hilfesuchenden Sprechstundenbesucher mit dem Hinweis auf die Normalität der gezeigten Reaktionsbildung mitteilt: "Ihnen fehlt nichts!", um ihn anschließend als gesund wieder zu entlassen, wäre ja auch bildungstheoretisch und psychohygienisch höchst absurd.

Allerdings erzwingt die expertenzentrierte Spezialisierung im Gesundheits- und Sozialbereich eine permanente technologisch-verobjektivierte Beurteilung des personal-subjektiven Problems nach nicht-dialogischen Maßstäben.
Leidensdruck und Leidensqualität werden von außen gewissermaßen skaliert und kategorisiert, erst einmal, um die jeweiligen professionellen Zuständigkeitsbereiche überhaupt legitimatorisch abzugrenzen, dann aber auch, um eine leistungsbezogene Verteilung der Klientel auf die "richtigen" Berufssegmente zu ermöglichen.
Ob sich der Pfarrer, der Schulpsychologe oder der ärztliche Psychotherapeut mit der "Seelenpein" eines Jugendlichen beschäftigt, ist zunächst weniger eine Frage der persönlichen Kompetenz denn der rollenspezifischen Funktionsdefinition, dito Legitimation der beruflichen Einmischung.

Schon aus Kapazitäts- und Kostengründen kann nicht jede psychisch hilfsbedürftige Person an den Experten überwiesen werden - Psychosen- oder Neurosenzuschreibungen etwa fungieren demzufolge auch als Berechtigungsschein für eine teurere fachärztliche Versorgung (vgl. Psychotherapie-Richtlinien 1987, 3 u. 5). Die Separierung und Reglementierung aufgabenspezifischer, professioneller Handlungssysteme auf psychisch-mentaler Ebene hat ihren strukturellen Preis, der in erheblichem Kontrast zum Systemanspruch der sozialtechnologischen Effizienz stehen kann. Manche niedergelassenen Fachärzte für Neurologie und Psychiatrie führen beispielsweise keine längere, arbeitsintensive "Psychotherapie"-Behandlung durch, weil die in ihrer apparativ bestausgestatteten Praxis schlicht unrentabel wäre (s. auch Strotzka 1980, 136). Viele Bürger halten aber gerade die nervenärztliche Praxis für die richtige Anlaufstelle bei seelischen Problemen und erhoffen dort menschlichen Beistand. Eine solche Versorgungslage widerspricht einigen ganz basalen und "gesunden" sozialen Bedürfnissen. Psychische Betreuung und zwischenmenschlicher Kontakt sind hier zu einer Funktion der ökonomisierten Zeit geworden, die die institutionell vorgesehenen Experten nach Kosten-Nutzen-Erwägungen rationiert aufbringen.
Ein weiteres Problem ist vor allem das orientierungserschwerende, unverbundene Nebeneinander fraktionierter psycho-sozialer Angebote in der modernen Gesellschaft. Wer entscheidet, an wen welcher Adressat bei welcher Symptomatik verwiesen wird? Soll der "Patient" selber beschließen, ob er sich besser dem Pfarrer, einem Psychotherapeuten, einem Yoga-Lehrer oder einem Internisten anvertraut?
Die geistig-seelische Identität des Menschen läßt sich weniger leicht parzellieren als der zugeordnete Berufssektor mit seinen abgegrenzten Kompetenzbereichen. Funktionell justierte Antworten auf sozial-

personale Probleme können daher schnell den ganzen Menschen verfehlen.
Der gesellschaftliche Verzicht auf einen obersten Bezugspunkt, wie ihn Luhmann sicher treffend konstatiert (1986, 155), bedingt eben keine analoge Möglichkeit zur internen Steuerungslosigkeit auf mikrosozial-personaler Ebene. Ohne "göttliche", "natürliche" oder politische Ordnung der psycho-sozialen Dinge macht sich in personalen Krisensituationen wohl überwiegend nur heil-lose Verwirrung breit.
Für den psychisch Leidenden ist die diagnostische Einordnung zum Zweck der sozialtechnologisch-administrativen Zuordnung sekundär.
Der unfreiwillig schwangeren und verzweifelten Jugendlichen wird es egal sein, ob ihr Bekannte, der Lehrer, ein Psychologe oder ein Arzt mental, seelisch und lebenspraktisch weiterhelfen: "Richtig" ist die Instanz, zu der sie subjektiv Vertrauen fassen kann und die dieses Vertrauen nicht enttäuscht.

Der gesellschaftlichen Diversifikation im sozialen und im kulturellen Bereich steht das individuelle Identitätsbedürfnis (vgl. Bettelheim 1983, 27-34, 46-49 u. 109-113; Allport 1983, 44-60; ders. 1970, 108-137 u. 369-385; Erikson 1973, 123-212; Th. Herrmann 1972, 43 ff., 295 u. 404; McCall/Simmons 1974, 102-107) gegenüber. Psycho-soziales und psychotherapeutisches Handeln mag noch so gesplittet sein, der einzelne Mensch sucht Heilung für "sich" und seine interne Einheit, die "Psyche", nicht aber für irgendwelche abspaltbaren, verdinglichten Funktionsteile. Zwar kann sich der Änderungswunsch auf ein Spezifikum, etwa eine bestimmte Phobie, richten, dennoch beeinflußt das therapeutische Geschehen nicht nur "die Phobie", sondern das psychisch-mentale Beziehungssystem in seiner Gesamtheit. Ohne eine zentrale Einschätzung des eigenen Zustands im internen Systemzusammenhang würde die partikulare Störung gar nicht als "veränderungswürdig" wahrgenommen.

Zur Erhaltung oder Wiederherstellung der identitätsgemäßen Verfassung ist dem Menschen jedes geeignete Mittel recht.
Psychisch-mentale "Heilung" im Sinne einer - oft sogar selbstgesteuerten - Ausbalancierung interner Repräsentationen findet daher ebenso außerhalb institutionalisierter psychosozialer Versorgungssysteme statt.
Kovel (1984, 53 f.) zählt verschiedene "therapeutische" Möglichkeiten auf, um Einfluß auf einen neurotischen Zustand zu nehmen, u.a. auf Reisen gehen, sich ausruhen, sich sexuell betätigen, einem Verein beitreten, sich bestrafen lassen, Alkohol trinken, die Familie verlassen, sich fortbilden, den Fernseher anstellen. Die Reihe wäre beliebig zu ergänzen. Nach Kovel gibt es weder für die Mittel noch für die Ziele noch für den Erfolg der Veränderungsstrategien einen klaren Maßstab (a.a.O., 54 u. 56). Therapien sind demzufolge nichts anderes als weltanschaulich gebundene, organisierte Formen des Experimentierens mit dem Leben des Menschen zur Behebung emotionaler Störungen (a.a.O., 54 f.).
Daß diese Handlungssysteme nicht unbedingt mit dem Begriffsetikett "Psychotherapie" versehen sein müssen, haben wir am Beispiel der Seelsorge schon gesehen. Selbst im Rahmen der institutionellen psychosozialen Versorgung sind mit Pflegeheimen, Werkstätten für Kranke oder Behinderte, Wohnheimen und Beratungsstellen Einrichtungen vorhanden, deren Dienstleistungen offiziell nicht mit "Psychotherapie" belegt werden, wenn sie faktisch auch in vielen Fällen psychologisch-therapeutisch ausgerichtet sind.
Darüberhinaus geht aber der normale "gesunde" Bürger nicht gleich zur Beratungsstelle, geschweige denn zum Psychiater, wenn er seelisch aus dem Tritt gerät.

Viele psychischen Probleme lassen sich innerhalb der natürlichen sozialen Umfeldbeziehungen der Betroffenen auffangen - eine übermäßige gesellschaftliche Ausdifferenzierung therapeutischer Hilfsangebote kann auf solche alltäglichen Netzwerke sogar zerstörerisch wirken (vgl. Kraiker/Peter 1983, 35).
In manchen professionellen Therapiekonzepten wird deshalb die "Hilfe zur Selbsthilfe" betont (vgl. Kraiker/Peter 1983, 35 f.; Richter 1974, 237-250; auch Selbsthilfe-Führer Mittelfranken 1988, 4-6).
Außerhalb des "seriösen" Versorgungsrahmens durch institutionalisierte psychosoziale Expertensysteme - die immer wieder zu einer gewissen Starrheit und Schwerfälligkeit in der Reaktion auf aktuelle gesellschaftliche Bedürfnislagen neigen (s.z.B. die Bestandsaufnahme über die psychosoziale Versorgung in Mittelfranken von 1987, Schneider/Siemen 1987, 139 f.) - spielen therapeutische Selbsthilfe-Angebote unterschiedlichster Art fraglos eine ganz erhebliche Rolle.
Neben den eigentlichen Selbsthilfegruppen, die von den Betroffenen in Eigenregie geführt werden (s.z.B. Selbsthilfe-Führer Mfr. 1988 u. vgl. Moeller 1978), bieten zahlreiche professionelle und semiprofessionelle Berater Hilfen zu einer eigenmächtigen Problemverarbeitung im psychischen und sozialen Bereich an.
Auf dem Buchmarkt sind Ratgeber für seelische Krisensituationen, zu Gesundheits-, Partnerschafts- und Sexualproblemen erhältlich, die "praktische Lebenshilfe" bieten wollen. Die Autoren widmen sich u.a. der Hinführung zur "Lebenskunst", der "Selbstfindung" oder dem "Umgang mit Liebe und Angst" (s.z.B. Ryborz 1984; Kirschner 1978; Lermer 1986). Man kann Tonkassetten mit "heilungsfördernden" Anleitungen, Entspannungstechniken oder Entspannungshilfen kaufen, über private Vertriebsnetze auch schul- oder sektenintern hergestellte Videos mit therapeutischen oder religiös-lebensphilosophischen Anstößen zur eigenen Lebensführung.

Manche Programme sind problemspezifisch, andere mehr personal-umfassend gedacht. Wir finden Konzepte, die eher pädagogisch im Sinne einer Selbsterziehung (Gamm 1979) und solche, die explizit als "Selbsttherapie" (Beer 1987) verstanden werden wollen.

Mit dem Aufschwung gruppendynamischer und humanistischer Verfahren rückte das Ziel der "Selbsterfahrung" in den Mittelpunkt des öffentlichen Interesses um Psychotherapie. Das Angebot von Sensitivity-Trainings, Encounter-, Gestalt- und Selbsterfahrungs-Gruppen (vgl. Wiltschko 1983) ist ganz offensichtlich auf eine entsprechende Bedürfnislage in den westlichen Industrienationen gestoßen. "Therapie" richtet sich nun nicht mehr ausschließlich auf den "kranken", sondern auch auf den ganz "normalen" Menschen.
Der Bewußtwerdungsprozeß, der mit den Mitteln des "exploring, experimenting, experiencing" (Stevens 1971) erreicht werden soll, wird als Kern eines allgemeinen sozial-personalen Lernvorgangs aufgefaßt, dessen Triebfeder in einem menschlichen Grundbedürfnis nach Selbstverwirklichung (vgl. Maslow 1984, 73 f.) liegt.
"Psychologische Gesundheit" ist dabei weit mehr als das Fehlen einer psychischen Krankheit - Maslow definiert sie z.B. als ein nach oben gerichtetes Kontinuum, das mit dem jeweiligen Grad an qualitativer Befriedigung grundlegender Bedürfnisse korreliert (vgl. a.a.O., 96 f.); neben physiologischen und sozialen Bedürfnissen finden in diesem Ansatz auch geistig-kulturelle Antriebe ihren Platz.
In gewisser Weise war schon im älteren psychoanalytischen Behandlungsmodell "Selbsterfahrung" als Bewußtwerdung verborgener interner Zusammenhänge von zentraler Bedeutung. Allerdings beschränkt sich das psychoanalytische Sich-selbst-Erfahren auf das Wiedererinnern bzw. Wiedererleben früherer, verdeckter Konflikte (vgl. Battegay 1986, 19-21).

Bei den humanistischen Konzepten wird Selbsterfahrung demgegenüber unmittelbarer als primär gegenwartsorientierter Situations-, Erlebnis- und Persönlichkeitsbezug interpretiert (s.z.B. Roeck 1985, 7 f.; Rogers 1984, 27 f.; Tausch/Tausch 1988, 44 f.). Von ähnlicher Direktheit ist der Selbsterfahrungsbegriff in gruppendynamisch-interaktionistischen Ansätzen des Sozialen Lernens (vgl. Prior 1976, 181, 198 f., 215 f.; s.z.B. Fritz 1981, hier v.a. 38 f.; Schwäbisch/Siems 1974, 17 ff., 73, 233-293).
Eine deutliche Grenze zwischen pädagogisch-erzieherischem "Lernen" und "Therapie" wird weder bei den humanistischen noch bei den gruppendynamischen Konzepten gezogen. Beide Richtungen betonen ganz im Gegenteil den Zusammenhang von allgemeineren sozialerzieherisch-lernwirksamen und von therapeutischen Prozessen (vgl. Prior a.a.O., 49, 173-177, 203, 304-311, 318-322; Rogers 1984, 29 ff.; Roeck a.a.O., 13 ff.), der im Extremfall sogar als Einheit gesehen wird (s. Roeck ebd.). Die "Selbsterfahrung" gilt dabei als eines der zentralen Vehikel zur pädagogisch oder klinisch relevanten Veränderung.
Nun wird man nicht alle derartigen Konzepte der Psychotherapie zuordnen können. Viele humanistisch oder gruppendynamisch ausgerichteten Selbsterfahrungs- und Trainingsmethoden dienen z.B. der Förderung spezieller beruflicher Qualifikationen, etwa für den Bereich der Personalführung, der Kundenbetreuung, des Erzieher- und des Lehrerverhaltens.
Dennoch wird gerade am Beispiel der selbsterfahrungsorientierten Ansätze besonders deutlich, daß die formal und administrativ gesetzte Grenze zwischen pädagogisch-erzieherischem und klinisch-psychologischem Handeln in weiten Bereichen der "therapeutischen" Praxis längst unterhöhlt ist.

Nicht wenige "Psychotherapien" stellen ganz unbekümmert um äußere Zuständigkeitsdefinitionen politische und originär pädagogische Ziele auf (s.z.B. Rogers 1985, 183-195 u. 273-289; Perls u.a. 1985, 142 ff.; Mandel u.a. 1971, 393-402), und selbst nicht-klinisch orientierte Ansätze firmieren vielfach unter der Bezeichnung "Therapie".
Die angestrebte Transformation wird in solchen Fällen nicht mehr als "Heilung", sondern einfach als "Lernen" (s. Mandel u.a. 1971, 124-267) oder bei humanistischen Verfahren auch als "Wachstum" (s. Roeck 1985, 13 f.) bezeichnet. Eine Unterscheidung zwischen Gesunden und Kranken ist damit hinfällig (vgl. Roeck ebd.). Persönliches Unglücklichsein bzw. Unzufriedenheit mit dem eigenen Lebensstil genügt, um die Indikation zu einer psychotherapeutischen "Behandlung" zu rechtfertigen (vgl. ebd.).

Das primäre Ziel der interaktionistischen Selbsterfahrungskonzepte könnte man vor allem in einer verbesserten Sozialkompetenz, das der humanistischen Selbsterfahrungskonzepte in einer personalen "Befreiung" (vgl. R. May 1985; Rogers 1985, 191 ff.; Roeck a.a.O., 13 ff.) sehen.
Mit dem klinischen "Paradigmenwechsel" (vgl. Davison/ Neale 1984, 24-55), der durch die Humanistische Psychologie ausgelöst wurde (vgl. Quitmann 1985, 11-30), hat auch eine generelle Erweiterung des therapeutischen Handlungsrahmens stattgefunden. Pädagogik, Politik und Therapie läßt sich schon bei vielen psychoanalytischen Richtungen nicht auseinanderhalten (vgl. Bittner/Rehm 1964, 10-32; s.z.B. Bernfeld 1969; Mitscherlich 1967; Borneman 1977, 386 ff.), ebenso bei radikalen psychiatrischen Ansätzen wie der Antipsychiatrie (s. Basaglia 1971; Cooper 1971; ders. 1978, 103-134; auch Laing 1976, 14-23). Eine gesellschaftspolitisch breite Basis für ein übergreifenderes, auch

nicht-klinische Momente einschließendes Verständnis von Psychotherapie dürfte aber erst mit den Humanistischen Konzepten erreicht worden sein, die ja eine enorme Resonanz in der Öffentlichkeit bis hin zum vielgenannten "Psycho-Boom" hervorriefen (das Kursbuch Nr. 82, 1985, spricht sogar von der "Therapie-Gesellschaft", vgl. insbes. S. 13; vgl. die Entwicklung des amerikanischen Psycho-Marktes, Castel 1982, 278-286). Psycho-Themen und Selbsterfahrungsgruppen sind demzufolge heute aus den Volkshochschulen der Bundesrepublik nicht mehr wegzudenken. Ergänzt wird dieses halb-institutionelle Angebot durch eine unüberschaubare Zahl von Kursen in privaten Psycho-Zentren.
Daneben steht ein buntes Heer unterschiedlichst ausgebildeter oder gar autodidaktischer "Therapeuten" für Einzelbehandlungen - die unter den verschiedensten Bezeichnungen laufen - zur Verfügung (s. auch Pfingsten 1985, 118).
Das Abhalten von Volkshochschulkursen stellt dabei für nicht wenige Privatanbieter einträglicher Einzel- und Gruppentherapien eine willkommene Chance zur Eigenwerbung und zum Klientenfang dar. Die gleiche Funktion scheint der Ratgeber-Buchmarkt zu erfüllen. Man schlage die Deckelseiten bei einschlägigen Taschenbuchreihen auf, um sich davon zu überzeugen, daß viele bekannte und weniger bekannte Ratgeber-Autoren eine Privatpraxis oder "Schule" für Lebensprobleme unterhalten, auf die für den Fall eines intensiveren Kontaktbedürfnisses dezent hingewiesen wird.
Nun ist mit der Vermarktung psychisch-mentaler Hilfsangebote nichts über deren Qualität gesagt. Eine teure, semiprofessionelle "Selbsterfahrung" kann im Einzelfall durchaus besser als eine kostenerstattete, professionelle "Heilbehandlung" sein. Eine strukturbedingte Entfremdung (zum Entfremdungsbegriff s. Israel 1972, 30 f. u. 373-376) im menschlichen Sozialverhalten dürfte aber mit beiden Angebotsformen

einhergehen: Möglicherweise sind technische oder kaufmännische Umgangsformen bei seelischen Leiden sogar kontraindiziert - zumindest sind sich radikal-soziale und religiös-spirituelle Therapieansätze oftmals in der Forderung nach Transzendierung solcher gesellschaftstypisch verdinglichten (vgl. a.a.O., 324, 341 f. u. 376-380) Beziehungsmuster einig (vgl. z.B. Duhm 1972, v.a. 8 f. u. 148-154; Spazier/Bopp 1975, 345-351; Pearce 1985, 130-134, 137, 155 ff. u. 175 ff.; auch Murphy 1985, 69-96).
Um den Wert einer therapeutischen Vorgehensweise angemessen einzuschätzen, müssen wir wohl in jedem Falle neben dem Vorstellungsgehalt des zugrundeliegenden Konzepts die reale Handlungspraxis mit ihren mannigfachen sozial-institutionellen Abhängigkeitsverhältnissen berücksichtigen. Sozialstaatlich subventionierte und marktwirtschaftlich profitorientierte Angebotsstrukturen geben dafür zunächst die zweiklassig abgesteckten Rahmenbedingungen ab. "Ungleichheit" in der therapeutischen Versorgung läßt sich deshalb, so ist zu vermuten, nicht nur auf technisch-konzeptionelle Differenzen und infrastrukturelle Entwicklungsgefälle im Gesundheitsbereich zurückführen, sondern ebenso auf milieubedingte individuelle Einkommens-, Bildungs- und Mentalitätsunterschiede (zum Milieubegriff s. Hradil 1987, 161-170; vgl. auch Gleiss u.a. 1973, 191 ff.). Der literarisch und cineastisch hinreichend ausgeschlachtete "Psychoanalytiker" des wohlverdienenden, weltläufig-"neurotischen" US-Amerikaners, mittlerweile abgelöst vom auch nach Europa exportierten Gestalt-, Bioenergetik- oder New-Age-Therapeuten, stand eben zu keiner Zeit in breiter Linie dem Durchschnittsverdienenden, geschweige denn dem sozial Benachteiligten zur Verfügung (vgl. Castel 1982, 285).
Im Rahmen der allgemeinen Gesundheitsversorgung erfüllen psychopharmakologische Behandlung und Kurzzeittherapie nicht einfach bloße Effektivitätskriterien,

sondern sie sind vor allem kostengünstiger als andere, personal- und zeitintensivere Verfahren: "Effektivität" ist unter den öffentlich-administrativen Bedingungen ein Minimal-, kein Maximalbegriff.
Mag eine Büroangestellte auf diese Weise rationell von ihren leistungseinschränkenden, psychosomatischen Beschwerden geheilt werden - unser medienwürdiger, smarter US-Amerikaner würde sich mit dieser psychischen "Abspeisung" nicht zufriedengeben. "Analyse", "Selbsterfahrung" oder "Therapie" dienen ihm ja nicht als - möglichst billige - seelische Entstörung, sondern zur Glättung empfindungsmäßiger Unebenheiten, zur inneren Kultivierung, zum Persönlichkeits-"Wachstum". Die Rubriken, Anzeigen und Berichte zeitgeist- und lebensstilgerecht adressierter Zeitschriften zeigen nun, daß unser fiktiver anspruchsvoller Therapie-Konsument mittlerweile in durchaus relevanter Häufigkeit existieren muß, mindestens aber für ein breiteres Publikum eine wünschenswerte Identifikationsfigur abgibt. Der Psycho-Markt beweist mit seinem Ausmaß und mit all seinen produkt- und preismäßigen Schattierungen Nachfrage und Gewinnmöglichkeit im übrigen zur Genüge.
Für dieses gesellschaftliche Phänomen ist sicherlich nicht nur die sozialstrukturell verursachte Zunahme seelischer Schwierigkeiten per se verantwortlich; ganz offensichtlich haben sich auch die subjektiven Maßstäbe für ein geglücktes Leben, für seelische Zufriedenheit und für psychisch-mentale Veränderbarkeit erheblich verändert. "Selbstverwirklichung", als Zielformel von Pädagogenseite oft recht angegriffen (s. Braun 1985; Dienelt 1984, 147-153; Hentig 1980, 7 ff. u. 14 f.), ist über philosophisch-psychologische Spekulationen hinaus zum faktischen Leitmotiv vieler Menschen in unserer Gesellschaft geworden, - eine Entwicklung, die das Handlungsfeld der Psychotherapie unmittelbar und nachhaltig tangiert.

Wachstum und Selbsterfahrung - "personal growth and self-exploration", wie es im Katalog des Esalen-Instituts, des kalifornischen Mekka und Ausgangspunktes der Human Potential-Bewegung heißt (Catalog May-October 1988, 14; zur Geburtsstunde der Humanistischen Psychologie, die mit der Gründung des Esalen-Instituts einhergeht, s. Quitmann 1985, 27 ff.) - bestimmen keineswegs nur quasi-therapeutisches Prozeßgeschehen auf literarischer, andragogischer oder animatorischer Ebene. Medizinisches Denken und Handeln, insbesondere die "Psychotherapie" i. e. S., verändert sich heute ebenfalls nicht unerheblich in diese Richtung.
Man kann an vielen Stellen einen Übergang von einer krankheitsorientierten, heiltechnischen Auffassung zu einem wiederentdeckten ganzheitlichen Verständnis von Heilkunde feststellen, die eher ökologisch, patientenzentriert oder philosophisch-geistig ausgerichtet ist (vgl. Schipperges 1986; Becker 1982, 35 f., 38-46, auch 46-52).
Die neue Sicht von Therapie geht einher mit einer Öffnung des Gesundheitsbegriffs, die sich schon bei den sozialwissenschaftlichen Konzepten anbahnt. Stützte sich das traditionelle, an den Naturwissenschaften orientierte medizinische Krankheitsmodell, wie es v.a. im 19. Jahrhundert geprägt wurde, noch ausschließlich auf einen direkten Kausalbezug zwischen - z.B. psychischen - Symptomen und somatischen Ursachen (vgl. Becker 1982, 41 f.; Berner 1977, 76), so gewannen psychologisch-soziologische Erklärungsansätze für seelische Störungen nach dem 2. Weltkrieg zusehends an Bedeutung (vgl. Becker a.a.O., 42-52; Davison/Neale 1984, 34-55; Glatzel 1978, 183-239). Diagnostische Etikettierungen mit Hilfe von psychiatrischen Klassifikationssystemen wurden vielfach in Frage gestellt (s. Becker a.a.O., 42 f.), wie die Begriffe der Neurose bzw. Psychose unter dem Einfluß sozialwissenschaftlicher und humanistischer Konzepte

überhaupt an theoretischer Aussagekraft verloren haben (s. Pfingsten 1985, 66).
Streng verhaltenstheoretische Ansätze beispielsweise verzichten auf eine Systematisierung interner, nichtbeobachtbarer Prozesse und konzentrieren sich auf direkt beobachtbare Reiz-Reaktions-Zusammenhänge (s. Heinerth 1979, 71-78).
Kommunikations- und systemtheoretische Verfahren wiederum betrachten nicht mehr das einzelne Individuum, sondern die wechselseitigen Beeinflussungsverhältnisse und Interaktionen zwischen den Mitgliedern eines sozialen Systems als ihren Gegenstand (s. Becker 1982, 43 f.; Heinerth 1979, 251-254, 267 ff. u. 284-290; Mandel u.a. 1971, 31-41).
Psychotherapeutische Heilung wird zu einem Umlernen oder Neulernen auf der Basis des Erwerbs spezifisch erwünschter Fertigkeiten und Einstellungen (vgl. Heinerth a.a.O., 268; Mandel a.a.O., 432-442).
Unter diesem Blickwinkel verliert die herkömmliche, primär biologisch-medizinisch definierte Unterscheidung von Krankheit und Gesundheit ihren Sinn (vgl. Mandel a.a.O., 432 f.). Stattdessen spricht man etwa von angepaßtem versus unangepaßtem Verhalten (ebd.), von Beziehungs- oder Kommunikationsstörungen (s. Watzlawick 1974, 72-113) und von zwischenmenschlichen Konflikten (Mandel 1971, 53-123). Theoretisch bedeutsam ist dabei, daß die als positiv und die als negativ definierten Zustände weder ätiologisch noch methodisch-technisch strikt diskriminiert werden müssen (vgl. Mandel a.a.O., 432-435; Pfingsten 1985, 60 f.). Die Entstehungsbedingungen menschlichen Verhaltens und Erlebens bleiben in jedem Falle den gleichen - theoretisch postulierten - Prozeßregulativen unterworfen, und auch die Beeinflussung der Zustände erfolgt nach generell gültigen Interventionsgesetzen. "Psychotherapie" und Pädagogik fließen somit zusammen: Begriffe wie "Training", "Therapie" und "Lernen"

werden zu Synonymen (s. etwa Heinerth 1979, 31-63, 78-85, 251 f., 271-281, 284-292, 305, 312 f., 319 f., 331; auch Bense 1981, 204 ff.).

Die sozialwissenschaftlich verstandene therapeutische Transformation sprengt den medizinisch-biologischen Begriff von seelischer Gesundheit auf zweifache Weise.

Erstens impliziert sie ein gesellschaftstheoretisch-integratives Moment, das isolierte natur- oder humanwissenschaftliche Erkenntnisse überschreitet (vgl. Mandel 1971, 435).

Zweitens erschöpft sich die therapeutische Transformation nicht unbedingt in der Wiederherstellung eines "natürlich"-vorgegebenen Gleichgewichts, wie es der traditionelle medizinische und der umgangssprachliche Gesundheitsbegriff nahelegen. "Therapie" kann auch eine kontinuierlich fortschreitende Beeinflussungs- bzw. Entwicklungsprogression sein, die einer zunehmenden, potentiell unbegrenzten Verbesserung und Verfeinerung des veränderungswürdigen Zustands dient. Das Therapieziel liegt dann weniger in der Beseitigung einer seelischen bzw. seelisch mitbedingten Krankheit oder in der Rückgewinnung einer "natürlich"-gesunden Befindlichkeit als vielmehr im Erreichen eines normativ und kulturspezifisch definierten "Wohlbefindens" (vgl. Becker 1982, 42 f.; Pfingsten 1985, 49-53; Uchtenhagen 1978, 31-35). Der anvisierte Soll-Zustand wird, mit anderen Worten, durch die individuellen und sozialen Ansprüche konstituiert.

Zwar lassen sich auch sozialwissenschaftlich ausgerichtete Therapieverfahren als reine Anpassungsinstrumentarien zur Restaurierung vorgegebener und nicht-hinterfragter, pseudonatürlicher Sozialstrukturen mißbrauchen (zur Problematik des psychologisch-soziologischen Störungs- bzw. Abweichungsbegriffs vgl. Pfingsten a.a.O., 48-53); gleichwohl stellen diese Konzepte im Grundsatz einen Fortschritt in Richtung

auf ein freieres, humaneres Umgehen mit psychischen Schwierigkeiten dar: Der Zustand des psychisch "Kranken" muß nicht mehr qualitativ von dem des Gesunden unterschieden werden, verliert dadurch von seiner Außergewöhnlichkeit und bleibt "verständlicher"; den sozialen Umweltfaktoren kommt eine zentrale Bedeutung zu - das Geschehen hat daher nicht nur eine "individuelle", den einzelnen "Kranken" tangierende, sondern auch eine maßgebliche politische Komponente; die Rolle des Klienten, der seelische Hilfe sucht, wird unverfänglicher, kann besser akzeptiert werden, bietet eine höhere Statussicherheit, verlangt aber auch mehr Selbstverantwortung für den Veränderungsprozeß (vgl. hierzu Pfingsten 1985, 46 ff.).
Nicht zuletzt ermöglicht die lern- oder interaktionstheoretische Auffassung, Psychotherapie stärker entwicklungsfördernd - "wachstums"-orientiert - und emanzipativ zu praktizieren (vgl. Mandel 1971, 124-140, 275-292, 440-446, 463 ff.; auch Troje 1980; Gleiss u.a. 1973, 194-245; Spazier/Bopp 1975, 17-21; Hochmann 1973, 261-277; natürlich bezieht der sozialwissenschaftliche Perspektivwechsel die Psychiatrie als Spezialform psycho-therapeutischen Handelns mit ein, s. die sozial- und gemeindepsychiatrischen Ausführungen bei Gleiss a.a.O. und Hochmann a.a.O.).
Das Moment der persönlichen Verantwortung für den eigenen "therapeutischen" Erfahrungs- und Erkenntnisprozeß und der progressiv-selbstrekursive Finalbezug auf eine ideale Identität hin erlangen schließlich in diversen Verfahren der Humanistischen Psychologie eine konzeptionelle Schlüsselposition (vgl. zusf. Becker 1982, 147-149; Quitmann 1985, 72 f., 108-112, 172 f., 195 f., 206 f., 217-229). Im Extremfall werden lösungsorientierte therapeutische Hilfestellungen zugunsten rein aufdeckender, die Selbstaktivierung provozierender Konfrontationen völlig zurückgestellt - die von Perls entwickelte Gestalttherapie hat hierfür

einen berühmt-berüchtigten Ruf (vgl. nochmals Quitmann 1985, 111 f.).
Die humanistische Öffnung des Gesundheitsbegriffs mit der einhergehenden Ausweitung des Therapieverständnisses rückt wieder die personale Gesamtentwicklung des Menschen in den Mittelpunkt der Beeinflussungsbemühungen. Die einzelnen humanistischen Konzepte sind dabei durchaus unterschiedlich, oft sogar kontrovers zueinander. Manchen Ansätzen liegen organologisch-regulative Vorstellungen zugrunde, die eher naturphilosophische als gesellschaftstheoretische Züge zeigen (das trifft v.a. auf körperorientierte Therapieformen zu; vgl. Kraiker/Peter 1983, 127-131). Auf der anderen Seite findet man sozialpsychologisch ambitionierte und persönlichkeitsorientierte Verfahren, die ein nicht präjudiziertes Ziel ansteuern (vgl. z.B. Rogers 1985, 45-52; Oaklander 1984, 11-34; Roeck 1985, 8 u. 26).
Mit dem erweiterten humanistischen Therapiebegriff geht keineswegs zwangsläufig die Idee von einer unbegrenzten sozialen "Machbarkeit" einher - von dieser hypertrophen Vorstellung sind neben ausgeprägt esoterisch-irrationalen Richtungen hauptsächlich dogmatisch sozialwissenschaftlich konzipierte Verfahren gefährdet. Die Intention humanistischer Ansätze richtet sich dagegen auf eine umfassendere und allgemeinere sozialpersonale Zustandsverbesserung, wobei jedoch der adaptiven Qualität des systemspezifisch Erreichbaren keine Grenzen gesetzt sind (s. z.B. Roeck 1985, 18-26). "Selbstverwirklichung" ist demnach kein abschließbarer, sondern ein perpetuierlich sich fortsetzender, die ganze Person permanent herausfordernder Prozeß - sofern man sich überhaupt auf ihn einläßt.

Mit den humanistischen, den sozialwissenschaftlich-integrativen und den allmählich ebenfalls wiederentdeckten klassisch-heilkundlichen Gesundheitskonzepten (s. Schipperges 1986) wird der Arzt zum Pädagogen (ebd.).

Medizin und Pädagogik lassen sich schon von ihrer Grundstruktur her als verwandte "Sollenswissenschaften" begreifen (vgl. a.a.O., 264; Dienelt 1984, 160 f. u. 167), ohne daß wir dieser Ansicht hier im einzelnen nachgehen wollen. Präventive Maßnahmen, Rehabilitationsprogramme und integrale Kurkonzepte zeigen jedenfalls, daß den edukativen Aspekten in der Medizin vermehrt Aufmerksamkeit geschenkt wird (vgl. Schipperges a.a.O., 277-282) - ein bildungstheoretisch relevantes Phänomen (a.a.O., 280 f.), das erziehungswissenschaftlich nicht ungenutzt liegenbleiben sollte.
Die umfassend-ganzheitlich orientierten heilkundlichen Ansätze berühren auch "die Kultur der Affekte und Emotionen", sie bieten Material an "zur Lebensführung und auch Lebensschulung" (a.a.O., 281), womit sie direkt in psychotherapeutisches Handeln münden.
Heilung, Gesundheitsberatung und Erziehung lassen sich nicht mehr sinnvoll trennen -, sachangemessener können wir von gesundheitsbezogenen Bildungsprozessen sprechen (vgl. ebd.).
Im psychotherapeutischen Handlungsfeld wird natürlich nicht nur der Arzt, sondern jeder therapeutisch Tätige - ob Psychiater, Klinischer Psychologe, Sozialarbeiter, Heilpraktiker, Laienhelfer oder Gruppentrainer - "zum Pädagogen".
Etliche Therapeuten sehen Psychotherapie überhaupt primär pädagogisch (s. z.B. Kovel 1984, 58 ff.; Rogers 1985, 45-52; Roeck 1985, 9, 13 ff. u. 59 ff.; Mandel u.a. 1971, Titel: "Einübung in Partnerschaft durch Kommunikationstherapie ..."; Cohn 1981, 176; Frankl 1986, 7-11: Psychotherapie wird zur geistigen Auseinandersetzung, und letztlich stellt sich die Forderung nach einer "sozialen Psychotherapie" bzw. "kollektiven Psychohygiene", vgl. a.a.O., 10; Oaklander 1984; Assagioli 1987; Moser 1979, 224-244, v.a. 229-233).

Die Vorstellung einer übergreifenden, auch gesellschaftsrelevanten inneren Befreiung und Kultivierung, wie sie den erwähnten ganzheitlich-persönlichkeitsorientierten Therapiekonzepten zugrundeliegt, erinnert tatsächlich stark an die klassisch-idealistische Bildungsidee eines zwischen Freiheit und Naturhaftigkeit, Sittlichkeit und Sinnlichkeit umfassend-harmonisch zur Form gebrachten reinen Menschentums. Eine weitere bildungstheoretische Parallelität liegt in der Betonung von Phantasie und Gefühl. Der Verstand allein wird da wie dort als ungenügendes Bildungsmittel und als unvollständiger Bildungsgegenstand betrachtet (man vergleiche die "modernen" Bemerkungen über "Leib-haftige Bildung" bei Dauber 1986 mit den "alten" Ausführungen Schillers über "praktische Kultur" u. "ästhetische Kultur", Schiller 1967, 20-24 u. 32, um die Verwandtschaft der Grundvorstellungen bestätigt zu finden).
Nun verstehen sich keineswegs alle psychotherapeutischen Ansätze als "pädagogisch", und sie müssen auch keineswegs ganzheitlich oder persönlichkeitsbezogen konstruiert sein.
Das Handlungsfeld der Psychotherapie ist vielmehr ein Konglomerat unterschiedlichster Handlungskonzepte und Handlungsformen. Bildungstheoretisch "desinteressierte" und funktional entsprechend spezialisierte Ansätze lassen sich gleichwohl pädagogisch dechiffrieren und infolgedessen metatheoretisch-erziehungswissenschaftlich kritisieren (s. Dienelt 1984, 141-173):
Die propagierten und in der Praxis angewandten therapeutischen Techniken basieren schließlich alle auf dezidierten, wenn auch mehr oder weniger verschlüsselten Bildungsvorstellungen.

Bei unserem Blick auf das Handlungsfeld der Psychotherapie müssen wir auch auf die sozio-kulturellen Phänomene, besonders im psychosozialen Bereich, achten, die <u>nicht</u> als behandlungsbedürftig gelten.

Die politische Dimension von Psychotherapie beginnt mit dem Krankheitsbegriff und den dahinterliegenden Vorstellungen über Normalität.
Wir haben bereits auf das Faktum der unterschiedlichen therapeutischen Normvorstellungen hingewiesen, die zu unterschiedlichen nosologischen Attributionen, sozialen Ausgrenzungen, Versorgungsleistungen und Beeinflussungsformen führen.
Psychologisch-psychiatrische Urteile können rechtliche und soziale Deprivationsprozesse auslösen bzw. legitimieren, die im Extremfall von der Zwangseinweisung in eine geschlossene psychiatrische Anstalt bis zur Haftstrafe reichen (zur damit verbundenen Problematik vgl. Davison/Neale 1984, 585-606). Eine "systematische Leugnung der sozialen Ursachen seelischer Defekte", wie sie T. Moser der Kriminalpsychiatrie bewußt polemisch unterstellt (1971, 189-201), hat z.B. nicht nur strafrechtliche Folgen zu Lasten des Täters, sondern sie spricht gleichzeitig die Gesellschaft von jeder Verantwortung für sozialreformerische Maßnahmen frei (vgl. ebd). "Therapie" bedeutet dann entweder strafrechtliche Aburteilung zur Abschreckung und "Resozialisation" oder medizinisch-psychiatrische Behandlung zur Beseitigung pathosomatischer Funktionsstörungen.
Der politisch und bildungsmäßig relevante Status quo der sozialen Systeme wird bei diesem Procedere dethematisiert - damit auch einer möglichen Veränderung entzogen.
Das Klassifizieren und Taxonomisieren psychisch-mentaler Störungen dient nicht zuletzt der gesellschafts- bzw. interessenpolitischen Regulation von Angebot und Nachfrage, von Kosten und Gewinn, von sozialen Ansprüchen und institutioneller Leistung im psychosozialen Bereich.
Es entspricht weniger einer sachimmanenten Strukturlogik des psychischen Apparats als der ökonomischen

Logik spezieller Interessen, wenn die öffentlichen "Psychotherapie-Richtlinien" präventive und kurative Beratungsprozesse, stützende Übungsinstruktionen oder soziale Anpassungshilfen ausklammern (1987, s. S. 3 u. 5).

Die schulspezifisch zugeschnittenen Codierungen von seelischer Fehlentwicklung erfolgen ebenfalls interessenbezogen. Während sich die öffentliche Hand bei der Sicherung der allgemeinen psychosozialen Versorgung zuvorderst um eine Leistungsbegrenzung zur Kontrolle der eigenen Ausgaben kümmern muß, suchen die im freien Wettbewerb stehenden und den Marktgesetzen unterworfenen Schulen als erstes einen entsprechenden "Therapiebedarf" zu wecken, der ihr Verfahren legitimiert und ihr Klientel erschließt. Der Kampf der einzelnen Verfahren um öffentlich-rechtliche Anerkennung in Form der "Kassenzulassung" ist nichts anderes als ein Kampf um ökonomisch wirksame Privilegien. Auch wenn die "Erfordernisse der Psychotherapie-Richtlinien" von den Ansätzen der Gesprächspsychotherapie, Gestalttherapie, Logotherapie oder des Psychodrama "nicht erfüllt" werden (a.a.O., 7), handelt es sich bei den ausgeschlossenen Verfahren doch um Psychotherapie.

Um als Klient die Leistungen der gesetzlichen Krankenkassen beanspruchen zu können, muß man nach der Definition der Richtlinien seelisch "krank" sein.

Wieviel der einzelne dann letztlich für die von ihm gewünschten Psycho-Dienstleistungen bezahlen muß, wird dabei aber bis zu einem gewissen Grad eine Frage der individuellen Schlauheit und der persönlichen Skrupel. Der Bürger, der über jeden Zweifel erhaben ist, wird sich kaum für "seelisch krank" erklären lassen, nur um eine teure therapeutische "Ausbildung" oder einen persönlichen "Wachstumsprozeß" verbilligen zu können (ein statistisch vielleicht bedeutungsloses, vereinzelt jedoch durchaus beobachtbares Vorgehen). Wer hinreichend gewitzt ist, wird

diesen Trick eben anwenden, wenn sich die Möglichkeit dazu bietet.
Das Problem der psychosozialen Chancengleichheit fängt aber nicht erst dort an, wo die Grenze der Legalität erreicht ist.
Die Psychotherapie-Richtlinien verengen den Krankheitsbegriff ja nicht zum Wohle des Patienten, sondern zum Schutz des Versorgungsträgers.
Der "normale" Bürger ist auf die kassenmäßig zugelassenen Psychotherapeuten und die gemeinnützigen Beratungseinrichtungen verwiesen. Dafür muß er a) längere Wartezeiten, b) begrenzte Behandlungszeiten, c) ein eingeschränktes Angebot an Verfahren und d) gegebenenfalls die Etikettierung des psychischen Krankseins in Kauf nehmen.
Dem zahlungsfähigen und zahlungsbereiten Klienten dagegen steht eine größere Auswahl an Verfahren und Therapeuten, eine beliebige Behandlungsdauer und eventuell die positive Attribution einer persönlichen Lern- und Entwicklungsbereitschaft zur Verfügung.
Die angebliche Garantie der "Psychotherapie-Richtlinien", nur therapeutisch hinreichend erprobte und wissenschaftlich begründete Verfahren und Techniken zuzulassen (vgl. a.a.O., 3), erweist sich angesichts der bisherigen Ergebnisse der Psychotherapieforschung als recht schwacher Trost (weder Psychoanalyse noch Verhaltenstherapie haben ihren theoretischen und praktischen Absolutheitsanspruch in Bezug auf Psychotherapie halten können; in der wissenschaftlichen Forschung wird heute mit unterschiedlichsten Modellen operiert; Psychotherapie scheint außerdem relativ unabhängig von bisherigen Konzeptabgrenzungen hilfreich - im Einzelfall auch schädlich - zu sein; vgl. z.B. Eysenck 1952; Eysenck/Wilson 1979; Baumann 1981 u. 1984; Frank 1974; Grawe 1981; Garfield 1982, 273-294; Huber 1987; Leuzinger 1984, 5-20 u. 281-293; Luborsky 1975;

Pfingsten 1985, 119-139; auch Zimmer 1988; Hemminger/ Becker 1985; Gotkin 1977).
Eine "wertfreiere" Versorgung kann freilich gar nicht erwartet werden: Jedes Therapie-Angebot spiegelt per se normative Faktizität wider.
Wir finden in der gegenwärtigen psychotherapeutischen Versorgungsstruktur jedoch systemspezifische Widersprüche und Imponderabilien, die es anzuschauen gilt, gerade wenn sie gesundheits- bzw. sozialpolitisch und klinisch-therapeutisch "selbstverständlich" sind. Es käme bei einer näheren Analyse des therapeutischen Handlungsfeldes auch keineswegs darauf an, ein bloßes Vorhandensein von Wertprämissen zu konstatieren - geistes- und sozialwissenschaftlich eine Banalität -, sondern darauf, den spezifischen Charakter der normativen Fundamente zu erhellen, um die anthropologischen und gesellschaftlichen "Kosten" der gegebenen Strukturen deutlicher auszumachen.
Für diese grundlagenkritische Aufgabe kann der Blickwinkel nicht groß und offen genug eingestellt werden, da sich der Umfang der relevanten Einflußfaktoren vorderhand kaum abschätzen läßt (die Komplexität sozialer Zustände entzieht sich voreiligen Vereinfachungen allzu leicht, vgl. Boudon 1979, 104 f.). Die Tatsache, daß Psychotherapie weder als Begriff noch als gesellschaftliches Angebot noch als individuelles Verfahren ohne sozio-kulturelle Präjudizierungen konstruiert werden kann, wird in ihrer vollen Bedeutung theoretisch noch immer zu selten ernstgenommen.
Eine rein reaktive und retrospektive empirische Therapieforschung über bereits vollzogene klinisch-therapeutische Prozesse in einem bereits definierten funktionalen Rahmen genügt allein z.B. nicht, um sich von grundlegenderen Systemverkrustungen zu lösen. Therapeutische Strukturen in ihrer traditions- und institutionsspezifischen Abhängigkeit (vgl. Bühler 1975, 18-23 u. 145-151; Dörner/Plog 1986, 433-480; Foucault

1969; R. Castel 1983; F. Castel u.a. 1982; Devereux 1982, 7-119; Szasz 1972) zu transzendieren macht einerseits kritische Untersuchungen mit hinreichend geschärften Instrumentarien erforderlich, verlangt aber zusätzlich, daß man Therapie als kreatives, produktives Handlungsspiel begreift und prospektiv-experimentell erforscht - analog zu Bronfenbrenners Anregung, sich in der Sozialisationsforschung (und Therapie läßt sich als Spezialfall eines intendierten Sozialisationsprozesses auffassen) weniger an nicht mehr beeinflußbaren Faktizitäten als an potentiellen Zuständen zu orientieren (vgl. Bronfenbrenner 1976, 199).
Ein solches produktives Handlungsspiel beginnt mit begrifflichen Veränderungen. Die paradigmatischen Strukturwechsel im klinisch-therapeutischen Handeln wurden stets durch neue Krankheits- und Therapievorstellungen eingeleitet (s. Bengesser 1980 u. 1982; Davison/Neale 1984, 24-55; Becker 1982, 1-157).
Zum Handlungsfeld der Psychotherapie gehört deshalb auch die Meta-Ebene der zugeordneten Repräsentationen und Konzeptionen samt den für die Theorienbildung zuständigen Institutionen: "Wissen, Denken, Kommunikation und Tätigkeit sind auf allen Ebenen engstens miteinander verbunden." (Thommen u.a. 1988, 153). Klinisch-psychologische Forschung und therapeutische Handlungspraxis, Psychotherapie-Richtlinien und existierende Methodenvielfalt, der "Therapeut und seine Schule" (vgl. a.a.O., 140-153), herrschende Gesundheitsvorstellungen und individuelle Therapiebedürfnisse etc. bilden einen komplizierten Konnex - das Handlungsfeld der Psychotherapie im gesamten.
Fällt die theoretisch unvermeidbare Isolierung einzelner feldinterner Phänomene zu schroff aus, so ergeben sich entsprechende Verzerrungen im Therapieverständnis. Eine individuelle oder gesellschaftliche Handlungspraxis, die auf übermäßigen begrifflichen Separierungen aufbaut, wird zu internen Widersprüchen und

Paradoxien neigen - derartige Bruchstellen können wir, wie schon einmal gesagt, in unserer psychotherapeutischen Landschaft mehrfach ausmachen (zu paradoxen Effekten sozialer Institutionen allgemein s. Boudon 1979, 57-166).
Ob psychotherapeutische Theorien eine adäquate Vorstellung von der kohäsiven Struktur ihres Objektbereichs beinhalten, hat damit über eine rein heuristische Funktion hinaus eine handfest-politische Bedeutung.

Ein Großteil der Widersprüche innerhalb des psychotherapeutischen Handlungsfeldes ergibt sich aus der divergenten und segmentalen Wirkung der funktional differenzierenden Diversifikationsprozesse in unserer Gesellschaft, die den zentrovertierten Tendenzen des Menschen beim Aufbau "innerer Welten" entgegenstehen. Auf personaler Ebene ermöglicht die individuelle Identitätsbildung innere Orientierung und Selbststeuerung, auf sozialer bzw. institutioneller Ebene führen organisatorische Subjektivierungsstrategien und Internalisierungsmechanismen zu systemspezifischen Identifikationsmustern (vgl. Krappmann 1975; Grochla 1972, 153 ff.; March/Simon 1976, 123 f. u. 141-147; Münch 1976, 41 f. u. 52 f.; Rosenstiel u.a. 1972, 62, 91, 101 f. u. 128-134; v.a. Türk 1976, 18 ff., 21 f. u. 36). Die inhaltlichen, methodischen oder professionsbezogenen Spezialisierungen im psychotherapeutischen Bereich implizieren dagegen eine selektive, uneinheitliche und persistente Subzielbildung (vgl. hierzu March/Simon 1976, 142 ff.). Der Brennpunkt der Aufmerksamkeit liegt nun nicht mehr auf dem größeren "Ganzen" des psychisch-mentalen Geschehens, durch das jede Person und jede soziale Einheit intern bestimmt wird, sondern auf spezifischen Störungen, Techniken, Funktionsbereichen (zur Verschiebung der Aufmerksamkeit bei organisatorischen Subzielbildungen und der Tendenz, übergeordnete

Aspekte dabei zu ignorieren, s. ebd.).
Psychotherapie offen und kohärent statt segmentär und wohldefiniert zu sehen ist angesichts der gesplitteten gesellschaftlichen Realität eine produktive begriffliche Leistung, indem bestehende Wahrnehmungsgrenzen, Handlungsbarrieren und Funktionswidersprüche überwunden werden müssen.
Das parzellierte Gesamtangebot auseinanderdriftender psychotherapeutischer Dienstleistungen stiftet in seinem bisherigen, desintegrierten Nebeneinander keinen "sinn"-vollen Zusammenhang, ermöglicht keine systemische Funktionseinheit und erschwert den Beteiligten die Orientierung (vgl. hierzu Türk 1976, 18 u. 116-122). In gewisser Weise wird das psychisch instabile Individuum psychotherapeutisch bereits als der mündige, personal ausbalancierte, entscheidungsfähige Bürger vorausgesetzt, der er durch die Therapie ja eigentlich erst (wieder) werden soll: Bin ich neurotisch, charaktergestört oder gestreßt? Hilft mit Bioenergetik, Ski-Gymnastik oder die psychosomatische Kurklinik? Soll ich mich an den Hausarzt, den Schulpsychologen oder die Familientherapeutin wenden? Reicht mir eine kostenlose Sexualberatung bei der Beratungsstelle, ist die kassenmäßig abgesicherte Analytische Psychotherapie bei mir wirksam oder soll ich die Gestalttherapie am Institut X, die ich selbst bezahlen muß, aufnehmen? ...
Für Fragen dieser Art findet der Ratsuchende üblicherweise keine Einrichtung, die eine neutrale und objektive "Verbraucherberatung" leisten könnte. Vergleichende Informationen über verschiedene therapeutische Wege erhält der Normalbürger bestenfalls in allgemeinverständlichen Sachbüchern über Therapieverfahren oder an einer Stelle, wo bereits Therapie in einer speziellen Form praktiziert wird - diese Institution ist aber konzeptionell und ideell schon wieder vorbelastet.
Erschwert wird ein stringentes und koordiniertes psychotherapeutisches Versorgungsangebot zudem durch die

undurchschaubaren Begrifflichkeiten: Psychiatrie, Psychotherapie, Psychoanalyse; Körpertherapie, Bioenergetik, Gestalt, Rebirthing, Encounter, Tanztherapie; Eheberatung, Sexualtherapie; Psychodrama, Verhaltensmodifikation, Telefonseelsorge, Seelsorge, Kognitive Verhaltenstherapie, Geistheilung usw. - was davon ist "eigentlich" Psychotherapie?
Die Antwort variiert mit den Therapievorstellungen, der Ausbildung und der institutionellen Gebundenheit der befragten Handlungsträger. Mit jeder Ausgrenzung spezifischer Beeinflussungsmodi ist aber gleichzeitig eine konstitutive Einschränkung des Zugangs zur psychisch-mentalen Dimension des Klienten verbunden. Abgekürzt läßt sich sagen: Dem holistisch und zentripetal organisierten "inneren Universum" (Ciompi 1988, 128) des zu therapierenden Subjektsystems steht das partikularistisch-unvollständig strukturierte Handlungsfeld der Psychotherapie gegenüber ...

Das primäre Strukturproblem des psychotherapeutischen Handlungsfeldes ist nicht darin zu sehen, daß ein Mangel an tauglichen Verfahren und Handlungsformen besteht. Es fehlen vielmehr übergeordnete Transformations-, Steuerungs- und Integrationsaggregate, die eine breitbandige, koordinierte und gezielte Nutzung der vorhandenen theoretischen und praktischen Ressourcen gewährleisten. Unter Zuhilfenahme solcher Schaltelemente könnte sich die im etablierten klinisch-wissenschaftlichen Bereich bisher eher abfällig beurteilte und mißtrauisch verfolgte Explosion des Methoden-Angebots eventuell sogar zur wahren Fundgrube an spezifisch tauglichen, kontrolliert verwendbaren Handlungsstrategien entwickeln.
Die Qualitätssicherung der psychotherapeutischen Versorgung müßte auch keineswegs zwangsläufig über staatliche bzw. berufsständische Reglementierung und Professionalisierung führen. Angesichts der im Bereich

der Psychotherapie zunehmenden Infantilisierungs-, Bürokratisierungs-, Monopolisierungs- und Kanonisierungstendenzen plädieren Dreitzel/Jaeggi (1987) - bezogen auf die ambulante Versorgung - für die kreative Vielfalt eines freien Psychotherapiemarktes. Sie vertrauen weniger auf lizensiertes und gesetzlich geregeltes Expertentum als auf intensivierte Psychotherapie-Forschung, verbesserte Information der Bevölkerung und qualitative Selbstregulation durch ungeschütztes Konkurrieren um die Reputation bei den Klienten (vgl. a.a.O., 68 f.).

Von einer frei flottierenden oder einer sich funktional ergänzenden Koexistenz (wie sie die Systemtheorie für funktional ausdifferenzierte Systemgefüge idealtypisch annimmt, s. Münch 1976, 33 f.) sind die einzelnen therapeutischen Handlungssysteme in der Gegenwart allerdings weit entfernt. Schulen, Berufsgruppen und Institutionen der psychosozialen bzw. psychokulturellen Versorgung stehen unter ungleichen Bedingungen in Konkurrenz zueinander, grenzen sich aus Interessengründen gegeneinander ab und heben ihre Partikularbedeutung hervor. Die Aufhebung der Reviergrenzen zugunsten eines umfassend-integrierten psychokulturellen Gesamtsystems im Schnittpunkt bildungs-, gesundheits- und sozialpolitischer Erwägungen würde - trotz verstärkt beobachtbarer, gutwilliger Kooperationsbemühungen, z.B. im Rahmen gemeindenaher sozialpsychiatrischer Versorgungskonzepte - vielerorts auf massive Widerstände stoßen: Eine Öffnung der institutionalisierten Segmente rüttelt an gegebenen Existenz- und Machtverhältnissen.

Daß größere Umwälzungen im Bereich von Psychotherapie überwiegend von "nicht-etablierten" Stellen ausgingen, ist angesichts der historischen Interessenlagen kein Zufall. Auch heute werden sich die Kirchen nicht freiwillig die Seelsorge aus der Hand nehmen lassen (obwohl noologische, transpersonale oder existentialtherapeutische Ansätze ebenso auf die philosophisch-religiöse Dimension zielen), die Ärzteverbände nicht das Monopol auf Ausübung der Heilkunde (obwohl nichtmedizinische Einflüsse Krankheiten durchaus günstig beeinflussen können - gerade im psychischen Bereich) und die etablierten psychotherapeutischen Schulrichtungen nicht das Privileg der "Kassenzulassung" (obwohl benachbarte Verfahren nicht weniger tauglich sein müssen).

Die Grenzen des gesellschaftlichen Terrains, das sich als "Psychotherapie" ausmachen läßt, liegen bei unvoreingenommener Betrachtung weit jenseits dessen, was im engen schulmedizinischen und juristischen Sinne als solche legitimiert ist.
Wie bereits skizziert, hat der zunächst somatische bzw. psychodynamische therapeutische Standpunkt klassisch-heilkundliche, vor allem aber sozialwissenschaftliche und humanistische Erweiterungen erfahren. Überhaupt scheinen die innovativen Entwicklungen im Therapiebereich stets mit Bemühungen um ein weniger restriktives Gegenstandsverständnis verbunden zu sein (vgl. Buchinger 1980). Aufgrund neuer anthropologischer Kenntnisse findet die Psychotherapie neue Behandlungsobjekte, die von sozialen Einheiten unterschiedlicher Art und Größe repräsentiert werden (vgl. a.a.O., 38 u. 60). Gegenstand der psychotherapeutischen Beeinflussung können heute neben dem Individuum Paare, Familien, Gruppen und sogar Institutionen sein.
Die geläufigen Termini der Paar- und Familientherapie (z.B. Brunner 1986; Mandel 1971, 23 ff.; Richter 1985; Willi 1978) drücken die therapeutische Perspektive explizit aus. Gruppendynamische bzw. organisationsorientierte Verfahren, die Gruppen oder Institutionen

positiv beeinflussen wollen, geben ihre "therapeutische" Intention dagegen selten sprachlich direkt zu erkennen. Äquivalent zu "Therapie" werden Wörter wie Organisationsberatung, -training, -entwicklung; Gruppendynamik, Führungs-, Kommunikations-, Management-, Kooperationstraining; Supervision oder Laboratorium gebraucht (vgl. Bödiker/Lange 1975, 19-28; Hoepfner 1977, 25-29 u. 37-123; Fatzer 1987, 196 ff.; Rahm 1986, 337-348). Das ganzheitliche "Lernen" der Humanistischen Pädagogik, TZI- und Balint-Gruppen weist ebenfalls therapeutische Strukturelemente auf (vgl. Fatzer 1987; Cohn 1981, 111-119; Roth 1985, 58 ff.). Im übrigen lassen sich Therapieprozesse und psychisch-mental orientierte Beratungsprozesse generell kaum auseinanderhalten - weder in der Praxis noch theoretisch (vgl. Rahm 1986, 59-75): Mit der Aufhebung der Dichotomie von Krankheit und Gesundheit ist eben auch die Unterscheidung von pädagogisch-korrektiven und klinisch-kurativen Interventionen hinfällig geworden. Die systemische Betrachtung psychisch-sozialen Geschehens ermöglicht darüberhinaus einen Verzicht auf personale Therapievorstellungen. "Heilung" kann nun auf theoretisch-abstrakt definierten Systemebenen stattfinden. Gegenstand der "Psychotherapie" sind dann primär apersonale Struktureinheiten, z.B. familiale oder institutionelle Beziehungsgefüge (s. z.B. Brunner 1986, 60-64; Watzlawick 1974, 103-137; Guattari 1976, 23-38 u. 82 ff.).
Zur Veränderung solcher Stukturen muß man keineswegs zwingend "psychologische" Maßnahmen einsetzen, die oft für ein Wesensmerkmal von "Psychotherapie" gehalten werden (vgl. Baumann 1984, 3; Garfield 1982, 9 ff.; Strotzka 1982, 1). Der therapeutische Ansatzpunkt kann z.B. durchaus in sozialpolitischen Eingriffen oder in sozialpsychologisch-theoretischen Analysen bestehen. Konzepte, die auf begrifflich überdehnten

Vorstellungen einer "Pathologie des Sozialen" (vgl. Dreitzel 1980, 1-42), z.B. einer "Pathologie der Erziehung" (Gerner 1984), einer "Pathologie der Organisation" (Türk 1976) oder einer "kranken Gesellschaft" (Fromm 1980) aufbauen, verlangen, soweit sie nicht nur isomorph allegorisieren, sondern ernstlich "psycho"-pathologisch argumentieren (vgl. z.B. Türk a.a.O., 108; Fromm a.a.O., 13-28), nach übergeordneten, systemstrukturellen, makrosozialen Lösungen.
Daß letztlich jede Definition von "Psychotherapie" auch ein Politikum ist, läßt sich nochmals deutlich erkennen, wenn man Fromms explizit normativen sozialpsychologischen Ansatz (vgl. a.a.O., 20 ff.) als theoretisches Kontrastmittel verwendet: Fromm sieht die Pathologie in unserem gesellschaftlichen Alltag, in der "Normalität" (ebd.), die es ermöglicht, "mit einem Defekt zu leben, ohne krank zu werden" (a.a.O., 24). Welches Selbstverständnis ein Therapiekonzept begrifflich auch immer aufbauen mag - es wird sich nicht nur daran messen lassen müssen, was es erfaßt und ermöglicht, sondern auch daran, was es vermeidet und wegläßt (vgl. hierzu Berk 1985, 74-100).

Die ganzheitlichen Bildungsvorstellungen einer Goethezeit können in abgewandelter Form "psychotherapeutisch" heute noch maßgebend sein (s. Karmann 1987, 269-273). Zwar sind die Möglichkeiten des mäeutischen Zugangs zum Menschen technisch und theoretisch mittlerweile wohl erheblich erweitert worden, ob diese Möglichkeiten der menschlichen Befreiung und Verwirklichung gesellschaftlich hinreichend allgemein, umfassend und intensiv genutzt werden, bleibt aber vor der klassischen, als permanent gültig apostrophierten Utopie einer harmonisierten, rundum humanisierten Kultur die entscheidende Frage (s. z.B. Fromm 1980, 321-340; Schmidbauer 1986, 160-165, der von einer "ökologischen Perspektive" spricht).

Die naturwissenschaftlich bzw. sozialwissenschaftlich geprägte Psychotherapie hatte einige Handlungsdimensionen der älteren Heilkunde und der älteren Seelenführung aufgegeben, mit denen sie mittlerweile unter dem gewachsenen Einfluß personalistisch ausgerichteter Konzepte wieder massiv konfrontiert wird (vgl. Schipperges 1986; Quitmann 1985, 18-30; Karmann 1987, 19-42). Heute spielen geistige oder ästhetische Aspekte in manchen Richtungen der Psychotherapie sogar eine führende Rolle. Wir können ein geradezu blühendes "kreatives Therapeutikum" (Kossolapow/Mannzmann 1985, 11) aus tänzerischen, musikalischen, bildnerischen und literarischen Handlungselementen feststellen, die in verschiedenste Therapieansätze münden oder diese sogar in Form einer "Musiktherapie", "Maltherapie", "Tanztherapie" bzw. "Bibliotherapie" konstituieren (vgl. z.B. a.a.O., 85-190; Petzold/Orth 1985; Werder 1988; Siegel 1986; Oaklander 1984, 13-220).
Mit dem Durchbrechen der ausschließlich klinischen Perspektive in der Psychotherapie hin zu pädagogisch-wachstumsorientierten Modellen relativiert sich aber auch der neue, im Gefolge der humanistischen Psychologie entstandene Therapiebegriff.
Die personalen Bedürfnisse der Klienten nach Identitätsfindung oder nach sinnhafter Kommunikation (vgl. Dreitzel/Jaeggi 1987, 62) müssen nämlich vorderhand weder durch elitär-professionelles Expertenhandeln klinisch-therapeutisch noch durch popularisiertes Expertenhandeln therapeutisch-wachstumsorientiert (vgl. Castel 1982, 282 f.) beantwortet werden. Es reichen "natürlichere", autochthone und autodynamisch wirkende Beeinflussungsformen aus, um den gewünschten Identitätsbildungs- und Sinnstiftungsprozeß in Gang zu setzen. Das "kreative Therapeutikum" ist nicht erst dann ein Therapeutikum, wenn es durch ein "therapeutisches" Expertensystem - z.B. ein musiktherapeutisches Verfahren - vertreten wird, sondern schon und

allein dann, wenn es (im konkreten Fall) heilsam ist - und heilsam kann schon eine Mozartsonate, ein Kinderlied oder ein Volkstanz sein.
Der nicht-klinische "Patient" benötigt also zur seelischen Entwicklung weder den Psychiater noch auch den humanistischen Psycho-Therapeuten - für den angestrebten allgemeinen Wachstumsprozeß genügen die universalen Ressourcen von Kunst und Kultur. Damit aber wird schlagartig das Insgesamt der gesellschaftlich entwikkelten Kunst- und Kulturformen zum zentralen Therapeutikum - falls es in seiner potentiellen Heilwirkung überhaupt erschlossen und nicht gar selbst zum Krankheitsfaktor degeneriert ist (wie E. Fromm das im Fall der gegenwärtigen westlichen Gesellschaft sieht).
Dieser Blickwinkel ist nun nicht wesentlich neu. Kunst war schon immer ein Mittel zur individuellen und gesellschaftlichen Sinn- und Selbstfindung, mit anderen Worten: ein Bildungsmittel ersten Ranges. Die Entwicklung einer gesellschaftlichen Totalperspektive in Dialektik mit individuumzentrierten Freiheitsvorstellungen kennzeichnete schon das Bildungsideal der Goethezeit.
Neu ist in erster Linie die Begrifflichkeit des "Therapeutischen". "Verdrängt", "neurotisch", "sublimiert" gehören seit der Popularisierung der Psychoanalyse zu den alltäglichen Etikettierungen, mit denen sich Menschen gegenseitig versehen. Mit den neuen Psycho-Techniken haben sich weitere Jargon-Wörter in der Alltagssprache breitgemacht. "Gefühle zulassen", "Ängste abbauen", "sich öffnen", "echt", "spontan" und "im Bauch" sein markieren positive Leitvorstellungen, geben aber auch mögliche Motive für eine "Therapie", eine "Gruppe" oder einen "Workshop" an (zum Psycho-Deutsch vgl. Zimmer 1986, 81-110).
Während Selbsterfahrung und Selbstfindung im Sinne eines reflexiv-rekursiven Bezuges von Subjektsystemen auf ihre "psychisch-mentale" Innenstruktur als

ganz normales, lebenspraktisches, sogar konstitutives Bildungsbedürfnis zu sehen sind (vgl. Buck 1981, 19 f.), scheint sich das zivilisatorische "Heimweh" nach verlorenen anthropologischen Dimensionen (vgl. Muschg 1982, 170) in der Gegenwart vielfach nur pseudo-klinisch ausdrücken zu können. Diese Affinität zum "Therapeutischen" kann man gerade bei den Ansätzen feststellen, die sich weniger technisch-wissenschaftlich als humanistisch-kulturkritisch verstehen (sozialwissenschaftliche Programme sind z.B. oft mit "Verhaltensänderung", "Lernen" oder dem vergleichsweise bescheiden-seriösen Beratungsbegriff zufrieden, während kaum ein Psycho-Institut, das an der Humanistischen Psychologie orientiert ist, auf Verklausulierungen mit pseudo-klinischer Bedeutung verzichtet). Bei den Konsumenten der alternativen Psycho-Waren zeigt sich komplementär dazu das Bedürfnis, "therapiert" zu werden: "Beraten", "informiert" oder künstlerisch "unterhalten" und "kritisch aufgeklärt" zu werden genügt nicht mehr. Der Ruf nach "Therapie" gerät hier leicht zum larmoyant hypostasierten Äquivalent für subjektive Glücks- und Befindlichkeitsansprüche an eine anonyme, nicht faßbare Instanz, die einem die Befriedigung versagter, quasi-natürlicher und rechtmäßig zustehender Bedürfnisse schuldet. Mußte in emanzipatorisch-idealistischen Bildungsansätzen klassischer Prägung die seelische und verstandesmäßige Höherbildung des Menschen individuell und gesellschaftlich <u>erarbeitet</u> werden, so kann sich der wachstumsbedürftige Klient in die Hände des <u>Therapeuten</u> begeben, der qua Rolle - und wenn er schlecht ist, auch faktisch - die Verantwortung für den Bildungsprozeß übernimmt.

Insofern entbehrt die von Pädagogenseite oft recht laut zu hörende Kritik an den humanistischen Selbstverwirklichungskonzepten nicht ganz der Grundlage.

Die verallgemeinerte Therapie-Mentalität innerhalb der

Psycho-Kultur kann tatsächlich Ausdruck der vielgeschmähten Psychologisierung, der selbstinitiierten Entmündigung und des Eskapismus sein (zur Kritik s. nochmals Braun 1985; Giesecke 1985, 34-38; Hentig 1980, 7 ff. u. 14 f.; Kupffer 1980, 15-104).
Allerdings verrennt sich die genannte pädagogische Kritik zum Teil in eine Position, die nicht weniger paradox ist als das kritisierte Phänomen. Der Widerspruch der wachstumsorientierten Therapie-Kultur besteht darin, daß sie zwar von Defizit-Modellen Abstand nimmt, auf den Therapie-Begriff, dem immer ein Moment der sozialen Asymmetrie innewohnt, aber nicht verzichten will. Die pädagogisch absolut gesetzte Kritik der gesellschaftlichen Psychologisierung bzw. Pädagogisierung (Giesecke a.a.O.; Kupffer a.a.O.) entzündet sich dagegen zu sehr an den Symptomen, vernachlässigt die strukturellen Hintergründe und propagiert illusionäre Lösungen, die noch dazu bildungsphilosophisch ähnlich reduktionistisch aufgebaut sind, wie es den angegriffenen Konzepten unterstellt wird.
Falls "Therapie" bzw. "Selbstverwirklichung" eskapistisch im Sinne einer Flucht vor politischer Verantwortung oder im Sinne einer Flucht vor Rationalität ist, so doch hauptsächlich deshalb, weil der Sinn bisheriger sozialer Handlungs- und Orientierungsmuster für viele Menschen der westlichen Welt brüchig geworden ist. Die Wissenschaften haben ihre unangefochtene Orientierungsfunktion in der modernen Gesellschaft eingebüßt; man vertraut der rein instrumentellen Vernunft angesichts der gewachsenen Risiken und der erlebten Krisen nicht mehr. Der von Hentig zitierte "Gesellschaftsvertrag" (a.a.O., 15) kann viele Jugendliche und Erwachsene angesichts fragwürdiger gesellschaftlicher Werte, sinnentleerter Verkehrsformen und erlebnisarmer Alltagsstrukturen kaum binden: Die Sehnsucht nach unmittelbarer Werterfahrung, sinnvoller menschlicher

Begegnung und affektiv geladenem, sinnenbetontem Erleben, wie sie "die Therapie" verspricht (von "Psychotherapie" ist im außerklinischen Bereich bezeichnenderweise kaum mehr die Rede; man spricht abgekürzt und weniger festlegend von "Therapie" - wobei Körper-, Atem-, Gestaltungs- u.v.a. Therapieformen beliebig miteingeschlossen sind), läßt sich angesichts der sozio-kulturellen Gegebenheiten in unserer technisierten Welt nur als "gesunde" Reaktionsbildung bezeichnen.
Die Betonung dieser psychologischen Elemente mag unter anderen historischen Umständen verfehlt sein - unter den aktuellen gesellschaftlichen Bedingungen stellt sie ganz offensichtlich für viele Menschen eine zumindest subjektiv notwendige Einseitigkeit dar. Ohne die subjektorientierten Erfahrungselemente bleibt im übrigen jeder Bildungsprozeß wiederum einseitig: Einseitig objektorientiert, einseitig kopflastig, einseitig zukunftsorientiert usw.
Diese pädagogische Einseitigkeit haben wir schon als strukturelles Problem unseres schulischen Bildungssystems. Eine erziehungswissenschaftliche Kritik an der humanistischen "Selbstverwirklichung", die mit der Verurteilung der "therapeutischen" Einseitigkeit die eigene - theoretisch auf jeden Fall überholte (vgl. zur Kritik an Gieseckes Gedanken Terhart 1988; ansonsten sei an die verschiedenen, bereits diskutierten dialektischen Bildungsansätze, etwa bei Klafki 1972, 38-45, erinnert) - fundiert, schüttet das Kind mit dem Bad aus.

Kehren wir nochmals zur Ausgangsfrage des Kapitels zurück, was Psychotherapie ist.
Als erstes läßt sich Psychotherapie inhaltlich sehr schlecht bestimmen. Der Umfang dessen, was man als "therapeutisch" bezeichnen müßte, geht weit über das hinaus, was einem zunächst als klinisch scheinbar klar

definierte "Psychotherapie" entgegentritt.
Der Therapiebegriff ist letztlich arbiträr. Was man als defizitär ermittelt, was als psychisch heilsam; welche gesellschaftlichen Veränderungsprozesse man überhaupt anstrebt und welche man davon zur Psychotherapie erklärt - diese definitorischen Entscheidungen unterliegen der Konvention. Angesichts der mit rein sachlogischen Mitteln nicht letztgültig auflösbaren Komplexität des psychisch-mentalen Gesamtgeschehens können diese Entscheidungen auch gar nicht anders als konventionell und dezisionistisch getroffen werden.
Phänomenologisch lassen sich bei psychotherapeutischen Prozessen zwei unmittelbar strukturbestimmende Rollen identifizieren - die des "Therapeuten" und die des "Klienten" (wobei "Therapeut" und "Klient" auch apersonale Entitäten sein können). Jeder Rollenträger kann nun den Prozeß für sich (und damit phänomenologisch gültig) als "Psychotherapie" definieren (vgl. ergänzend Stöcker 1987, v.a. 237): Der Hausarzt kann seine Intervention als "kleine Psychotherapie" auffassen, während der Patient das Geschehen als harmlose "Sprechstunde" deutet; der Sozialarbeiter kann seine Maßnahme als Sozialtherapie und psychagogische Hilfe deklarieren, während der Betreute sich amtlich beobachtet und kontrolliert wähnt; der Ersatzdienstleistende kann einen psychisch labilen Behinderten "einfach" zum Zielort fahren, während der Transportierte sich gut verstanden und psychisch betreut fühlt.
Natürlich gibt es viele Situationen, die von beiden Rollenträgern als "Psychotherapie" verstanden werden - z.B. eine übliche symptomorientierte Behandlung oder eine psychoanalytische Sitzung beim niedergelassenen Psychotherapeuten. Denkbar ist aber sogar, daß weder "Therapeut" noch "Klient" das Geschehen als Therapie auffassen, die entsprechende Situationsdefinition vielmehr von einem außenstehenden, entscheidungsrelevanten Bezugssystem erfolgt: Lehranalytiker und

Analysand vereinbaren eine fingierte "Krankenbehandlung", damit die Krankenkasse die Sitzungen bezahlt; der Schulpsychologe führt mehrere Intensivgespräche mit einem Schüler - die Eltern sorgen sich, ob ihr Kind wohl "psychisch abnorm" sei; eine Frau geht allein zur Eheberatung - die Versuche, den Ehepartner zum Mitgehen zu motivieren, um eine Paartherapie zu beginnen, scheitern, da der Mann seine Frau für "behandlungsbedürftig" hält, sich aber für gesund ...
Die Umstände entscheiden, welche Instanz die entscheidende Situationsdefinition abgibt.
Wenn wir den Gegenstand der "Psychotherapie" nicht künstlich-stipulativ begrenzen, sondern realitätsgemäß flexibel halten wollen, so müssen wir in unserer Begrifflichkeit auch den letztgenannten Aspekt - obwohl er weitere forschungspragmatische Abgrenzungsprobleme erzeugt - berücksichtigen.

Daß Kunst potentielle "Psychotherapie" ist und umgekehrt sogar Psychotherapie in Kunst umschlagen kann, wenn die Handlungsträger oder das Publikum sie nur als solche verstehen, mag im folgenden noch kurz belegt werden, um die komplexe Weiträumigkeit des psycho-kulturellen Gesamtgeschehens zu illustrieren. Muschg sieht die Kunst als "spezialisierte Ausnahme, die die Regel nicht bestätigt ..." (1982, 138). Man könnte in Anlehnung an Waldenfels (1984) auch sagen: die in einer technisch-rational geregelten Welt den antipodischen Raum des "Ungebärdigen" kulturell zu fassen sucht.
Von hier führt der Weg zu grenzüberschreitenden, ekstatisch-vitalisierenden Ausdrucksformen, die ja im Humanbereich nirgends "natürlich", sondern stets historisch-spezifisch angeeignet sind (was einer anthropologisch-biologischen Grundlage der Aneignung nicht widerspricht). Von hier führt der Weg auch zu jenem leidvoll-schönen Ganzheitserleben, besser zu jener

Ahnung von Ganzheit, die der Schriftsteller Muschg als "Heimweh" bezeichnet (1982, 140). "Das Kunstwerk befremdet" dann, "weil es ins Zentrum unseres Heimwehs trifft" (ebd.). Und später: "... das Fragment redet vom Ganzen mit der Stimme der Wahrheit, auch wenn sie schmerzhaft ist." (ebd.).
Die "hohe Medizin" springt an dieser Stelle eigentlich nur ein für das "Unvermögen, einfache Gefühle zu äußern" (a.a.O., 96) und - wie man ergänzen müßte - zu empfinden.
Ästhetische Produktion und ästhetische Rezeption sind dagegen natürliche Heilmittel für die Psyche: "Daß der Mensch nur ganz Mensch sei, wo er spiele, ist nicht die ganze Wahrheit der Ästhetik; er muß spielen, weil er nicht ganz Mensch ist ..." (a.a.O., 151).
Für Muschg ist Wort-Kunst nicht von Heil-Kunst zu trennen (vgl. a.a.O., 186 f. u. 196 ff.). Die Literatur besitzt eine eigene therapeutische Kraft (Muschgs Standpunkt kann als exemplarisch gelten; der Versuch, Kunst als "Heil-Kunst", als Erlösungsinstrument zu deuten, taucht in der Geistes- und Kunstgeschichte immer wieder auf, vgl. z.B. Graevenitz 1984, 23-49 u. Heiz 1984, 177 f.).
Das klinisch-psychologisch ausgerichtete "Schreiben als Therapie" (Werder 1988) ist umgekehrt nicht automatisch an ästhetisch anspruchsvolle, "künstlerische" Qualitäten gekoppelt. Allerdings führt auch von der Seite der Psychotherapie ein Weg hinüber zur Seite der Kunst (s. Petzold/Orth 1985, 74 ff., 149-156 u. 201-215; Roth/Grancy 1988; Navratil 1986; "Alexander" von E. Herbeck, 1982; "Mars" von Fritz Zorn, 1979) - bis dahin, daß psychotherapeutisches Handeln tatsächlich, im doppelten Sinn des Wortes zur Heil-"Kunst" wird, indem es die poetisch-fiktive Dimension des eigenen Bemühens erkennt und die Heilung erfolgreich "erfinden" lernt (vgl. Hillman 1986; zur Konzeption seiner psychotherapeutischen

Poetik s. u.a. 147 f. u 163).
Besondere therapeutische Wirkungen werden seit alters der Musik - z.B. als Gesang oder im Zusammenhang mit Tanz - zugeschrieben (s. Kossolapow/Mannzmann 1985, 216-229, auch 230-247). Musik kann eine erregende, enthemmende oder eine ordnende, integrierende Funktion haben (s. a.a.O., 216-225, 232 ff. u. 242 ff.).
Dem eher nachgeordneten Stand der professionellen Musiktherapie innerhalb der psychotherapeutischen Richtungen steht der enorme Stellenwert des Musikkonsums in unserer Gesellschaft diametral gegenüber (vgl. a.a.O., 87 f., 94, 125-128 u. 237 ff.). Musikhören wird häufig eskapistisch und selbsttherapeutisch genutzt. Einen bestimmten "Sound reinziehen", damit man "besser drauf" ist, hat für viele Jugendliche weit mehr als einen vorübergehenden Unterhaltungs- und Ablenkungswert. Im Medienzeitalter läßt sich Musik von jedermann nach situativem Bedarf, systematisch und permanent einsetzen; Musik kann damit als probate und leicht verfügbare Ersatzdroge und als Instrument zur gezielten Selbstbeeinflussung verwendet werden.
Zwischen der Musikkultur und dem Handlungsfeld der Psychotherapie ergeben sich vielfältige Überlappungen, wenn auch nicht immer so frappante, wie ich sie bei einem Konzert der süddeutschen Rockband "Haindling" erlebt habe, die auf ihrer "Tour 89" nicht nur die erwartete akkustische Unterhaltung lieferte, sondern im Rahmen einer Musiknummer zusätzlich und explizit zur "Therapie", zur "Therapie zum Mitmachen" aufforderte. Unter rhythmisch-expressiver Musikbegleitung wurde das Publikum zu einer Art von bioenergetischer Übung (zur Bioenergetik s. Lowen 1984) aus schnellen, gleichförmigen Armbewegungen mit kurzen, bellenden Kampfschreien im Gruppentakt animiert: Das Ganze dauerte mehrere Minuten und sollte "für die Gesundheit" und "gegen die Aggression" sein.

Ähnliche Massenbeeinflussungen finden im Bereich der Pop-Musik auch ohne die therapeutische Etikettierung statt. Den quasi-therapeutischen Effekt allerdings haben die Phänomene selbst dann.

Trotz einer gewissen semiotischen Beliebigkeit weisen alle Therapie-Begriffe einige gemeinsame Kernvorstellungen auf, die konstitutiv dafür sein dürften, daß jemand von "Therapie" oder einem nominalen Äquivalent spricht:

- Psychotherapie ist ein sozio-kulturell gestaltbares Geschehen (selbst wenn es funktional verläuft, läßt es sich beeinflussen);
- Psychotherapie greift in einen als erheblich veränderungswürdig empfundenen Zustand ein (wobei diese appellative Zustandsbeurteilung abhängig ist von den gesetzten Ansprüchen);
- Der therapeutische Prozeß verläuft intentional, indem ein Zielzustand auf umschriebene Weise erreicht werden soll (Ziele und Mittel entstehen also nicht zufällig und beliebig, sondern sind konzeptabhängig und "beabsichtigt");
- Der Brennpunkt des therapeutischen Interesses liegt im psychisch-mentalen Bereich - respektive im "inneren Universum" - eines Systems (auch bei verhaltensorientierten Ansätzen, denn letztlich wird die Veränderung einer "Disposition" angestrebt).

Therapie muß sich dagegen nicht in direkten zwischenmenschlichen Interaktionen abspielen (wie Strotzka 1982, 1 f., postuliert) - z.B. sind auch Ratgeberbücher oder Toncassetten mit Entspannungsprogrammen "Therapeutika".
Therapie muß auch nicht mit psychologischen Mitteln operieren, sie kann z.B. aus einer sozialpolitischen Maßnahme bestehen, die das Milieu der "Patienten" günstig beeinflußt.

Weiterhin muß Psychotherapie - deskriptiv verstanden - weder durch professionelle Helfer erfolgen noch wissenschaftlich fundiert oder empirisch überprüft sein (vgl. dagegen Baumann 1984, 3 f.).
Wohl aber können wir mit Strotzka (vgl. ebd.) Psychotherapie generell als ein gesellschaftliches "Luxusphänomen" bezeichnen, das "an einen gewissen Wohlstand" und an eine "Infrastruktur" gebunden ist (ebd.) - allerdings, wie man resümierend hinzufügen muß, auch an eine "geistige" Infrastruktur, die nicht nur materielle Güter, sondern auch psychisch-mentale, "innere" als Kriterium für Lebens- und Gesellschaftsqualität vor Augen hat und einfordert (vgl. Guggenberger 1988, 18 f., 96 f. u. 144-157). Spätestens hier, mit den spezifischen Qualitätsvorstellungen, beginnen die allgemeinen pragmatisch-politischen Fragen, über die natürlich gesellschaftsintern genausowenig Einigkeit besteht wie über den Gegenstand und den Begriff der Psychotherapie.

2.3 Die Problematik einer pädagogischen Analyse psychotherapeutischer Konzepte

Das konkrete therapeutische Geschehen spielt sich in einer bestimmten Situation nach bestimmten Regeln ab. Die Regelhaftigkeit des Geschehens ist Ausdruck spezifischer äußerer Umstände und spezifischer - innerer - Vorstellungsstrukturen, die in spezifischer Weise miteinander interagieren. Mit anderen Worten: Die singuläre therapeutische Handlungsform und das einzelne therapeutische Konzept, die es induktiv zu untersuchen gälte, sind integrierter Bestandteil eines Gemenges von Prozessen, das sich nur schwer angemessen zerlegen läßt.
Wenn wir das Handlungsfeld der Psychotherapie am

Detail und sozusagen "in concreto" betrachten wollen, stehen wir also bereits zu Beginn wieder vor dem Problem, daß Phänomene forschungsstrategisch zwar isoliert werden müssen, der Zusammenhang der Realität andererseits nicht verlorengehen darf. Die Lösung kann nur in einer Balance zwischen den zwei Polen liegen, die man stets aufs Neue erringen muß. Selbst unmittelbare und "naive", am Common sense angelehnte Beobachtungseinheiten - etwa bei der Frage nach dem Umgangsstil eines Therapeuten mit seinen Klienten - enthalten bereits ein sinnstrukturierendes, man kann sagen: theoretisches Moment (vgl. auch Künzli 1988). Ob die Theoriebildung "natürlich" mit Hilfe alltagssprachlicher Begriffe oder synthetisch mit Hilfe analytisch gewonnener Kategorien erfolgt, tritt dabei in den Hintergrund. Der Begriff der "Psychotherapie" etwa mag in der Alltagssprache aufgrund der soziokulturellen Einflußfaktoren noch überwiegend eng verstanden werden - die avantgardistisch anmutenden offenen Therapieauffassungen treffen das psychokulturelle Wirkungsgeflecht in seiner vernetzten Gesamtheit dennoch besser.
Jedes therapeutische Konzept, aber auch jede Vorstellung über therapeutische Konzepte (welche internen Komplexe werden als konzeptionelle, therapeutisch relevante Einheiten verstanden, welche als "zufällig" und irrelevant, als bloßes systeminternes "Rauschen"?) stellt eine praktisch-theoretische Prädetermination dar. Als Konsequenz müßte jede methodologische Entscheidung, auch die jeweils eigene, so transparent wie möglich gemacht werden. Daß man um philosophisch-weltanschauliche "Parteilichkeiten" während der Untersuchung andererseits zu keinem Zeitpunkt herumkommt, läßt sich an den Problemen, die der ernsthafte Versuch einer pädagogischen Analyse psychotherapeutischer Konzepte theoretisch aufwirft, deutlich zeigen.

Psychotherapeutische Konzepte sind Bildungsvorstellungen, die sich auf psychotherapeutisches Handeln beziehen. Bildungsvorstellungen können - wie ausführlich dargestellt - das äußere Geschehen punktuell, systematisch, holistisch oder fragmentarisch, ein- oder mehrdimensional repräsentieren. Die Beschäftigung mit der psychisch-mentalen Ebene des psychotherapeutischen Geschehens - der Ebene der Theorie-, Konzept- und Vorstellungsbildung - soll nicht dahingehend verstanden werden, daß eine Unabhängigkeit der Repräsentationen von dem Realgeschehen der Handlungspraxis unterstellt wird. Die Konzentration auf diese Seite des Gesamtzusammenhanges kann nur eine umrissene, ausschnitthafte Arbeitsplattform für den Problemaufriß schaffen - und theoretische Schwierigkeiten gibt es allerdings schon bei der alleinigen Auseinandersetzung mit den Konzepten therapeutischen Handelns genug.

2.3.1 Unübersichtlichkeit des Handlungsfeldes der Psychotherapie

Ein psychotherapeutisches Konzept muß sich zwangsläufig auf ein Segment, einen Aspekt oder einen vereinfachten Idealtypus von "Psychotherapie" beschränken. Die Komplexität therapeutischen Geschehens, die Fülle und die Vielfältigkeit der tangierten Faktizitäten, die Unabschließbarkeit des alternativ Denk- und Machbaren zwingen zu einer selektiven Vorstellungsbildung und Handlungsstrukturierung.
Das gleiche Problem hat aber auch der Verfasser auf meta-theoretischer Ebene.
Es gibt natürlich verschiedene benannte Therapieverfahren und -richtungen, die sich ohne weiteres zitieren lassen (im Überblick etwa bei Binder u.a. 1986; Corsini 1983; Davison/Neale 1984, 479-582; Garfield 1982, 17-30; Heinerth 1979; Kovel 1984; Kraiker/Peter 1983; Kriz 1985; Petzold 1985; Pfingsten 1985, 123-137;

Seifert 1986; Strotzka 1982). Eine direkte Übernahme dieser Systematiken wäre jedoch naiv. Erstens besteht über die Ordnungskriterien, nach denen sich Therapieverfahren klassifizieren lassen, keineswegs Konsens (vgl. Baumann 1981, 17 ff. u. 207; Garfield 1982, 28 ff.; Kriz 1985, 2 f. u. 23 f.; Quekelberghe 1979, 9-21 u. 110-113; Strotzka 1982, 2 u. 8 f.). Zweitens beziehen sich die vorhandenen Ordnungsversuche meistens auf einen zwar nicht rigide begrenzten, aber immer noch erheblich eingeschränkten Therapiebegriff (was für den Praktiker und den an einer Behandlung Interessierten durchaus von Nutzen sein kann, weniger aber für die Innovation des Therapiebereiches). Jenseits der bekannten "Therapieverfahren" findet man daher erhebliche weiße Flecken in Bezug auf psychotherapeutische Konzepte, die eine bloße Übernahme der in der Literatur gängigerweise rezipierten Richtungen unmöglich machen.

Das Problem der Auswahl unter einer Vielzahl von zweifelsohne "therapeutisch" ambitionierten Ansätzen ist aber noch das geringste.
Ob man zum Beispiel die Primärtherapie für würdig befindet, in einem klinischen Übersichtswerk gleichrangig neben der Psychoanalyse thematisiert zu werden, das erlaubt Rückschlüsse auf die Bewertung des Verfahrens, stellt aber nicht das Therapeutikum als solches von seiner funktionsdefinitorischen Grundlage her in Frage. Dagegen läßt sich im Falle von Organisationsberatung oder von Seelsorge darüber streiten, ob es sich bei diesen Vorgängen überhaupt um Psychotherapie handelt. Je enger man den Therapiebegriff faßt, desto weniger "therapeutische Konzepte" wird man auch sehen. Die begrifflichen Differenzen über Psychotherapie bedingen vergleichbar divergente empirische Zugriffsweisen auf den Gegenstand.

Eine analytisch "neutrale" Systematik über Psychotherapie muß von daher neu - quer zu den traditionellen, schulbezogenen Einteilungen - geschrieben werden. Modernere Bestrebungen in der Psychotherapieforschung laufen zu Recht auf solche von der klinischen Tradition unabhängige Orientierungsversuche hinaus (vgl. etwa Baumann 1984; Leuzinger 1984; Quekelberghe 1979; Westmeyer 1978). In gleicher Weise müßte sich ein pädagogischer Untersuchungsansatz um eine hinreichende Distanz zu den tradierten therapeutischen Meinungs- und Orientierungsstrukturen bemühen, damit ein kritisch-innovativer Erkenntnisgewinn ermöglicht wird. Der Verzicht auf eine vorschnelle Parteinahme für etablierte therapeutische Klassifikationsvorstellungen bedeutet aber gleichzeitig, daß man sich auf die Komplexität des gesamten therapeutischen Handlungsfeldes mitsamt seinen vielfältigen begrifflichen und empirischen Unklarheiten offen einläßt - ohne die Struktur des Ganzen von vorneherein überschauen und charakterisieren zu können. (Unter dem Slogan "Jenseits von Europa" stellte der Historiker Chr. Meier kürzlich ähnliche Postulate für eine "Generalisierung" in der Geschichtswissenschaft auf. Er fordert u.a., "... die ganze Welt der Geschichte auf irgendeine Weise ins Blickfeld zu bringen <...> Wir müssen den Mut haben, auch Grenzen zu überschreiten ... Und wir müssen eine gewisse Toleranz entwickeln, wenn jemand anders sich in unser Fachgebiet wagt." Vgl. Chr. Meier 1989).

Die Komplexität des psychotherapeutischen Handlungsfeldes vervielfacht sich durch seine interne Dynamik. Kann schon eine Momentaufnahme nicht alle zu einem bestimmten Zeitpunkt relevanten Faktoren von Psychotherapie einfangen, da das psychokulturelle Gesamtgeschehen dafür intern und extern zu umfangreich und zu kompliziert vernetzt ist, so muß der Versuch, die

permanenten Veränderungen im Handlungsfeld auch noch nachzuzeichnen, erst recht fehlschlagen.
Die allgemeine und die therapiebezogene Wissenskumulation, die inflationäre Vermehrung der Therapieformen, die hohe Variabilität kultureller und sozialer Normen, kurz: die geringe Lebensdauer und die beschleunigte Diversifikation professioneller Wissensbestände, sozialtechnologischer Instrumentarien und gesellschaftspolitischer Handlungsmaximen im Therapiebereich lassen eine klare und eindeutige Durchdringung des Gegenstandes nicht zu.

Jeder metatheoretische Ansatz muß deshalb dezidiert Stellung beziehen: Eine höchst "subjektive" und mit Unsicherheit belastete Entscheidung für einen bestimmten, selektiven Ansatzpunkt ist nicht zu umgehen, höchstens zu verschleiern.
Die wissenschaftlichen Anforderungen an die "Vernünftigkeit" des Vorgehens werden damit nicht hinfällig, sie stellen sich nur anders und sind der Sachlage entsprechend zu modifizieren (zu den Möglichkeiten einer adäquaten wissenschaftstheoretischen Grundlegung der klinischen Psychologie vgl. etwa Westmeyer 1978).
Psychotherapeutische Theorienbildung kann z.B. nicht im Sinne einer nur angewandten Wissenschaft betrachtet werden (vgl. a.a.O., 113-118).
Die nomothetischen Aussagen der zuordenbaren Grundlagenwissenschaften, etwa der Ethologie, der Neurophysiologie, der Lern- und Persönlichkeitspsychologie sind
a) in einem unbekannten Ausmaß approximativ-idealisierend (d.h. nicht direkt auf den Einzelfall, mit dem es der Therapeut zu tun hat, übertragbar; vgl. ebd.)
b) durch die Menge, die Instabilität und die Widersprüchlichkeit der erzeugten Daten unübersehbar und für eine praktisch-instrumentelle Verwendung schlicht zu komplex.

Der Gefühlsbereich wird von vielen therapeutischen Konzepten als zentraler Ansatzpunkt für den angestrebten Veränderungsprozeß gesehen.
Am Beispiel der Emotionspsychologie kann man aber besonders deutlich erkennen, daß die verfügbaren anthropologischen Faktenaussagen in ihrer Gesamtheit alles andere als kompakt systematisierbar oder gar "anwendbar" sind (zum komplexen Bild vom Gefühlsbereich des Menschen s.z.B. Espenschied 1985, v.a. 78 f. über die Schwierigkeit einer klaren Explikation; Izard 1981, v.a. 128 f. u. 185 f. über die Wechselwirkungsprozesse des Emotionssystems mit anderen physischen und psychischen Systemen; dazu auch Tomkins 1962, v.a. 3-87 -: bei Izard und Tomkins sind die Emotionen wieder konstitutiver Teil des Bewußtseins, so daß sich erneut das Modell eines integrierten "inneren Universums", vgl. Ciompi 1988, u.a. 128 ff., ergibt - ein Modell, für das auch ich plädiere; eine besonders differenzierte und kritische Bestandsaufnahme über die emotionspsychologischen "Erkenntnisse" zeichnet Ulich 1982, s.v.a. die Folgerungen für die wissenschaftliche Forschung: "Wenn wir uns für die Emotionen wirklicher Menschen in deren gegebenen Lebens- und Handlungszusammenhängen interessieren, dann muß Emotionspsychologie 'vom Subjekt aus' betrieben werden.", s.a.a.O., 227. Bei dieser Vielfalt der Aussagen sind nun noch nicht einmal soziologische und historische Befunde über Gefühle berücksichtigt, wie wir sie etwa bei Heller 1980, Kahle 1981, Badinter 1981 oder Vowinckel 1983 finden; eine Integration emotionstheoretischer Befunde in die Psychotherapie dürfte von daher noch schwieriger zu erreichen sein, als sich dies bei Schelp 1985, s. zusf. 396-404, darstellt).

Die Orientierung im Bereich der Psychotherapie wird nicht nur durch zahlreiche empirische und begrifflichdeskriptive Unklarheiten bezüglich der Grundeigenschaften therapeutischen Geschehens erschwert, sondern auch durch das Fehlen allgemeinverbindlicher therapeutischer Handlungsmaximen. Vom Elektroschock bis zum passiven Zuhören ist praktisch jede Technik innerhalb des therapeutischen Methodenpluralismus erlaubt. Es gibt nicht einmal über einen Minimalbestand an diagnostischen Kriterien allgemeinen Konsens. Wir finden stattdessen ein überbreites Spektrum an konzeptspezifisch befürworteten, inkommensurablen Beurteilungsmitteln, die vom Einsatz des "gesunden Menschenverstandes" bis zum standardisierten Persönlichkeitstest reichen.

Ebenso besteht über die Frage der Therapieziele vielfacher Dissens, wenn man von einigen therapeutisch allgemein legitimierenden Zielformeln absieht, bei denen sich die unterschiedlichsten Verfahren treffen (und die auch rasch zu nichtssagenden Leerformeln zu verkümmern drohen - ich denke zum Beispiel an das ursprünglich politisch-innovative und per se aussagekräftige Leitmotiv der "Hilfe zur Selbsthilfe", das mittlerweile allerorten zur Etikettierung des eigenen therapeutischen Vorgehens dient, egal, welcher Methoden man sich bedient; hier ist Mißtrauen angebracht, und eine gewissenhafte Analyse der Handlungspraxis muß an die Stelle einer rein textkritischen Rezeption der programmatischen Aussagen treten).

Auch eine pädagogische Analyse von Psychotherapie kann sich daher auf keine vorgegebene "Richtschnur", auf keinen extrahierbaren, sachimmanenten Maßstab für "richtiges" therapeutisches Handeln rückbeziehen. Die vorfindbaren Orientierungsmuster sind divergent, und eine "eindeutige", normativ schlüssige Wertbasis muß von jedem Forscher selbst erarbeitet, d.h. gesetzt - determinativ und dezisionistisch gesetzt werden.

Das Risiko, trotz hoher gegenstandsbezogener Unsicherheiten plausible therapeutische Axiome setzen zu müssen, läßt sich auch nicht auf irgendwelche gesellschaftlichen Institutionen abwälzen. Die institutionelle und rechtliche Situation in Bezug auf Psychotherapie ist nämlich ebenso unübersichtlich, widersprüchlich und in vielem unbefriedigend wie der Kenntnisstand über Psychotherapie oder die normativ-konzeptionelle Ausrichtung im Therapiebereich.
Selbst im enggefaßtesten medizinischen Sinne unterliegt Psychotherapie keiner zentralen Instanz, die alle therapeutischen Prozesse organisiert und steuert. Psychotherapie zerfällt in berufsständisch, schulmäßig, kassenrechtlich, funktionsbezogen, betriebsspezifisch verwaltete und kontrollierte Einflußsegmente (vgl. etwa Dörner/Plog 1986, 433-457; Hockel 1983; Strotzka 1980; Thommen u.a. 1988, 69-153; Volkholz 1974, 207 f., 258 f. u. 368-394; Will 1985).
Die Aktions- und Interaktionsweisen der einzelnen therapeutischen Organisationsgebilde münden keineswegs in ein rational aufgebautes oder organisch gegliedertes Gesamtversorgungssystem. Vorherrschend bleiben vielmehr heterogene, relativ autonome Institutionsstrukturen, die vor allem unterschiedliche Partikularinteressen vertreten und disparaten, dem Allgemeinwohl durchaus nicht immer entsprechenden Gesetzen gehorchen.
Der Versuch, das mehrdimensionale therapeutische Geschehen von neuer, pädagogischer Seite aus zu durchdringen, wird durch die Unübersichtlichkeit der institutionellen Gegebenheiten jedenfalls noch komplizierter.

2.3.2 Semiotische Beziehung zwischen den psychotherapeutischen Konzepten und der Handlungspraxis der Psychotherapie

Wie einfach oder kompliziert die "objektiven", empirisch feststellbaren Tatbestände innerhalb des psychotherapeutischen Handlungsfeldes auch immer sind - der Gegenstand psychotherapeutischen Geschehens entzieht sich einer strikt an Daten orientierten, exakten erfahrungswissenschaftlichen Analyse grundsätzlich. Psychotherapie ist eingespannt in der Polarität zwischen therapeutischer Konzeptvorstellung und realer Handlungspraxis. Therapeutische Einstellungen und Theorien stehen nicht für sich, sondern sind auf eine therapeutische Praxis gerichtet, wenn auch eventuell auf eine nur mögliche, fiktive Praxis. Umgekehrt findet kein therapeutisches Handeln ohne den reflexiven Bezug des Handlungsträgers zu einer systeminternen Steuerungsinstanz statt - so "sinn"- und orientierungslos verläuft sozio-kulturelles Geschehen eben höchstens in der reduktionistischen Vorstellung mechanistischer Reiz-Reaktions-Theorien. Die Dialektik von "Theorie" und "Praxis" läßt sich mithin nicht aufheben. Gleichzeitig erweist sich die Relation zwischen - internem - Konzept und - externer - Handlungsform, die semiotischer Natur ist, als konstitutiv für den Gegenstand der Psychotherapie.
Psychotherapeutisches Geschehen muß demnach als zeichenvermittelter Transformationsprozeß verstanden werden (s. Bar 1975; Shands 1970; Sebeok 1984; Uexküll 1984; ders. 1984 a; Wesiack 1984). Therapeutische Konzepte fungieren als Zeichensysteme, die spezielle Wirklichkeitsausschnitte symbolisch repräsentieren, auf sie signalhaft verweisen, sie antizipativ und fiktiv manipulierbar, aber auch kommunizierbar machen, die eine stabile, speicher- und tradierfähige, dennoch variable Welterfahrung, Orientierung

und Regulierung ermöglichen.
Im therapeutischen Prozeß tritt das jeweilige Konzept als intermediäres Bindeglied zwischen das Subjekt und das Objekt der Behandlung. Therapie vollzieht sich dabei nicht naturwüchsig-reaktiv, sondern wird immer auch von den beteiligten Subjekten "produziert" - indem sie eben zu einem wesentlichen Teil innengeleitet, d.h. aktiv-selbstregulativ und sozusagen "intentional" gesteuert wird. Daß diese "Intentionalität" selbst wiederum durch determinierende Außeneinflüsse bestimmt sein kann, steht auf einem anderen Blatt.
(Zum Zeichenbegriff, der in seiner theoretischen Vielschichtigkeit als linguistisch, kommunikationswissenschaftlich oder allgemein-semiotisch relevanter Ausdruck hier nicht näher expliziert werden kann, s. Bense 1976; Cassirer 1985, 1-21; Morris 1973; Sebeok 1979; Trabant 1976; Bünting 1972, v.a. 32-38; Heeschen 1972 u. Krampen 1981 im metatheoretischen Überblick über linguistische bzw. semiotische Modelle; v.a. aber Eco 1981, dessen weiter kulturanthropologischer Zeichenbegriff mir besonders plausibel und für die vorliegende Untersuchung nützlich erscheint, s. hierzu hauptsächlich S. 185 f.: "Die ganze Kultur erscheint in dieser Sicht als ein System von Zeichensystemen ... unabhängig davon, ob es sich hier um Wörter, Gegenstände, Ideen, Werte, Gefühle, Gesten oder Verhaltensweisen handelt ..." - in diesem Sinne läßt sich eben auch Psychotherapie, respektive ein therapeutisches Konzept, als "Zeichensystem" auffassen.).

Die Komplexität der psychotherapeutisch-substantiellen Objektzusammenhänge wird also durch die Komplexität der interferierenden - formalen - Zeichenrelationen erhöht.
Zentrales Hindernis für eine "exakte", erfahrungswissenschaftliche Analyse ist aber nicht einmal die

quantitative Kumulation von Komplexität. Entscheidendes Problem ist vielmehr, daß die psychotherapeutische Realität von den Handlungsbeteiligten permanent interpretiert wird und als Gegenstand selektiver und intentionaler Manipulationen auch interpretiert werden muß. Psychotherapie als Realgeschehen läßt sich in seiner vollständigen Verflochtenheit weder direkt wahrnehmen noch kognitiv handhaben. Aufgrund seiner finalen Struktur erhält Psychotherapie außerdem von vorneherein eine individuelle, jeweils gesetzte "Bedeutung". Die "Wahrnehmung" bzw. Beurteilung des Realgeschehens erfolgt mit Hilfe eines vorgeschalteten Rasters, der in Form eines selektiven psychotherapeutischen Konzepts Komplexität reduziert und Realität abstrahiert (vgl. Hayakawa 1984, 239 ff.; Münch 1976, 38-42).
Das erkenntnistheoretische Problem, wonach "wir unsere Erfahrungen a priori und vor aller Wissenschaft organisieren" (s. Habermas 1971, 15), kann und braucht in unserem Zusammenhang angesichts der breiten und traditionsreichen Literatur zu diesem Thema nicht vertieft zu werden. Es bleibt aber ausdrücklich festzuhalten, daß die regulativen "Rahmen" (vgl. ebd. u. Goffman 1980) die menschliche Handlungspraxis, auch die psychotherapeutische, in konstituierender, nicht hintergehbarer und spezifischer Weise strukturieren. Psychotherapeutisches Handeln darf damit so unterschiedlich erwartet werden, wie die "Konzepte" differieren. Wenn eine spezifisch selektierende Interpretation der psychotherapeutischen Realität Voraussetzung für die Möglichkeit psychotherapeutischen Handelns ist - und Interpretation ist ein selektives, weil subjektzentriertes Geschäft -, dann müssen wir den gegenwärtigen Konzept- und Methodenpluralismus im Bereich der Psychotherapie sogar als "natürliche" (= strukturbedingte) Folgeerscheinung eines aktivierten, relativ frei flottierenden Interesses am Gegenstand auffassen - und nicht als restringierenswerte gesellschaftliche

Degenerationserscheinung. Für eine pädagogische Analyse therapeutischer Konzepte bedeutet das allerdings, sich auf ein umfassenderes, variables Verstehen der einzelnen Ansätze und eine offenere Verständigung mit den diversen Standpunkten einlassen zu müssen, statt die Vielfalt nach "objektiven" Verfahrenskriterien metatheoretisch einzuebnen und den künstlich präharmonisierten Idealgegenstand dann gemäß eines universalen Erklärungsschemas zu "systematisieren" (vgl. hierzu Paschen 1981; s. auch Sayler 1968, 193-199).

Mit der symbolischen Strukturierung und Rekonstruierung psychotherapeutischer Realität im therapeutischen Konzept wird das faktische Geschehen potentiell "vieldeutig". Zeichen verweisen in digitaler oder analoger Weise auf bestimmte Wirklichkeitsausschnitte, sie müssen aber qualitativ in keinem Verhältnis zum Referenzobjekt stehen (s. Eco 1981, 60-68; nach Eco stößt der Versuch, Ähnlichkeitsbeziehungen zwischen Zeichen und bezeichnetem Objekt zu postulieren, auf grundsätzliche zeichentheoretische Schwierigkeiten).
Psychotherapeutische Konzepte als Zeichensysteme beziehen sich dementsprechend ausschließlich formal, nicht aber substantiell auf die Realität des therapeutischen Geschehens. Die konzeptspezifischen Abstraktionen sagen uns jedenfalls "nichts über die Dinge selbst. Sie bezeichnen nur die sprachlichen Gewohnheiten ...", wie Hayakawa in Bezug auf Definitionen allgemein feststellt (1984, 243). Er versteht Definitionen als Feststellungen über die Sprache, nicht über die Dinge - und therapeutische Konzepte sind in gewissem Sinne nichts anderes als "Definitionen", wobei wir "Sprache" in einem semiotisch umfassenden Sinn begreifen müssen (s.z.B. Morris 1973, 113 ff. u. 117; nochmals Eco 1981, 185 f.).

Die Mehrdeutigkeit des therapeutischen Geschehens ergibt sich nun schon allein daraus, daß die Realität dem Betrachter etwas anderes "sagen" kann als das verwendete Vorstellungsraster. Diese Feststellung ist keineswegs so banal, wie sie zunächst vielleicht aussehen mag. Aus einer Dichotomie zwischen Realitätserfahrung und konzeptgemäßer Deutung heraus müssen immerhin vorderhand unbekannte theoretisch-praktische Anpassungsleistungen erbracht werden, um die internen Dissonanzen aufzuheben - leider weiß man aber zu Beginn nicht, ob nun die eigenen Augen trügen, die "Theorie" verkehrt ist, man die Theorie falsch angewandt hat, die Abweichung "Zufall" war oder Wichtiges übersehen worden ist ...
Wenn man dann noch berücksichtigt, daß nicht ein oder zwei therapeutische Vorstellungsraster, sondern eine Unzahl von Konzepten existiert, dann läßt sich das tatsächliche Ausmaß des Interpretationsproblems im therapeutischen Kontext ermessen.

Der konventionelle Charakter der psychotherapeutischen Zeichensysteme ermöglicht ihre hohe innovative Variabilität, bedingt aber gleichzeitig den Mangel an klaren, zuverlässigen und für die Handlungspraxis augenfälligen Orientierungspunkten. Was im Therapiebereich "richtig" und was "falsch" ist, läßt sich nur schwer ausmachen.
Selbst durch handfeste Widersprüche zu empirischen humanwissenschaftlichen Befunden brauchen therapeutische Konzepte z.B. noch nicht "widerlegt" zu sein.
Der Freudschen Psychoanalyse hat man etwa öfter durch streng empirisch gewonnene Falsifikationen einzelner anthropologischer Behauptungen die Existenzberechtigung als Therapieverfahren generell absprechen wollen, ohne dem psychoanalytischen Modell dadurch fundamental schaden zu können (ein besonders vehementer u. auch

polemischer Kritiker der Psychoanalyse ist Eysenck, s.z.B. Eysenck/Wilson 1979, v.a. 436-471; Eysenck 1981, 125-163; ders. 1983, 160-183; zur Problematik einer allzu leichtfüßigen Kritik der Psychotherapie s. aber im Vergleich Bachmann 1972, 38 ff., 47 ff., 71, 75-79; u.v.a. Jahoda 1985, etwa 35-38, 127 f.!, 137-151, 169 f.!, 174-178).

Mit dem Verweis auf unzutreffende Einzelaussagen über die Realität läßt sich ein therapeutisches Konzept, das eben vor allem als symbolisch strukturiertes Gesamtsystem zu verstehen und zu beurteilen ist, nur selten gleich aus den Angeln heben. Jedes einigermaßen intelligent konstruierte Theoriesystem wird in der Lage sein, singuläre "Fehlinterpretationen" der Wirklichkeit systemintern abzufedern. Dynamische Theoriesysteme, wie z.B. die Psychoanalyse, rechnen zudem mit eigenen Interpretationsfehlern bei der Erfahrungsverarbeitung und korrigieren theoretische Unebenheiten systemspezifisch. Über die pragmatische Qualität des Theoriesystems ist damit aber gar nichts gesagt. Das Konzept könnte trotz theoretischer Adaptation im einzelnen als Ganzes absurd oder praktisch unbrauchbar sein. Darüberhinaus könnte sogar ein theoretisch "unsinniges" Konzept in der therapeutischen Praxis positive Effekte bewirken. So widersprechen etwa astrologische Therapiekonzepte wissenschaftlichen Gütekriterien in Bezug auf verläßliche und intersubjektiv nachprüfbare Grundaussagen. Die astrologischen Basisbehauptungen sind ja weder verifizierbar noch falsifizierbar. Gleichwohl könnten die Ansätze in der Praxis als eine Art von "projektiv"-kreativen Verfahren durchaus ihren eher "unwissenschaftlichen" Zweck erfüllen - das wiederum ließe sich sehr wohl mit methodologisch exakten Mitteln prüfen, vorausgesetzt, man berücksichtigt, daß sich Konzeptaussagen keineswegs unmittelbar mit Realprozessen kurzschließen lassen.

Dafür sind die tatsächlichen Wechselbeziehungen zwischen der symbolisch-subjektiven und der objektiv-konkreten Seite des Geschehens viel zu vermittelt und deshalb komplex.
"Eindeutig" kann man therapeutische Zeichensysteme letztlich gar nicht machen. Unbeweisbare "theoretische" Prämissen, ein Stück "Glaube" und subjektiv-werthafte Entscheidungen werden immer in die therapeutischen Vorstellungssysteme einfließen, so daß eine durchgängig "rationale" Konzipierung - damit auch Kontrolle - therapeutischen Handelns gemäß strengen wissenschaftlichen Standards illusionär bleibt.
Realistischer scheint es mir zu sein, von subjektiv-"irrationalen" Prozeßkomponenten in der therapeutisch-theoretischen Vorstellungsbildung auszugehen, sie zu suchen und ihre spezifische "Funktion" im Gesamtgeschehen auszuloten. Daß eine solche Arbeit nur im Verein mit hermeneutischen Forschungsmethoden geleistet werden kann, macht sie selbst wiederum "vage" und damit angreifbar und damit doppelt schwierig. Eine methodologische Alternative gibt es trotzdem nicht.
Die Semantik eines Handlungssystems, die dessen "Sinn" strukturiert (vgl. Münch 1976, 13 f. u. 18 f.; Türk 1976, 18 f.), läßt sich nicht direkt beobachten. Man ist einfach gezwungen, sie indirekt und interpretativ zu erschließen.

Persönlichkeitstheoretische, pathogenetische, ätiologische, symptomatologische, nosologische oder behandlungstechnische Klassifikationssysteme (zu psychiatrischen Systematisierungsmöglichkeiten s. Berner 1977; zu psychopathologischen Darstellungsversuchen allgemein vgl. Glatzel 1978; ansonsten vgl. klinisch-psychologische Klassifikationen, im Überblick etwa bei Davison/Neale 1984; Pfingsten 1985,

z.B. 54-67) sind also keineswegs geradlinig aus der psychotherapeutischen Realität abgeleitet (vgl. Uexküll 1984, 28 f.), und sie bilden die bezeichneten Sachverhalte auch keineswegs "naturgetreu" ab. "Naturgetreue" Auskunft geben sie vielmehr über die speziellen Anschauungs-, Denk- und Beurteilungsweisen des klassifizierenden Subjekts.
Letztlich bestimmen mithin die situationsrelevanten subjektiven Zweckvorstellungen, ob ein psychotherapeutisches Konzept als "wahr" gilt (vgl. Hayakawa 1984, 288 u. 295): "Wahr" sind diejenigen Konzepte, die die gewünschten Ergebnisse bringen (vgl. ebd.). Über die "erwünschten" therapeutischen Ergebnisse wiederum besteht innergesellschaftlich keine tragfähige Einigkeit, wie die divergenten therapeutischen Idealvorstellungen zeigen. Daß eine Einigung über das Ziel von Therapie zudem keine Frage eines "herrschaftsfreien Diskurses", einer partnerschaftlichen Verständigung unter lauter Gleichberechtigten ist, haben wir bereits an den institutionellen Interessensgegensätzen und Machtkonstellationen gesehen, wie sie etwa beim Kampf um die Kassenzulassung auftauchen.
Was "wahr" ist, bestimmt derjenige, der die Definitionsmacht hat - und im Therapiebereich führt das nicht immer zu den gesellschaftlich und anthropologisch vernünftigsten Lösungen.

Durch seinen ideologiekritischen Aspekt kommt dem angemessenen Erfassen der semiotischen Zusammenhänge im Therapiebereich über die bloße objekttheoretische Relevanz hinaus eine eminent politische Bedeutung zu. Psychotherapeutische "Zeichen" setzen heißt, bestimmte Möglichkeiten auszuwählen und bestimmte Alternativen aus dem Blickfeld zu verbannen.
Die Wiederbelebung vergessener therapeutischer Ideale und die originäre Entwicklung therapeutischer Utopien

beginnt damit, daß man "neue" Zeichen setzt: Neue Erklärungsmuster, neue Symptomatologien, neue Zielperspektiven, neue Handlungsanweisungen. Strukturelle Veränderungen in der therapeutischen Praxis werden stets von konzeptuellen Paradigmenwechseln begleitet. Der Streit um therapeutische Begrifflichkeiten sollte zwar nicht überschätzt werden, dennoch kann es dabei schließlich ganz handfest um die konkrete Definitionsmacht im Bereich der Psychotherapie gehen. Daß "Seelsorge" heute psychisch weniger "heilsam" ist als "kognitive Verhaltenstherapie", mag mit klinisch-methodischem Fortschritt zusammenhängen - in erster Linie ist es aber eine Folge der säkularisierten Vorstellungsmuster von seelischer Gesundheit.
Mancher modische Psycho-Trend schlägt sogar wieder in ein sakraleres Therapieverständnis um - Verfahren der New-Age-Bewegung etwa betonen gerade die spirituellen, transpersonalen Aspekte des Heilens (man beachte die begriffliche Nähe zwischen dem "Heiler" und dem "Heiligen" bzw. zwischen "heil" und "heilig", s. Scharfetter 1986 u. Duden Etymologie 1963, 256 f.).
Ob die von kritischen Beobachtern als "irrational" eingestuften transpersonalen Therapieverfahren wirklich abwegiger sind als wissenschaftlich "seriöse" Therapieverfahren - das dürfte sich allerdings nicht mehr allein "sprach"-kritisch erhellen lassen (vorausgesetzt, die entsprechenden Definitionen von seelischer Heilung stehen sich überhaupt terminologisch klar und unversöhnlich gegenüber): Hierüber gewinnt man Erkenntnis durch reale "Erfahrung", womit eine andere Ebene von Zeichen mit systemspezifischen Präsuppositionen berührt wäre ... (vgl. Uexküll 1984, 34 f.).

Psychisch-mentale Konflikte, mit denen sich die Psychotherapie beschäftigt, resultieren aus Gegensätzlichkeiten zwischen verschiedenen Symbolwelten

oder zwischen symbolischen und anthropologisch-materialen Systemen (vgl. hierzu Bertalanffy 1970, 64 ff.). Die therapeutischen Konzepte versuchen als metapraktische Zeichensysteme, diese psychisch-mentalen Konflikte angemessen zu deuten. Dabei können umfassendere Modellvorstellungen, die wenig direkte Hinweise für das konkrete therapeutische Tun liefern, neben reduktionistischen Ansätzen stehen, aus denen sich "genaue" Handlungsanweisungen für die komplexe therapeutische Realität ableiten lassen (vgl. Uexküll 1984 a, 54).
Gleichwohl bewältigt jedes medizinische bzw. psychotherapeutische Konzept seine Unsicherheit in Bezug auf die Gegenstandserfassung grundsätzlich semiotisch (vgl. Wesiack 1984).
Zu erkennen, daß die metasprachlichen Selektions- und Kombinationsregeln, durch die das einzelne therapeutische Konzept axiomatisch codiert ist, keine alleingültige, substantielle Gewißheit schaffen (man könnte auch sagen: mehr den "Arzt" als die "Krankheit" erhellen - vgl. Sebeok 1984, 46), sondern nur "eine mögliche Welt" treffen (vgl. Meder 1986, 714) - das muß, wenn es nicht verbalistisch-unverbindlich bleibt, sondern tatsächlich auch handlungspraktische Folgen zeitigt, als durchaus revolutionäre Blickwinkelverschiebung in der Psychotherapie betrachtet werden, die in weiten Bereichen immer noch durch einen übermäßigen Glauben an Allaussagen und die Suche nach solchen geprägt ist (zur wissenschaftstheoretischen Problematik psychotherapeutischer Allaussagen vgl. Westmeyer 1978).
Eine pädagogische Analyse therapeutischer Konzepte hat jedenfalls zu berücksichtigen, daß sie ein Deutungsversuch von Übersetzungen von Übersetzungen von Zeichen ist (organismische Zeichen werden "psychisch" interpretiert, die psychische Interpretation wird

psychotherapeutisch interpretiert usw.; vgl. auch Uexküll 1984 a, 58), ein selektives "Sprachspiel" mit heterogenen, semiotisch vermittelten möglichen Welten (vgl. Meder a.a.O., 718).

2.3.3 Die Frage des pädagogischen Erkenntnisinteresses an psychotherapeutischen Konzepten

Über die Bedeutungsstruktur eines Begriffssystems erfahren wir am meisten, wenn wir schauen, wofür es verwendet wird. Jede Theorie und jedes Konzept ist letztendlich pragmatisch. Das gilt für den Untersuchungsgegegenstand - die therapeutischen Konzepte -, genauso aber auch für den metatherapeutischen Untersuchungsansatz selbst. Eine pädagogische Analyse therapeutischer Konzepte mag sachlich berechtigt sein - die Frage nach dem eigentlichen Erkenntnisinteresse am Untersuchungsgegenstand stellt sich jedoch schärfer.
Fragestellungen prädisponieren das mögliche Spektrum an Antworten. Welche Fragen werden also durch den pädagogischen Untersuchungsansatz gestellt, vor allem: wozu werden sie gestellt, welche Art von Antwort wird nahegelegt? (vgl. hierzu Habermas 1971, 9-11, 15 ff. u. 42-45).

Das eigene wissenschaftliche Vorverständnis hat für den analytischen Erkenntnisprozeß eine zentrale, vorbestimmende Bedeutung.
Wer "Wissenschaft" normativ streng als methodologisch exaktes, am naturwissenschaftlichen Standard orientiertes Verfahren auffaßt, muß undurchsichtigere, mehrdeutige Zusammenhänge übergehen oder simplifizieren. Komplexe, multidimensionale Gegenstandsbereiche, deren Eigenschaften sich nicht hinreichend zuverlässig idealisieren lassen (vgl. Westmeyer 1978, 117), würden

auf diese Weise weitestgehend unter den Tisch fallen. Semiotische Gegebenheiten, deren Struktur man empiristisch überhaupt nicht erfassen, geschweige denn systematisch untersuchen kann, bleiben bei einem solchen Wissenschaftsverständnis generell unberücksichtigt.
Umgekehrt kann ein strukturalistisch-geisteswissenschaftlicher Ansatz leicht zu einer einseitigen Überbetonung hermeneutischen Vorgehens führen, so daß eine penible erfahrungswissenschaftliche Kontrolle der eigenen Modellvorstellungen (die man eigentlich grundsätzlich als theoretisch-hypothetisch verstehen sollte) verabsäumt wird: Statt sich mit Hilfe von Außeninformationen permanent zu kontrollieren und zu korrigieren, laufen solche Theorien Gefahr, sich unkritisch oder gar selbstgefällig zu bestätigen und interne Fehler zu perpetuieren.
Der Theorien- und Methodenstreit zwischen Psychoanalyse und Verhaltenstherapie bildet die genannte methodologische Polarität exemplarisch ab.
In dieser Einseitigkeit kann man heute psychotherapeutisch allerdings kaum mehr argumentieren, wenn man wissenschaftlich ernstzunehmende Ansprüche stellt. Solide empirische Forschung wird mittlerweile von analytischer Seite im Grundsatz genauso akzeptiert wie hermeneutisches Vorgehen von verhaltenstheoretischer Seite - theoretische Unverträglichkeiten zwischen den beiden Richtungen bleiben deswegen im übrigen trotzdem noch mehr als genug.
In der pädagogischen Diskussion spielt der - aus moderner erkenntnistheoretischer Sicht eher künstliche - Gegensatz zwischen "empirischer" und "hermeneutischer" Ausrichtung ja ebenfalls noch sehr oft eine erhebliche Rolle. Wenn man die vielen komplizierten Transformationen und Transmissionen psychisch-mentalen Geschehens - egal, ob es sich um lebenspraktische, objekttheoretische oder metatheoretische Prozesse handelt -

in der ununterbrochenen Verflechtung subjektiver und objektiver Momente wahrnimmt, also nicht als ein Lineargeschehen mit einem "Anfang" und einem "Ende", sondern als ein spiralförmiges, rekursives Zirkulieren mit einem ständigen Einbezug von "eigenen", perspektivisch-zentrovertierten Manipulationen begreift (vgl. Benesch 1977, 40-45; Popper/Eccles 1987, 336), dann wird eine Dichotomisierung der Welt, auch der eigenen, in "Realität" (oder intersubjektiv gültige "Erfahrung"), und "Interpretation" (oder subjektiv gültige "Meinung") nicht haltbar. Dies gilt zumindest für sozial-personale und psychisch-mentale Objekte.

Man kann das für unseren Zusammenhang an unterschiedlichen - expliziten oder impliziten - Gegenstandsvorstellungen von "Psychotherapie" verdeutlichen. Wer z.B. "Psychiatrie" und "Psychotherapie" begrifflich dualisiert (s. z.B. Bloch 1988, 186-189 u. 289 f.), wird in seiner Untersuchung einen vergleichsweise engen, traditionellen Gegenstandsrahmen schaffen. "Härtere", biologische und pharmakologische Verfahren sind dann von vorneherein ausgeklammert. In einer begrifflich ähnlich einschränkenden Weise kann man die diversen Psycho-Angebote nach "psychotherapeutisch" oder "nicht psychotherapeutisch" sieben.

Demgegenüber schafft ein Ansatz, der Psychotherapie unspezifischer im Sinne einer psychosozialen Dienstleistung sieht, schon einen weiteren, wie ich meine theoretisch angemesseneren Rahmen. Gleichwohl blieben seelsorgerische, künstlerische oder andere kulturelle Verfahren, die partiell therapeutische Ambitionen aufweisen, immer noch außerhalb der Betrachtung.

Gerade bei einem so komplexen, offenen und fließenden Untersuchungsgebiet wie dem der Psychotherapie kann man die Verantwortung für das methodologische Vorgehen, die Gegenstandsabgrenzung und die Absteckung des

potentiell relevanten Kontextes (wodurch das analytische Suchfeld determiniert wird) nicht auf "den Gegenstand" (eine "sachimmanente", letztlich aber metaphysische Gegenstands-"Logik" bzw. eine wissenschaftlich "bewährte", weil tradierte und unter spezifischen historischen Umständen gesellschaftspraktisch erfolgreiche Gegenstandsidealisierung) schieben.
Der Wissenschaftler, der eine pädagogische Untersuchungsstrategie zur Analyse therapeutischer Konzepte entwirft, muß sich vielmehr wie ein Autor für alle Einzelheiten seines Entwurfs und auch für die eingenommene Perspektive verantwortlich fühlen - ein Autor, der eben zu keinem Zeitpunkt eine andere Wahl hat, als von sich aus dezidierte Wegentscheidungen zu treffen. Die Aufgabe ist dann nicht, "sachlich" und "wertneutral" zu forschen, sondern plausible, zweckdienliche Schritte zu wählen und sich zu bemühen, die vielfach verborgenen kleinen und großen Selektionsentscheidungen so transparent wie möglich zu machen - sich und der betroffenen Kommunikationsgemeinschaft zuliebe.
Mehr Objektivität und Sicherheit darf man, so scheint mir, nicht erhoffen. Andererseits bliebe dadurch der alte, aufklärerische Traum von der Würde des ("vernünftigen") individuellen Standpunkts, der ja auch die Möglichkeit einer pluralistischen Vielfalt mitbedingt, selbst bei größter und erfolgreichster Forschungsintensität erhalten (eine Aussicht, die angesichts des naturwissenschaftlichen Bestrebens, universell gültige und optimal idealisierende Gesetzesaussagen zu formulieren, keineswegs selbstverständlich ist - noch dazu, da auch in den Sozialwissenschaften oft nach solchen monopolistischen "Optimaltheorien" gefahndet wird, die konkurrierende Theorien im Erfolgsfall verdrängen sollen) - jedenfalls auf das psychotherapeutische Handlungsfeld und die pädagogische Metatheorie bezogen.

Warum soll sich die Pädagogik überhaupt mit psychotherapeutischen Konzepten befassen?
Erziehungswissenschaftler, die "Erziehung" ausschließlich auf Kinder und Jugendliche oder auf Elternhaus und Schule beziehen, werden Psychotherapie nicht in der vorliegenden Weise in ihr Forschungsinteresse einbeziehen. Versteht man pädagogisches Handeln dagegen gesellschaftlich-umfassender, so liegt es auch nahe, Psychotherapie auf pädagogische Strukturmerkmale hin zu untersuchen.
N. Luhmann (1987, 59) bezeichnet die Intentionalisierung von Sozialisation als eine Besonderheit des Erziehungssystems. Ein ähnliches Funktionsverhältnis ergibt sich aber auch im psychotherapeutischen Handlungsfeld. Auch dort münzen Konzeptbildungen das gemeinhin "unbemerkt" verlaufende Sozialisationsgeschehen der "Integration von psychischen und sozialen Systemen" (vgl. ebd.) in ein intentionales Geschäft um. Es läßt sich deshalb doch recht begründet für eine Erweiterung der traditionellen erziehungswissenschaftlichen Forschungsfelder um den Handlungsbereich der Psychotherapie plädieren - ohne daß die Forschungsinteressen der einzelnen Erziehungswissenschaftler davon zwangsläufig angesteckt zu werden bräuchten. Immerhin sprechen ja die traditionellen disziplinären "Zuständigkeiten" noch stark dagegen.

Wie ratsam ein pädagogisches Engagement für den Gegenstand der Psychotherapie ist, hängt auch davon ab, ob man der Psychotherapie ein eher "technologisches" oder "erkenntniskritisches" Forschungsinteresse entgegenbringt. Ein stark anwendungsbezogener, unmittelbar praxisrelevanter Forschungsbeitrag für die "Psychotherapie" im klinisch etablierten, engeren Sinne setzt wohl therapeutische Handlungskompetenz und klinisches Fachwissen voraus, über die Erziehungswissenschaftler nur selten verfügen.

Eine metatherapeutische Untersuchung (wie die vorliegende), die nicht-technische und außer-klinische Aspekte des Therapiegeschehens in den Mittelpunkt der Analyse stellen kann, braucht sich keineswegs auf eine "psychotherapeutische" Qualifikation gemäß den medizinisch-psychologischen Maßstäben stützen; wie wir gesehen haben, reicht das therapeutische Realgeschehen weit über den öffentlich-rechtlichen Definitionsrahmen hinaus, und Therapie umfaßt mehr Aspekte als nur medizinische bzw. klinisch-psychologische.
Die institutionellen Bedingungen legitimieren "Psychotherapie" offiziell als klinisch abgestecktes, berufsrechtlich geschütztes Terrain. "Praktische" Forschungsbeiträge müssen sich innerhalb dieser Legitimationsgrenzen bewegen, womit Mediziner und klinische Psychologen dem Pädagogen wiederum überlegen wären.
Der therapeutische Definitionsrahmen ist eben mehr als ein unumgängliches, aber nicht allzu gewichtiges Wortspiel, dem man sich aus forschungspragmatischen Gründen ohne weiteres in seiner "alltagssprachlichen" (sprich: historisch gegenüber anderen Begriffsvorstellungen durchgesetzten) Form anschließen kann: Jeder Therapie-Begriff strukturiert bereits das Handlungsfeld mehr oder minder nachhaltig vor.
Erweitert man im Zusammenhang mit einer pädagogischen Analyse den Gegenstand der Psychotherapie (wie ich es hier z.B. praktiziere), hält sich also begrifflich nicht an den gemeinhin gebilligten Handlungsrahmen, so beinhaltet das

a) eine innovative Begriffsarbeit ohne das Sicherheitsnetz der etablierten "psychotherapeutischen" Begriffssysteme,
b) Praxiskritik und Hinarbeit auf eine andere gesellschaftliche Form von psychotherapeutischer bzw. psychokultureller Praxis,

c) die Notwendigkeit zur Parteinahme für eine neue therapeutische Zielstruktur, mindestens aber gegen die alte.

Mir scheint, wer Psychotherapie von pädagogischer Warte aus analysieren will, wird nicht umhin können, in der genannten Weise erkenntniskritisch vorzugehen und sich politisch-konzeptuell zu exponieren.

Bei allen Gewißheitsverlusten, die sich ergeben, wenn man seine Verantwortung für das eigene theoretische Vorgehen voll und umfassend übernimmt - also nicht mit vorgegebenen, generalisierten und ungeprüften Anhaltspunkten zufrieden ist -, bleibt für den Versuch einer pädagogischen Analyse therapeutischer Konzepte doch eine minimale Sicherheit: Er ist an sich berechtigt, weil Psychotherapie schon einmal grundsätzlich pädagogische Strukturmerkmale aufweist - selbst bei restriktivstem klinischen Therapieverständnis.

Welche Aspekte des therapeutischen Geschehens man dann konkret betont und ob diese Perspektive theoretisch schlüssig und für die gesellschaftliche Handlungspraxis zweckdienlich ist, das hängt davon ab, wie man sich das Gesamtgeschehen "Psychotherapie" explizit bzw. hintergrundmäßig vorstellt und was davon man für untersuchenswert hält.

Auf jeden Fall wird klar, daß eine angemessene, wenn auch vielleicht nur vage Vorstellung vom therapeutischen Gesamtzusammenhang Voraussetzung für eine "richtige" Analyse therapeutischer Ausschnitte ist.

Daraus kann man aber gleichzeitig die Unverzichtbarkeit einer Gesamtbetrachtung von Psychotherapie für das adäquate Erfassen therapeutischer Konzepte ableiten - eine Aufgabe, die integrationswissenschaftliches Bemühen erfordert, und das wird ja bei benachbarten bzw. verwandten Problemkonstellationen nicht zuletzt von der Pädagogik verlangt.

2.3.4 Die Brauchbarkeit verschiedener erziehungswissenschaftlicher Positionen für die Analyse des Untersuchungsgegenstandes

Auch wenn wir voraussetzen können, daß eine "pädagogische" Analyse von Psychotherapie sachlich gerechtfertigt ist, bleibt offen, ob sich in der heutigen Pädagogik überhaupt Positionen finden lassen, die für eine solche Arbeit hilfreich wären.
Der Blick auf die "pädagogischen" Instrumentarien führt uns geradewegs zu den wissenschaftstheoretischen Ausgangsschwierigkeiten zurück, die in der Erziehungswissenschaft besonders wenig Konsensbildung über die fachspezifische Methodologie zu erlauben scheinen. Welchen der sich widersprechenden erziehungswissenschaftlichen Ansätze soll vertraut werden? Auf welche pädagogischen Prämissen kann sich eine Untersuchung therapeutischer Konzepte stützen? Woher sind "verläßliche" pädagogische Aussagen und Daten zu beziehen?

Ein Überblick über die Vielfalt der erziehungswissenschaftlichen Ansätze ist angesichts der positionellen Uneinheitlichkeiten und Uneinigkeiten kein leichtes und auch kein sicheres Unterfangen.
Vorhandene metatheoretische Ordnungsversuche bieten ebenfalls nur behelfsmäßig und wiederum selektiv Orientierungshilfe. Auch auf dieser Ebene gibt es ja kein allgemein konsensfähiges Inventar an Termini und Zugangsweisen. "Pädagogiken" lassen sich z.B. nach Themenkreisen und nach Schulrichtungen ordnen. Vergleichende Arbeiten sortieren die einzelnen Ansätze gemeinhin nach dem theoretischen Standort (s.z.B. König 1975 u. Wulf 1977). Benner systematisiert pädagogische Theorien sogar nach Themenkreisen und nach Schulrichtungen (vgl. Benner 1978, 7 ff.). Mit der gängigen Grobeinteilung der pädagogischen Theorien

in "geisteswissenschaftlich", "empirisch" oder "kritisch" (s.z.B. Wulf a.a.O.) hat man aber a) noch kein wirklich aussagekräftiges Kriterium für die Brauchbarkeit einer konkreten Theorie gewonnen und b) schon wieder die leidige Polarisierung in "erfahrungs"-bezogene und "hermeneutische" Ansätze unterlegt.
Grob klassifizierende Raster, die sich auf unzulässige Simplifizierungen stützen, sind deshalb bei der Suche nach brauchbaren pädagogischen Basistheorien keine geeignete Hilfe.
In Sammeldarstellungen ergibt sich meistens schon ein differenzierteres, lebendigeres, weil nicht künstlich zurechtgestutztes Bild von der Vielfalt pädagogischen Denkens. Hier kommen auch individuellere Richtungsnuancen zum Zug (s.z.B. Gudjons 1986, König/Zedler 1982, Schaller 1979).
Diskutiert man pädagogische Ansätze unter spezielleren Fragestellungen, so zeigt sich vollends, wie facettenreich die Pädagogik realiter ist (s.z.B. König/Ramsenthaler 1980 zu Ansätzen der pädagogischen Anthropologie oder Schmied-Kowarzik 1974 zu dialektischen Ansätzen).
Wer sich auf die Vielfältigkeit der erziehungswissenschaftlichen Theorienbildung ernsthafter einläßt, steht dem Gemenge aus traditionellen und modernen, normativen und "wertfreien", deskriptiven und präskriptiven, positivistischen und geisteswissenschaftlichen, analytischen und phänomenologischen, anthropologischen und gesellschaftswissenschaftlichen, sozialtechnologischen und metatheoretisch-diskursiven Komponenten (um nur einige zu nennen) möglicherweise aber wieder mehr oder weniger ratlos gegenüber -: Daraus soll man Klarheit für die Analyse therapeutischer Konzepte gewinnen können?!
Mir scheint, daß sich auch in diesem Zusammenhang schon aus Gründen der pädagogisch-theoretischen Komplexität keine rein "sachliche" Lösung aus dem Fundus

an erziehungswissenschaftlichen Ansätzen deduzieren läßt - es sei denn, man will den theoretischen "Gegnern" über die gleichrangige, wissenschaftstheoretisch sowie -politisch bisher in vielen Fällen offensichtlich nicht hinreichend entscheidbare Konkurrenzsituation der positionellen Verschiedenheit hinaus eine Art von geistiger Unterlegenheit unterstellen, wozu in den Fällen einer ernstzunehmenden, abgewogenen, sorgfältigen erziehungswissenschaftlichen Theorienbildung (welcher Couleur auch immer) - und nur von solchen Ansätzen soll hier die Rede sein - wohl nicht die geringste Berechtigung besteht. Vielmehr zeigen methodologische Verschiedenheiten meistens schon an, daß handfeste Interessensunterschiede - theoretisch-wissenschaftliche, aber auch gesellschaftspraktische - vorliegen. Der Streit um den "pädagogischen" Standpunkt beinhaltet deshalb fast immer einen weltanschaulich-gesellschaftspolitischen Dissens - etwa darüber, was man unter "humanen" Gesellschaftsbedingungen versteht, was man sich unter menschlichem "Fortschritt" oder unter der Sicherung kultureller Errungenschaften vorstellt, auf welcher Ebene, mit welchen sozialen Mitteln, zu wessen Nutzen und zu wessen Lasten die gesellschaftliche Weiterentwicklung stattfinden sollte. Anders ausgedrückt: Erziehungswissenschaftliche Erkenntnisbemühungen sind kein "L'art pour l'art"; meines Dafürhaltens sind sie bereits spezifischer Ausdruck einer spezifischen praktisch-gesellschaftspolitischen "Intention" (ohne daß diese Finalität eindeutig, rational kontrolliert oder bewußt sein müßte). Wer für eine "Entschulung" der Gesellschaft plädiert, wird, wenn er "vernünftig" handelt, beispielsweise keine empirischen Forschungen zur Unterrichtstechnologie betreiben; wer die bestehende Gesellschaftsordnung für "krank" hält, wird kaum intensiv nach hirnphysiologischen Ursachen für individuelles seelisches Leid suchen; wer umgekehrt die bestehenden gesellschaftlichen

Bedingungen für "gesund" hält, wird sich bei der Fahndung nach psychotherapeutischen Lösungen nicht gerade auf soziale Makrostrukturen konzentrieren ...
Die größere methodologische Stringenz in den Naturwissenschaften zeigt ja u.a. nichts anderes, als daß man sich über das Ziel des Forschens - "Naturbeherrschung" - relativ einig ist (der Grad der erreichbaren "Naturbeherrschbarkeit" bildet dabei gleichzeitig das gewichtigste und erste Kriterium für den Erfolg einer naturwissenschaftlichen Theorie). Von einer solchen Einigkeit besteht in der Pädagogik keine Spur. Solange man nicht von einer monochromen Idealgesellschaft ausgeht, die grundsätzlich schon für jedermann das Beste will und das Bestmögliche macht - die sozusagen höchstens unfreiwillige, also nicht strukturbedingte, sondern "flüchtige" und vermeidbare "Betriebsfehler" begeht - dürfen wir froh über den konfliktträchtigen Meinungspluralismus in den Erziehungswissenschaften sein, der eine erzieherische Total-"Lösung" mit den verheerenden gesellschaftlichen Folgen im Falle eines Totalirrtums doch recht erschwert.
Für unseren Untersuchungszusammenhang möchte ich deshalb die These wagen, daß erziehungswissenschaftliche Positionen für die Analyse therapeutischer Konzepte gerade dann brauchbar sein können, wenn sie disparat sind - und das sind sie im großen Umfang. Die Lösung des theoretischen Orientierungsproblems besteht nicht in der generellen Präferierung einer bestimmten pädagogischen Theorie oder in der Erzeugung einer Positionsunterschiede nivellierenden Supertheorie. Sie besteht eher darin, je nach Sach-Lage, die im pädagogischen und therapeutischen Kontext immer auch eine bestimmte "soziale Lage" miteinschließt (zu "Sozialen Lagen" vgl. Hradil 1987, 145-162), pädagogische Theorien auf ihre Brauchbarkeit speziell für den konkreten Forschungs-, hier "Therapie"-Fall hin abzuklopfen. Oftmals zeigen erziehungswissenschaftliche Ansätze,

die in umschreibbaren Zusammenhängen durchaus sinnvolle Erkenntnisse liefern könnten, einen übermäßig generalisierten Geltungsanspruch, der sich nicht halten läßt, oder sie werden von anderer Seite in ungerechtfertigt generalisierter Weise kritisiert.
Die Multidimensionalität des therapeutischen Denkens und Handelns erlaubt aber, wie wir gesehen haben, keine einseitigen Betrachtungsweisen. Es muß daher auch von vorneherein, wie ich meine, von jedem pseudo-perfektionistischen Anspruch auf eine universell oder gar allein gültige meta-therapeutische Theorie Abstand genommen werden.
Für eine weiträumige Untersuchung therapeutischer Konzepte gilt das Postulat natürlich erst recht.
Daß eine individuelle Von-Fall-zu-Fall-Entscheidung über die Brauchbarkeit erziehungswissenschaftlicher Positionen mühselig und notgedrungen immer wieder lückenhaft ist, hier aber trotzdem nicht konstitutiv oder "exemplarisch" vorweggenommen werden kann, steht dabei wohl außer Frage. Die erreichbare Flexibilität und Offenheit des theoretischen Agierens, die ja jederzeit den Anschluß an "bewährte" Aussagensysteme ermöglicht, scheint mir jedenfalls den Verzicht auf ein systematisch-elaboriertes und vorgeordnetes pädagogisches Bezugsraster wettzumachen (zur Möglichkeit, Erziehungswissenschaft nicht-hierarchisch, topisch und problemorientiert zu ordnen, s. nochmals Paschen 1981).

Mit der skizzierten Zugangsweise soll keineswegs der kritiklosen Übernahme kritisierens- und ablehnenswerter Aussagen bzw. Methoden Tür und Tor geöffnet werden. Ganz im Gegenteil ist eine gewissenhafte Prüfung potentiell relevanter Theoriesegmente - allerdings nicht "grundsätzlich-allgemein", sondern vor Ort des Problems, und damit zunächst unvoreingenommener und auch unbefangener - intendiert.
Auch hier wiederum sei also für einen im Zweifelsfall

lieber "zu weiten" als "zu engen" Blick plädiert - weil sich ein "zu weiter" Blick meistens noch schärfer auf ein unklares Detail einstellen läßt, ein "zu enger" Blick aber allzuleicht die ausgeblendeten, nicht sichtbaren Außenzonen ganz vergessen macht.

Auf der wissenschaftlichen Diskussionsebene bedeutet Verständigung überwiegend kritische Auseinandersetzung. Geschärftes theoretisches Bemühen richtet sich zu einem wesentlichen Teil auf "Falsifikationen", das Aufspüren formaler oder inhaltlicher Mängel bei vorhandenen theoretischen Konzepten. Mit Hilfe des kritischen Reibens an konkurrierenden Theorien schleifen Wissenschaftler gleichzeitig ihr eigenes Aussagensystem zurecht (zur Theorienbildung in den Sozialwissenschaften vgl. Brezinka 1978, 133-137; Opp 1976, 369-409; Lenk 1986, 11-17 u. 23 f.).
Bei der Suche nach erziehungswissenschaftlichen Ansätzen, die für eine Analyse therapeutischer Konzepte brauchbar sein könnten, halte ich ein solches, primär an theoretischen "Fehlern" orientiertes Vorgehen für wenig erfolgversprechend.
Erstens wäre es unökonomisch. Man kann sich recht lange mit Fehlern beschäftigen, ohne daß man auf eine "gute" Lösung stößt. Die Konzentration auf positive Aspekte ist vergleichsweise effektiver (auf dieser Entdeckung baut u.a. das verhaltenstheoretische "Verstärkungslernen" auf, vgl. z.B. Blackham/Silberman 1975, 49-63, v.a. 59).
Zweitens wäre die fehlerorientierte Suche nach geeigneten pädagogischen Konzepten bei strenger Betrachtung ein theoretisch unlösbares Unterfangen. Es gibt praktisch keine "fehlerfreie", nicht widerlegbare oder auch nur allgemein konsensfähige pädagogische Theorie. Hermeneutische Verfahren lassen sich der "Unwissenschaftlichkeit" zichtigen, empirisch-exakte Verfahren des "Reduktionismus"; objektivistische

Verfahren können den "subjektiven Faktor" nicht hintergehen, und der "ideale Diskurs" einer apolitisch-intersubjektiven, verständigungsbereit-vernünftigen wissenschaftlichen (oder gar gesellschafts- oder menschheitsumfassenden) Kommunikationsgemeinschaft ist in mehrfacher Hinsicht eine Chimäre (zum Diskursbegriff vgl. Habermas 1971, 23-45). Alle pädagogischen Richtungen stützen sich auf Aussagen, die nur zum Teil gültig sind unter Bedingungen, die man nur zum Teil kennt und die man deshalb bestenfalls unvollständig angeben bzw. kontrollieren kann.
Unter diesen Bedingungen - hohe, unvollkommen erfaßbare Komplexität des psychisch-mentalen Geschehens, hohe, nicht überschaubare Komplexität der psychotherapeutischen Konzeptbildung, hohe, schwer reduzierbare Komplexität der pädagogischen Theorienbildung - würde eine "irrtumsorientierte" Standortsuche, wenn sie wirklich gewissenhaft-unparteiisch erfolgte (was sie als Form menschlichen Handelns faktisch, obwohl wissenschaftstheoretisch immer wieder postuliert, nicht kann), zur aussichtslosen Sisyphos-Arbeit.
Ich meine, daß im vorliegenden Fall der metatherapeutischen Orientierungsbemühungen ein solches primär fehlerkritisches Vorgehen auch theoretisch - über die praktische Unmöglichkeit hinaus - nicht zwingend erforderlich ist.
Statt bei anderen pädagogischen Theorien nach "Mängeln" zu suchen, könnte man herausarbeiten, wofür pädagogische Theorien <u>geeignet</u> sind - was sie plausibel erklären, welche heuristischen Hilfen sie bieten, worauf sie deuten, welchen Horizont sie öffnen (manchmal dürfte wissenschaftlicher Erkenntniszuwachs überhaupt erst wieder mit einer "Therapie" des Verständigungsmodus der Beteiligten möglich werden, s. hierzu auch Habermas 1971, 31-37, 39 u. 43 f. - im Bereich der Psychotherapie etwa wäre manche, inzwischen auch stattfindende Innovation möglich, wenn sich z.B.

Psychoanalytiker und Verhaltenstheoretiker um eine ernsthafte, dialogbereite Ausschöpfung des jeweiligen Gegenmodells bemühten; Analoges läßt sich in Bezug auf traditionelle pädagogische Gegenpositionen sagen).
In unserem Untersuchungszusammenhang läuft man dann allerdings Gefahr, plötzlich sehr viele "geeignete" Theoriesegmente zu finden - ein Argument für intensive intradisziplinäre und interdisziplinäre Kooperation, ohne die - so meine ich - Problemlagen wie die hier angerissene sowieso nur rudimentär bearbeitet werden können; ein Argument aber auch schlicht für mehr pädagogisch-"theoretische" Toleranz, Einsicht in die eigenen, theoriespezifischen Erkenntnisgrenzen und in die anderen, theoriespezifischen Erkenntnisvermögen, die man nicht nur kritisieren, sondern in gleichem Maße wohlwollend-lernbereit nutzen kann.

An einigen der pädagogischen Ansätze, die für eine Analyse therapeutischer Konzepte potentiell relevant sind und schon allein durch die Zahl ihres Vorhandenseins weitere Untersuchungsschwierigkeiten bedingen, seien Möglichkeiten und Probleme eines pädagogisch-metatherapeutischen Orientierungsversuchs punktuell illustriert.
Traditionell liegt ein Schwerpunkt der pädagogischen Forschung auf historischen, speziell geistesgeschichtlichen Fragen zur Erziehung bzw. Bildung. Unter den Sozialwissenschaften dürfte die Pädagogik sich bisher mit am intensivsten um die geschichtlichen Zusammenhänge im eigenen Gegenstandsbereich gekümmert haben, wenn auch überwiegend in einer auf ideelle Sachverhalte eingeschränkten Weise. Trotzdem lassen sich aus einem fundierten bildungsgeschichtlichen Blickwinkel, wie ihn beispielsweise Reble (1981), Lichtenstein (1970) oder Schoeps (1959) zeigen, Erkenntnisse über das "aktuelle" therapeutische Geschehen gewinnen, die gegenwärtige Problemkonstellationen und Lösungsansätze relativieren,

Kurzsichtigkeit vermeiden helfen und haltbarere Orientierungskriterien liefern. Zwangsläufig würde "Therapie" dabei nicht isoliert, sondern im Verein mit erzieherischen und philosophisch-weltanschaulichen Überlegungen betrachtet: Die funktionale Ausdifferenzierung eines (klinisch-)"psychotherapeutischen" Handelns ist eine späte gesellschaftliche Errungenschaft.
Als partiell hilfreich könnte sich auch ein begriffssystematischer pädagogischer Zugang erweisen, der aus der geisteswissenschaftlichen Tradition kommt (s.z.B. Lichtenstein 1966; Ballauff 1970; Prange 1978). Wenn man weiß, was "Bildung" alles heißen kann (siehe Lichtenstein 1966), dann hat man gleichzeitig ein paar Vergleichskriterien für therapeutische Intentionen in der Hand. Oder wenn man "Erfahrung" - als eine pädagogische Einheit verstanden (s. Prange 1978, 9-34) - theoretisch-systematisch untersucht (s. Prange a.a.O.), so wird man dadurch einen geschärften Blick für den spezifischen Erfahrungsbezug, wie er in psychotherapeutischen Ansätzen realisiert wird, entwickeln, etwa für das in der Psycho-Szene zentrale "Erfahrungslernen", das "experiencing".

Leistungen anderer Art dürfen wir von empirisch-sozialwissenschaftlich bzw. anthropologisch-naturwissenschaftlich orientierten Theorien erwarten.
Therapie als Spezialfall erzieherisch-bildnerischen Handelns ist ein erfahrungswissenschaftlich zugänglicher, wenn auch empirisch nicht erschöpfend erschließbarer Phänomenbereich, in dem es biologische, psychologische und soziale Regelmäßigkeiten zu beobachten und "gesetzmäßige" Zusammenhänge abzuleiten gilt (vgl. Fend 1986, 29 f.; Ulich 1986). Es läßt sich deshalb in Anlehnung an Ulich (1984, 30 f.) sagen, daß jeder, der wissenschaftlich an therapeutischen "Erziehungs"-Formen interessiert ist, dies irgendwann auch in empirische Forschung umsetzen muß. Theoriebildung kann hierfür

kein Ersatz, sondern nur Vorbereitung, Hilfe und interpretative Auswertung sein.
In diesem Zusammenhang stellt sich aber recht laut die Frage, wieso gerade eine erziehungswissenschaftliche Schwerpunktsetzung zu ertragreichen empirischen Forschungsleistungen über Therapie führen sollte - immerhin ist die Psychologie diesbezüglich als eine methodologisch weit kompetentere Disziplin ausgewiesen, die auch zahlreiche empirische Untersuchungen zu klinisch-psychotherapeutischen Fragen erbracht hat, während die Pädagogik einen ungesicherten methodologischen Standard aufweist und über kein ausgewiesenes, konkretes Spezialwissen zum Therapiebereich verfügt.
Der durch die Pädagogik herbeiführbare Qualitätszuwachs scheint mir in einem anderen Punkt zu liegen. Selbst bei originär "erzieherischen" Objekten empirischer Forschung besteht die Leistung der Pädagogik ja nicht in einer isolierbaren, fachspezifischen Methodologie - Psychologen oder Soziologen sind bei "erziehungswissenschaftlichen" Forschungen, die empirisch angegangen werden, wohl mindestens im gleichen Maße beteiligt wie Pädagogen (als Folge davon, daß "Erziehungswissenschaft" ihren Gegenstand eben meistens als "natürliches" Handlungsfeld und nicht als analytisch gewonnene Kategorie versteht, die einen "eigenen", gegenstandsspezifisch entwickelten methodischen Zugang erforderlich machen würde).
Sofern erziehungswissenschaftliche Untersuchungen nicht auf der Ebene psychologisch- bzw. soziologisch-deskriptiver Detailergebnisse verbleiben, die mit den komplexen und dynamischen pädagogischen Realsituationen kaum noch in Verbindung zu bringen sind, stellen sie einen Erkenntnisbezug zur pädagogischen Handlungspraxis her (vgl. Ulich 1986, 146 ff.), und zwar zur Handlungspraxis in deren ganzer Komplexität und Dynamik.
Während grundlagenwissenschaftliche Befunde (und

psychologisch-soziologische Befunde sind für die Erziehungswissenschaft grundlagenwissenschaftlich) "unpraktisch" bleiben können, müssen sinnvolle erziehungswissenschaftliche Befunde ableitbare Anwendungsmöglichkeiten implizieren und insofern eine potentielle Handlungsrelevanz besitzen (vgl. Fend 1986, 31 f.; Ulich 1986, ebd.; König 1984, 54 f.; Westmeyer 1978, 118-129) - egal, ob man das dann als Anwendungsbezug oder als technologischen Transfer bezeichnet (vgl. etwa Brezinka 1984, 20-26; König a.a.O.; Westmeyer a.a.O.).

Diese Ausrichtung auf einen praktisch maßgeblichen, handlungsrelevanten Realitätszusammenhang in Bezug auf sozial-personale Veränderungsprozesse halte ich für das Charakteristikum von Pädagogik (vgl. hierzu auch Derbolavs praxeologische Grundlegung der Erziehungswissenschaft, Derbolav 1979).

Gerade eine erfahrungswissenschaftlich sich verstehende Pädagogik kann allerdings nur im Verbund mit anderen Humanwissenschaften operieren; durch eine gegenständlich-methodische Loslösung von benachbarten Disziplinen würde sich die Pädagogik angesichts der kumulierenden Fülle empirisch-humanwissenschaftlicher Daten das eigene Wasser abgraben. Auch von pädagogischer Seite her könnte Psychotherapie also nur im intensiven Dialog mit den Nachbarwissenschaften untersucht werden (vgl. auch Debl 1971, Brinkmann 1982).

Es ergäbe sich aber eventuell eine Aspektverschiebung. Unter der Voraussetzung, daß die pädagogische Kompetenz hauptsächlich im Umgang mit <u>handlungspraktischen</u> Problemstellungen im Kontext von Sozialisation liegt (worunter nicht nur soziale Zweck-Mittel-Überlegungen, sondern z.B. auch ethisch-reflexive Standortüberprüfungen fallen), rückte die <u>aktive</u>, intentional-tätige Komponente des Geschehens in den Mittelpunkt der Aufmerksamkeit. Therapiestrukturen würden vor allem als das Ergebnis von verantwortbaren Bildungs-Entwürfen betrachtet, analysiert und kritisiert werden, deren jeweilige funktionale "Mechanik" generell und umfassend zu rechtfertigen ist. Ein zweiter, positiver Effekt läge meines Erachtens darin, daß Therapie stärker im Zusammenhang mit den "geglückten", "normalen" Sozialisations-, Erziehungs- bzw. Bildungsprozessen gesehen und verglichen werden kann. Dadurch, daß Psychotherapieforschung sich in erster Linie mit klinisch-"therapeutischen" Prozessen beschäftigt, konzentriert sie sich einseitig auf die außergewöhnlichen, schwierigen Prozeßkonstellationen. Therapeutische "Lösungen" ließen sich aber möglicherweise leichter aus der Beobachtung erfolgreicher, vergleichsweise problemloser Sozialisationsprozesse gewinnen, die Gegenstand der erziehungswissenschaftlichen Forschung sind (zumindest sein sollten: Leider läßt sich ja auch in der Erziehungswissenschaft ein gewisser "Problem-Drall" hin zu ungelösten, problematischen Bildungsphänomenen beobachten, als ob dort positive pädagogische Lösungsstrategien zu finden wären). Außerdem könnte die theoretische Rückführung der Therapie in einen allgemeineren pädagogischen Blickwinkel zu einem ungeschminkteren Blick für das "Normale im Anormalen" und das "Anormale im Normalen" führen (wobei hierfür dann sogar die provokativen antiinstitutionellen - z.B. antipsychiatrischen und antipädagogischen - Statements förderlich sein können, vorausgesetzt, man macht sich deren Übertreibungen nicht kritiklos zu eigen).

Die Funktion der Pädagogik läßt sich mit Kuckartz in der "Rationalisierung der Erziehung", bezogen auf unseren Zusammenhang in der Rationalisierung der therapeutischen Bildungsbemühungen sehen (s. Kuckartz 1974, 11).
Soziale Machbarkeit ist damit ein vorherrschender Bezugspunkt des erziehungswissenschaftlichen Forschens (vgl. ebd.). Gerade die - "technologische" - Veränderungsintention der Erziehungswissenschaft kann nun

aber ihrerseits wieder zum Gegenstand der pädagogischen Kritik werden (s.z.B. a.a.O., 5 ff.; Gstettner 1984; Heitger 1986). Personal ausgerichtete geisteswissenschaftliche und gesellschaftskritisch-emanzipatorische Ansätze helfen als elaborierte (wenn auch nicht in jeder Hinsicht wissenschaftlich befriedigende) Theoriesysteme durchaus, sozialtechnologische Verdinglichungs- und Manipulationstendenzen im Bildungs- oder Gesundheitssektor zu erkennen und beim Namen zu nennen.
Pädagogisch-therapeutische Machbarkeitsvorstellungen werden aber auch aus anthropologisch-naturwissenschaftlicher Perspektive überprüfbar. Konzeptionelle Omnipotenzgebärden mit überzogenen, universalistischen Geltungsansprüchen - im Therapiebereich nicht selten - können mit Hilfe biologischer, ethnologischer, ethologischer, entwicklungspsychologischer, evolutiver, physiologischer oder genetischer Vergleichsdaten auf ihre theoretische und praktische Konsistenz hin abgeklopft werden (zur Relevanz anthropologischer Daten für die Pädagogik - hier auch für den metatherapeutischen Ansatz - vgl. z.B. Aselmeier 1973; Liedtke 1976; ders. 1984; König/Ramsenthaler 1980; Hassenstein 1987; ders. u.a. 1979; auch Hemminger 1986). "Harte" biologisch-anthropologische Eckdaten über relativ invariante humane Grundstrukturen helfen die "biologische Belastbarkeit" des Menschen klären (vgl. Kuckartz 1974, 49) und erleichtern dadurch eine realistischere Abschätzung des therapeutisch "Möglichen" bzw. Vertretbaren (s.z.B. Montagu 1980; Hemminger 1986; Hassenstein 1987, z.B. 435-503; Hassenstein u.a. 1979, 165-221; auch Beiträge wie Barash 1980; Eibl-Eibesfeldt 1984; O. Koenig 1975, 14-57 u. 451-483; Lorenz 1974; Lorenz/Leyhausen 1971 oder Schurig 1976).

Ein einfaches - unkritisches - Kurzschließen von anthropologisch-naturwissenschaftlichen Theorien auf

den therapeutischen Kontext muß dennoch sorgfältig vermieden werden: Die "weicheren" naturwissenschaftlichen Aussagen über komplexe Phänomene im Humanbereich (wie Verhalten und Gefühle) sind weder hinreichend eindeutig und gesichert noch genügend generalisierbar und zwingend, um allein zuverlässige Rückschlüsse auf situationsspezifische psycho-kulturelle Handlungserfordernisse zu erlauben.
Zudem stellen die normativen Komponenten des Therapiegeschehens ein eigenes, gesellschaftsspezifisch-"subjektiv" zu verantwortendes Problem dar, das sich nicht durch deskriptive Ist-Aussagen quasi von selbst löst (vgl. hierzu Rieppel 1989, 11-30 u. 221-252; demnach ist auch die in breitem Ausmaß erfolgreiche, moderne Evolutionstheorie nicht von internen Widersprüchen, immanenten Wertprämissen und fundamentalen Erkenntnisgrenzen frei).
Die Integration biologisch-anthropologischer Daten kann deshalb keine Reduktion, sondern nur eine "Multiplikation" von Aspekten bedeuten, wie Liedtke (1984, 108) formuliert.
Untersuchungen über die sozio-kulturellen Transformationsprozesse mit Hilfe historisch-vergleichender und analytisch-interpretierender Methoden und Untersuchungen über die wissenschaftlich-theoretischen Aneignungsprozesse mit Hilfe metatheoretisch-erkenntniskritischer Methoden werden also nicht überflüssig. Im Zusammenhang mit einer pädagogischen Analyse therapeutischer Konzepte behalten ideologiekritische Überlegungen (z.B. Claußen 1979; Mollenhauer 1970; Gamm 1972, s.v.a. 151-160), systemtheoretische Reflexionen (s.z.B. Oelkers/Tenorth 1987), strukturanalytische sowie phänomenologische Bemühungen (z.B. Langeveld/Danner 1981; Guss 1975; s. auch im vergleichenden Überblick Ulich 1979) ihren zentralen Stellenwert.

Auf spezielle Probleme ausgerichtete wissenschaftliche Fragehaltungen finden wir schon innerhalb der Psychotherapieforschung im Übermaß - auch zu so "pädagogischen" Phänomenen wie der "Rolle des Therapeuten" und der "therapeutischen Beziehung" (vgl. Petzold 1980).
Mit einer detailorientierten "pädagogischen" Wendung in der Therapieforschung wäre deshalb wenig gewonnen: Empirische, hermeneutische, strukturanalytische u.ä. Ansätze sind ja ohnehin schon vorhanden. Außerdem liegt die Stärke der Pädagogik nicht gerade in einer methodologisch hochspezialisierten Untersuchung festumrissener, überschaubarer Phänomene - "genauere" Daten bezieht sie schließlich meistens selber von benachbarten Grundlagenwissenschaften.
Das herausragende Merkmal der Pädagogik scheint mir vielmehr darin zu liegen, daß sie ihren Gegenstand traditionellerweise als recht komplex begreift und daß sie auch ein Bewußtsein davon hat, mit einer gegebenen, schwer auflösbaren Komplexität umgehen zu müssen (vgl. Schorr 1981, 448-453). Theoretische Simplifikationen bei der Interpretation erzieherischer Zusammenhänge stoßen dementsprechend in der Pädagogik immer wieder auf relativ heftigen Widerstand (nicht zuletzt daraus lassen sich die enormen fachinternen Schwierigkeiten bei der Entwicklung einer konsensfähigen Terminologie erklären). Pointiert könnte man sagen, daß die Pädagogik dazu neigt, den Gegenstand in seiner ganzen Komplexität abzubilden und dafür auf theoretische Klarheit und Schlüssigkeit zu verzichten.
Positiv drückt sich diese Tendenz in den ausgeprägt "systematischen" pädagogischen Darstellungsversuchen aus (s.z.B. Dickopp 1983; Ballauff 1970; Benner 1978; Derbolav 1971; Brezinka 1981; Huppertz 1985; Lassahn 1983; Pöggeler 1974; in älteren pädagogischen Darstellungen war der "sytematische" Aspekt noch deutlicher

ausgeprägt, s.z.B. Göttler 1964 oder Kerschensteiner 1928; zur universalen Struktur pädagogischer Handlungssysteme vgl. auch Paschen 1979, 29-33 u. 51 f.). Nach Paschen (ebd.) muß eine praktisch-konkrete "Pädagogik" Wirklichkeit ganzheitlich-umfassend rekonstruieren. Die wissenschaftlichen Systematisierungsversuche wollen diesem realen Erfordernis theoretisch gerecht werden.
Für eine pädagogisch umfassende und weitgespannte Analyse therapeutischer Konzepte kann man genau diese - in der Pädagogik gutentwickelte - Tradition des "systematischen" Denkens, die den Zusammenhang elementarer Wirkungsbereiche betont (vgl. Paschen a.a.O., 27-30), nutzen. Damit wird ein adäquates Erfassen der therapeutisch-konzeptuellen Systemstrukturen erheblich erleichtert.

Gleichwohl bleiben auch die "systematischen" pädagogischen Kategoriengefüge grundsätzlich arbiträr (vgl. Paschen 1979, 28, 45 f. u. 52).
Eine ideale und generell gültige Einheitslösung konnte in der Pädagogik bisher nicht gefunden werden (ebd.). Nach Paschen ist jeder pädagogisch-theoretische Ordnungsversuch ein heuristisches Modell, dessen einzige Präzision darin besteht, daß die Relationen der pädagogischen Elementarkomplexe zueinander definiert sind (a.a.O., 45 f.).
Anders ausgedrückt: Die pädagogischen Systematiken geben ebenfalls keine verbindliche Auskunft über die erzieherisch-therapeutische Wirklichkeit (ebd.).
Sie können deshalb strenggenommen ausschließlich der Veranschaulichung, nicht aber der (Kausal-)Erklärung therapeutischer Strukturen dienen - wobei man den handlungspraktischen Wert einer plausiblen pädagogischen "Veranschaulichung" nicht unterschätzen sollte ...

Pädagogische Theorie soll letztlich bei der Lösung praktischer Probleme hilfreich sein.
In der subjekt-, erfahrungs- und aktionsbezogenen Reflexion situativer Sozialisationsprobleme hat sich die Pädagogik ebenfalls eine spezielle, von ihr traditionell betonte Kompetenz erworben, die andere Sozialwissenschaften erst seit einigen Jahren - z.B. im Rahmen von Aktionsforschungsprogrammen oder biographischen Forschungsansätzen - sukzessive erlangen.
Trotz mancher Befürchtungen, daß diese Perspektive unter dem Druck einer sich hauptsächlich empirisch-objektivistisch ausrichtenden Erziehungswissenschaft verlorengehen könnte, ist der Handlungsansatz in der Pädagogik lebendig geblieben. Didaktisch-methodische Überlegungen - seit jeher ein Kernstück bildungspraktischen Räsonierens - gewinnen darüberhinaus mit der gesellschaftlichen Leitvorstellung des lebenslangen Lernens eine universale Bedeutung, gerade auch im Hinblick auf intendierte, hier therapeutische Sozialisationsprozesse im Erwachsenenalter (vgl. hierzu auch Portele 1981).
Unter einem handlungsorientierten (pädagogischen) Blickwinkel lassen sich "praktische" Aspekte therapeutischen Tuns objekttheoretisch oder auch metatheoretisch untersuchen. Auf therapeutische Zustände übertragbar - und dort nützlich! - ist z.B. der Reflexionsstil H. v. Hentigs, etwa wenn er ein "Erkennen durch Handeln" (1982) fordert. Allerdings müßten dann - analog zu H. v. Hentig postuliert - Therapeuten zugleich forschen und Forscher zugleich therapieren (vgl. a.a.O., 175) oder - frei variiert - Therapeuten und Forscher nicht nur Verfahren entwickeln, sondern sich zugleich methodenspezifisch therapieren lassen, damit sie aus eigener Erfahrung hautnah kennen, wovon sie reden bzw. was sie abstrahieren.
Für ein situatives, konkretes und damit eigentlich erst handlungsrelevantes "Verstehen" therapeutischer

Zusammenhänge (ob theoretisch-konzeptioneller oder praktischer Natur) dürfte ein solcher pragmatisch-pädagogischer Blickwinkel unverzichtbar sein - auch, wenn dann der erziehungswissenschaftlich oft so ängstlich wie vergeblich gemiedene, utopisch-normative "Vorgriff auf Zukünftiges" (vgl. Mollenhauer 1982, 262 f.) theoretisch in gleicher Weise konstitutiv wird, wie er es bildungspraktisch schon immer ist (zur Notwendigkeit finaler Aussagen in der Pädagogik vgl. ebd.; Blankertz 1982, 75 ff.; Hentig 1985, 152). Die "Schmuddeligkeit und Totalität" des in der pädagogisch-therapeutischen Realität stattfindenden Erkenntnisprozesses (s. Hentig 1982, 170), die sich gegen eine keimfreie, übermäßig idealisierte wissenschaftliche Theorie sperrt, kann jedenfalls nur durch offene, unregelmäßig-variable, vielgliedrige und erfahrungsorientierte Raster analytisch eingefangen und diskutiert werden (vgl. a.a.O., 193 f.).
Wenn sich dadurch der pragmatische Abstand zwischen wissenschaftlicher Theorie und sozialer Praxis - auch im Therapiebereich ein Problem - etwas verringern ließe, wäre der Preis einer geringeren theoretisch-formalen Stringenz nicht zu hoch bezahlt.

Ohne noch einmal auf positionsspezifische Stärken einzugehen, seien einige generelle Vorteile von <u>pädagogischen</u> Ansätzen wiederholt:
Die Pädagogik hat Erfahrung im Umgang mit unentscheidbaren Diskurssituationen. Es gibt keine "beste" Allgemeinlösung für pädagogische Probleme. Stattdessen existieren viele, relativ gleichberechtigte Erklärungs- und Handlungsmodelle nebeneinander. Als Ergebnis dieser Erfahrung (die auch zahlreiche Enttäuschungen über zerplatzte bildungspolitische Hoffnungen einschließt) darf eine mittlerweile vergleichsweise geringe Illusionsbereitschaft der Pädagogik gegenüber "Musterlösungen" erwartet werden (vgl. hierzu Zedler

1982) - für metatherapeutische Analysen eine ideale, relative theoretische Unabhängigkeit und Distanz verbürgende Voraussetzung.
Die Pädagogik nimmt traditionell einen geistig-ideell eher weiten Blickwinkel ein. Geschichtliche, philosophische, psychologische und gesellschaftswissenschaftliche Aspekte werden vielfach differenziert berücksichtigt. Allerdings ist die empirische Methodologie der Pädagogik im Vergleich zu den Nachbarwissenschaften schlecht entwickelt. Insbesondere beschränkt sich die pädagogische Informationsaufnahme noch zu oft auf "ideengeschichtliche" und sprachliche Phänomene (wohingegen eine intensive und konkrete Untersuchung sämtlicher beobachtbarer Phänomene auf allen Zeichenebenen vonnöten wäre). Außerdem existieren erhebliche Berührungsängste bzw. Abneigungen gegenüber den Naturwissenschaften, die eine Integration basaler anthropologischer Daten in Bildungstheorien erschweren (vgl. Liedtke 1984, 97 f.). Dem Vorteil einer "ideenbezogenen" (geisteswissenschaftlichen) Weite steht also der Nachteil einer "realienbezogenen" (erfahrungswissenschaftlichen) Enge gegenüber. Wer das weiß, kann aber den vorhandenen theoretischen Vorteil nutzen und den Mangel auszugleichen versuchen.
Die Pädagogik besitzt Kompetenz im begrifflich differenzierten Umgang mit ganzheitlichen, person-, system- oder gesellschaftsumfassenden Prozessen. Bildungsentwürfe erfordern die Berücksichtigung vielfältiger Faktoren auf unterschiedlichen Ebenen, die dennoch zu einer gerichteten Einheit "systematisiert" werden müssen (vgl. Paschen 1979, 29-33). Wie aspektarm eine singulär herausgegriffene Erziehungstheorie im Einzelfall auch sein mag - der erziehungswissenschaftliche Vorrat an qualifizierteren "systematischen" Theoriemodellen und Rekonstruktionsversuchen ist ziemlich unerschöpflich.
Ähnlich wie bei anderen professionsorientierten Wissenschaftszweigen hat sich in der Pädagogik eine

pragmatisch-handlungsorientierte Komponente der Gegenstandserfassung entwickelt. Im Vordergrund stehen nicht "Wahrheiten" (auch nicht relative), sondern "Brauchbarkeiten", die u.a. mit Realisierbarkeit und Handhabbarkeit der Theorie zu tun haben: Beispielsweise technologische Regeln, Problemlösestrategien, entscheidungs- oder spieltheoretisch entwickelte Handlungspläne, bewährtes Erfahrungswissen. Aus der Fülle praktisch-pädagogischer Handlungstheorien lassen sich mit einiger Sicherheit vernünftige Destillate als brauchbare Orientierungs- und Beurteilungskriterien für therapeutisches Handeln gewinnen (vgl. hierzu Lengert 1981, 384-390; Hentig 1982; auch Kämmerer 1987).

2.4 "Bildung" als terminologisches Relais zur theoretischen Verarbeitung systemspezifischer Komplexität im psychokulturellen Bereich

Summarisch können wir "Bildung" als "den Prozeß der Formung eines Menschen, die Herausbildung einer Gesamtverfassung nach Vorstellungen, die Menschen selbst entwickelt haben", verstehen (vgl. Lassahn 1983, 10). Bildungsvorstellungen sind gesellschaftlich bedingt, damit kultur-, zeit- und gruppenspezifisch. Welches Wissen, welches Können und welche Verhaltensweisen für erstrebenswert gehalten werden, das hängt von den jeweiligen bildungs-"theoretischen" Zielvorstellungen ab (s. ebd.).

Wie insbesondere sozialisationstheoretisch herausgearbeitet worden ist, spielt sich "Bildung" dennoch nicht nur als ein kontrollierter, bewußter und explizierbarer Prozeß auf der ideellen Ebene ab und darf deshalb auch keineswegs ausschließlich normativ-postulatorisch betrachtet werden. Vielmehr sind Bildungsprozesse in gleicher Weise materialisierte,

bestimmten Funktionsgesetzlichkeiten unterworfene soziokulturelle Phänomene, die man erfahrungswissenschaftlich untersuchen muß (s. auch Geulen 1981, 57). Der Radius des "Sozialisations"-Geschehens reicht zudem erheblich über intentionale, bewußt wahrgenommene bzw. bewußt gesteuerte, kindheits- oder unterrichtsbezogene Prozesse hinaus (s. ebd.). Wenn man die sozialisationstheoretische Vorstellung von einer umfassend-allgemeinen gesellschaftlichen Vermitteltheit sozial-personaler Vorgänge ernst nimmt, dann ist "Sozialisation" auch im Erwachsenenalter und in speziellen Handlungsbereichen auszumachen (s. Nave-Herz 1981). Psychotherapie stellt sich demzufolge als Sonderform von Sozialisation dar (vgl. Portele 1981, 44 f.).
Der psychotherapeutische Prozeß läßt sich weder als bloßes "Lernen" noch als "Erziehung" zutreffend verstehen. Erstens beinhaltet jedes therapeutische Geschehen ein konzeptuelles Moment, durch das es wesentlich bestimmt wird. Therapeutische Akte sind grundsätzlich keine monadischen, isoliert aussagefähigen Verhaltens- oder Reaktionseinheiten, sondern "sinn"-volle (also semantisch geladene) Bestandteile eines komplexen therapeutischen Gesamtgefüges. Zweitens bilden einwegig-direktive Planungs-, Interaktions- und Manipulationszusammenhänge, die von den Adressaten der Veränderungsbemühungen bestenfalls reaktiv beeinflußt werden, im therapeutischen Handlungsbereich eher die Ausnahme und beschränken sich auf Extremkonstellationen - zumindest sind sie gesellschaftspolitisch mittlerweile weitestgehend unerwünscht (zu Recht, wie ich meine, insbesondere im Rahmen der Erwachsenen-Sozialisation).
"Erziehung" ist dagegen - wenn man die Alltagssprache mitanklingen läßt und den Begriff nicht völlig synthetisch faßt - von der Grundlage her asymmetrisch, dirigistisch sowie linear. Im Zusammenhang mit der Beeinflussung Erwachsener haftet dem Erziehungsbegriff deshalb ein etwas irritierender Beigeschmack an. Selbst

der Sozialisationsbegriff läßt bei der Anwendung auf Entwicklungsprozesse im Erwachsenenalter unpassende Assoziationen aufkommen. Betrachtet man "Therapie" z.B. als Geschehen, das personale "Selbstfindung", "Selbstverwirklichung", "Mündigkeit" o.ä. ermöglichen soll, so fällt es schwer, gleichzeitig von "Sozialisation" zu sprechen (vgl. Portele 1981, 56 f.) - emanzipatorischer Anspruch und depersonalisierender Sprachstil würden ganz offensichtlich auseinanderklaffen.
Andererseits muß Psychotherapie als sozialisationswirksamer und gesellschaftlich bestimmter Formungsprozeß verstanden werden, wie wir gesehen haben. "Bildung" bietet sich mithin aus sachlichen und aus "sprachpolitischen" Gründen (vgl. Drerup 1981, 375 f.) zur Bezeichnung therapeutischen Geschehens an.

Wenn es darum geht, pädagogische, hier psychotherapeutische Phänomene auf allen Ebenen unter strenger Berücksichtigung ihres sozio-kulturellen Kontextes zu beleuchten, zeigt der Bildungsbegriff im Vergleich zu anderen pädagogischen Kernbegriffen - bündig rekapituliert - drei Vorteile:

a) "Bildung" betont den kulturellen, bildungs- und gesellschaftspolitische Aspekte einschließenden <u>Zusammenhang</u> des multidimensionalen Geschehens. Der Blick wird auf das systemtypische "Ganze" der gesellschaftsinternen pädagogischen Vorgänge gelenkt. Die normative und programmatische Dimension therapeutischer Handlungen bzw. Überlegungen läßt sich dabei begrifflich kaum mehr von den funktionalen, natur- oder sozialgesetzlichen Komponenten absondern.
b) Das konnotative Schwergewicht von "Bildung" liegt auf dem Aspekt des Gestaltens, Formens, also auf einer ikonographischen, konfigurativen, infolgedessen auch phänomenologisch erfaßbaren oder analog rekonstruierbaren Größe. Mit Hilfe eines auf dieser

semantischen Grundlage instrumentalisierten Bildungsbegriffs kann man gut therapeutische "Formstrukturen" identifizieren. Dadurch wird die "Gestalt" der Konzepte und Systeme im Sinne einer modellhaft verdichteten Anordnung von vielen, in ihrer Gesamtheit nicht überschaubaren Einzelphänomenen erkennbar und analysierbar.

c) Als einziger pädagogischer Kernbegriff drückt "Bildung" den fundamentalen und unablässigen reflexiven Bezug des Menschen zu sich selbst nachhaltig und unmittelbar aus. Jeder Mensch bzw. jedes soziale Subjektsystem "ist auch Produkt seiner eigenen Tätigkeit" (vgl. Lassahn 1983, 10 f.), d.h. Ergebnis einer Gestaltung nach Vorstellungen, die "im eigenen Bewußtsein" als "Selbstbewußtsein" entwickelt worden sind (ebd.). Dieser subjektive Faktor kommt weder beim Erziehungs- oder Sozialisationsbegriff noch beim Lernbegriff angemessen zur Geltung.

Die Diskussion des Bildungsbegriffs und die Beleuchtung des psychotherapeutischen Handlungsfeldes zeigen, daß "Bildung" einen tragfähigen Fundamentalbegriff zur pädagogischen Analyse therapeutischer Konzepte abgibt. Das psychotherapeutische Handlungsfeld ist von einer illustren Vielschichtigkeit, der nur ein äußerst aspektreicher und offener Terminus gerecht wird. Wir finden eine verwirrende Vielzahl konkurrierender therapeutischer Konzepte, die das komplexe Geschehen sozial-personaler Beeinflussung auf unterschiedlichste Weise deuten und angehen. Weder über den Ort und den Rahmen noch über das Ziel und die Mittel psychisch-mentaler "Heilung" besteht Einigkeit. Selektive normative Entscheidungen beginnen mit den spezifischen Vorstellungen über "Psyche" und "Krankheit" und enden bei den praktisch-konkreten Einmischungen in der therapeutischen Situation: Wer wen bzw. was wohin und wie und von welchem institutionellen Boden aus "therapeutisch" beeinflussen soll - das wird innerhalb unserer Gesellschaft theoretisch wie praktisch sehr kontrovers beantwortet. Terminologische Divergenzen überlagern dabei die inhaltlich-substantiellen Konzeptstrukturen, so daß vor einer vergleichenden Strukturanalyse therapeutischer Ansätze eine terminologische Transformationsbasis für die vielen "therapeutischen Sprachen" gefunden werden muß. Ein solches grundlegendes begriffliches Schaltaggregat existiert im Therapiebereich nicht.

Die Folgen sind durchaus handfest: Selbst im "harten", klinisch-etablierten Psychotherapiebereich fehlen systeminterne Integrationsmöglichkeiten für differente Aussagensysteme. Natur- und sozialwissenschaftliche Befunde lassen sich kaum mit den geisteswissenschaftlich-hermeneutischen, den pragmatisch-heuristischen, den narrativen und den fiktional-kreativen "Theorie"-Elementen koppeln. Anstelle fruchtbarer Verständigung bleibt oft nur destruktive, von gegenseitigem Unverständnis gekennzeichnete Abgrenzung. Insbesondere den ideologisch disparaten therapeutischen Schulrichtungen fällt ein grenzüberschreitender, konstruktiver Dialog schwer.

Das Problem multipliziert sich, wenn man die wissenschaftlich nicht-etablierten und die nicht-klinischen Therapie-Verfahren hinzuzieht, und es potenziert sich, wenn man psychotherapeutisches Handeln quer zu den momentan vorherrschenden "Therapie"-Begriffen liest, um es dann auch in anderen gesellschaftlichen Funktionsbereichen, z.B. im Erwachsenenbildungsbereich, im Kunstsektor oder im konfessionell-religiösen Bereich zu finden.

Wir haben gesehen, daß in der Bundesrepublik (ähnlich wie in den anderen westlichen Industrienationen) ein dynamischer, ungeordneter Pluralismus von psychotherapeutischen Handlungsansätzen besteht. Diese Vielfalt läßt sich gegenwärtig nicht in eine substantielle therapeutische Einheitstheorie überführen oder durch eine solche ersetzen (vgl. Quekelberghe 1979, 337). Realisierbar wäre aber eine Verbesserung der vorhandenen, konzeptspezifischen Vermittlungsfunktionen und die Entwicklung einer allgemeinen und flexiblen sprachlichen Transformationseinheit (vgl. ebd.). Der offene und polyvalente Bildungsbegriff, der deskriptive und präskriptive, objektbezogene und selbst-referentielle, rationale und emotionale, makrosoziale und personale, reale und fiktionale Komponenten vereinen kann, ist für eine solche sprachliche Vermittlungsaufgabe geeignet. Als terminologisches Relais vermag "Bildung"

a) unterschiedliche Aspekte von Psychotherapie zu verknüpfen und in ihrer kohäsiven Gesamtstruktur abzubilden,
b) unterschiedliche Therapiebegriffe (bzw. deren Segmente) zu übersetzen und kompatibel zu machen.

Psychotherapiebezogene Kommunikationsprobleme auf praktischer oder auf wissenschaftlicher Ebene lassen sich mit Hilfe eines solchen Relais beheben oder mildern. Das "Aneinandervorbeireden in wissenschaftlichen Diskussionen" (s. König 1978, 55), das die klinisch-psychotherapeutischen Disziplinen mit Sicherheit im gleichen Maße betrifft wie die Erziehungswissenschaft (vgl. ebd.), wird aber nicht in Form eines von den einzelnen Schulrichtungen sprachlogisch "präzisierten", "verständlich" geführten Diskurses zu vermeiden sein (wie König, ebd., das erhofft).
Derartige metasprachliche Problemlösungserwartungen in Bezug auf soziale, gesellschaftlich grundsätzlich konfliktträchtige Fragestellungen halte ich für hochgradig illusionistisch (vgl. auch Koslowski 1988, 28 f.). Therapeutische Ansätze werden sich stets - berechtigt - von einer "subjektiven", perspektivischen Position aus und in spezieller, "subjektiver" Weise auf ihren Gegenstand zubewegen. Konkurrierende institutionelle Verankerungen und normativ-selektive, also primär konfliktmäßig, nicht verständigungsmäßig zu vertretende

"Intentionen" sind dabei eingeschlossen. Die Leistungsfähigkeit und Existenzberechtigung eines therapeutischen Ansatzes zeigt sich eben gerade - und bestenfalls - in seiner individuellen (beschränkten, disparaten, "subjektiven") Sicht- und Handlungsweise, die eine spezielle "Sprache" erforderlich macht (falls das Konzept wirklich einen "individuellen", spezifischen therapeutischen Zugang eröffnet und nicht bloß eine verbalistische Attrappe von therapeutischer Individualität abgibt, die schon längst in übergreifenderen Handlungsansätzen vollständig eingefangen ist).
Wie in der Pädagogik lassen sich auch im Bereich der Psychotherapie die einzelnen Konzepte nicht zwingend hierarchisieren. Selbst die ideale "Einheitstherapie" oder die metatheoretisch normierte, "geklärte" Therapie-Sprache wäre nicht mehr als einer der gleichrangigen, weil spezifisch, aber nicht umfassend-allgemein "gültigen" Ansätze (s. Paschen 1981). Mit dem praktischen und sprachlichen "Durcheinander" im Bereich psychokulturellen Handelns muß man sich deshalb abfinden. Es liegt in der Sache: Soziales, gesellschaftliches Agieren ist immer zwischen "objektiven" und "subjektiven" Momenten eingespannt, und im empfindlichen, hochkomplexen, dynamischen Bereich psychokulturellen Tuns würde sich die therapeutische "Einheitslösung" rasch als gesellschaftlich disfunktional (konsequent auch gar nicht durchführbar) erweisen.
"Bildung" als terminologisches Relais soll infolgedessen nicht als Ersatzbegriff für die eigenständigen therapeutischen Begriffsbemühungen dienen, die in ihrem Wert zunächst grundsätzlich zu akzeptieren sind. Die Funktion des Bildungsbegriffs besteht vielmehr ausschließlich in der heuristischen Abbildung und Übersetzung vorhandener therapeutischer Aussagensysteme - nicht zum Zweck der Aufhebung, sondern der Vermittlung von Verschiedenheiten.

Nach einer solchen Transformation lassen sich Nutzen und Berechtigung einzelner Ansätze überhaupt erst sinnvoll diskutieren, sofern man nicht Äpfel und Birnen in einen Korb werfen will (vgl. Lewin 1963, 80). Daß dann trotz alledem auch die bildungstheoretisch gedolmetschten Therapievorstellungen noch kontrovers wahrgenommen und beurteilt werden, ein metatherapeutisches Unisono also in keinem Falle - auch unter den Wissenschaftlern nicht - erreichbar ist, - das setze ich dabei voraus. Es wäre ja schon viel gewonnen, wenn sich die therapeutischen Handlungsträger, die diskurs- und kooperations- bzw. einigungsbereit sind (ob Personen, Gruppen oder Institutionen), einer gemeinsamen Begriffseinheit bedienen könnten, die die inkommensurablen Konzeptaussagen wenigstens partiell konvertibel macht. Sprachlich nicht mehr aufhebbare Erkenntnis- und Interessengegensätze in Bezug auf psychokulturelles Handeln mögen danach ruhig politisch entschieden werden.

Selbstverständlich drückt auch der in der vorliegenden Studie sukzessive explizierte, weite Therapiebegriff nur eines von zahlreichen möglichen Therapieverständnissen aus. Man kann weiterhin die juristisch und medizinisch enggeführte "Psychotherapie" präferieren (Definitionen sind keine objektiv-"wahre", quasi naturgetreue Abbildung der Realität, sondern metatheoretische Normen; vgl. König 1978, 75; Hayakawa 1969, 21-34; ders. 1984, 233. Die Zweckdienlichkeit einer Norm hängt u.a. von der zugrundeliegenden Interessenlage ab -: nachdem im Handlungsfeld der Psychotherapie die Interessen vielfach dissonieren, sind divergente Therapie-Begriffe nur zu natürlich).
Um die vorhandenen "therapeutischen" bzw. therapeutisch ambitionierten Konzepte vorurteilslos und ohne Vorselektion auf ihre Berechtigung und ihre Leistungsfähigkeit hin analysieren zu können, bedarf es aber der weitestmöglichen Auslegung des Gegenstandes.

Hierfür bietet sich "Bildung" als offene und facettenreiche, deskriptiv-wertneutral verstandene Grundkategorie an.
Unter inhaltlich-objekttheoretischen und unter sprachpragmatisch-metatheoretischen Gesichtspunkten lassen sich Psychotherapien vorteilhaft als "therapeutische Bildungsformen" begreifen. Dabei wird sekundär, ob der psychokulturelle Beeinflussungsmodus den Namen "Therapie" trägt. Primäres Bestimmungsmerkmal für psychotherapeutische Prozesse ist die Absicht bzw. der Versuch, systeminterne (= "psychische") Dispositionen sozialpersonaler Entitäten gemäß einer teleologischen Leitvorstellung positiv zu verändern.
Der Zusammenhang zwischen psychotherapeutischen Konzepten und "anderen" Kultur- und Bildungsformen bleibt aus dieser Perspektive offensichtlicher; außerdem wird Psychotherapie für die Pädagogik auf fundamentale Weise begrifflich zugänglich gemacht.

Die systemspezifische Komplexität im psychokulturellen Bereich wird man - ob am Detail oder am vernetzten Gesamtkontext - nur mit einem Blick auf das jeweilige "Ganze" in seiner ökologischen Verbundenheit begrifflich adäquat verarbeiten können.
Die spezialisierte und fragmentarisierte Rekonstruktion von Wirklichkeit in den modernen Wissenschaften hat inzwischen ein Defizit an umfassend-integrativen und holistischen Erkenntnisweisen deutlich werden lassen, die zur Bewältigung der wachsenden sozialen Orientierungs- und Steuerungsprobleme erforderlich wären. Mit nicht eingelösten Orientierungsversprechen sind insbesondere die an umrissenen Praxisfeldern ausgerichteten Sozialwissenschaften konfrontiert, deren Hauptaufgabe in der Erzeugung vernünftiger handlungsleitender Erkenntnisse bestünde. Die Zahl der in sozialen Problemsituationen wirklich greifenden theoretischen Aussagensysteme dürfte nur einen geringen

Bruchteil der wissenschaftlich produzierten Theorien ausmachen. Das gilt auch im Therapiebereich. Nun ist die geringe Praxisrelevanz einer sozialwissenschaftlichen Theorie zunächst weniger ihrem spezialisierten Hersteller anzulasten, als daß sie das Fehlen von begrifflichen Integrations- und Transformationsprozessen zeigt, durch die unterschiedliche Theorien synchronisiert und in eine praxisnahe Anwendungssprache rückübersetzt werden könnten. Ob eine Theorie - wie abstrakt und praxisfern auch immer - eine praktisch bedeutsame Orientierungsfunktion besitzt, erweist sowieso erst der theoriegeleitete Handlungsvollzug in der Realsituation. In jedem Falle aber müssen handlungsorientierte Theorien wie psychotherapeutische Konzepte "ganzheitlich" betrachtet werden. Der Erwachsenenbildner oder Therapeut hat in der pädagogisch-therapeutischen Situation gar keine andere Wahl, als "im ganzen" psychoanalytisch, primärtherapeutisch oder nach seiner subjektiven Theorie vorzugehen: Jede pädagogische Situation stellt eine unauflösliche, holistische Einheit aus objektiv gegebenen Komponenten dar, jeder Therapeut ist als Handlungsträger ein subjektives Gesamt von Gedanken, Urteilen und Gefühlen, und jede praktisch-konkrete Situationsbeurteilung bzw. Handlungsreaktion erfolgt als kohärenter Akt.

Auch einseitig-unvollständige Konzepte sind im übrigen "ganzheitlich" - nur eben insgesamt defizitär und stark wirklichkeitsverzerrend.

Die Totalität eines psychotherapeutischen Handlungszusammenhanges erzeugt mehr als einen unüberschaubar strukturierten Wust aus vielen einzelnen Geschehenssträngen; sie läßt in konzeptueller und in situativer Hinsicht eine semiotisch faßbare Konzentration auf eine bestimmte strukturelle Konfiguration hin erkennen (vgl. hierzu Metzger 1975 a, 18-24). Genau diesen gestalthaften, zur "Prägnanz" neigenden Ganzheitsaspekt im therapeutischen Geschehen kann der

Bildungsbegriff mit seinen analogen Bedeutungsmustern besonders gut erfassen.
(Epistemologische bzw. methodologische Rechtfertigung und Vertiefung erfährt ein solches strukturanalytisches Verständnis von "Bildung" - neben den bereits erwähnten Untermauerungen des Ansatzes - beispielsweise aus systemtheoretischen Modellen, s. z.B. Bertalanffy 1970, 97-202, v.a. 170 f.; Luhmann/Schorr 1979; Münch 1976; s. auch Oelkers/Tenorth 1987, 13-54 u. 304-329; ebenso aus der evolutionären Erkenntnistheorie, s.z.B. Lorenz 1977, 52 f., 62 f., 219 f., 223 ff., 285, 303 f.; Riedl 1988, 28, 37, 172-181, 200 f., 205 ff., v.a. 208-213, 225, 240 u. 248 f.; Vollmer 1987, 45-56, 90-94, 97-102, 173-176, 212 f.; ders. 86/87, 30-32; auch von modelltheoretischer Seite, vgl. z.B. Herzog 1984 und Stachowiak 1983; in besonders fruchtbarer Weise aus der Feldtheorie bzw. topologischen Psychologie K. Lewins, s.z.B. Lewin 1963 u. 1969, u. aus der Gestalttheorie, s.z.B. K. Bühler 1960, Guss 1975 u. Metzger 1949).
Eine Identifikation von kohärenten Mustern und eine Rekonstruktion von strukturellen Zusammenhängen läßt sich mit Hilfe des Bildungsbegriffs im Mikro- und im Makrobereich leisten. In der Psychotherapie spielt z.B. personale Identität - der Umgang mit Identitätsmustern und Identitätskrisen - eine zentrale Rolle. Auf mikrosozialer Ebene sind Familienstrukturen, Erziehungsstile oder ritualisierte Kommunikationsformen von Bedeutung, und auf makrosozialer Ebene geht es psychotherapeutisch beispielsweise um die Struktur des Gesundheitssystems, die historisch-gesellschaftliche Gesamtsituation in ihrem Einfluß auf die Gesundheit der Menschen oder die psychostrukturellen Implikationen einer Kultur.
Therapeutische Konzepte lassen desweiteren unterschiedliche Gesamtmuster in der Handlungsorganisation erkennen: Eine sozialökologische "Milieutherapie"

(Cumming 1979) ergibt ein anderes Bild und hat einen anderen praktischen Brennpunkt als eine verhaltenstherapeutische Gruppentherapie (s. Grawe 1980) oder eine Encounter-Gruppe (Rogers 1984). Wenn sich hier auch überall Unterschiedlichkeiten zeigen - in der Tatsache der Musterbildung konvergieren die einzelnen therapeutischen Phänomene und werden dadurch für eine "Bildungs"-Analyse zugänglich.

Die gesellschaftliche Organisation psychotherapeutischen Handelns hängt von den gesellschaftsspezifischen Steuerungsprinzipien und von den historisch entwickelten psychokulturellen Vorstellungsmustern ab.
Zur pädagogischen Beleuchtung therapeutischer Zusammenhänge benötigt man infolgedessen auch gesellschaftstheoretische Kategorien. Umfassende makrosoziale Gebilde wie "Gesellschaft" und "Kultur" sind aber weder als Struktureinheit noch in ihren strukturalen Bestandteilen "anschaulich". Sie entziehen sich direkten und "natürlichen" Beobachtungen. Ohne theoretisch-analytisch gewonnene Grundbegriffe können psychotherapeutische Phänomene deshalb nicht angemessen betrachtet werden (zur Bedeutung von Konstrukta in psychologischen Zusammenhängen s. Lewin 1963, 74-85).
Daß die theoretische Verarbeitung psychotherapeutischer Komplexität gleichwohl eine strikte Berücksichtigung gesellschaftsumspannender Bedingungsstrukturen erfordert (- unter diesem Gesichtspunkt zeigen die klassisch idealistischen Bildungstheorien mit ihren bürgerlichen Totalitätsvorstellungen einige höchst moderne Züge -), wird deutlich, wenn man einen analytischen Blick auf das institutionalisierte "Selbstverständliche" bzw. Gesetzmäßig-"Zwangsläufige" der therapeutisch-psychokulturellen Lebenswelten wirft.
Die Existenz kassenrechtlicher und privatrechtlicher, legitimierter und verpönter therapeutischer Versorgungsweisen, ja die Existenz eines professionellen

"Psychotherapeuten" überhaupt setzen entsprechende Rahmendefinitionen voraus, die im Alltagshandeln gemeinhin unbemerkt bleiben. Schon die Annahme eines relativ autonomen psychischen Bereiches - Voraussetzung für die gesellschaftliche Ausdifferenzierung eines speziellen psychotherapeutischen Funktionssystems - ist alles andere als selbstverständlich.
Das hebräische Denken des Alten Testaments - synthetisch-ganzheitlich, stereometrisch und semantisch weiträumig (s. Wolff 1973, 22 ff.) - kennt beispielsweise keinen isolierten und eigenständigen Begriff von Seele, wie er in unserer abendländischen Tradition geläufig ist (s. a.a.O., 21 f. u. 25 f.). Der Raum des Menschlichen wird aspekthaft und im gesamten psycho-physischen Kontext repräsentiert (vgl. a.a.O., 25-48). Leben stellt primär eine holistische Einheit dar und ist nicht in disparate Subsysteme fraktioniert, die gewissermaßen ein losgelöstes "Eigenleben" führen.
Es braucht nicht erläutert zu werden, daß seelische Heilung in diesem kulturellen Kontext anderes bedeutet und auf andere Weise zu erzeugen ist als in unserer Gesellschaft. Um solche konstitutiven "Bildungs"-Faktoren aufzuspüren, muß man neben historischen und kulturvergleichenden Instrumentarien rahmenkritische Verfahren einbeziehen, z.B. wissenssoziologische, interaktionistische und ethnomethodologische (s. z.B. Berger/Luckmann 1980; Schütz/Luckmann 1979; Goffman 1980; Patzelt 1987; Weingarten u.a. 1976).
Der Bildungsbegriff dient dabei wiederum zur Vermessung unterschiedlicher - phänomenaler oder theoretischer - "Räume" (sozialer, personaler, gesellschaftlicher, zeitlich-prozeduraler, lebensweltlicher ...) und zur Abstimmung der rekonstruierten Raumstrukturen - wobei die identifizierten Muster provisorische heuristische Konfigurationen sind und synchronische wie diachronische Zusammenhänge versuchsweise repräsentieren sollen (vgl. hierzu Eco 1985, 420 u. 425 f.).

Entscheidend bleibt, daß man mit Hilfe des Bildungsbegriffs auf allen Ebenen der Abstraktionsleiter und im raschen, geordneten Wechsel von einer Ebene zur anderen zu operieren vermag (s. auch Hayakawa 1984, 250 u. 252).

Die bildungstheoretischen Verknüpfungsmöglichkeiten beschränken sich nicht auf formale Synthesen, sondern bedingen eine gewisse inhaltliche Universalität - allerdings eine von recht subtiler Qualität. Das Bedürfnis nach neuen theoretischen Einheitsbildungen ist groß, auch im Therapiebereich; es wächst wohl im gleichen Maße, wie die gesellschaftliche Zersplitterung des Wissens und Handelns voranschreitet (zum Problem der sozialwissenschaftlichen Desintegration s. z.B. Malewski 1977, 1-22). Man kann das allgemeine mentale Integrationsproblem in der modernen Gesellschaft sogar zum Hauptgegenstand des pädagogischen Diskurses erklären (s. Künzli 1988, 368 f.).
An eine substantielle und allgemeingültige sozialtheoretische Vereinheitlichung ist heutzutage dennoch nicht zu denken, ganz abgesehen davon, daß ihr Wert im Rahmen der neuen kulturellen Modernitäts- und Postmodernitäts-Diskussion vielfach generell in Abrede gestellt wird (vgl. Castoriadis 1983, 176 ff.; Welsch 1988, 16-18). Theoretische Gesamtkonzeptionen sind in ihrer spezifischen und partikularen Reichweite durchschaut, und manifeste Einheit wird eher als negative Uniformität empfunden (s. Welsch ebd.).
Die kulturell allerorten anzutreffende Pluralität der Konzepte, die homogene Stilempfindungen und Rationalitätsvorstellungen in vielen Bereichen - von der Mode über die Architektur bis zur Gesellschaftstheorie - sogar programmatisch-konzeptionell verdrängt (s. hierzu Welsch 1988, Koslowski 1988, Huyssen 1986), zeigt sich als Gegebenheit auch im Handlungsfeld der

Psychotherapie. Der psychokulturelle Diversifikationsprozeß läßt sich aber nicht mehr aufheben und sollte als Faktum und als pluraler Lösungsansatz für einen universell nicht lösbaren Problemkomplex akzeptiert werden. Von einer solchen normativen Offenheit und theoretischen Selbstbescheidung kann man im Therapiebereich allerdings nur stellenweise etwas spüren. Der Uneinigkeit der einzelnen Konzepte und der geringen Ausbeute an haltbaren therapeutischen Allaussagen stehen schulische Alleinvertretungsansprüche und universale Therapievorstellungen gegenüber. Diese Diskrepanz zwischen der therapeutischen Realität - die in ihrer Desintegration strukturelle Ähnlichkeit zu anderen gesellschaftlichen Funktionsbereichen wie auch zu gesamtgesellschaftlichen Entwicklungstendenzen hat (vgl. zur Individualisierung in der modernen "Risikogesellschaft" Beck 1986, 205-219) - und den therapeutischen Konzeptvorstellungen gilt es in allen ihren Schattierungen nachzuzeichnen. Wenn Muster in unserer Welt evolutiv wirksam sind (vgl. Riedl 1988, 208, 212, 225), dann kommt der Identifizierung analoger "Bildungsstrukturen" auf den ineinander verschränkten Ebenen des Gesellschaftssystems, des Funktionssystems und des situativen Geschehens große Bedeutung zu (ohne daß die Gestalt-Befunde leichtfertig interpretiert werden dürfen, vgl. a.a.O., 240).
Wo kann man nun aber mit einiger Erfolgsaussicht nach konzeptübergreifenden <u>inhaltlichen</u> Kristallisationen suchen, wenn die psychokulturelle Welt so zerstückelt ist?
Ein erstes Reservoir von inhaltlichen Gemeinsamkeiten läßt sich bei therapeutischen Konzepten aus der verwandten Lokalisation des therapeutischen Gegenstandes ableiten: Psychotherapeutisches Bemühen richtet sich grundsätzlich auf das "innere Universum" eines sozialpersonalen Systems, wenn auch perspektivisch und

ausschnitthaft; beeinflußt werden sollen Interpretationsweisen, Bewertungsmuster, Verhaltensdispositionen oder Binnenstrukturen. Diese objektbezogene Gemeinsamkeit dürfte über alle theoretischen Differenzen hinweg auch gewisse konzeptuelle Strukturgleichheiten implizieren - und die sind mit Hilfe des Bildungsbegriffs an die Oberfläche heraufzuholen (manche therapeutischen Konzepte erinnern in ihrem Gegenstandsverständnis sogar direkt an traditionelle Bildungsbegriffe, wie man sie zwischen Meister Eckhart und dem Neuhumanismus findet; an einigen Stellen der Untersuchung ist das bereits angeklungen).
Eine zweite Ebene von inhaltlichen Verbundenheiten tut sich mit dem sozialen "Hyper-Raum" der (post-)modernen Gesellschaft auf (vgl. hierzu Jameson 1986, 81-100). Sozial-kulturelle Zersplitterung und Dezentrierung ist ja nur die eine Seite der gesellschaftlichen Entwicklung. Auf der anderen Seite steht die neue Totalität eines multinationalen gesellschaftlichen Raums, der von einem uniformen zivilisatorischen Rahmen, universalen Kommunikations- und Interaktionsnetzen und einer Globalisierung der sozio-kulturellen Probleme bestimmt wird. Das Handlungsfeld der Psychotherapie ist Teil und Abbild eines solchen gesellschaftlichen Hyper-Raums, dessen komplexe Binnenstruktur unser bisheriges Orientierungsvermögen übersteigt (vgl. Jameson a.a.O., 81 u. 93 ff.).
Konkret heißt das: Psychotherapeutisches Handeln findet heutzutage grundsätzlich vor dem Hintergrund überregional bedeutsamer Bedürfnislagen und allgemein verfügbarer Wissensbestände statt. Psycho-Kultur - Angebot, Nachfrage und Forschung - ist international; die Schulrichtungen wissen voneinander und handeln im Wissen um die Existenz anderer Konzepte. Selbst die "ungewöhnlichsten" therapeutischen Phänomene im Bereich der westlichen Industrienationen können nicht mehr singulär, sondern nur noch in Verbindung oder in

Kontrast zu anderen Ansätzen, also im Kontext des psychokulturellen Gesamtgefüges angemessen analysiert werden: Der Indianer-Schamane, der einen Gast-Workshop in einem mitteleuropäischen Psycho-Zentrum abhält, ist gar nicht so exotisch, wie es erscheint; das psychokulturelle Informationsnetz hat ihn längst in die allgemein zugängliche Methoden-Bank einer "Welt-Therapie" hineingemengt und handlich gemacht. Eklektische Ansätze (die im übrigen auch nur spezielle Gültigkeit besitzen können und keineswegs tauglicher sein müssen als die verwerteten schulischen Verfahren) drücken die globale kommunikative Kohärenz psychotherapeutischer Konzepte besonders anschaulich aus.
Auf praktischer Ebene sind konzeptuelle Modifikationen und Kombinationen im psychokulturellen Bereich alltäglich - Seelsorger verwenden psychoanalytische Klassifikationsmuster, Erwachsenenbildner gestalttherapeutische Techniken, Gesprächstherapeuten integrieren verhaltenstherapeutische Elemente, Eheberater bieten Psychodrama und Bioenergetik an. Derartig offenkundige Überschneidungen stellen sicherlich nur einen kleinen Teil des "inneren Bandes" dar, das den unüberschaubaren, aber realen "Hyper-Raum" des psychotherapeutischen Handlungsfeldes dezent zusammenhält.
Bildungstheoretisch rekonstruiert werden sollten natürlich gerade die unterschwelligeren Verbindungsfäden - bei der vorhandenen therapeutischen Pluralität keine leichte Aufgabe.

Wenn sonstwo nirgends - auf der Ebene der "Erzähler" und "Erfinder", also auf der Ebene der therapeutischen Subjekte verdichtet sich das Therapiegeschehen auf jeden Fall zu einem substantiellen "Bildungsgeschehen". Therapeutische Konzeptbildung ist ohne rekursiven, selbstreferentiellen Subjekt-Bezug des Handlungsträgers nicht denkbar.

Explizit zeigt sich dieser Rückbezug in Form von Selbstthematisierungen, metatheoretischen Standortbestimmungen, Ausformulierung des therapeutischen Selbstverständnisses.
Analytisch weitaus bedeutsamer sind aber die impliziten Selbstreferenzen, d.h. die konzeptimmanenten Selbstdeutungen, die zwar Handlungen konstituieren, aber nicht ins Sichtfeld treten. Zu erkennen geben sich solche heimlichen Selbst-Auslegungen vor allem an den institutionalisierten "Selbstverständlichkeiten", von denen das therapeutische Subjektsystem stillschweigend und ohne Reflexion Gebrauch macht - beispielsweise, wenn Geistliche nach einem Todesfall den Angehörigen ritualisierten "Trost" spenden; Humanistische Psychologen "Naturerfahrung", "Trauerbewältigung" oder "Wärme" versprechen; Psychiater Gutachten über die Zurechnungsfähigkeit von Tätern erstellen.
Man kann sagen, wenn nicht vorher, spätestens mit der Ausführung seiner Handlungen definiert sich das therapeutische Subjekt selbst: Ein therapeutisches Konzept ist eine Spielanleitung, und ein definiertes Spiel funktioniert nur, wenn alle Beteiligten ihre Rollen wie vorgesehen ausfüllen. Das gleiche gilt jedoch auch auf der meta-therapeutischen Ebene: Den Ausgangspunkt für eine "reine" theoretische Erkenntnis gibt es nicht - als Fundament redlicher Forschungsarbeit bleibt die dialektisch verknüpfte Bereitschaft zur permanenten kritisch-reflexiven Introspektion und zum konzeptüberschreitenden, offenen Dialog (vgl. auch Hagehülsmann 1985, 9-13).
Das therapeutische Spielgeschehen in seiner Gesamtheit ist heute sehr verwirrend geworden: Spielregeln und Spielgrenzen verwischen sich und werden nicht mehr akzeptiert; geschützte Kompetenzbereiche gelten nicht mehr und werden unterwandert; kein Ansatz,

keine therapeutische und keine meta-therapeutische Institution genießt absolutes gesellschaftliches Vertrauen - mit Recht, da jedes therapeutische Konzept auf eine spezifische Sichtweise mit einer bestimmten Interessenlage zurückgeht und eine spezifische "Wirklichkeit" mit einer bestimmten Wirkung erzeugt. Selbst "wissenschaftliche" Therapiekonzepte zeigen sich unwissenschaftlichen Praktiken nicht zwangsläufig und in allen Belangen überlegen: Sie sind meistens theoretisch-alltagsfern entstanden, mithin abstrakt gültig, während die subjektive Theorie des Praktikers sich den eigenen Handlungssituationen annähert, also nur begrenzt, aber im Einzelfall immerhin konkret gültig sein kann (vgl. Lengert 1981, 390 f.).
Dem Bildungsbegriff käme in diesem widersprüchlichen Zusammenhang nicht nur eine horizontale Vermittlungsfunktion zwischen Ansätzen auf gleichem Abstraktionsniveau zu, sondern auch eine vertikale Vermittlungsfunktion zwischen "praktischen" und wissenschaftlich-theoretischen Zugangsweisen.
Grundsätzlich aber erlaubt die pädagogische Analyse therapeutischer Konzepte auf der Basis des Bildungsbegriffs, die therapeutische Verantwortung in vollem Umfang dort zu sehen, wo sie hingehört: beim Handlungsträger und seinem psychokulturellen Entwurf.

2.5 Skizzierung eines strukturanalytischen Grobrasters für die bildungstheoretische Untersuchung therapeutischer Konzepte

Bei der Frage nach der Brauchbarkeit des von mir im ersten Teil der Untersuchung entwickelten bildungsterminologischen Ansatzes habe ich hervorgehoben, daß der Ansatz sich in der Anwendung auf einen konkreten Untersuchungsgegenstand bewähren muß.
In allgemeiner und vorläufiger Weise wurde die instrumentelle Tauglichkeit des Bildungsbegriffs im zweiten Teil am Beispiel der Psychotherapie erprobt - objekttheoretische und terminologische Parallelitäten oder sogar Berührungspunkte zwischen "Bildung" und "Therapie" ließen sich ja auch tatsächlich in hinreichender Zahl erkennen.
Über eine andeutende Geste konnte der methodologisch-experimentelle Aspekt des begrifflichen Anwendungsversuchs bei dem Allgemeinheitsgrad der objekttheoretischen Betrachtungen allerdings nicht hinausführen.
Die objekttheoretische Untersuchung der psychotherapeutischen Phänomene wäre ebenfalls noch zu konkretisieren und zu präzisieren. Beide Ziele - sowohl die metatheoretisch-methodologische als auch die objekttheoretisch-inhaltliche Substantiierung des bisher Dargelegten - erfordern aber eine eigene Studie und sind im Rahmen dieser Untersuchung (die man als Vorstudie zu einer solchen potentiellen Folgeuntersuchung ansehen könnte) nicht mehr zu leisten.
Die provisorische Handzeichnung eines strukturanalytischen Grobrasters soll die methodische Richtung, wie sie bei der näheren Untersuchung therapeutischer Konzepte weiterzuverfolgen wäre, wenigstens andeuten.

Der Entwicklung des strukturanalytischen Grobrasters liegen einige Basisannahmen zugrunde:

Abb. 1:
Der (durchlässige) Vorstellungsraum eines therapeutischen Konzepts

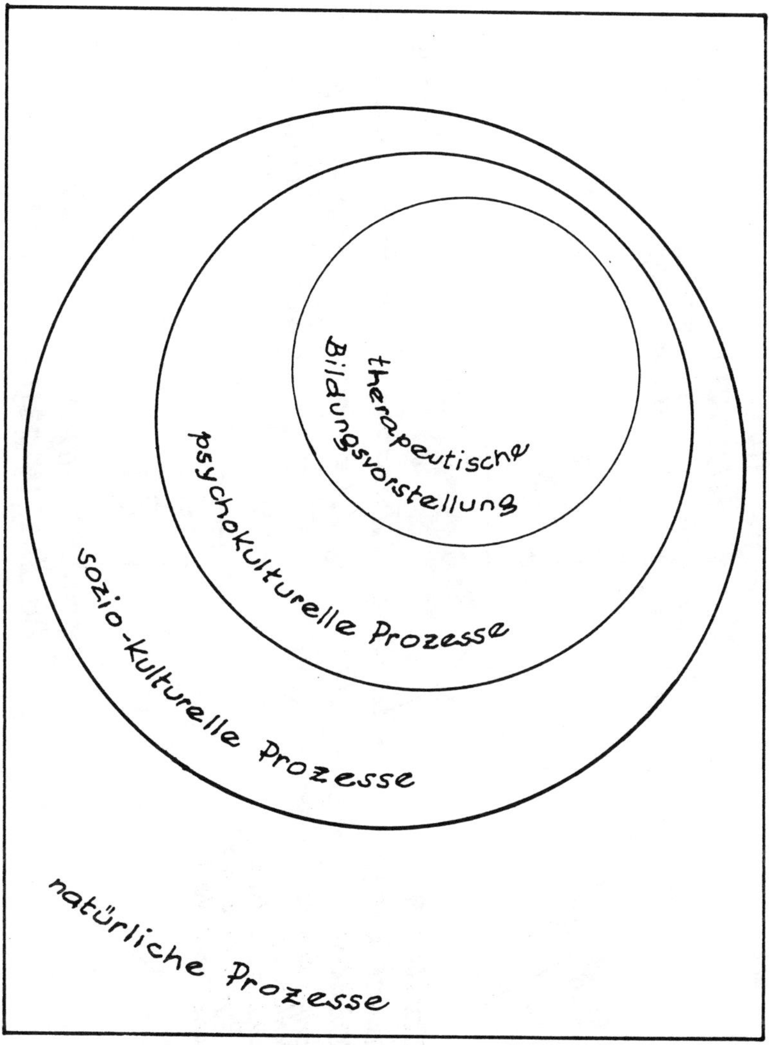

Abb. 2:

Der pädagogische Begriff als Resultat von und als Symbol für Gegebenheiten im Therapiebereich

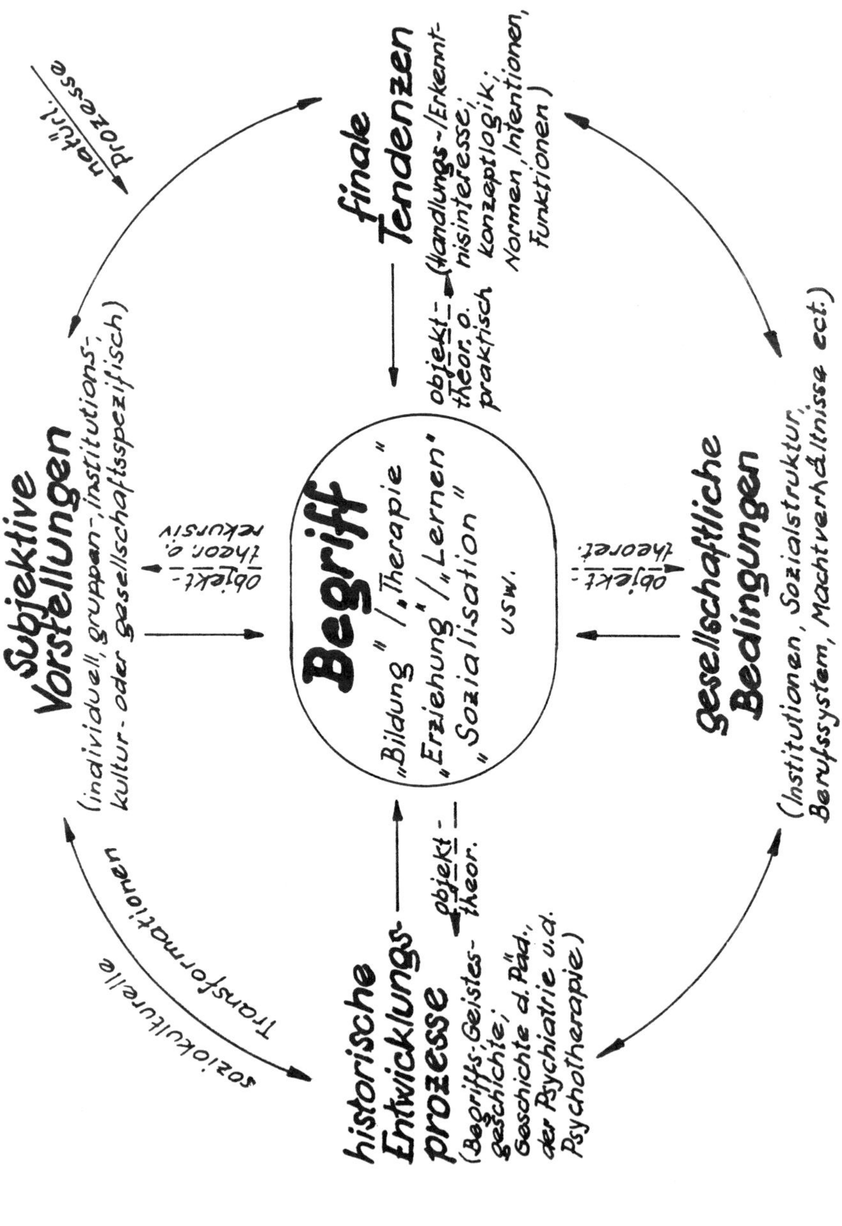

a) Jedes psychotherapeutische Konzept enthält eine pädagogische Dimension.
b) Die Bildungsvorstellung als begrifflicher Konnex aus pädagogisch relevanten Einzelvorstellungen stellt den pädagogischen Extrakt eines therapeutischen Konzepts dar.
c) Die therapeutische Bildungsvorstellung ist ein spezifisch aufgebautes Repräsentationssystem aus inhaltlichen Aussagen bzw. Vorstellungen über Therapie (zum Vorstellungsraum des therapeutischen Konzepts s. Abb. 1).
d) Die therapeutische Bildungsvorstellung hat eine spezifische funktionale Dynamik, die bestimmte Wirkungen im Gesellschaftskontext und auf handlungspraktischer Ebene erzeugt.
e) Bauweise und Funktionsweise der Bildungsvorstellungen lassen sich in ihrer Strukturiertheit identifizieren und analysieren (s. Abb. 2).
f) Der Vorstellungsgehalt eines Konzepts spiegelt sich in seiner Begrifflichkeit (s. Abb. 2) und in seiner Handlungspraxis (s. Abb. 3, S. 299) wider.
g) Die Funktion einer therapeutischen Bildungsvorstellung ist aus der realisierten Handlungspraxis und aus den Differenzen zwischen Praxisvorstellungen und realer Praxis ableitbar (s. Abb. 3).

Das Instrumentarium für eine strukturelle Analyse therapeutischer Konzepte muß diachronische und synchronische Zusammenhänge gleichermaßen erfassen. Es liegt nahe, die pädagogische Architektonik und die operative Dynamik des Konzepts nacheinander zu untersuchen.
Wenn wir die bildungstheoretische Einsicht, daß keine humanwissenschaftliche Perspektive alleinige Gültigkeit beanspruchen kann, auch methodisch ernst nehmen, dann benötigen wir eine offene und multiperspektivische Untersuchungsstrategie. Im folgenden stelle ich

dagegen nur eine Rasterfolie für den Untersuchungsgegenstand vor, die lediglich eine einzelne Perspektive verkörpern könnte. Die Folie wäre nicht kanonisch, sondern als methodischer Anhaltspunkt zu benutzen. Zudem müßte dieses Raster a) noch begründet, geprüft und korrigiert, b) verfeinert und ausdifferenziert, vor allem aber c) durch andersartige Raster ergänzt werden. Die Entwicklung eines solchen instrumentellen Gesamtpakets verlangt neue aufwendige und sorgfältige Bemühungen, die speziell auf diese Aufgabenstellung zugeschnitten sind.

Das strukturanalytische Grobraster (R)

R1. Überblick über das therapeutische Konzept

R1.1 Benennung und allgemeine Beschreibung des Verfahrens

R1.2 Die historische Entwicklung des Ansatzes

R2. Die Bildungsvorstellung des therapeutischen Konzepts in ihrer Architektonik

a) Metapraktische Vorstellungsdimensionen (R2.1-2.3)

R2.1 Vorstellungen über die anthropologischen Prämissen des therapeutischen Prozesses:
- Bildsamkeit und Lernfähigkeit des Menschen
- Einfluß von Anlage und Umwelt
- anthropologische Bedingungen der Personalisation/Sozialisation

u.ä.

Das repräsentierte anthropologische Bewußtsein

R2.2 Vorstellungen über den historischen Kontext des therapeutischen Prozesses:
- das Menschenbild und seine historische Einordnung
- das Gesellschaftsbild (politisch, ökonomisch, sozial, kulturell, historisch)
- das Weltbild (globale politische, ökonomische, ökologische Lage)
- das Bild von Psychotherapie und ihrer gesellschaftlichen Funktion

Das repräsentierte historische Bewußtsein

R2.3 Vorstellungen über den therapeutischen Bildungsprozeß im allgemeinen:
- Erziehungs- und Bildungsbegriff (Krankheits- und Therapiebegriff)
- Determinanten des Bildungsprozesses
- innere Gesetzmäßigkeiten des Bildungsprozesses
- Rollenverteilung und Interaktion in der Therapie
- Erziehungs- und Führungsstil
- Theorie des therapeutischen Lernens
- Grundlegung und Förderung von Lernprozessen in der Therapie
- Transfer in das Alltagshandeln

Das repräsentierte edukativ-handlungstheoretische Bewußtsein

R2.1-2.3: Das repräsentierte Grundlagenbewußtsein

b) Praktische Vorstellungsdimensionen (R2.4-2.9)

R2.4 Bildungsziele und -normen als konkretisierte Wertvorstellungen:
- Bildungsideal (Gesundheitsideal)
- axiomatische Bildungsziele
- Werthaltung und allgemeine soziale Normvorstellungen
- Deduktion und Operationalisierung therapeutischer Zielsetzungen
- Entwicklung und Legitimation therapeutischer Mittel-/Handlungsnormen

Das repräsentierte ethische Bewußtsein

R2.5 Das therapeutische Konzept als didaktisches System (didaktische Vorstellungen):

- Klärung der therapeutischen Intentionen (z.B. Problemanalyse, Diagnostik, Indikation)
- Adressatenbezug
- Thema und Gegenstand
- Lerninhalte
- Lernziele
- Transformation und Anwendung der Lernerfahrungen
- Erfolgskontrolle
- Planung und Didaktisierung des therapeutischen Prozesses (Behandlungsplan, Strukturierung des Lernprozesses)

Das repräsentierte strategisch-konzeptionelle Bewußtsein.

R2.6 Methodik des therapeutischen Konzeptes (methodische Vorstellungen):

- methodische Grundgedanken
- die methodische Systematik
- Organisationsformen und soziales Setting
- Aufbau und methodische Schritte des therapeutischen Prozesses
- methodische Planung
- Gewinnung und Realisierung einzelner Techniken
- Ansatzpunkt und Gegenstand der Einzeltechnik

Das repräsentierte taktisch-methodische Bewußtsein

R2.7 Das intersubjektive Verhältnis im therapeutischen Prozeß (soziale Rollenvorstellungen):

- die Therapeut-Klient-Beziehung
- die Rolle des Therapeuten
- (personale) Begegnung und Begrenzung des Kontakts

- Umgang mit der Person und der Persönlichkeit des Klienten (... mit dem subjektiven Raum und der Individualität des Klientensystems)
- Bedeutung der Therapeutenpersönlichkeit (der Individualität des Therapeuten)

Das repräsentierte soziale Rollenbewußtsein

R2.8 Die Kommunikation im therapeutischen Prozeß (kommunikative Vorstellungen):

- Verständigungsmodell
- Kommunikationskanal, Zeichenträger und Repertoire
- kommunikative Normen
- syntaktische und semantische Performanz
- verbale und non-verbale Verständigung
- die Rolle des emotionalen Ausdrucks
- therapeutische Riten und kommunikative Offenheit
- Bedeutung der kommunikativen Kompetenz des Therapeuten

Das repräsentierte sprachlich-kommunikative Bewußtsein

R2.9 Institutionalisierung des therapeutischen Konzepts (konkretisierte interessenpolitische und gesellschaftspolitische Vorstellungen):

- Bildungsplanung und Bildungspolitik
- therapeutische Ausbildung und Professionalisierung
- interne Herrschafts- und Organisationsstrukturen
- Legitimation des therapeutischen Handelns
- interne und externe Kontrollinstanzen
- Angebotsstruktur und Dienstleistungsverhältnisse

u.ä.

Das repräsentierte politische Bewußtsein

R2.4-2.9: Das repräsentierte handlungspraktische Bewußtsein

R2.10 Selbstbild des Konzepts (reflexive Vorstellungen):
- Integration der einzelnen Bewußtseinsdimensionen ("Systematik"; Relationen und Gewichtungen zwischen den einzelnen Aspekten)
- reflexiver Bezug (konzeptinterne Verarbeitung der objektbezogenen Bewußtseinsprozesse; normative, formale und inhaltliche Dimension der Selbsteinschätzung; bewußte und "blinde" Selektionsentscheidungen; der objekttheoretische Hintergrund als Kontrastmittel zur indirekten Selbstdefinition)

Das repräsentierte reflexive Bewußtsein (Selbstbewußtsein)

R3. Die Bildungsvorstellung des therapeutischen Konzepts in ihrer funktionalen Dynamik

R3.1 Der Zeichencharakter der Bildungsvorstellung und ihre Vermittlungsfunktion
(Informationsgehalt; Signal-/Symbolwert; beteiligte Informationssysteme und ihre Funktionsdifferenzen; Übersetzungserfordernisse)

R3.2 Der Zusammenhang zwischen Handelndem, funktionaler Sprache und Behandeltem
(Die Konzept-Sprache als therapeutisches Instrument)

R3.3 Die semiotische Struktur der Bildungsvorstellung

a) Zeichenbasis:
- Zeichenmaterial (Zeichenquelle, Zeichenkörper, Kanal)
- Gegenstand (Sachverhalt, Objektbereich, Referenzrahmen)
- Zeichenbenutzer (Sprachraum, Benutzerkreis des therapeutischen Sprachsystems)

b) "Logik" des Zeichensystems:
- Syntax (Sprachelemente, metatheoretische Regeln; Zeichenverknüpfung, formale Ordnung des Konzepts; - Vorstrukturierung der therapeutischen Denkweise)
- Semantik (Referenzen, Bedeutungsstrukturen, "Sinn"-Gehalte; - Vorstrukturierung des therapeutischen Wissens, der inhaltlichen Interpretationen)
- Pragmatik (selektive Verwendungsregeln, Rollenvorschriften für den Informationsfluß; Kommunikationsregeln; - Vorstrukturierung der Vermittlungs- und Anwendungsweise, der sozialen Regulation)

R3.4 Praktisch-operative Implikationen der Bildungsvorstellung
- symbolischer Ausgangspunkt (Vorstrukturierung der therapeutischen Situation)
- operative Richtung (operationalisierter/potentieller therapeutischer Ansatzpunkt; konkrete Handlungstendenz)
- pragmatisch-materieller Zielbereich (praktisch-politischer Zielpunkt; Handlungsrealität)

- symbolische Prädeterminierung spezifischer praktisch-operativer Ereignisse (Sprachpolitik; instrumentelle Funktion der Theorie; teleologische Struktur des Konzepts)

R4. Der pädagogische Orientierungswert der therapeutischen Bildungsvorstellung (Gütekriterien)

R4.1 Die Güte der Bildungsvorstellung als inhaltlich-theoretisches Orientierungsmittel (Inhaltskriterien zur Architektonik des therapeutischen Aussagensystems):

- Adaptation (Sachangemessenheit, Plausibilität)
- Relevanz
- Integrationskraft
- Stimmigkeit (innere Ausgewogenheit, theoretische Balance)
- Subtilität (Grad der theoretischen Sensibilität)
- Reflexivität (Verantwortungsbewußtsein, perspektivische Qualität)

R4.2 Die Güte der Bildungsvorstellung als praktisch-operatives Orientierungsmittel (Effektkriterien zur funktionalen Dynamik des therapeutischen Aussagensystems):

- Wirksamkeit
- Praktikabilität
- Flexibilität (Variabilität und pragmatisch-situative Adaptationsfähigkeit)
- Subtilität (Grad der praktischen Sensibilität)
- Humanität (u.a. soziale Verträglichkeit, soziale Transparenz, Qualität des Klientenbezugs und des Kooperationsstils)
- emanzipatorischer Wert (utopisch-transformativer Impuls, sozialer Innovationsgehalt)

Um den pädagogischen Orientierungswert eines therapeutischen Konzepts beurteilen zu können, muß man die inhaltliche Qualität der theoretischen Vorstellungen, die Praxisansprüche und den Grad der Übereinstimmung zwischen realisierter Praxis und formulierten Praxisansprüchen betrachten.
Die Dynamik der materialisierten, "realen" therapeutischen Zusammenhänge läßt sich erfahrungswissenschaftlich untersuchen.
Zur Dechiffrierung unterschwelliger therapeutischer Zeichenvermittlungsprozesse sind semiotische Analysen erforderlich. Wir sollten angesichts unseres Wissens von der Vordergründigkeit der menschlichen Rationalität davon ausgehen, daß die symbolisch-funktionale "Wirklichkeit" psychokultureller Vorstellungen nicht unbedingt in den expliziten Aussagen der Ansätze zu finden ist. Sie drückt sich jedoch mit Sicherheit spätestens im konkreten "Verhalten" der Konzepte aus.
Die zentrale Aufgabe einer pädagogischen Strukturanalyse therapeutischer Konzepte wäre es, verborgene Bezüge zwischen der (vorhandenen bzw. prognostizierbaren) Handlungspraxis und der funktionalen "Logik" der Ansätze aufzuspüren - besonders dann, wenn im konkreten Fall eine Diskrepanz zwischen den explizierten Praxisvorstellungen und der realen Praxis zu erkennen oder zu erwarten ist.
Die Erschließung konzeptueller Handlungsdispositionen sollte dabei im Vordergrund stehen. Wenn sie in der beabsichtigten Weise mit einiger Zuverlässigkeit gelänge, würden sich "falsche" therapeutische Versprechungen von brauchbaren Ansätzen zum Teil schon im theoretischen Vorfeld der Anwendungspraxis unterscheiden lassen, und zwar nicht in einem technologisch engen, sondern in einem bildungstheoretisch weiten Sinne.

Abb. 3:

Die therapeutische Bildungsvorstellung und ihre semiotische Funktion

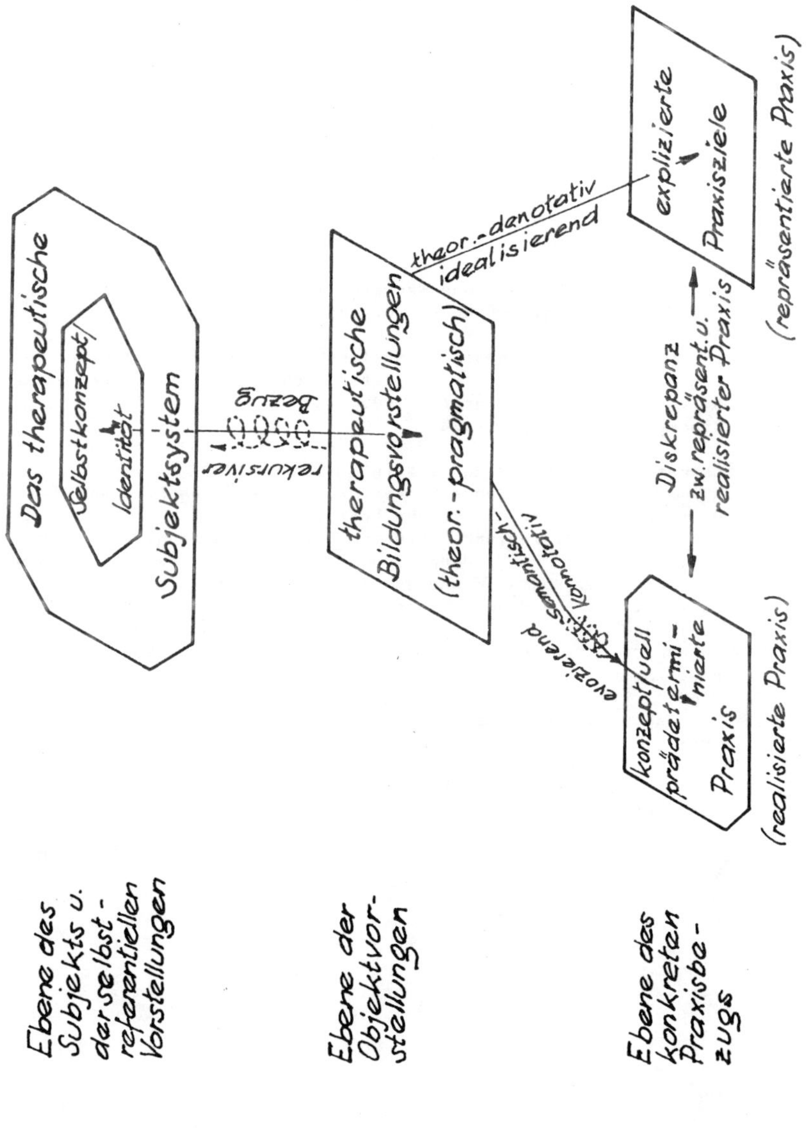

Literaturverzeichnis

Abkürzungen:

ME = Meister Eckhart

H = Husersche Ausgabe der naturphil. und med. Schriften des Paracelsus (1. Bd. = Teil I-III). Im Zitatnachweis wird der Teil und die Seitenzahl genannt, also z.B.: "H I, 211". Vgl. auch Literaturverzeichnis unter "Paracelsus".

Allport, G. W.: Gestalt und Wachstum in der Persönlichkeit. Übertr. u. hrsgg. von H. von Bracken. Meisenheim am Glan 1970.

Allport, G. W.: Werden der Persönlichkeit. Gedanken zur Grundlegung einer Psychologie der Persönlichkeit. Mit e. Vorw. von H. v. Bracken. Frankfurt/M. 1983.
Bracken. Frankfurt/M. 1983.

Altvater, E.; Huisken, F. (Hg.): Materialien zur Politischen Ökonomie des Ausbildungssektors. Erlangen 1971.

Arnheim, R.: Anschauliches Denken. Zur Einheit von Bild und Begriff. A. d. Am. übers. vom Verf.; Köln 1972.

Aselmeier, U.: Biologische Anthropologie und Pädagogik. Eine Untersuchung über die pädagogische Relevanz der humanbiologischen Erkenntnisse. Weinheim und Basel 1973.

Assagioli, R.: Die Schulung des Willens. Methoden der Psychotherapie und der Selbsttherapie. 4. Aufl.; Paderborn 1987.

Bachmann, Cl. H. (Hg.): Psychoanalyse und Verhaltenstherapie. Hrsgg. u. eingel. von -. Frankfurt/M. 1972.

Badinter, E.: Die Mutterliebe. Geschichte eines Gefühls vom 17. Jahrhundert bis heute. A. d. Frz. von F. Griese. München 1981.

Ballauff, Th.: Systematische Pädagogik. Eine Grundlegung. 3., umgearb. Aufl., Heidelberg 1970.

Ballstaedt, S.-P. u.a.: Texte verstehen, Texte gestalten. München, Wien, Baltimore 1981.

Bandler, R.; Grinder, J.: Neue Wege der Kurzzeit-Therapie. Neurolinguistische Programme. Paderborn 1981.

Bandura, A.: Sozial-kognitive Lerntheorie. Hrsg. d. dt. Ausg.: R. Verres. A. d. Am. übers. von H. Kober. Stuttgart 1979.

Bar, E.: Semiotic approaches to psychotherapy. Bloomington (Ind., USA) 1975.

Barash, D. P.: Soziobiologie und Verhalten. Mit e. Vorw. von E. O. Wilson. A. d. Am. übers. von I. Horn. Berlin u. Hamburg 1980.

Barth, P.: Die Elemente der Erziehungs- und Unterrichtslehre. Auf Grund der Psychologie und der Philosophie der Gegenwart dargestellt von -. 7. u. 8., wiederum durchgesehene Aufl., Leipzig 1921.
Basaglia, F. (Hg.): Die negierte Institution. Frankfurt 1971.
Battegay, R.: Psychoanalytische Neurosenlehre. Eine Einführung. Frankfurt/M. 1986.
Baumann, U. (Hg.): Indikation zur Psychotherapie. Perspektiven für Praxis und Forschung. München, Wien, Baltimore 1981.
Baumann, U. (Hg.): Psychotherapie: Makro-/Mikroperspektive. Mit Beitr. von W. An der Heiden ... Göttingen, Toronto, Zürich 1984.
Beck, U.: Risikogesellschaft. Auf dem Weg in eine andere Moderne. Frankfurt/M. 1986.
Becker, E.; Jungblut, G.: Strategien der Bildungsproduktion. E. Untersuchung über Bildungsökonomie, Curriculum - Entwicklung u. Didaktik im Rahmen systemkonformer Qualifikationsplanung. Frankfurt/M. 1972.
Becker, P.: Psychologie der seelischen Gesundheit. Bd. 1: Theorien, Modelle, Diagnostik. Unter Mitarb. von W.-R. Minsel. Göttingen, Toronto, Zürich 1982.
Beer, U.: Selbsttherapie. So helfe ich mir bei Depression, Eifersucht, Lebenskrisen, Schlafstörungen, Streß. 5. Auflage; München 1987.
Begg, I.; Upfold, D.; Wilton, T. D.: Imagery in verbal communication. In: Journal of Mental Imagery, 1978, 165-186.
Behr, K. u.a.: Grundkurs für deutschlehrer: Sprachliche kommunikation. Analyse der voraussetzungen und bedingungen des faches deutsch in schule und hochschule. 4., korrigierte Aufl., Weinheim u. Basel 1978.
Belschner, W. u.a.: Verhaltenstherapie in Erziehung und Unterricht. Stuttgart 1973.
Benedetti, G.; Wiesmann, L. (Hg.): Ein Inuk sein. Interdisziplinäre Vorlesungen zum Problem der Identität. Göttingen 1986.
Benesch, H.: Der Ursprung des Geistes. Wie entstand unser Bewußtsein - Wie wird Psychisches in uns hergestellt? Stuttgart 1977.
Bengesser, G.: Wechselbeziehungen zwischen Psychiatrie, Psychologie und Philosophie. Ein Leitfaden durch die Geistesgeschichte aus psychiatrischer und psychologischer Sicht. Bd. 1: Bern, Frankfurt/M., Las Vegas 1980. Bd. 2: Bern, Frankfurt/M., Las Vegas 1982 (= Europäische Hochschulschriften, Reihe 6, Psychologie, Bd. 53 u. Bd. 94).
Benner, D.: Hauptströmungen der Erziehungswissenschaft. Eine Systematik traditioneller und moderner Theorien. 2., neubearb. u. erw. Aufl., München 1978.
Bense, A.: Klinische Handlungstheorie. Erleben, Verhalten und Handeln in der klinischen Psychologie. Weinheim u. Basel 1981.
Bense, M.: Vermittlung der Realitäten. Semiotische Erkenntnistheorie. Baden-Baden 1976.
Berger, P. L.; Luckmann, Th.: Die gesellschaftliche Konstruktion der Wirklichkeit. Eine Theorie der Wissenssoziologie. Mit e. Einl. zur dt. Ausg. von H. Plessner. Übers. von M. Plessner. Frankfurt/M. 1980.

Berglar, P.: Wilhelm von Humboldt. In Selbstzeugnissen und Bilddokumenten. Dargestellt von -. Reinbek b. Hamburg 1970.

Bergson, H.: Denken und schöpferisches Werden. Aufsätze und Vorträge. Mit e. Nachwort von Konstantinos P. Romanòs. Übers. von L. Kottje. Frankfurt/M. 1985.

Berk, U.: Zu den Grundlagen der therapeutischen Psychologie. In: Aschenbach, G.; Kempf, W. (Hg.): Methodenprobleme in der Psychotherapieforschung. Ein handlungspsychologischer Ansatz. Eschborn b. Frankfurt/M. 1985.

Berne, E.: Spiele der Erwachsenen. Psychologie der menschlichen Beziehungen. Reinbek b. Hamburg 1970.

Berner, P.: Psychiatrische Systematik. Ein Lehrbuch, unter Mitarb. v. K. Kryspin-Exner. Bern, Stuttgart, Wien 1977.

Bernfeld, S.: Antiautoritäre Erziehung und Psychoanalyse, Bd. 1-3, Darmstadt 1969.

Bertalanffy, L. von: ... aber vom Menschen wissen wir nichts. Robots, Men and Minds. In Zusammenarb. mit d. Autor a.d. Engl. übers. von H.-J. Flechtner. Düsseldorf, Wien 1970.

Bettelheim, B.: Die Geburt des Selbst. The Empty Fortress. Erfolgreiche Therapie autistischer Kinder. Mit e. Vorw. von J. Stork. A. d. Am. von E. Ortmann. Frankfurt/M. 1983.

Beyer, U.-J.: Methode als Handeln. Die Grenzen d. Überprüfbarkeit wissenschaftlicher Aussagen. Frankfurt/M., New York 1980.

Binder, V.; Binder, A.; Rimland, B.: Psycho-Fahrplan. Die wichtigsten Methoden zur Überwindung psychologischer Probleme. 2. Aufl.; Landsberg a. Lech 1986.

Bittner, G.; Rehm, W. (Hg.): Psychoanalyse und Erziehung. Ausgewählte Beiträge a. d. "Zeitschrift für psychoanalytische Pädagogik". M. e. Geleitwort v. H. Meng. Stuttgart 1964.

Blackham, G. J.; Silberman, A.: Grundlagen und Methoden der Verhaltensmodifikation bei Kindern. Dt. Bearbeitung von D. u. G. Eggert. Weinheim u. Basel 1975.

Blankertz, H.: Bildung im Zeitalter der großen Industrie. Pädagogik, Schule und Berufsbildung im 19. Jahrhundert. Hannover 1969.

Blankertz, H.: Theorien und Modelle der Didaktik. 2. Aufl., München 1969 a.

Blankertz, H.: Bildung und Ausbildung. In: Kritisches Lexikon der Erziehungswissenschaft und Bildungspolitik. I. Auftr. d. päd. extra-Redaktion hrsgg. von H. Speichert. Reinbek b. Hamburg 1975, 63-66.

Blankertz, H.: Pädagogische Theorie und erzieherische Praxis im Spiegel des Verständnisses von Wissenschaftstheorie und Wissenschaftspraxis. In: König, E.; Zedler, P. (Hg.): Erziehungswissenschaftliche Forschung: Positionen, Perspektiven, Probleme. Paderborn u. München 1982, 65-79.

Bloch, E.: Pädagogica. Frankfurt/M. 1971.

Bloch, R.: Droht uns die totale Psychiatrie? Das Geschäft mit dem Psychoboom. Olten u. Freiburg i. Br. 1988.

Bödiker, M.-L.; Lange, W. H.: Gruppendynamische Trainingsformen. Techniken, Fallbeispiele, Auswirkungen im krit. Überblick. Reinbek b. Hamburg 1975.

Bollnow, O. F.: Existenzphilosophie und Pädagogik. Versuch über unstetige Formen der Erziehung. Stuttgart 1959.

Bollnow, O. F.: Krise und neuer Anfang. Beitr. zur päd. Anthropologie. Heidelberg 1966.
Bollnow, O. F.: Begegnung und Bildung. In: Pleines, J.-E. (Hg.): Bildungstheorien. Probleme und Positionen. Mit Beitr. von Th. Wiesengrund - Adorno ... Freiburg i. Br. 1978, 28-39.
Bollnow, O. F.: Philosophie der Erkenntnis. Erster Teil. Das Vorverständnis und die Erfahrung des Neuen. 2. Aufl.; Stuttgart, Berlin, Köln, Mainz 1981.
Borneman, E.: Die Urszene. Eine Selbstanalyse. Frankfurt/Main 1977.
Boss, M.: Von der Psychoanalyse zur Daseinsanalyse. Wege zu einem neuen Selbstverständnis. Wien, München, Zürich 1979.
Boudon, R.: Widersprüche sozialen Handelns. Mit e. Vorw. v. R. Wippler. A. d. Frz. übers. v. W. Habermehl. Darmstadt u. Neuwied 1979.
Braun, W.: Wider die Psychologisierung der Pädagogik. Zum Verhältnis von Pädagogik und humanistischer Psychologie. In: Pädagogische Rundschau, 39. Jg. (1985), Heft 6, 579-597.
Braunmühl, E. von: Zeit für Kinder. Theorie und Praxis von Kinderfeindlichkeit, Kinderfreundlichkeit, Kinderschutz. Zur Beseitigung der Unsicherheit im Umgang mit Kindern. Ein Lernbuch. Frankfurt/M. 1987.
Braunmühl, E. v.; Kupffer, H.; Ostermeyer, H.: Die Gleichberechtigung des Kindes. Frankfurt/M. 1976.
Brezinka, W.: Metatheorie der Erziehung. Eine Einführung in d. Grundlagen der Erziehungswiss., d. Philosophie d. Erziehung u. d. Prakt. Pädagogik. 4., vollst. neubearb. Aufl. d. Buches "Von der Päd. zur Erziehungswissenschaft"; München, Basel 1978.
Brezinka, W.: Erziehungsziele, Erziehungsmittel, Erziehungserfolg. Beiträge zu einem System der Erziehungswissenschaft. 2., verb. u. erw. Aufl.; München, Basel 1981.
Brezinka, W.: Über den Gegenstandsbereich der Erziehungswissenschaft und die technologischen Aufgaben der erziehungswissenschaftlichen Forschung. In: Holtkemper, F.-J. (Hg.): Symposion zur technologischen Funktion von Erziehungswissenschaft. Schloß Hofen, Dokumente u. Berichte 7. Lochau (Österr.) 1984, 8-29.
Brim, O. G. jr.; Wheeler, S.: Erwachsenen-Sozialisation. Sozialisation nach Abschluß der Kindheit. Mit e. Beitr. v. H. Hartmann. Stuttgart 1974.
Brinkmann, W.; Renner, K. (Hg.): Die Pädagogik und ihre Bereiche. Paderborn, München, Wien, Zürich 1982.
Bronfenbrenner, U.: Ökologische Sozialisationsforschung. Hrsgg. von K. Lüscher. Stuttgart 1976.
Brück, H.: Seminar der Gefühle. Von der Innenseite der Wissenschaft. Lernen als Abenteuer einer Gruppe. Reinbek b. Hamburg 1986.
Brückner, P.: Zur Sozialpsychologie des Kapitalismus. Sozialpsychologie der antiautoritären Bewegung 1. Frankfurt/M. 1972.
Brunner, E. J.: Grundfragen der Familientherapie. Systemische Theorie und Methodologie. Berlin, Heidelberg, New York, Tokyo 1986.

Buber, M.: Reden über Erziehung. Unv. Neuausgabe. Heidelberg 1986 (Nachdruck der Erstausg. 1953).

Buchinger, K.: Individuum, Gruppe, Institution - Zur Erweiterung der technischen und theoretischen Aufmerksamkeit des Therapeuten. In: Strotzka, H. (Hg.): Der Psychotherapeut im Spannungsfeld der Institutionen. Erfahrungen, Forderungen, Fallbeispiele. Mit Beitr. von A. M. Becker ... München, Wien, Baltimore 1980, 36-62.

Buck, G.: Hermeneutik und Bildung. Elemente einer verstehenden Bildungslehre. München 1981.

Bühler, Ch.: Die Rolle der Werte in der Entwicklung der Persönlichkeit und in der Psychotherapie. Mit e. Vorw. von E.J. Stainbrook. Mit Beitr. von R. Ekstein u. J. S. Simkin u. mit Anm. von G. R. Bach ... Stuttgart 1975.

Bühler, K.: Das Gestaltprinzip im Leben des Menschen und der Tiere. Bern u. Stuttgart 1960.

Bülow, E.: Pädagogische Kriterien einer reversiblen Kommunikation. Informationsdifferenz, intentionale Referenz, selektive Syntax. In: Bildung und Erziehung, 26. Jg. 1973, 130-143.

Bünting, K.-D.: Einführung in die Linguistik. Frankfurt/M. 1972.

Callo, Chr.: Philosophischer Grundkurs zum Erkenntnisbegriff. Materialien zur Vermittlung der Philosophie. München, Basel 1983.

Cassirer, E.: Symbol, Technik, Sprache. Aufsätze aus den Jahren 1927-1933. Hrsgg. v. E. W. Orth u. J. M. Krois unt. Mitw. v. J. M. Werle. Hamburg 1985.

Castel, F.; Castel, R.; Lovell, A.: Psychiatrisierung des Alltags. Produktion und Vermarktung der Psychowaren in den USA. Übers. von Chr. Schulz. Frankfurt/M. 1982.

Castel, R.: Die psychiatrische Ordnung. Das goldene Zeitalter des Irrenwesens. Übers. von U. Raulf. Frankfurt/M. 1983.

Castoriadis, C.: Durchs Labyrinth Seele, Vernunft, Gesellschaft. Übers. von H. Brühmann. Frankfurt/M. 1983.

Châtelet, F.: Platon. In: Aubenque, P.; Bernhardt, J.; Châtelet, F.: Die heidnische Philosophie (6. Jh. v. Chr.-3. Jh. n. Chr.). Frankfurt/M., Berlin, Wien 1973.

Ciompi, L.: Außenwelt - Innenwelt. Die Entstehung von Zeit, Raum und psychischen Strukturen. Göttingen 1988.

Claußen, B.; Scarbath, H. (Hg.): Konzepte einer kritischen Erziehungswissenschaft. Einf. Texte. Mit Beitr. von B. Claußen ... München, Basel 1979.

Cohn, R. C.: Von der Psychoanalyse zur themenzentrierten Interaktion. Von der Behandlung einzelner zu einer Pädagogik für alle. 5. Aufl.; Stuttgart 1981.

Condrau, G.: Medizinische Psychologie. Psychosomatische Krankheitslehre und Therapie. München 1975.

Cooper, D.: Psychiatrie und Anti-Psychiatrie. Frankfurt/M. 1971.

Cooper, D.: Die Sprache der Verrücktheit. Erkundungen ins Hinterland der Revolution. A. d. Engl. von N. Lindquist. Berlin 1978.

Corsini, R. J. (Hg.): Handbuch der Psychotherapie. 2 Bde. Weinheim u. Basel 1983.

Cube, F. von: Allgemeinbildung oder produktive Einseitigkeit? Der Weg zur Bildung im Geiste Kerschensteiners. Stuttgart 1960.

Cumming, J.; Cumming, E.: Ich und Milieu. Theorie und Praxis der Milieutherapie. A. d. Am. übers. von G. Peters. Göttingen 1979.

Danner, H.: Zur Aktualität von ‚Bildung'. Kriterien, Probleme und Fragen zu einer Bildungstheorie. In: Vierteljahrsschrift für wissenschaftliche Pädagogik, 62. Jg., Heft 3/1986, 377-395.

Dapper, W.: Zum Zusammenhang zwischen dem bevorzugten Repräsentationssystem und dem Gebrauch sinnesspezifischer Prädikate im erlebnisbezogenen Sprachverhalten bei Künstlern (Malerei, Design) und Musikern. Diplomarbeit am Psychologischen Institut I der Friedrich-Alexander-Universität Erlangen-Nürnberg. Erlangen, im August 1986.

Dauber, H.: Leib-haftige Bildung. In: Integrative Therapie, Zeitschrift f. Verf. Humanistischer Psychologie u. Pädagogik, 12. Jg., H. 4/1986, 284-302.

Daumenlang, K.; Fischer, U.: Beratung. In: Hierdeis, H. (Hg.): Taschenbuch der Pädagogik. Unter Mitarbeit zahlreicher Fachwissenschaftler hrsgg. von -. Bd. 1; 2., neubearb. Aufl., Baltmannsweiler 1986, 43-48.

Davison, G. C.; Neale, J. M.: Klinische Psychologie. Ein Lehrbuch. Übers. von H. Jung, durchges. von A. Günthner. 2., durchges. Aufl.; München, Wien, Baltimore 1984.

Debl, H. (Hg.): Die Pädagogik im Dialog mit ihren Grenzwissenschaften. München 1971.

Derbolav, J.: Systematische Perspektiven der Pädagogik. Heidelberg 1971.

Derbolav, J.: Praxeologische Grundlegung der Erziehungswissenschaft. In: Schaller, K. (Hg.): Erziehungswissenschaft der Gegenwart. Prinzipien und Perspektiven moderner Pädagogik. Bochum 1979, 46-69.

Deutsche Mystiker. Eine Textauswahl. Texte von David von Augsburg u.a. Hrsgg. u. eingel. von G. Gieraths. Zürich, Einsiedeln, Köln 1977.

Deutscher Bundestag: Bericht über die Lage der Psychiatrie in der Bundesrepublik Deutschland. Bonn 1975.

Devereux, G.: Normal und anormal. Aufsätze zur allgemeinen Ethnopsychiatrie. Übers. von N. Th. Lindquist. Frankfurt/M. 1982.

Devereux, G.: Angst und Methode in den Verhaltenswissenschaften. Übers. von C. Neubaur u. K. Kersten. Frankfurt/M. 1984.

Diagnostische Kriterien und Differentialdiagnosen des Diagnostischen und Statistischen Manuals Psychischer Störungen DSM-III. Red. G. Tinger. Weinheim und Basel 1986.

Dickopp, K.-H.: Lehrbuch der systematischen Pädagogik. Düsseldorf 1983.

Die Deutsche Schule, 78. Jg.; Heft 4/1986.

Dienelt, K.: Von der Metatheorie der Erziehung zur "sinn"-orientierten Pädagogik. Rechtfertigung u. Aufgabe d. Pädag. Anthropologie in unserer Zeit. Frankfurt/M., Berlin, München 1984.

Dietrich, Th.: Schulgeschichte nach 1945. In: Hierdeis, H. (Hg.): Taschenbuch der Pädagogik. Unt. Mitarb. zahlr. Fachwissenschaftler hrsgg. von -. Bd. 2; 2., neubearb. Aufl., Baltmannsweiler 1986.

Dietze, L.: Von der Schulanstalt zur Lehrerschule. Verfassungsrechtliche Grundfragen und vorläufiges Ergebnis der Mitbestimmungsdiskussion im Schulwesen der Bundesrepublik Deutschland. Zugleich ein Beitrag zum Verhältnis von politischer Herrschaft und der Macht des Sachverstandes. Gutachten. Braunschweig 1976 (= Demokratisierung und Mitwirkung im Bildungswesen Schwedens u. der Bundesrepublik Deutschland, Bd. 3).

Dilthey, W.: Der Aufbau der geschichtlichen Welt in den Geisteswissenschaften. Gesammelte Schriften, VII. Band. 2., unv. Aufl., Stuttgart 1958.

Dörner, K.; Plog, U.: Irren ist menschlich. Lehrbuch der Psychiatrie/Psychotherapie. 4., überarb. Aufl.; Bonn 1986.

Dohmen, G.: Bildung und Schule. Die Entstehung des deutschen Bildungsbegriffs und die Entwicklung seines Verhältnisses zur Schule. 2 Bde.; Weinheim 1964 (Bd. 1) und 1965 (Bd. 2).

Dohmen, G.: Was heißt "Bildung"? In: Pleines, J.-E. (Hg.): Bildungstheorien. Probleme und Positionen. Mit Beitr. v. Th. Wiesengrund-Adorno ... Freiburg, Basel, Wien 1978, 160-171.

Dorsch, F. (Hg.): Psychologisches Wörterbuch. Hrsgg. in Verbindung mit C. Becker-Carus ... 9., vollständig neubearb. Aufl.; Bern, Stuttgart, Wien 1976.

Dreitzel, H. P.: Die gesellschaftlichen Leiden und das Leiden an der Gesellschaft. Eine Pathologie des Alltagslebens. 3., neubearb. Aufl.; Stuttgart 1980.

Dreitzel, H. P.; Jaeggi, E.: Psychotherapie - Plädoyer für kreative Vielfalt. In: Psychologie heute, 14. Jg., H. 2/1987, 60-69.

Drerup, H.; Terhart, E.: Umgang mit Wissen. Überlegungen zur Relevanz der Erziehungswissenschaft in unterschiedlichen Praxisbereichen. In: Bildung und Erziehung, 34. Jg., H. 4/1981, 362-378.

Duden Etymologie. Herkunftswörterbuch der dt. Sprache. Bearb. v. der Duden-Redaktion unter Leitung von P. Grebe. In Fortführung der "Etymologie der neuhochdeutschen Sprache" von K. Duden. Mannheim 1963 (= Der große Duden Band 7).

Dürckheim, K. Graf: meditieren - wozu und wie. Die Wende zum Initiatischen. Freiburg, Basel, Wien 1976.

Dürckheim, K. Graf: Mein Weg zur Mitte. Gespräche mit A. Goettmann. Freiburg, Basel, Wien 1986.

Duhm, D.: Angst im Kapitalismus. Zweiter Versuch der gesellschaftlichen Begründung zwischenmenschlicher Angst in der kapitalistischen Warengesellschaft. Mannheim 1972.

Dumoulin, H.: Östliche Meditation und christliche Mystik. Freiburg 1966.

Dumoulin, H.: Der Erleuchtungsweg des Zen im Buddhismus. Frankfurt/M. 1976.
Ebert, K.; Ebert, K. D.: Erfolg ist kein Zufall. Sie können erreichen, was Sie wollen! Düsseldorf 1987.
Eco, U.: Zeichen. Einführung in einen Begriff und seine Geschichte. 2. Aufl., Frankfurt/M. 1981.
Eco, U.: Einführung in die Semiotik. Autor. dt. Ausg. von J. Trabant. 5. unv. Aufl., München 1985.
Eibl-Eibesfeldt, I.: Liebe und Haß. Zur Naturgeschichte elementarer Verhaltensweisen. München, Zürich 1984.
Ellis, A.; Grieger, R. (Hg.): Praxis der rational-emotiven Therapie. Mit Beitr. von anderen Autoren. Übers. von W. Stifter. München 1979.
Engels, E.-M.: Die Teleologie des Lebendigen. Kritische Überlegungen zur Neuformulierung des Teleologieproblems in der angloamerikanischen Wissenschaftstheorie. Eine historisch-systematische Untersuchung. Berlin 1982.
Enomiya-Lassalle, H. M.: Zen-Buddhismus. Köln 1966.
Enomiya-Lassalle, H. M.: Zen-Meditation für Christen. 5. Aufl.; Bern, München, Wien 1983.
Erikson, E. H.: Identität und Lebenszyklus. Drei Aufsätze. Übers. von K. Hügel. Frankfurt/M. 1973.
Esalen Institute: The Esalen Catalog May-October 1988. Big Sur 1988.
Espenschied, R.: Das Ausdrucksbild der Emotionen. München, Basel 1985.
Eysenck, H. J.: The effects of psychotherapy: An evaluation. In: Journal of Consulting Psychology, 1952, 16, 319-324.
Eysenck, H. J.: Die Zukunft der Psychologie. A. d. Engl. von F. Schmolinsky u.a.; München 1981.
Eysenck, H. J.: Erkenntnisgrenzen der Psychologie. Vom Sinn und Unsinn psychologischer Praktiken. A. d. Engl. übertr. von L. Mickel. München 1983.
Eysenck, H. J.; Wilson, G. D. (Hg.): Experimentelle Studien zur Psychoanalyse Sigmund Freuds. Wien, München, Zürich 1979.
Fahrner, R.: Wortsinn und Wortschöpfung bei Meister Eckhart. Marburg 1929.
Fatzer, G.: Ganzheitliches Lernen. Humanistische Pädagogik und Organisationsentwicklung. E. Handbuch für Lehrer, Pädagogen, Erwachsenenbildner und Organisationsberater. Paderborn 1987.
Fend, H.: Die empirische Pädagogik. In: Gudjons, H.; Teske, R.; Winkel, R. (Hg.): Erziehungswissenschaftliche Theorien. Mit Beitr. von W. Lippitz ... Hamburg 1986.
Johann Gottlieb Fichte. Ausgewählte Werke in sechs Bänden. Hrsgg. v. F. Medicus. Darmstadt 1962 (unv. Nachdruck d. 1. Aufl.).
Fischer, H.: Meister Eckhart. Einführung in sein philosophisches Denken. Freiburg/München 1974.
Fisseni, H.-J.: Selbstinterpretation und Verhaltensregulation. Subjektiver Lebensraum als Zugang zu einer kognitiven Persönlichkeitskonzeption. Göttingen, Toronto, Zürich 1986.

Flaschka, H.: Modell, Modelltheorie und Formen der Modellbildung in der Literaturwissenschaft. Köln, Wien 1976.

Flitner, W.: Allgemeine Pädagogik. Frankfurt/M., Berlin, Wien 1980.

Foucault, M.: Wahnsinn und Gesellschaft. Frankfurt/M. 1969.

Frank, J. D.: Therapeutic components of psychotherapy. A 25-year progress report of research. In: The Journal of Nervous and Mental Disease, 1974, 159, 325-342.

Franke, A.; Kewitz, Chr.; Joester, A.: Entmündigt - und was dann? In: Psychologie heute, 15. Jg., H. 4/1988, 46-50.

Frankl, V. E.: Ärztliche Seelsorge. Grundlagen der Logotherapie und Existenzanalyse. Wien 1946.

Frankl, V. E.: Der Mensch auf der Suche nach Sinn. Zur Rehumanisierung der Psychotherapie. 4. Aufl; Freiburg, Basel, Wien 1975.

Frankl, V. E.: Die Psychotherapie in der Praxis. Eine kasuistische Einführung für Ärzte. 5., durchges. Aufl.; München 1986.

Freud, S.: Über Träume und Traumdeutungen. Frankfurt/M. 1971.

Freytag Löringhoff, B. Baron von: Logik II. Definitionstheorie und Methodologie des Kalkülwechsels. Stuttgart, Berlin, Köln, Mainz 1967.

Freytag Löringhoff, B. Baron von: Logik I. Das System der reinen Logik und ihr Verhältnis zur Logistik. 5., völlig überarb. Aufl. von: Logik, ihr System und ihr Verhältnis zur Logistik. Stuttgart, Berlin, Köln, Mainz 1972.

Fritz, J.: Methoden des sozialen Lernens. 2. Aufl.; München 1981.

Froese, L.: Begriff und Bedeutungswandel der Bildung. In: Pleines, J.-E. (Hg.): Bildungstheorien. Probleme und Positionen. Mit Beitr. von Th. Wiesengrund-Adorno ... Freiburg, Basel, Wien 1978.

Fromm, E.: Haben oder Sein: D. seel. Grundlagen e. neuen Gesellschaft. Neu bearb. Aufl.; Stuttgart 1979.

Fromm, E.: Wege aus einer kranken Gesellschaft (The Sane Society). A. d. Am. übers. von L. u. E. Mickel. 10., überarb. Aufl.; Frankfurt/M. 1980.

Fromm, E.; Suzuki, D. T.; de Martino, R.: Zen-Buddhismus und Psychoanalyse. Frankfurt/M. 1972.

Fromann, A.; Schramm, D.; Thiersch, H.: Sozialpädagogische Beratung. In: Zeitschrift für Pädagogik, 22. Jg., H. 5/1976, 715-741.

Funk-Kolleg Sprache. Eine Einführung in die moderne Linguistik. 2 Bde. Frankfurt am Main 1973.

Gadamer, H.-G.; Vogler, P. (Hg.): Neue Anthropologie. 7 Bde. Stuttgart 1972 ff.

Gamm, H.-J.: Das Elend der spätbürgerlichen Pädagogik. Studien über den politischen Erkenntnisstand einer Sozialwissenschaft. München 1972.

Gamm, H.-J.: Einführung in das Studium der Erziehungswissenschaft. München 1974.

Gamm, H.-J.: Umgang mit sich selbst. Grundriß einer Verhaltenslehre. Reinbek b. Hamburg 1979.

Garfield, S. L.: Psychotherapie. Ein eklektischer Ansatz. A. d. Am. übers. von H. Wenninger. Weinheim und Basel 1982.
Geißler, K. A.; Hege, M.: Konzepte sozialpädagogischen Handelns. 3. Aufl.; Weinheim u. Basel 1985.
Gergen, K. J.; Davis, K. E. (Hg.): The Social Construction of the Person. New York 1985.
Gerner, B.: Pathologie der Erziehung. Darmstadt 1984.
Geschichte der Erziehung. Red.: K.-H. Günther u.a.; 10. Aufl., Berlin 1971.
Gesellschaft für wissenschaftliche Gesprächspsychotherapie (Hg.): Die klientenzentrierte Gesprächspsychotherapie. Mit Beitr. von C. R. Rogers ... 4. Aufl., Frankfurt/M. 1983.
Der Gesundheits-Brockhaus. 2., völlig neu bearb. Aufl.; Wiesbaden 1974.
Geulen, D.: Überlegungen zum konzeptionellen Rahmen einer Analyse von Sozialisationsprozessen bei Erwachsenen. In: Nave-Herz, R. (Hg.): Erwachsenensozialisation. Ausgewählte Theorien und empirische Analysen. Weinheim u. Basel 1981, 57-66.
Gierer, A.: Die Physik, das Leben und die Seele. München, Zürich 1985.
Giesecke, H.: Einführung in die Pädagogik. 5., überarb. u. erw. Aufl., München 1973.
Giesecke, H.: Das Ende der Erziehung. Neue Chancen für Familie und Schule. Stuttgart 1985.
Glatzel, J.: Allgemeine Psychopathologie. Stuttgart 1978.
Gleiss, I.; Seidel, R.; Abholz, H.: Soziale Psychiatrie. Zur Ungleichheit in der psychiatrischen Versorgung. Frankfurt/M. 1973.
Goethes Pädagogische Ideen. Die Pädagogische Provinz nebst verwandten Texten. Hrsgg. u. erl. von W. Flitner. Godesberg 1948.
Goethes Werke. Hamburger Ausgabe in 14 Bänden. Hrsgg. von E. Trunz. 10., neubearb. Aufl., München 1981.
Göttler, J.: System der Pädagogik. Neu bearb. u. erw. von J. B. Westermayr. 12. Aufl.; München 1964.
Goffman, E.: Rahmen-Analyse. Ein Versuch über die Organisation von Alltagserfahrungen. Übers. von H. Vetter. Frankfurt/M. 1980.
Goldner, G. C.: Zen in der Kunst der Gestalttherapie. Augsburg 1986.
Gotkin, J. u. P.: Zu viel Zorn, zu viele Tränen. Ein persönlicher Sieg über die Psychiatrie. Dt. von W. Hähnle. Stuttgart 1977.
Graevenitz, A. von: Erlösungskunst oder Befreiungspolitik: Wagner und Beuys. In: Förg, G. (Hg.): Unsere Wagner: Joseph Beuys, Heiner Müller, Karlheinz Stockhausen, Hans Jürgen Syberberg. Essays. Frankfurt/M. 1984, 11-49.
Grawe, K. (Hg.): Verhaltenstherapie in Gruppen. München, Wien, Baltimore 1980.
Grawe, K.: Vergleichende Psychotherapieforschung. In: Minsel, W. R. und Scheller, R. (Hg.): Brennpunkte der klinischen Psychologie, Bd. 1. München 1981, 149-183.
Grochla, E.: Unternehmungsorganisation. Neue Ansätze und Konzeptionen. Reinbek b. Hamburg 1972.

Groeben, N.; Scheele, B.: Argumente für eine Psychologie des reflexiven Subjekts. Darmstadt 1977.
Grof, St.: Topographie des Unbewußten. LSD im Dienst der tiefenpsychologischen Forschung. Stuttgart 1978.
Groothoff, H. H.; Stallmann, M. (Hg.): Pädagogisches Lexikon. Stuttgart, Berlin 1964.
Groothoff, H. H. (Hg.): Pädagogik. Unter Mitw. v. E. Reimers. Neuausgabe, Frankfurt 1973 (Das Fischer Lexikon).
Groothoff, H. H. (Hg.): Die Handlungs- und Forschungsfelder der Pädagogik. (Differentielle Pädagogik). Mit Beitr. von H. Blankertz ... Königstein/Ts., 1979.
Grundmann, H.: Religiöse Bewegungen im Mittelalter. Unters. üb. die gesch. Zus. zwischen d. Ketzerei, den Bettelorden u. der rel. Frauenbewegung im 12. u. 13. Jh. und üb. d. gesch. Grundlagen d. dt. Mystik. Anhang: Neue Beitr. zur Gesch. d. rel. Bewegungen im Mittelalter. 2., verb. u. erg. Aufl., Darmstadt 1961.
Gstettner, P.: Aktionsforschung: Theoretisch-methodologische Reflexionen im Umkreis eines bewußt nicht technokratischen Forschungsansatzes. In: Holtkemper, F.-J. (Hg.): Symposion zur technologischen Funktion von Erziehungswissenschaft. Schloß Hofen, Dokumente u. Berichte 7. Lochau (Österr.) 1984, 74-92.
Guardini, R.: Religiöse Erfahrung und Glaube. Mainz 1974.
Guattari, F.: Psychotherapie, Politik und die Aufgaben der institutionellen Analyse. Vorw. von G. Deleuze. Frankfurt/M. 1976.
Gudjons, H.; Teske, R.; Winkel, R. (Hg.): Erziehungswissenschaftliche Theorien. Mit Beitr. von W. Lippitz ... - Hamburg 1986.
Guggenberger, B.: Wenn uns die Arbeit ausgeht. Die aktuelle Diskussion um Arbeitszeitverkürzung, Einkommen und die Grenzen des Sozialstaats. München, Wien 1988.
Guss, K. (Hg.): Gestalttheorie und Erziehung. Mit 26 Abb. u. 3 Tab.; Darmstadt 1975.
Habermas, J.: Theorie und Praxis. Sozialphilosophische Studien. 4. durchges., erw. u. neu eingel. Aufl.; Frankfurt/M. 1971.
Habermas, J.: Theorie des kommunikativen Handelns. 2 Bde. Frankfurt/M. 1988 (Neuauflage; entspr. der 4., durchges. Aufl. von 1987).
Hagehülsmann, H.: Begriff und Funktion von Menschenbildern in Psychologie und Psychotherapie. In: Petzold, H. (Hg.): Wege zum Menschen. Methoden u. Persönlichkeiten moderner Psychotherapie, Bd. 1. 3. Aufl.; Paderborn 1985, 9-44.
Hahn, E.: Soziale Wirklichkeit und soziologische Erkenntnis. Philosophisch-methodologische Aspekte der soziologischen Theorie. Berlin 1965.
Hamburger, K.: Die Logik der Dichtung. Ungek. Ausg. nach d. 3. Aufl. 1977. Frankfurt/M., Berlin, Wien 1980.
Harris, Th. A.: Ich bin o.k. - Du bist o.k. Wie man über seinen Schatten springen lernt. Dt. von I. Brender. Reinbek b. Hamburg 1973.

Hassenstein, B.: Abbildende Begriffe. In: Verhandlungen der Deutschen Zoologischen Gesellschaft in Tübingen 1954, 197-202. (Ak. Verlagsgesellschaft Geest u. Portig, Leipzig).
Hassenstein, B.: Injunktion. In: Historisches Wörterbuch der Philosophie, hrsgg. von J. Ritter u. K. Gründer, Bd. 4. Basel/Stuttgart 1976, 367 f.
Hassenstein, B.: Verhaltensbiologie des Kindes. In Zusammenarbeit mit Helma Hassenstein. 4., überarb. u. erw. Aufl., München 1987.
Hassenstein, B. u.a.: Freiburger Vorlesungen zur Biologie des Menschen. Heidelberg 1979.
Haug, W. F.: Was soll materialistische Erkenntnistheorie? In: Das Argument 81, 15. Jg., H. 7/8, Okt. 1973, 559-573.
Hayakawa, S. I.: Vom Umgang mit sich und anderen. A. d. Am. übers. von G. Schwarz. Darmstadt (1969).
Hayakawa, S. I.: Sprache im Denken und Handeln. Allgemeinsemantik. A. d. Am. übers. u. hrsgg. von G. Schwarz. 7., erw. Aufl.; Darmstadt 1984.
Heeschen, Cl.: Grundfragen der Linguistik. Mit e. Beitr. von V. Heeschen. Stuttgart, Berlin, Köln, Mainz 1972.
Heinerth, K. (Hg.): Einstellungs- und Verhaltensänderung. Ihre Theorie und Praxis in der Klinischen und Pädagogischen Psychologie. Mit Beitr. von R. F. Autoch ... München, Basel 1979.
Heinzel, J.: Verhaltenstherapie bei Erwachsenen und Kindern. Eine Anl. für d. Praxis. Paderborn, München, Wien, Zürich 1980.
Heitger, M.: Die Abrichtung des Menschen. Von der Gefahr gegenwärtiger Pädagogik, ihr Subjekt zu verlieren. In: Vierteljahrsschrift für wissenschaftliche Pädagogik, 62. Jg., Heft 1/1986, 41-51.
Heiz, A. V.: Das Individuum findet nicht statt. Zur totalen, totalitären Tendenz des Gesamtkunstwerks. In: Förg, G. (Hg.): Unsere Wagner: Joseph Beuys, Heiner Müller, Karlheinz Stockhausen, Hans Jürgen Syberberg. Essays. Frankfurt/M. 1984, 164-189.
Heller, A.: Theorie der Gefühle. Hamburg 1980.
Hely, A. S. M.: Erwachsenenbildung auf neuen Wegen. Wien 1966.
Hemminger, H.: Kindheit als Schicksal? Die Folgen frühkindlicher seelischer Verletzungen. Reinbek bei Hamburg 1986.
Hemminger, H.; Becker, V.: Wenn Therapien schaden. Kritische Analyse einer psychotherapeutischen Fallgeschichte. Reinbek b. Hamburg 1985.
Hentig, H. von: Habent sua fata libelli. Mitteilungen des verantwortlichen Herausgebers über die Absicht und die Entstehung dieser Ausgabe. In: psychosozial, 3. Jg., H. 1/80, 7-19.
Hentig, H. von: Erkennen durch Handeln. In: König, E.; Zedler, P. (Hg.): Erziehungswissenschaftliche Forschung: Positionen, Perspektiven, Probleme. Paderborn u. München 1982, 166-195.
Hentig, H. von: Die Menschen stärken, die Sachen klären. Ein Plädoyer für die Wiederherstellung der Aufklärung. Stuttgart 1985.

Hentig, H. von: Meine Pädagogik. Eine lehrbare Praxis. In: Gudjons, H.; Teske, R.; Winkel, R. (Hg.): Erziehungswissenschaftliche Theorien. Mit Beitr. von: W. Lippitz ... Hamburg 1986, 67-78.

Herbeck, E.: Alexander. Ausgewählte Texte 1961-1981. Salzburg/ Wien 1982.

Herders Sämmtliche Werke. Hrsgg. von Bernhard Suphan. 33 Bde. Berlin 1877-1913.

Herrmann, Th.: Lehrbuch der empirischen Persönlichkeitsforschung. 2., unv. Aufl., Göttingen 1972.

Herrmann, U. (Hg.): Schule und Gesellschaft im 19. Jahrhundert. Sozialgeschichte der Schule im Übergang zur Industriegesellschaft. Weinheim u. Basel 1977.

Herrmann, U. (Hg.): "Die Bildung des Bürgers". Die Formierung der bürgerlichen Gesellschaft und die Gebildeten im 18. Jahrhundert. Weinheim und Basel 1982.

Herzog, W.: Modell und Theorie in der Psychologie. Göttingen 1984.

Heydorn, H.-J.: Über den Widerspruch von Bildung und Herrschaft. Frankfurt/M. 1970.

Hierdeis, H.: Erziehungsinstitutionen. Pädagogik, eine Einführung, für Sekundarstufe II und Grundstudium, hrsgg. von E. Weber, Bd. 3. 3. Aufl., Donauwörth 1976.

Hierdeis, H.: Basiswissen Pädagogik. Eine praxisbezogene Einführung. Bd. 1: Erziehungstheorie. 2. Aufl.; München 1981.

Hierdeis, H. (Hg.): Taschenbuch der Pädagogik. Unter Mitarbeit zahlreicher Fachwissenschaftler hrsgg. von -. 2 Bde.; 2., neubearb. Aufl.; Baltmannsweiler 1986.

Hierdeis, H.; Knoll, J.; Krejci, M.: Basiswissen Pädagogik. Eine praxisbezogene Einführung. Bd. 2: Erzieherisches Handeln. München 1977.

Hierholzer, K.; Wittmann, H.-G. (Hg.): Phasensprünge und Stetigkeit in der natürlichen und kulturellen Welt. Wissenschaftskonferenz in Berlin 8.-10. Okt. 1987, Reichstagsgebäude. Stuttgart 1988.

Hillman, J.: Die Heilung erfinden. Eine psychotherapeutische Poetik. A. d. Engl. von K. Staufer-Zahner. Zürich 1986.

Hochmann, J.: Thesen zu einer Gemeindepsychiatrie. A. d. Frz. übers. von Gr. Osterwald. Frankfurt/M. 1973.

Hockel, M.: Die Struktur des Versorgungssystems für psychisch Kranke und Behinderte in der Bundesrepublik Deutschland. In: Kraiker, Ch. u. Peter, B. (Hg.): Psychotherapieführer. Wege zur seelischen Gesundheit. München 1983, 39-49.

Hoepfner, F. G. (Hg.): Gruppendynamik. Motivation durch maßgeschneidertes Training. München 1977.

Hoerning, E. M.; Tietgens, H. (Hg.): Erwachsenenbildung: Interaktion mit der Wirklichkeit. In memoriam E. Schmitz. Bad Heilbrunn 1989.

Hoffmann, J.: Die Welt der Begriffe. Psychologische Untersuchungen zur Organisation des menschlichen Wissens. Weinheim 1986.

Hoffmann, N. (Hg.): Grundlagen kognitiver Therapie. Theoret. Modelle und prakt. Anwendung. Mit Orig.-Beitr. von A. T. Beck ... Bern, Stuttgart, Wien 1979.

Hofmann, F.: Erziehungsweisheit, Paedagogia, Pädagogik. Ein Versuch zur Geschichte der pädagogischen Theorie. Köln 1977.
Horkheimer, M.: Begriff der Bildung. Immatrikulationsrede Wintersemester 1952/1953. In: Pleines, J.-E. (Hg.): Bildungstheorien. Probleme und Positionen. Mit Beiträgen von Th. Wiesengrund-Adorno ... Freiburg 1978, 22-27.
Horkheimer, M.; Adorno, Th. W.: Dialektik der Aufklärung. Philosophische Fragmente. Frankfurt/M. 1988.
Hradil, St.: Sozialstrukturanalyse in einer fortgeschrittenen Gesellschaft. Von Klassen und Schichten zu Lagen und Milieus. Opladen 1987.
Huber, M.: Therapie hilft. In: Welche Therapie? Thema: Psychotherapie heute. Hrsgg. von d. Red. Psychologie heute. Weinheim u. Basel 1987, 7-22.
Hüfner, K.: Bildungsforschung, -ökonomie, -planung, -politik. In: Hierdeis, H. (Hg.): Taschenbuch der Pädagogik. Unter Mitarb. zahlr. Fachwissenschaftler hrsgg. von -. Bd. 1; 2., neubearb. Aufl., Baltmannsweiler 1986, 58-75.
Wilhelm von Humboldt. Werke in fünf Bänden. Hrsgg. v. A. Flitner und K. Giel. Darmstadt 1960 ff.
Huppertz, N.; Schinzler, E.: Grundfragen der Pädagogik. E. Einf. für sozialpäd. Berufe. 8., überarb. u. erw. Aufl.; München 1985.
Hurrelmann, K. (Hg.): Soziologie der Erziehung. Weinheim und Basel 1974.
Hurrelmann, K.: Erziehungssystem und Gesellschaft. Reinbek b. Hamburg 1975.
Husserl, E.: Formale und transzendentale Logik. Versuch einer Kritik der logischen Vernunft. Mit erg. Texten hrsgg. v. P. Janssen. Den Haag 1974.
Huth, W.: Glaube, Ideologie und Wahn. Das Ich zwischen Realität und Illusion. Frankfurt/M., Berlin 1988.
Huyssen, A.; Scherpe, K. R. (Hg.): Postmoderne. Zeichen eines kulturellen Wandels. Reinbek b. Hamburg 1986.
Illich, I.: Entschulung der Gesellschaft. Entwurf eines demokratischen Bildungssystems. Mit e. Vorwort von H. v. Hentig. Reinbek b. Hamburg 1973.
Israel, J.: Der Begriff Entfremdung. Makrosoziologische Untersuchung von Marx bis zur Soziologie der Gegenwart. Reinbek b. Hamburg 1972.
Izard, C. E.: Die Emotionen des Menschen. Eine Einführung in die Grundlagen der Emotionspsychologie. A. d. Engl. übersetzt von B. Murakami. Weinheim u. Basel 1981.
Jäger, W.: Kontemplation. Salzburg 1982.
Jahoda, M.: Freud und das Dilemma der Psychologie. A. d. Engl. von Th. Bender. Frankfurt/M. 1985.
Jameson, F.: Postmoderne - zur Logik der Kultur im Spätkapitalismus. In: Huyssen, A.; Scherpe, K. R. (Hg.): Postmoderne. Zeichen eines kulturellen Wandels. Reinbek b. Hamburg 1986, 45-102.
Jaspers, K.: Was ist Erziehung? Ein Lesebuch. Textauswahl und Zusammenstellung von H. Horn. 2. Aufl., München 1982.
Jaspers, K.: Psychologie der Weltanschauungen. München, Zürich 1985.

Johann, H.-T. (Hg.): Erziehung und Bildung in der heidnischen und christlichen Antike. Darmstadt 1976.
Jonas, H.: Macht oder Ohnmacht der Subjektivität? Das Leib-Seele-Problem im Vorfeld des Prinzips Verantwortung. Frankfurt/M. 1987.
Jourdan, M.: Pädagogische Kommunikation. Eine integrative Systematisierung der Dimensionen menschlicher Kommunikation in Erziehung und Bildung. Bad Heilbrunn 1989.
Jung, C. G.: Bewußtes und Unbewußtes. Beiträge zur Psychologie. Mit e. Vorw. v. E. Böhler u. e. Nachw. v. A. Jaffé. Frankfurt/M. 1981.
Jung, C. G.: Welt der Psyche. Frankfurt/M. 1985.
Jungclaussen, E.: Der Meister in Dir. Freiburg 1975.
Kämmerer, A.: Die therapeutische Strategie "Problemlösen" in der therapeutischen Beratung. In: Neber, H. (Hg.): Angewandte Problemlösepsychologie. Münster 1987, 287-314.
Kahle, G. (Hg.): Logik des Herzens. Die soziale Dimension der Gefühle. Frankfurt/M. 1981.
Kamlah, W.; Lorenzen, P.: Logische Propädeutik. Vorschule des vernünftigen Redens. 2., verb. u. erw. Aufl.; Mannheim, Wien, Zürich 1973.
Kantzenbach, F. W.: Johann Gottfried Herder. In Selbstzeugnissen und Bilddokumenten dargestellt von -. Reinbek b. Hamburg 1970.
Karmann, G.: Humanistische Psychologie und Pädagogik. Psychotherapeutische und therapieverwandte Ansätze. Perspektiven für eine Integrative Agogik. Bad Heilbrunn 1987.
Kerner, D.: Paracelsus. Leben und Werk. Stuttgart 1965.
Kerschensteiner, G.: Theorie der Bildung. 2. Aufl., Leipzig und Berlin 1928.
Killy, W.: Bildungsfragen. München 1971.
Kirchgässner, W.: Probleme der Einheit von Rationalem und Emotionalem im Erkenntnisprozeß. Eine Einführung. Berlin 1971.
Kirschner, J.: Hilf dir selbst, sonst hilft dir keiner. Die Kunst, glücklich zu leben - in neun Lektionen. Locarno 1978.
Klafki, W.: Das pädagogische Problem des Elementaren und die Theorie der kategorialen Bildung. 3./4. durchges. u. erg. Aufl., Weinheim 1964.
Klafki, W.: Studien zur Bildungstheorie und Didaktik. Weinheim, Berlin, Basel 1972.
Klafki, W.: Neue Studien zur Bildungstheorie und Didaktik. Beiträge zur kritisch-konstruktiven Didaktik. Weinheim u. Basel 1985.
Klafki, W. u.a.: Erziehungswissenschaft. Eine Einführung. 3 Bde.; Frankfurt/M. 1970 u. 1971. (= Funk-Kolleg Erziehungswissenschaft. E. Einf. in drei Bänden).
Knoll, J.: Gruppentherapie und pädagogische Praxis. Ansätze, Arbeitsformen und Konsequenzen für die Arbeit mit Gruppen in Schule und Erwachsenenbildung. Bad Heilbrunn 1977.
König, E.: Theorie der Erziehungswissenschaft, Band 1. Wissenschaftstheoretische Richtungen der Pädagogik, München 1975.

König, E.: Theorie der Erziehungswissenschaft, Bd. 2. Normen und ihre Rechtfertigung. München 1975 a.

König, E.: Theorie der Erziehungswissenschaft, Bd. 3. Erziehungswissenschaft als praktische Disziplin. München 1978.

König, E.: Technologische Probleme der Erziehungswissenschaft - am Beispiel der Beratung. In: Holtkemper, F.-J. (Hg.): Symposion zur technologischen Funktion von Erziehungswissenschaft. Schloß Hofen, Dokumente u. Berichte 7. Lochau (Österr.) 1984, 54-73.

König, E.: Erziehungswissenschaft. In: Hierdeis, H. (Hg.): Taschenbuch der Pädagogik. Unt. Mitarb. zahlr. Fachwissenschaftler hrsgg. von -. Bd. 1; 2., neubearb. Aufl., Baltmannsweiler 1986, 180-189.

König, E.; Ramsenthaler, H. (Hg.): Diskussion Pädagogische Anthropologie. München 1980.

König, E.; Zedler, P. (Hg.): Erziehungswissenschaftliche Forschung: Positionen, Perspektiven, Probleme. Mit Beitr. von E. König/P. Zedler, W. Klafki ... - Paderborn u. München 1982.

Koenig, O.: Kultur und Verhaltensforschung. Einf. in die Kulturethologie. Mit e. Vorw. von K. Lorenz. München 1970.

Koenig, O.: Urmotiv Auge. Neuentdeckte Grundzüge menschlichen Verhaltens. Mit 162 Zeichnungen von L. Koenig u. 766 teils farbigen Bildern. München, Zürich 1975.

Koenig, O.: Kulturelle Bedeutung von Lernen und Lehren. In: Liedtke, M.; Kriss-Rettenbeck, L. (Hg.): Schulgeschichte im Zusammenhang der Kulturentwicklung. Bad Heilbrunn/Obb. 1983, 33-39.

Kopmeyer, M. R.: Persönlichkeitsbildung. So werden Sie, was Sie sein möchten. A. d. Am. von D. u. H. Coutzen. Genf 1982.

Koslowski, P.: Die postmoderne Kultur. Gesellschaftlich-kulturelle Konsequenzen der technischen Entwicklung. 2., durchges. Aufl.; München 1988.

Kossolapow, L.; Mannzmann, A. (Hg.): Kreativität und Therapien. Bad Honnef 1985.

Kovel, J.: Kritischer Leitfaden der Psychotherapie. Übers. a. d. Am. von L.-W. Wolff. 3. Aufl.; Frankfurt/M., New York 1984.

Kowatzki, I.: Der Begriff des Spiels als ästhetisches Phänomen. Von Schiller bis Benn. Bern u. Frankfurt/M. 1973.

Kraiker, Ch.; Peter, B. (Hg.): Psychotherapieführer. Wege zur seelischen Gesundheit. München 1983.

Krampen, M. u.a. (Hg.): Die Welt als Zeichen. Klassiker der modernen Semiotik. Berlin 1981.

Krappmann, L.: Soziologische Dimensionen der Identität. Strukturelle Bedingungen für die Teilnahme an Interaktionsprozessen. 4. Aufl.; Stuttgart 1975.

Kritisches Lexikon der Erziehungswissenschaft und Bildungspolitik. Im Auftrag der päd. extra-Redaktion hrsgg. von H. Speichert. Reinbek b. Hamburg 1975.

Kriz, J.: Grundkonzepte der Psychotherapie. Eine Einführung. München, Wien, Baltimore 1985.

Kroath, F.: Evaluation. In: Hierdeis H. (Hg.): Taschenbuch der Pädagogik. Unter Mitarbeit zahlr. Fachwissenschaftler hrsgg. von -. Bd. 1. 2., neubearb. Aufl., Baltmannsweiler 1986, 199-205.

Krüger, W.: Neue Wege der Gruppentherapie. Das Berliner Modell von J. Rattner. München 1984.

Kuckartz, W.: Kritik der pädagogischen Technologie. Die Erziehung angesichts der Gefährdung des Menschen. Bad Heilbrunn 1974.

Künzli, R.: Vergewöhnlichung des Neuen. Der Common sense in pädagogischen Argumentationen. In: Bildung und Erziehung, 41. Jg., H. 4/1988, 365-378.

Kundera, M.: Die Kunst des Romans. Essay. A. d. Franz. von B. Weidmann. München, Wien 1987.

Kupffer, H.: Erziehung, Angriff auf die Freiheit. Essays gegen Pädagogik, d. d. Lebensweg d. Menschen mit Hinweisschildern umstellt. Weinheim, Basel 1980.

Kursbuch 82, November 1985, hrsgg. v. K. M. Michel u. T. Spengler, unt. Mitarb. v. H. M. Enzensberger: Die Therapie-Gesellschaft. Berlin 1985.

Kurtz, R.: Körperzentrierte Psychotherapie: Die Hakomi Methode. Essen 1985.

Ladenhauf, K. H.: Integrative Therapie und Gestalttherapie in der Seelsorge. Grundfragen und Konzepte für Fortbildung und Praxis. Paderborn 1988.

Laing, R. D.: Das geteilte Selbst. Eine existentielle Studie über geistige Gesundheit und Wahnsinn. Reinbek b. Hamburg 1976.

Langen, D.: Psychotherapie. Kompendium für Studierende und Ärzte. 2., erweiterte Aufl., 4 Tabellen. Stuttgart 1971.

Langeveld, M. J.; Danner, H.: Methodologie und Sinnorientierung in der Pädagogik. München 1981.

Lassahn, R.: Grundriß einer Allgemeinen Pädagogik. 2., durchges. Aufl., Heidelberg 1983.

Laszlo, E.: Evolution - die neue Synthese. Wege in die Zukunft. A. d. Eng. übers. von H. Jelinek. Wien, Zürich 1987 (= The Club of Rome Information Series, Contributions to the Understanding of the World Problematique, Vol. 3).

Lay, R.: Grundzüge einer komplexen Wissenschaftstheorie. 1. Bd.: Grundlagen und Wissenschaftslogik. Frankfurt/M. 1971.

Lefrancois, G. R.: Psychologie des Lernens. Report von Kongor dem Androneaner. Übers. u. bearb. von W. F. Angermeier, P. Leppmann u. Th. Thiekötter. Mit 41 Abb.; Berlin, Heidelberg, New York 1976.

Lehmann, R.: Erziehung als kommunikatives Handeln. Bemerkungen zu K. Mollenhauers Theorie der diskursiven Legitimation pädagogischer Normen. In: Bildung und Erziehung, 28. Jg., H. 5/1975, 371-386.

Leinfellner, W.: Einführung in die Erkenntnis- und Wissenschaftstheorie. Mannheim 1965.

Leist, A.: Widerspiegelung der Realität - Realität der Widerspiegelung? In: Das Argument 81, 15. Jg., H. 7/8, Okt. 1973, 574-612.
Lengert, R.: Ist das Konzept einer "Einheitswissenschaft" für die Pädagogik praktikabel? In: Bildung und Erziehung, 34. Jg., H. 4/1981, 379-391.
Lenk, H.: Zwischen Wissenschaftstheorie und Sozialwissenschaft. Frankfurt/M. 1986.
Leontjew, A. N.: Tätigkeit, Bewußtsein, Persönlichkeit. Stuttgart 1977.
Lermer, St.: Selbstfindung und Lebenskunst. Vom Umgang mit Liebe und Angst. München 1986.
Der Lernprozeß. Anthropologie, Psychologie, Biologie des Lernens. Hrsgg. vom Willmann-Institut. Unter Mitarb. von H.-K. Beckmann ... Freiburg, Basel, Wien 1969.
Lessing, M. B.: Paracelsus. Sein Leben und Denken. Drei Bücher. Neubearbeitung des im Jahre 1839 ersch. Werkes. Nürnberg 1937.
Leuzinger, M.: Psychotherapeutische Denkprozesse. Kognitive Prozesse bei der Indikation psychotherapeutischer Verfahren. Ulm 1984.
Lévi-Strauss, Cl.: Strukturale Anthropologie. A. d. Frz. von H. Naumann. Frankfurt/M. 1971.
Levy, J.: Das Gehirn hat keine bessere Hälfte. In: Psychologie heute, 13. Jg., Nr. 1/Januar 1986, 32-37.
Lewin, K.: Feldtheorie in den Sozialwissenschaften. Bern 1963.
Lewin, K.: Grundzüge der topologischen Psychologie. Übertr. u. hrsgg. von R. Falk u. F. Winnefeld unter Mitarb. von H. Ahrbeck jun.; Bern u. Stuttgart 1969.
Kurt-Lewin-Werkausgabe, hrsgg. von C.-F. Graumann. Bd. 6: Psychologie der Entwicklung und Erziehung, hrsgg. von F. E. Weinert und H. Gundlach. Bern u. Stuttgart 1982.
Lexikon der Pädagogik. Neue Ausgabe in vier Bänden. Hrsgg. v. Willmann-Institut München-Wien, Leitung d. Herausgabe: H. Rombach. Freiburg, Basel, Wien 1970 f.
Lichtenstein, E.: Bildungsgeschichtliche Perspektiven. Glaube und Bildung - Bildung als geschichtliche Begegnung. Ratingen b. Düsseldorf 1962.
Lichtenstein, E.: Zur Entwicklung des Bildungsbegriffs von Meister Eckart bis Hegel. Heidelberg 1966.
Lichtenstein, E.: Paideia. Die Grundlagen des europäischen Bildungsdenkens im griech.-röm. Altertum. Bd. 1: Der Ursprung der Pädagogik im griech. Denken. Hannover 1970 (= Das Bildungsproblem in der Geschichte des europ. Erziehungsdenkens, hrsgg. von E. Lichtenstein u. H. H. Groothoff, Bd. I 1).
Liedtke, M.: Johann Heinrich Pestalozzi. Reinbek 1968.
Liedtke, M.: Evolution und Erziehung. Ein Beitr. zur integrativen Pädagogischen Anthropologie. 2., durchges. Aufl., Göttingen 1976.

Liedtke, M.: Warum hat Pestalozzi keinen exakten Erziehungsbegriff? Anmerkungen über injunktive Begriffe. In: Pädagogische Rundschau, 34. Jg./1980, Heft 2/3, 109-120.

Liedtke, M.: Evolutive Daten als Anweisungen für die Erziehung. Notwendigkeit, Reichweite, Ambivalenz. - Beispiel: Die Emotionalität des Menschen -. In: Holtkemper, F.-J. (Hg.): Symposion zur technologischen Funktion von Erziehungswissenschaft. Schloß Hofen, Dokumente u. Berichte 7. Lochau (Österr.) 1984, 93-111.

Lippitz, W.: Die hermeneutisch-phänomenologische Pädagogik. In: Gudjons, H.; Teske, R.; Winkel, R. (Hg.): Erziehungswissenschaftliche Theorien. Mit Beitr. von W. Lippitz ... Hamburg 1986, 3-11.

Litt, Th.: Technisches Denken und menschliche Bildung. 3. Aufl.; Heidelberg 1964.

Lorenz, K.: Gestaltwahrnehmung als Quelle wissenschaftlicher Erkenntnis (1959). In: K. Lorenz: Vom Weltbild des Verhaltensforschers, Drei Abhandlungen. München 1968, 97-147. (Zuerst erschienen in der "Zeitschrift für experimentelle und angewandte Psychologie" 4/1959).

Lorenz, K.: Das sogenannte Böse. Zur Naturgeschichte der Aggression. München 1974.

Lorenz, K.: Die Rückseite des Spiegels. Versuch einer Naturgeschichte menschlichen Erkennens. München 1977.

Lorenz, K.; Leyhausen, P.: Antriebe tierischen und menschlichen Verhaltens. Gesammelte Abhandlungen. 3. Aufl.; München 1971.

Lowen, A.: Bio-Energetik. Therapie der Seele durch Arbeit mit dem Körper. A. d. Am. von J. Bavendam. Reinbek b. Hamburg 1984.

Luborsky, L.; Singer, B.; Luborsky, L.: Comparative studies of psychotherapies. In: Archives of General Psychiatry, 1975, 32, 995-1008.

Luckmann, Th.: Zwänge und Freiheiten im Wandel der Gesellschaftsstruktur. In: Sozialanthropologie. Neue Anthropologie, hrsgg. von H.-G. Gadamer u. P. Vogler, Bd. 3. Stuttgart 1972, 168-198.

Luhmann, N.: Religiöse Dogmatik und gesellschaftliche Evolution. In: Dahm, K.-W.; Luhmann, N.; Stoodt, D.: Religion - System und Sozialisation. Reihe Theologie und Politik, hrsgg. v. H.-E. Bahr, Bd. II. Darmstadt u. Neuwied 1972, 15-132.

Luhmann, N.: Codierung und Programmierung. Bildung und Selektion im Erziehungssystem. In: Tenorth, H.-E. (Hg.): Allgemeine Bildung. Analysen zu ihrer Wirklichkeit, Versuche über ihre Zukunft. Weinheim und München 1986, 154-182.

Luhmann, N.: Strukturelle Defizite. Bemerkungen zur systemtheoretischen Analyse des Erziehungswesens. In: Oelkers, J.; Tenorth, H.-E. (Hg.): Pädagogik, Erziehungswissenschaft und Systemtheorie. Weinheim u. Basel 1987, 57-75.

Luhmann, N.; Schorr, K.-E.: Reflexionsprobleme im Erziehungssystem. Stuttgart 1979.

Mahoney, M. J.: Kognitive Verhaltenstherapie. München 1977.
Maier, R. E.: Mündigkeit. Zur Theorie eines Erziehungszieles. Bad Heilbrunn 1981.
Malewski, A.: Verhalten und Interaktion. Die Theorie des Verhaltens und das Problem der sozialwissenschaftlichen Integration. Übers. a. d. Poln. von W. Wehrstedt. 2., unv. Aufl.; Tübingen 1977.
Mandel, A.; Mandel, K. H.; Stadter, E.; Zimmer, D.: Einübung in Partnerschaft durch Kommunikationstherapie und Verhaltenstherapie. 2. Aufl.; München 1971.
March, J. G.; Simon, H. A.: Organisation und Individuum. Menschliches Verhalten in Organisationen. Wiesbaden 1976.
Maslow, A. H.: Motivation und Persönlichkeit. A. d. Am. von P. Kruntorad. Reinbek b. Hamburg 1984.
Massa, W. (Hg.): Kontemplative Meditation. Die Wolke des Nichtwissens. Einf. u. Text. Geleitwort von P. H. Enomiya-Lassalle. A. d. Engl. v. G. Willems. Mainz 1974.
Maturana, H.; Varela, F.: Der Baum der Erkenntnis. Die biologischen Wurzeln des menschlichen Erkennens. Übers. a. d. Span. von K. Ludewig. Bern, München, Wien 1987.
May, R.: Freiheit und Schicksal. Anatomie eines Widerspruchs. A. d. Am. von Th. M. Höpfner. Frankfurt/M. 1985.
McCall, G. J.; Simmons, J. L.: Identität und Interaktion. Düsseldorf 1974.
Mead, G. M.: Geist, Identität und Gesellschaft aus der Sicht des Sozialbehaviorismus. Mit e. Einl. hrsgg. von Ch. W. Morris. A. d. Am. von U. Pacher. 7. Aufl.; Frankfurt/M. 1988.
Meder, N.: Superzeichensemantik, oder: Der Sprachspieler in möglichen Welten. In: Pädagogische Rundschau, 40. Jg., H. 6/1986, 705-718.
Meier, Chr.: Jenseits von Europa. Wie provinziell darf die Provinz des Historikers sein? Geschichtswissenschaft heute muß den Dialog mit anderen Kulturen wagen. In: Die Zeit, Nr. 13, vom 24. März 1989, S. 54.
Meister Eckhart. Hrsgg. von F. Pfeiffer. III. unv. Aufl. d. Ausg. v. 1857. Göttingen 1914 (Dt. Mystiker d. 14. Jh., hrsgg. v. F. Pfeiffer. 2. Bd. Meister Eckhart).
Meister Eckhart. Die deutschen und lateinischen Werke. Hrsgg. im Auftrage der Dt. Forschungsgemeinschaft. Die deutschen Werke. Hrsgg. und übersetzt von J. Quint.
1. Band: Meister Eckharts Predigten (1-24), 1. Bd., Stuttgart 1958.
2. Band: Meister Eckharts Predigten (25-59), 2. Bd., Stuttgart 1971.
3. Band: Meister Eckharts Predigten (60-86), 3. Bd., Stuttgart 1976.
5. Band: Meister Eckharts Traktate. Stuttgart 1963.
Meister Eckhart. Gotteserfahrung und Weg in die Welt. Hrsgg., eingel. und z.T. übersetzt von D. Mieth. Olten u. Freiburg i. Br. 1979.
Metzger, W.: Die Grundlagen der Erziehung zu schöpferischer Freiheit. Frankfurt/M. 1949.

Metzger, W.: Gesetze des Sehens. Frankfurt/M. 1953.
Metzger, W.: Was ist Gestalttheorie? In: Guss, K. (Hg.): Gestalttheorie und Erziehung. Mit 26 Abb. u. 3 Tab.; Darmstadt 1975, 1-17.
Metzger, W.: Gibt es eine gestalttheoretische Erziehung? In: Guss, K. (Hg.): Gestalttheorie und Erziehung. Darmstadt 1975 (a), 18-41 (1975 a).
Meyers Großes Taschenlexikon in 24 Bänden. Hrsgg. u. bearb. von d. Lexikonred. d. Bibliograph. Inst.; Mannheim, Wien, Zürich 1981.
Mitscherlich, A. und M.: Die Unfähigkeit zu trauern. Grundlagen kollektiven Verhaltens. München 1967.
Moeller, M. L.: Selbsthilfegruppen. Selbstbehandlung und Selbsterkenntnis in eigenverantwortlichen Kleingruppen. Reinbek b. Hamburg 1978.
Mollenhauer, K.: Erziehung und Emanzipation. Polemische Skizzen. München 1970.
Mollenhauer, K.: Theorien zum Erziehungsprozeß. Zur Einführung in erziehungswissenschaftl. Fragestellungen. 2. Aufl.; München 1974.
Mollenhauer, K.: Marginalien zur Lage der Erziehungswissenschaft. In: König, E.; Zedler, P. (Hg.): Erziehungswissenschaftliche Forschung: Positionen, Perspektiven, Probleme. Paderborn u. München 1982, 252-265.
Monaco, J.: How to Read a Film. The Art, Technology, Language, History and Theory of Film and Media. New York 1977 (dt.: Film verstehen. Kunst, Technik, Sprache, Geschichte und Theorie des Films. Reinbek b. Hamburg 1980).
Montagu, A.: Körperkontakt: d. Bedeutung d. Haut für die Entwicklung d. Menschen. A. d. Engl. übers. von E. Zahn. 2. Aufl.; Stuttgart 1980.
Morris, Ch. W.: Zeichen, Sprache und Verhalten. Mit e. Einf. von K.-O. Apel. Düsseldorf 1973.
Moser, H. (Hg.): Probleme der Unterrichtsmethodik. Kronberg/Ts. 1977.
Moser, T.: Repressive Kriminalpsychiatrie. Vom Elend einer Wissenschaft. Eine Streitschrift. Frankfurt/M. 1971.
Moser, T.: Jugendkriminalität und Gesellschaftsstruktur. Zum Verhältnis von soziologischen, psychologischen und psychoanalytischen Theorien des Verbrechens. Frankfurt/M. 1972.
Moser, T.: Lehrjahre auf der Couch. Bruchstücke meiner Psychoanalyse. Mit e. Nachw.; 3. Aufl.; Frankfurt/M. 1979.
Münch, R.: Theorie sozialer Systeme. Eine Einf. in Grundbegriffe, Grundannahmen u. logische Struktur. Opladen 1976.
Muldoon, S. J.; Carrington, H.: The projection of the astral body. London 1968.
Murphy, J.: Leben in Harmonie. Der Kosmos: Die unversiegbare Quelle Ihrer Kraft. 2. Aufl., München 1985.
Muschg, A.: Literatur als Therapie? Ein Exkurs über das Heilsame und das Unheilbare. Frankfurter Vorlesungen. 2. Aufl.; Frankfurt/M. 1982.

Nagera, H. (Hg.): Psychoanalytische Grundbegriffe. Eine Einf. in Sigm. Freuds Terminologie u. Theoriebildung. A. d. Engl. von F. Herborth. Frankfurt/M. 1987.
Narr, H.: Arzt-Patient-Krankenhaus. München 1987. (Beck-Rechtsberater).
Nave-Herz, R. (Hg.): Erwachsenensozialisation. Ausgewählte Theorien und empirische Analysen. Weinheim u. Basel 1981.
Navratil, L.: Schizophrenie und Dichtkunst. Mit 29 Abb.; München 1986.
Netzer, H.: Erziehungslehre. 10., erw. u. verb. Aufl., Bad Heilbrunn 1972.
Neuberger, O.; Kompa, A.: Das Gesicht der Firma. In: Psychologie heute, 13. Jg., Juni 1986, 60-68.
Neue Formen der Psychotherapie. Hrsgg. von d. Red. d. Zeitschr. Psychologie heute. 4. Aufl.; Weinheim, Basel 1981.
Nicolin, F.: Bildung im Spannungsfeld von Berufsqualifikation und Humanität. Kritische Reflexionen zu einem aktuellen Begriff. In: Pleines, J.-E. (Hg.): Bildungstheorien. Probleme und Positionen. Mit Beitr. v. Th. Wiesengrund-Adorno ... Freiburg, Basel, Wien 1978.
Nipkow, K. E.: Grundfragen der Religionspädagogik. 2 Bde., Gütersloh 1975.
Nohl, H.: Die Theorie der Bildung. In: Die Theorie und die Entwicklung des Bildungswesens. Handbuch der Pädagogik, hrsgg. von H. Nohl u. L. Pallat, 1. Bd., zuerst erschienen Berlin-Leipzig 1933. Faksimile-Druck der Originalausgabe, Weinheim 1966, 3-80.
Nohl, H.: Die Deutsche Bewegung. Vorlesungen und Aufsätze zur Geistesgeschichte von 1770-1830. Hrsgg. v. O. F. Bollnow u. F. Rodi. Göttingen 1970.
Oaklander, V.: Gestalttherapie mit Kindern und Jugendlichen. A. d. Am. übers. v. K. Schomburg u. S. M. Schomburg-Scherff. 2. Aufl., Stuttgart 1984.
Oelkers, J.; Tenorth, H.-E. (Hg.): Pädagogik, Erziehungswissenschaft und Systemtheorie. Weinheim und Basel 1987.
Oerter, R.: Erkennen. Donauwörth 1974 (= Psychologie für Grundstudium und Sekundarstufe II, hrsgg. von R. Oerter u. G. L. Huber, Bd. 1).
Opp, K.-D.: Methodologie der Sozialwissenschaften. Einführung in Probleme ihrer Theorienbildung. Durchgreifend revidierte u. wesentl. erw. Neuausg.; Reinbek b. Hamburg 1976.
Ornstein, R. E.: Rechtes und linkes Denken. In: Psychologie heute, 2. Jg., H. 2/Februar 1975, 57-62.
Oshima, J.: Zen - anders denken? Zugleich ein Versuch über Zen und Heidegger. Heidelberg 1985.
Overbeck, A.: Kind-Familie-Schule. Die Eingliederung des psychosozialen Krankheitskonzepts in pädagogische und therapeutische Theorie und Praxis. In: psychosozial, 1. Jg., H. 1/1978, 64-88.
Pagel, W.: Das medizinische Weltbild des Paracelsus. Seine Zusammenhänge mit Neuplatonismus und Gnosis. Wiesbaden 1962.

Paivio, A.: Imagery and verbal processes. New York 1971.
Paracelsus, Philippus Theophrastus. ...Theil der Bücher und Schrifften des Edlen, Hochgelehrten und Bewehrten Philosophi und Medici, Philippi Theophrasti Bombast von Hohenheim, Paracelsi genannt. Jetzt auffs new auß den Originalien und Theophrasti eigner Handschrifft, soviel derselben zu bekommen gewesen, auffs trewlichst und fleissigst an tag geben durch Johannen Huserum Brisgoium ... 10 Theile. Basel 1589-91. 1. Band: Theil I-III. Basel 1589.
Theophrast von Hohenheim, gen. Paracelsus, Sämtliche Werke. Hrsgg. v. K. Sudhoff u. W. Matthießen. I. Abteilung: Medizinische, naturwissenschaftliche und philosophische Schriften, Bd. 1-14. Hrsgg. von K. Sudhoff, München und Berlin 1922 ff.
Paschen, H.: Logik der Erziehungswissenschaft. Düsseldorf 1979.
Paschen, H.: Zur Systematik der Erziehungswissenschaft und ihrer Repräsentation an Wissenschaftlichen Hochschulen. In: Bildung und Erziehung, 34. Jg. 1981, 20-34.
Paschen, H.: Stützungen. In: Bildung und Erziehung, 41. Jg., H. 4/1988, 411-426 (Thema d. Heftes: "Pädagogisches Argumentieren").
Patzelt, W. J.: Grundlagen der Ethnomethodologie. Theorie, Empirie und politikwissenschaftlicher Nutzen einer Soziologie des Alltags. München 1987.
Pawlowski, T.: Begriffsbildung und Definition. A. d. Poln. übers. von F. Grzyb. Berlin, New York 1980.
Pearce, J. Ch.: Die heilende Kraft. Östliche Meditation in westlicher Deutung. A. d. Am. von Chr. Mohr. Frankfurt/M., Berlin, Wien 1985.
Perls, F. S.; Hefferline, R. F.; Goodman, P.: Gestalt-Therapie. Wiederbelebung des Selbst. 3. Aufl.; Stuttgart 1985.
Peschel, E.: Macht und Grenzen der Erziehung oder "die heimlichen Mit-Erzieher". Eine Bestandsaufnahme wesentlicher Erziehungsfaktoren. Frankfurt/M. 1979.
Pestalozzi. Sämtliche Werke (krit. Ausgabe). Hrsgg. (bzw. begr.) von A. Buchenau, E. Spranger, H. Stettbacher. Berlin u. Leipzig bzw. Zürich 1927 ff.
Petzelt, A.: Über das Bildungsproblem. In: Vierteljahrsschrift für wissenschaftliche Pädagogik, 62. Jg., Heft 2/1986, 146-182.
Petzold, H. (Hg.): Die Rolle des Therapeuten und die therapeutische Beziehung. Paderborn 1980.
Petzold, H.: Nootherapie und "säkulare Mystik" in der integrativen Therapie. In: ders. (Hg.): Psychotherapie, Meditation, Gestalt. 2. Aufl., Paderborn 1984, 53-99.
Petzold, H. (Hg.): Wege zum Menschen. Methoden und Persönlichkeiten moderner Psychotherapie. Ein Handbuch. 2 Bde.; 3. Aufl., Paderborn 1985.
Petzold, H.; Orth, I. (Hg.): Poesie und Therapie. Über die Heilkraft der Sprache. Poesietherapie, Bibliotherapie, Literarische Werkstätten. Paderborn 1985.

Pfingsten, U.: Klinische Psychologie. Ein Grundriß. Stuttgart, Berlin, Köln, Mainz 1985.
Pflüger, P. M. (Hg.): Tiefenpsychologie und Pädagogik. Über die emotionalen Grundlagen des Erziehens. Ein Tagungsbericht; d. Vorträge wurden gehalten auf d. Tagung "Tiefenpsychologie u. Pädagogik" d. Internat. Ges. f. Tiefenpsychologie e.V., Erw. Gemeinschaft "Arzt u. Seelsorger", Stuttgart, i. Herbst 1975 auf Schloß Elmau. Stuttgart 1977.
Picht, G.: Die deutsche Bildungskatastrophe. Freiburg 1964.
Piel, E.: Der Schrecken der "wahren" Wirklichkeit. Das Problem der Subjektivität in der modernen Literatur. München 1978.
Pierrakos, J. C.: Core Energetik. Essen 1987.
Pleines, J.-E.: Bildung. Grundlegung und Kritik eines pädagogischen Begriffs. Heidelberg 1971.
Pleines, J.-E. (Hg.): Bildungstheorien. Probleme und Positionen. Mit Beitr. v. Th. Wiesengrund-Adorno ... Freiburg, Basel, Wien 1978.
Pleines, J.-E.: Zur Problematik des Allgemeinen der Bildung aus philosophisch-pädagogischer Sicht. In: Rassegna di Pedagogia/Pädagogische Umschau. Vierteljahrsschrift für Kultur und Pädagogik, 44. Jg.; Heft 2 u. 3/1986, 95-104.
Pöggeler, F.: Erwachsenenbildung. Einf. in die Andragogik. Stuttgart, Berlin, Köln, Mainz 1974.
Polster, E. und M.: Gestalttherapie. Theorie und Praxis der integrativen Gestalttherapie. Aus. d. Am. v. M. Waeber u. M. Wittelmeyer. Frankfurt/M. 1983.
Popp, M.: Einführung in die Grundbegriffe der Allgemeinen Psychologie. München, Basel 1975.
Popper, K. R.; Eccles, J. C.: Das Ich und sein Gehirn. Mit 66 Abb.; 7. Aufl., München 1987.
Portele, G.: Theorieansätze für Erwachsenensozialisation in den Therapien der Humanistischen Psychologie. In: Nave-Herz, R. (Hg.): Erwachsenensozialisation. Ausgewählte Theorien und empirische Analysen. Weinheim u. Basel 1981, 43-57.
Potthoff, W.; Wolf, A.: Einführung in Strukturbegriffe der Erziehungswissenschaft. Freiburg i. Br. 1974.
Prange, K.: Pädagogik als Erfahrungsprozeß. - 1. Der pädagogische Aufbau der Erfahrung. Stuttgart 1978.
Prengel, A. (Hg.): Gestaltpädagogik. Therapie, Politik und Selbsterkenntnis i. d. Schule. Weinheim und Basel 1983.
Prior, H. (Hg.): Soziales Lernen. Mitarbeiter: Waltraud Biester -... Düsseldorf 1976.
Psychotherapie-Richtlinien. Richtlinien über die Durchführung der Psychotherapie in der kassenärztlichen Versorgung. Neufassung. In: Bundesanzeiger, hrsgg. vom Bundesminister der Justiz, Jg. 39, Nr. 156 a, ausgegeben am Dienstag, dem 25. August 1987, 3-7.
Quekelberghe, R. van: Systematik der Psychotherapie. Vergleich und kognitiv-psychologische Grundlegung psychologischer Therapien. München, Wien, Baltimore 1979.
Quitmann, H.: Humanistische Psychologie. Zentrale Konzepte und philosophischer Hintergrund. Göttingen 1985.

Rabenstein, R.: Grundschuldidaktik. In: Hierdeis, H. (Hg.): Taschenbuch der Pädagogik. Unt. Mitarb. zahlr. Fachwissenschaftler hrsgg. von -. Bd. 1; 2., neubearb. Aufl., Baltmannsweiler 1986, 257-264.

Rahm, D.: Gestaltberatung. Grundlagen und Praxis integrativer Beratungsarbeit. 4., überarb. u. erw. Aufl.; Paderborn 1986.

Raknes, O.: Wilhelm Reich und die Orgonomie. Eine Einführung in die Wissenschaft von der Lebensenergie. Aus d. Engl. übertr. von Th. v. Grudzinski. Überarb. u. m. e. Einl. u. e. kommentierten Bibliogr. vers. v. Th. u. O. v. Grudzinski. Frankfurt/M. 1983.

Ramsenthaler, H.: Pragmatische Kommunikationstheorie und Pädagogik. Eine Untersuchung zur Konzeption Watzlawicks u.a. und ihrer Bedeutung für die Pädagogik. Weinheim und Basel 1982.

Reble, A.: Menschenbild und Pädagogik. In: Die deutsche Schule. Zeitschrift f. Erziehungswissenschaft u. Gestaltung der Schulwirklichkeit. 51. Jg., H. 2/1959, 49-66.

Reble, A.: Geschichte der Pädagogik. Ungek. Ausg. d. 12. Aufl. 1975. Frankfurt/M., Berlin, Wien 1981.

Renner, K.: Existenzphilosophie und Pädagogik in Deutschland. In: Rassegna di Pedagogia/Pädagogische Umschau. Vierteljahrsschrift für Kultur und Pädagogik. 41. Jg., Heft 1/1983, 34-61.

Rensch, B.: Homo sapiens. Vom Tier zum Halbgott. 3., vermehrte u. veränderte Aufl.; Göttingen 1970.

Richter, H.-E.: Lernziel Solidarität. Reinbek b. Hamburg 1974.

Richter, H.-E.: Patient Familie. Entstehung, Struktur und Therapie von Konflikten in Ehe und Familie. Reinbek b. Hamburg 1985 (zuerst: 1970).

Riedl, R.: Die Spaltung des Weltbildes. Biologische Grundlagen des Erklärens und Verstehens. Mit 54 Abb.; Berlin u. Hamburg 1985.

Riedl, R.: Biologie der Erkenntnis. Die stammesgeschichtlichen Grundlagen der Vernunft. München 1988.

Riemann, F.: Lebenshilfe Astrologie. Gedanken und Erfahrungen. 8. Aufl., München 1984.

Rieppel, O.: Unterwegs zum Anfang. Geschichte und Konsequenzen der Evolutionstheorie. Zürich und München 1989.

Roazen, P.: Sigmund Freud und sein Kreis. Eine biographische Geschichte der Psychoanalyse. A. d. Am. von G. H. Müller. Bergisch Gladbach 1976.

Robinsohn, S. B.: Bildungsreform als Revision des Curriculum. Neuwied/Berlin 1967.

Roeck, B.-P. de: Gras unter meinen Füßen. Eine ungewöhnliche Einführung in die Gestalttherapie. A. d. Holländischen übers. von H. Raatschen. Reinbek b. Hamburg 1985.

Röhrs, H.: Allgemeine Erziehungswissenschaft. Eine Einf. i. d. erziehungswiss. Aufg. u. Meth.; 2. Aufl.; Weinheim, Berlin, Basel 1970.

Roeßler, W.: Bildung und Erziehung in der Bundesrepublik Deutschland: Wege und Holzwege. In memoriam Theodor Litt. In: Bildung und Erziehung, 34. Jg. 1981, 3-19.

Rogers, C. R.: Encounter-Gruppen. Das Erlebnis der menschlichen Begegnung. A. d. Am. von E. Nosbüsch. 6. Aufl., Frankfurt/M. 1984.
Rogers, C. R.: Entwicklung der Persönlichkeit. Psychotherapie aus der Sicht eines Therapeuten. A. d. Am. übers. von J. Giere. 5. Aufl., Stuttgart 1985.
Rolfes, E. (Hg.): Die Philosophie des Thomas von Aquin. In Ausz. aus seinen Schriften hrsgg. u. mit erkl. Anm. vers. von -. Mit einer Einleitung und Bibliographie von Karl Bormann. 2. Aufl., Hamburg 1977.
Rosenstiel, L. von; Molt, W.; Rüttinger, B.: Organisationspsychologie. Sozioökonomie 1. Darstellungen u. Zeichn. von B. Wißner. Stuttgart, Berlin, Köln, Mainz 1972.
Roth, G. u. Grancy, Chr. de (Photos): Das Haus der schlafenden Vernunft. In: Zeitmagazin Nr. 23, 3. Juni 1988, 32-45.
Roth, H.: Pädagogische Anthropologie. Bd. 1: Bildsamkeit und Bestimmung. 4. Aufl., Hannover 1976.
Roth, J. K.: Hilfe für Helfer: Balintgruppen. Konflikte im Beruf verstehen lernen und wirksam helfen können. 2. Aufl.; München, Zürich 1985.
Rubinstein, S. L.: Grundlagen der Allgemeinen Psychologie. Übersetzung a. d. Russischen. 9. Aufl.; Berlin 1977.
Ruch, F.L.; Zimbardo, P. G.: Lehrbuch der Psychologie. E. Einf. für Studenten d. Psychologie, Medizin u. Pädagogik. Übers. u. bearb. von W. F. Angermeier ... 2. korr. Aufl., mit 257 z. T. farbigen Abb. u. 20 Tabellen. Berlin, Heidelberg, New York 1975.
Rüden, P. von (Hg.): Beiträge zur Kulturgeschichte der deutschen Arbeiterbewegung 1848-1918. Hrsgg. von -, unter Mitw. von G. Beier ... Frankfurt/M., Wien, Zürich 1981.
Rüegg, W.: Soziologie. Frankfurt/M. 1969.
Ruß, W.: Geschichte der Pädagogik. 8., überarb. u. erg. Aufl. mit e. Anh. "Österr. Bildungswesen". Bad Heilbrunn 1968.
Russell, B.: Mystik und Logik. Philosophische Essays. A. d. Engl. übersetzt v. E. Heinzel. Wien 1952.
Ryborz, H.: Die "Kunst", Ihr Leben zu meistern. Es gibt eine Lösung für jedes Problem. München 1984.
Sachsse, H.: Einführung in die Kybernetik. Unter besonderer Berücksichtigung von technischen und biologischen Wirkungsgefügen. Reinbek b. Hamburg 1974.
Salzmann, Chr.; Kohlberg, W.-D.: Modellunterricht und Unterrichtsmodell. In: Zeitschrift für Pädagogik, 29. Jg., H. 6/1983, 929-946.
Sauter, F. Ch. (Hg.): Psychotherapie der Schule. München 1983.
Sayler, W. M.: Das Verhältnis von Theorie und Praxis in der Pädagogik. Eine systematische Untersuchung. München u. Basel 1968.
Schaarschmidt, I.: Der Bedeutungswandel der Worte "bilden" und "Bildung" in der Literaturepoche von Gottsched bis Herder. Diss. Königsberg 1931. Wiederabgedruckt von W. Klafki in: Kleine pädagogische Texte 33: Beiträge zur Geschichte des Bildungsbegriffs, Weinheim 1965.

Schad, G.: Verständigung als sonderpädagogisches Lernziel. Diss. München, Ludwig-Maximilians-Universität 1981.
Schäfer, K.-H.: Vernunft und Erfahrung. Bildungsgeschichtliche Grundlagen der kommunikativen Pädagogik und Didaktik. In: Vierteljahresschrift für wissenschaftliche Pädagogik, 62. Jg., Heft 1/1986, 111-131.
Schäfer, K.-H.; Schaller, K.: Kritische Erziehungswissenschaft und kommunikative Didaktik. Heidelberg 1971.
Schaller, K.: Bildung als Selbstverwirklichung. In: Pleines, J.-E. (Hg.): Bildungstheorien. Probleme und Positionen. Mit Beitr. von Th. Wiesengrund-Adorno ... Freiburg i. Br. 1978, 204-212.
Schaller, K. (Hg.): Erziehungswissenschaft der Gegenwart. Prinzipien und Perspektiven moderner Pädagogik. Bochum 1979.
Schaller, K.: Die kritisch-kommunikative Pädagogik. In: Gudjons, H.; Teske, R.; Winkel, R. (Hg.): Erziehungswissenschaftliche Theorien. Mit Beitr. von: W. Lippitz ... Hamburg 1986, 15-23.
Scharfetter, Chr.: Vom Heiler zum Heiligen. In: Benedetti, G.; Wiesmann, L. (Hg.): Ein Inuk sein. Interdisziplinäre Vorlesungen zum Problem der Identität. Göttingen 1986, 27-38.
Schelp, Th.: Emotionen und Psychotherapie. Zur Anwendung der Emotionspsychologie in der Psychotherapie. Diss. Münster 1985.
Scheuerl, H.: Über Analogien und Bilder im pädagogischen Denken. In: Flitner, A.; Scheuerl, H. (Hg.): Einführung in pädagogisches Sehen und Denken. Texte. München 1967.
Schiller, F.: Über die ästhetische Erziehung des Menschen. Briefe an den Augustenburger, Ankündigung der "Horen" u. letzte, verb. Fassung. Mit e. Vorwort hrsgg. von W. Henckmann. München 1967.
Schillers Werke. Nationalausgabe. Begründet von J. Petersen. Hrsgg. ... von L. Blumenthal u. B. von Wiese. Weimar 1943 ff.
Schipperges, H.: Der Arzt als Pädagoge. In: Integrative Therapie. Zeitschrift für Verfahren Humanistischer Psychologie und Pädagogik. Begründet von Ch. Bühler u. H. Petzold. 12. Jg.; H. 4/1986, 264-283.
Schiwy, G.: Der französische Strukturalismus. Mode, Methode, Ideologie. Mit e. Anhang mit Texten von de Saussure ...- Reinbek b. Hamburg 1969.
Schlömerkemper, J.: Bildung für alle. Über das Verhältnis von Egalität und Bildung. In: Die Deutsche Schule, 78. Jg., Heft 4/1986, 405-415.
Schmidbauer, W.: Ist Macht heilbar? Therapie und Politik. Reinbek b. Hamburg 1986.
Schmied-Kowarzik, W.: Dialektische Pädagogik. Vom Bezug der Erziehungswissenschaft zur Praxis. München 1974.

Schneider, H. K.; Siemen, H.-L.: Bestandsaufnahme und Empfehlung für die Konzeption der Psychosozialen Versorgung in Mittelfranken. Erlangen, im September 1987.

Schoch, A.: Vorarbeiten zu einer pädagogischen Kommunikationstheorie. Frankfurt/M. 1979.

Schoeps, H.-J.: Was ist und was will die Geistesgeschichte. Über Theorie und Praxis der Zeitgeistforschung. Göttingen, Berlin, Frankfurt 1959.

Schorr, K. E.: Das Allgemeine in Erziehung und Wissenschaft. In: Bildung und Erziehung, 34. Jg., H. 4/1981, 446-455.

Schütz, A.; Luckmann, Th.: Strukturen der Lebenswelt. Bd. 1. Frankfurt/M. 1979.

schulreport. Hrsgg. vom Bayer. Staatsministerium für Unterricht und Kultus. München (Zeitschr.).

Schurig, V.: Die Entstehung des Bewußtseins. Frankfurt/M., New York 1976.

Schwäbisch, L.; Siems, M.: Anleitung zum sozialen Lernen für Paare, Gruppen und Erzieher. Kommunikations- und Verhaltenstraining. Reinbek b. Hamburg 1974.

Sebeok, Th. A.: Theorie und Geschichte der Semiotik. A. d. Am. übers. von A. Eschbach. Reinbek b. Hamburg 1979.

Sebeok, Th. A.: Symptome, systematisch und historisch. In: Zeitschrift für Semiotik, Bd. 6, H. 1-2/1984, 37-52.

Seifert, Th.; Waiblinger, A. (Hg.): Therapie und Selbsterfahrung. Einblick in die wichtigsten Methoden. Stuttgart 1986.

Selbsthilfe-Führer Mittelfranken. Hrsgg. von der Kontakt- u. Informationsstelle für Selbsthilfegruppen Erlangen-Nürnberg-Fürth, Erlangen. Erlangen 1988.

Selvini Palazzoli, M. u.a.: Psychotherapie bei Familien mit schizophrener Transaktion. In: Familiendynamik. Interdisziplinäre Zeitschrift für Praxis und Forschung, hrsgg. von H. Stierlin u. J. Duss-von Werdt. 1. Jg., H. 2/1976,124-133.

Shands, H.C.: Semiotic Approaches to Psychiatry. The Hague, Paris 1970 (= Approaches to Semiotics, ed. by Th. A. Sebeok, Vol. 2).

Siegel, E. V.: Tanztherapie. Seel. u. körperl. Entwicklung im Spiegel der Bewegung. Ein psychoanalytisches Konzept. Mit e. Vorw. von M. Dorsch. Stuttgart 1986.

Simon, F. B.: Der Prozeß der Individuation. Über den Zusammenhang von Vernunft und Gefühlen. Göttingen 1984.

Singer, J. L.; Pope, K. S. (Hg.): Imaginative Verfahren in der Psychotherapie. Paderborn 1986.

Skowronek, H.: Lernen und Lernfähigkeit. 6. Aufl., München 1975 (= Grundfragen der Erziehungswissenschaft, hrsgg. von K. Mollenhauer, Bd. 9).

Soeffner, H.-G. (Hg.): Interpretative Verfahren in den Sozial- und Textwissenschaften. Stuttgart 1979.

Soltis, J. F.: Einführung in die Analyse pädagogischer Begriffe. A. d. Engl. übertr. von F. Dorn. Redaktion: G. Priesemann. Düsseldorf 1971.

Spazier, D.; Bopp, J.: Grenzübergänge. Psychotherapie als kollektive Praxis. Frankfurt/M. 1975.
Stachowiak, H. (Hg.): Modelle - Konstruktion der Wirklichkeit. München 1983.
Stevens, J. O.: Awareness: exploring, experimenting, experiencing. Moab, Utah, 1971. (Dt.: Die Kunst der Wahrnehmung. Übungen der Gestalt-Therapie. München 1975).
Stierlin, H.: Einzel - versus Familientherapie schizophrener Patienten: ein Ausblick. In: Familiendynamik. Interdisziplinäre Zeitschrift für Praxis u. Forschung, hrsgg. v. H. Stierlin u. J. Duss-von Werdt. 1. Jg., H. 2/1976, 112-123.
Stippel, F.: Bildung - Eine philosophisch-anthropologische Skizze. In: ders. (Hg.): Aspekte der Bildung. Unt. Mitarb. von F. Kopp, H. Tschamler, H. Zöpfl. Donauwörth 1966, 9-38.
Stöcker, J.: Krankheit aus phänomenologischer Sicht. In: psycho, 13. Jg., H. 4/1987, 233-239.
Strobel, H.: Lern- und Leistungsstörungen: Genese, Therapie und Prophylaxe. Stuttgart, Berlin, Köln, Mainz 1975.
Strotzka, H. (Hg.): Der Psychotherapeut im Spannungsfeld der Institutionen. Erfahrungen, Forderungen, Fallbeispiele. Mit Beitr. von A. M. Becker ... München, Wien, Baltimore 1980.
Strotzka, H.: Psychotherapie und Tiefenpsychologie. Ein Kurzlehrbuch. Wien, New York 1982.
Sturm, H.: Massenmedien als Bildungsfaktoren. In: Kadelbach, G. (Hg.): Bildungsfragen der Gegenwart. Kritiken, Modelle, Alternativen. Frankfurt/M. 1974, 182-193.
Suzuki, D. T.: Der westliche und der östliche Weg. Essays über christliche und buddhistische Mystik. Frankfurt/M., Berlin, Wien 1971.
Suzuki, D. T.: Die große Befreiung. Einf. in den Zen-Buddhismus. Mit einem Geleitw. v. C. G. Jung. 6. Aufl., Zürich 1972.
Suzuki, Sh.: Zen-Geist, Anfänger-Geist. Unterweisungen in Zen-Meditation. 2. Aufl., Zürich 1979.
Swoboda, H.: Die Qualität des Lebens. Vom Wohlstand zum Wohlbefinden. Stuttgart 1973.
Szasz, Th. S.: Geisteskrankheit - ein moderner Mythos? Grundzüge einer Theorie des persönlichen Verhaltens. Olten u. Freiburg i. Br. 1972.
Takizawa, K.: Reflexionen über die universale Grundlage von Buddhismus und Christentum. Frankfurt/M. 1980. (Studien zur interkulturellen Geschichte des Christentums; Bd. 24).
Tausch, R. u. Tausch, A.-M.: Gesprächspsychotherapie. 7., völlig neugestalt. Aufl.; Göttingen 1979.
Tausch, R.; Tausch, A.-M.: Wege zu uns und anderen. Menschen suchen sich selbst zu verstehen und anderen offener zu begegnen. Reinbek b. Hamburg 1988.
Tennstädt, K.-Ch.; Krause, F.; Humpert, W. u. Dann, H.-D.: Das Konstanzer Trainingsmodell (KTM). Ein integratives Selbsthilfeprogramm für Lehrkräfte zur Bewältigung von Aggressionen und Störungen im Unterricht. Bern, Stuttgart, Toronto 1987.

Tenorth, H.-E. (Hg.): Allgemeine Bildung. Analysen zu ihrer Wirklichkeit, Versuche über ihre Zukunft. Weinheim und München 1986.
Tepperwein, K.: Geistheilung durch sich selbst. Gesund und glücklich durch Psychokybenertik und Hypnomeditation. 4. Aufl., München 1985.
Terhart, E.: Pädagogisches Handeln nach dem "Ende der Erziehung". Zu Hermann Gieseckes Arbeit über "Pädagogik als Beruf". In: Bildung und Erziehung, 41. Jg., H. 4/1988, 477-490.
Thommen, B.; Ammann, R.; Cranach, M. von: Handlungsorganisation durch soziale Repräsentationen. Welchen Einfluß haben therapeutische Schulen auf das Handeln ihrer Mitglieder? Bern, Stuttgart, Toronto 1988.
Tilmann, K.; Peinen, H.-T. von: Die Führung zur Meditation. Christl. Glaubensmeditation. Ein Werkbuch, Bd. 2. Zürich, Einsiedeln, Köln 1978.
Tomkins, S. S.: Affect, imagery, consciousness. Vol. I: The positive affects. New York 1962.
Tomkins, S. S.: Affect, imagery, consciousness. Vol. II: The negative affects. New York 1963.
Trabant, J.: Elemente der Semiotik. München 1976.
Troje, E.: Pädagogik, Psychotherapie, Politik. Wo findet die Konfrontation statt? In: psychosozial. Zeitschrift für Analyse, Prävention u. Therapie psychosozialer Konflikte u. Krankheiten. 3. Jg., H. 1/1980, 20-40.
Türk, K.: Grundlagen einer Pathologie der Organisation. 60 Übersichten. Stuttgart 1976.
Uchtenhagen, A.: Soziale Ordnung und therapeutische Praxis. Zur Frage der sozialen Zielsetzungen psychiatrischer und psychotherapeutischer Arbeit. In: psychosozial. Zeitschr. f. Analyse, Prävention u. Therapie psychosozialer Konflikte u. Krankheiten. 1. Jg., H. 1/1978, 30-43.
Ueda, S.: Die Gottesgeburt in der Seele und der Durchbruch zur Gottheit. Die mystische Anthropologie Meister Eckharts und ihre Konfrontation mit der Mystik des Zen-Buddhismus. Gütersloh 1965.
Uexküll, Th. von: Symptome als Zeichen für Zustände in lebenden Systemen. In: Zeitschrift für Semiotik, Bd. 6, H. 1-2/1984, 27-36 (1984).
Uexküll, Th. von: Historische Überlegungen zu dem Problem einer Medizin-Semiotik. In: Zeitschrift für Semiotik, Bd. 6, H. 1-2/1984 (a), 53-58 (1984 a).
Ulich, D.: Pädagogische Interaktion. Theorien erzieherischen Handelns und sozialen Lernens. 2. Aufl., Weinheim u. Basel 1979.
Ulich, D.: Das Gefühl. Eine Einführung in die Emotionspsychologie. München, Wien, Baltimore 1982.
Ulich, D.: Möglichkeiten der Theorie-Anwendung in der Erziehungswissenschaft. In: Holtkemper, F.-J. (Hg.): Symposion zur technologischen Funktion von Erziehungswissenschaft. Schloß Hofen, Dokumente u. Berichte 7. Lochau (Österr.) 1984, 30-53.

Ulich, D.: Erfahrungswissenschaftliche Methoden der Erziehungswissenschaft. In: Hierdeis, H. (Hg.): Taschenbuch der Pädagogik. Unter Mitarb. zahlr. Fachwissenschaftler hrsgg. von -. Bd. 1; 2., neubearb. Aufl.; Baltmannsweiler 1986, 142-155.

Veil, W. H.: Paracelsus. Jena 1942.

Vester, F.: Neuland des Denkens. Vom technokratischen zum kybernetischen Zeitalter. 3. durchges. u. erg. Aufl., München 1985.

Vogel, G.: Psychotherapie und Pädagogik. Der Weg der Psychotherapie im Hinblick auf ihren pädagogischen Gehalt. Freiburg i. Br. 1954 (= Grundlagen der Pädagogik, hrsgg. v. A. Petzelt, Heft 1).

Volkholz, V. u.a. (Hg.): Analyse des Gesundheitssystems. Krankheitsstruktur, ärztlicher Arbeitsprozeß, Sozialstaat. Reader zur Medizinsoziologie. Frankfurt/M. 1974.

Vollmer, G.: Wissenschaft mit Steinzeitgehirnen? In: mannheimer forum 86/87. Ein Panorama der Naturwissenschaften, zusammengestellt und redigiert von H. v. Ditfurth. Mannheim (1986/87), 9-61.

Vollmer, G.: Evolutionäre Erkenntnistheorie. Angeborene Erkenntnisstrukturen im Kontext von Biologie, Psychologie, Linguistik, Philosophie und Wissenschaftstheorie. Mit e. Geleitw. von H. Mohr u. e. Nachw. des Autors. 4., durchges. Aufl.; Stuttgart 1987.

Vowinckel, G.: Von politischen Köpfen und schönen Seelen. Ein soziologischer Versuch über die Zivilisationsformen der Affekte und ihres Ausdrucks. München 1983.

Wagner-Simon, Th.; Benedetti, G. (Hg.): Sich selbst erkennen. Modelle der Introspektion. Göttingen 1982.

Wahl, F. (Hg.): Einführung in den Strukturalismus. Mit Beitr. von Oswald Ducrot ... - A. d. Frz. von E. Moldenhauer. Frankfurt/M. 1973.

Waldenfels, B.: Das Geregelte und das Ungebärdige. Funktionen und Grenzen institutioneller Regelungen. In: Bildung und Erziehung, 37. Jg., H. 2/1984, 131-143.

Waldschütz, E.: Meister Eckhart. Eine philosophische Interpretation der Traktate. Bonn 1978.

Walter, H.-J. P.: Der gestalttheoretische Ansatz in der Psychotherapie. In: Guss K. (Hg.): Gestalttheorie und Erziehung. Darmstadt 1975, 227-256.

Watzlawick, P.; Beavin, J. H.; Jackson, D. D.: Menschliche Kommunikation. Formen, Störungen, Paradoxien. Vierte, unveränderte Aufl.; Bern, Stuttgart, Wien 1974.

Weber, E.: Pädagogik, eine Einführung. Bd. 1: Grundfragen und Grundbegriffe. Hg.: ders. Donauwörth 1972.

Weber, E.: Erziehungsstile. 7. Aufl., Donauwörth 1978.

Weber, N.: Privilegien durch Bildung. Über die Ungleichheit der Bildungschancen in der Bundesrepublik Deutschland. Frankfurt/M. 1973.

Wehr, G.: Meister Eckhart. Freiburg i. Br. 1979.
Weidenmann, B. u.a. (Hg.): Pädagogische Psychologie. Ein Lehrbuch. München, Weinheim 1986.
Weil, H.: Die Entstehung des deutschen Bildungsprinzips. 2. Aufl., Bonn 1967.
Weinert, F. E. u.a. (Hg.): Funk-Kolleg Pädagogische Psychologie. 2 Bde., Frankfurt/M. 1974.
Weingarten, E.; Sack, F.; Schenkein, J. (Hg.): Ethnomethodologie. Beiträge zu einer Soziologie des Alltagshandelns. Frankfurt/M. 1976.
Wellershoff, D.: Der Roman und die Erfahrbarkeit der Welt. Köln 1988.
Wellhöfer, P. R.: Grundstudium Persönlichkeitspsychologie. Eine Einführung in Theorie und Diagnose individueller Verhaltensweisen. Stuttgart 1977.
Welsch, W.: Unsere postmoderne Moderne. Weinheim 1987.
Welsch, W. (Hg.): Wege aus der Moderne. Schlüsseltexte der Postmoderne-Diskussion. Mit Beiträgen von J. Baudrillard...- Weinheim 1988.
Welte, B.: Über die Schwierigkeit der religiösen Sprache. In: Meditation. Blätter für weltoffene Christen. Säckingen. H. 1/1976, 13-16.
Welte, B.: Das Licht des Nichts. Von der Möglichkeit neuer religiöser Erfahrung. Düsseldorf 1980.
Wendt, I. J.: Zen, Japan und der Westen. München 1961.
Werder, L. von: Von der antiautoritären zur proletarischen Erziehung. E. Bericht a. d. Praxis. Frankfurt/M. 1972.
Werder, L. von: Schreiben als Therapie. Ein Übungsbuch für Gruppen und zur Selbsthilfe. München 1988.
Wesiack, W.: Die Bewältigung der Unsicherheit in der Medizin: ein semiotisches Problem. In: Zeitschrift für Semiotik, Bd. 6, H. 1-2/1984, 15-22.
Westmeyer, H.: Wissenschaftstheoretische Grundlagen klinischer Psychologie. In: U. Baumann u.a. (Hg.): Klinische Psychologie. Trends in Forschung und Praxis. Bern, Stuttgart, Wien 1978, 108-133.
Whorf, B. L.: Sprache - Denken - Wirklichkeit. Beiträge zur Metalinguistik und Sprachphilosophie. Hrsgg. u. übersetzt von P. Krausser. Reinbek b. Hamburg 1984.
Will, H.: Selige Gesundheit. Systeme der Therapiegesellschaft. In: Kursbuch 82, November 1985, hrsgg. v. K. M. Michel u. T. Spengler, unt. Mitarb. v. H. M. Enzensberger: Die Therapie-Gesellschaft. Berlin 1985, 9-33.
Willi, J.: Therapie der Zweierbeziehung. Reinbek b. Hamburg 1978.
Wiltschko, J.: Selbsterfahrungsgruppen. In: Kraiker, Chr. u. Peter, B. (Hg.): Psychotherapieführer. Wege zur seelischen Gesundheit. München 1983, 151-165.
Wittchen, H. U.; Fichter, M. M.: Psychotherapie in der Bundesrepublik. Weinheim 1980.

Wittgenstein, L.: Tractatus logico-philosophicus. Logisch-philosophische Abhandlung. Frankfurt/M. 1963.
Wittling, W. (Hg.): Handbuch der klinischen Psychologie. 6 Bde.; Hamburg 1980.
Wörterbuch kritische Erziehung. Hrsgg. v. E. Rauch u. W. Anzinger. In Zusammenarbeit mit K. Bergk ... Frankfurt/M. 1975.
Wolff, H. W.: Anthropologie des Alten Testaments. München 1973.
Wolpe, J.: Praxis der Verhaltenstherapie. Bern, Stuttgart, Wien 1972.
Wulf, Ch.: Theorien und Konzepte der Erziehungswissenschaft. München 1977.
Wunderlich, D.: Grundlagen der Linguistik. Reinbek b. Hamburg 1974.
Wundt, W.: Völkerpsychologie. Eine Untersuchung der Entwicklungsgesetze von Sprache, Mythus und Sitte. 1. Bd.: Die Sprache. 3., neu bearb. Aufl., Erster Teil. Leipzig 1911.
Wurzbacher, G.: Sozialisation-Enkulturation-Personalisation. In: Ders. (Hg.): Der Mensch als soziales und personales Wesen. Beiträge zu Begriff und Theorie der Sozialisation aus der Sicht von Soziologie, Psychologie, Arbeitswissenschaft ... Stuttgart 1963, 1-34.
Xochellis, P.: Pädagogische Grundbegriffe. Eine Einf. in die Pädagogik. München 1973.
Zapf, J.: Die Funktion der Paradoxie im Denken und im sprachlichen Ausdruck bei Meister Eckhart. Köln 1966.
Zedler, P.: Erziehungswissenschaftliche Theoriebildung am Beginn der 80er Jahre - Problemstrukturen und Perspektiven. In: König, E.; Zedler, P. (Hg.): Erziehungswissenschaftliche Forschung: Positionen, Perspektiven, Probleme. Paderborn u. München 1982, 266-289.
Zenke, K. G.: Pädagogik - kritische Instanz der Bildungspolitik? Zur technischen und emanzipatorischen Relevanz der Erziehungswissenschaft. München 1972.
Zimmer, D. E.: Redens Arten. Über Trends und Tollheiten im neudeutschen Sprachgebrauch. Zürich 1986.
Zimmer, D. E.: Für alle ein Preis und ein Dämpfer. Psychotherapie ist wirksam, aber warum eigentlich. In: Die Zeit. Wochenzeitung für Politik, Wirtschaft, Handel und Kultur. Nr. 30, 22. Juli 1988, S. 32.
Zimmermann, R.: Semantik "Widerspiegelung", marxistische Erkenntnistheorie. In: Das Argument 85, 16. Jg., H. 3/4, Juni 1974, 187-201.
Zorn, F.: Mars. "Ich bin jung und reich und gebildet, und ich bin unglücklich, neurotisch und allein ..." Mit e. Vorw. von A. Muschg. Frankfurt/M. 1979.